人文社科论坛

4

主 编 洪 波 侯云峰

云南大学出版社

YUNNAN UNIVERSITY PRESS

图书在版编目（CIP）数据

人文社科论坛. 4/洪波，侯云峰主编. 一昆明：云南大学出版社，2012

ISBN 978-7-5482-1146-4

Ⅰ. ①人… Ⅱ. ①洪… ②侯… Ⅲ. 社会科学—文集 Ⅳ. ①C53

中国版本图书馆CIP数据核字（2012）第180015号

人文社科论坛 4

主 编 洪 波 侯云峰

策划编辑：柴 伟
责任编辑：毛 雪
装帧设计：夏雪梅

出版发行：云南大学出版社
印　　装：昆明卓林包装印刷有限公司
开　　本：787mm×1092mm　1/16
印　　张：26.5
字　　数：491千
版　　次：2012年9月第1版
印　　次：2012年9月第1次印刷
书　　号：ISBN 978-7-5482-1146-4
定　　价：50.00元

地　　址：云南省昆明市翠湖北路2号云南大学英华园内（650091）
电　　话：（0871）5031071/5033244
网　　址：http//www.ynup.com.
E-mail：market@ynup.com

潜心的精进

—— 人文社科论坛 4 代序

吴 戈

云南艺术学院艺术文化学院的教师论文集《人文社科论坛》（四）即将付梓，洪波院长很有技巧地催我为论文集作序：知道您时间紧、工作忙，但是仍然想请您写序，要不就用从前给《人文社科论坛》（一、二、三）所写的序为总序沿用？他其实知道，我爱惜羽毛，随便下笔的那种支支吾吾的文字，是万不肯写的。为艺术文化学院的教师论文集写过《斑斓的色彩》和《朴素的原色》，序言不同时期教师们的研究成果，分享收获的喜悦，也分析歉收的环节，针对性很强。如果第一、二辑论文因为一个研究群体刚刚起步、步履还略显蹒跚、表情也稍露青涩时还可以续用一篇文章导读的话，那么变化明显的第三、第四辑出版，这样做，就是无的放矢了。

第一、二辑：斑斓的色彩，言其"杂"。这"杂"字，对于一个既要承担全校公共课、又要另辟蹊径、探寻自身发展道路的教学单位来说，既是特点，又是弱点。特点是其教学性质；弱点是其论文集的征召编辑缺少规划设计，又疏于筛选舍取。第三辑：朴素的原色，讲其"真"。真干事、真研究、真追求。朴实无华，真抓实干，这是我们今天各种空话、套话、假话、废话夸夸其谈营造的喧哗环境里所缺少的，值得十二万分的珍视。但有的论文，也过于朴素到"原生态"境界了。论文从思想到表达，学术提炼与技术含量，也还是需要的。

眼下第四辑：潜心的精进，是我读完这本论文集后的突出感受。总体上，这本论文集显现的学术水平有较大幅度的上升，较之艺术文化学院此前出版过的三本论文集，进步是长足的。至少有这样一些亮点值得特别推荐给读者：

首先，是这个办学团体意识更加明确地在"管理理论与文化产业"领域里开展潜心研究，聚焦于自己近 10 年办学追求、发展目标中刻意主打的教育产品——"文化管理与艺术经纪人"人才培养，无论作为课程内容还是研究眼光，都因此而聚焦或者延伸。成果显示，研究走出了学理辨析、概念之争，而更加具有针对性，思考的是现实问题。洪波的《区域红色旅游文化产业开发》、侯云峰的《云南演艺产业模式探析》、杨岚的《寻甸柯渡文化旅游业深入开发的SWOT分析》、李玉明的《对云南民族体育在旅游文化产业发展中的思考》等论文，皆言之有物，分析问题有理有据，尤其在资料获取和个案调研方面下了功夫，对旅游与文化相结合的产业项目开发，有相当现实的指导意义。无论是红色遗产的继承，还是演艺产业的总结，或是项目现状的解剖，或是对民族文化元素超出唱歌跳舞的拓展型思考，都有相当见地。应该特别指出：红色旅游中政府应该分担的相应经济责任与导向管理责任、体验式教学、声光电的情景再现，尤其是体验式教学，应该放在今天的"体验经济"背景下来探索红色遗产、精神传承的有效性，思考是前沿的；云南文学艺术的发展，对云南文化产业的发展馈赠了先声夺人的造势，相当给力！后来逐渐形成的"云南印象"、到瞩目"云南影响"、到思考"云南现象"、再到总结"云南模式"，实际上都是外界对云南文学艺术繁荣与文化产业发展的一些回应。云南模式，成为一时之热门话题。总结的人很多，也各有见地，但是侯云峰的研究值得注意，论文阐述的三种管理模式与八种文化产业发展模式，也是对总结的再总结，感性材料基础上的理性梳理，让读者了解云南发展的实际情况，客观冷静。

其次，杨岚、张磊论文在充分肯定云南文化产业或者一些文化项目的成绩的时候，更多的关注，在于"困境"与"伤痛"上。生态的破坏、演艺项目缺乏观众研究和消费群体定位、营销环节的"脱节"或者"缺失"，等等，实际上都是文化产业里致命的问题。这些，不但作为研究者要清醒，培养未来的"文化管理者与艺术经纪人"人才的教师更要清楚。云南艺术学院十多年前创办这个专业，初衷就是出于改变云南缺少与文化艺术产业相匹配的市场"管理人"和市场"操盘手"状况。研究问题，解决问题，是这些论文在教学与研究相长的过程中良性互动促成的学术成果，研究的就是云南文化产业发展繁荣当中的阻碍力与症候点。实事求是的态度，严肃认真的学风，既报喜、更报忧的学术立场，值得提倡和弘扬。学校人才培养、学术研究、服务社会、引领文化，就必须表现在这种求实求真的学风上。

再次，这本论文集，不是一般意义上的文章拼凑，有真知灼见的论文不少。熊焰在"桥头堡"国家战略背景下思考高校教育的平台，根据政策环境调整的办学姿态的意识，值得肯定；管丽华、森文的《"披星戴月"——纳西族七星披肩的装饰文化解读》是一篇有文化深度的服饰艺术研究论文，将设计审美、文化含义与服饰功能结合起来解读，生动细腻，尤其是对"文化种子"概念的植入，让论文别有亮点；石钦的《浅析云南重彩画艺术风格的数字动画创作研究》，对云南艺术学院教师群体创立并风靡世界的"云南重彩画"生存发展的新样式给予关注，用心可喜；窦宇的《中国当代油画中的动物相关体裁创作研究》，对当代油画语言当中的动物在体现人物形象间的互动及其由此传递出的画家价值判断意图作了分析归纳，体察深入。

最后，27篇论文（加上编辑在"管理理论与文化产业研究"栏目的熊焰论文），研究教学的论文，占了论文集一半多的篇幅。可以看出，教师们对教育活动、教学环节的重视，这是十分可喜的。尤其是赵继华的《新形势下高等艺术院校学生党建工作的对策研究》，熊焰、朱旋旋的《艺术教育在青少年健全人格塑造中的作用探析》，毕晓峰的《论艺术院校班主任的工作艺术》等论文，李豫凤的《艺术学院大学语文教学研究与探索》、刘彤的《论云南艺术学院的外语个性教学》、杨媛的《模因论视角下的艺术院校英语教学》、李玉明的《对艺术院校体育教学的人文化探讨》、曹燕的《艺术院校体育课学生厌学原因与对策分析》、梁伟杰的《云南艺术学院体育节的探析》等论文，特别针对云南艺术学院的个案或者艺术院校的通例，去研究教学，提出措施，明确思路，改进教学……教师群体的这种自觉意识令我动容。作为管理者，成年累月面对质量监控环节，面对评估报表数据，所有问题的根本解决，都要回溯到具体的教学环节上，落实到教师们年复一年呕心沥血的教学活动中。能够有这样一群教师去思虑与焦灼教学效果、教学手段与方法、教学过程中真止体现人本的"交互作用"发生的那些时间、地点和过程、结果，真是办学管理者、推动者的万幸。办人民满意的大学，很大程度上依赖自觉的教书育人者、管理育人者和服务育人者的自觉意识。其中，就与学生的接触面与接触机会而言，教师群体最为关键。他们有如戏剧活动中的演员，而学生有如观众。编剧、导演、舞美、灯光、服装、道具、效果等一切艺术家的"幕后"努力，要由在"前台"面对观众的演员去牵动和表达完成。不了解这一点，不了解前台与幕后的办学分工的活动环节，就不能够理解一个管理者对教师群体应该具有的价值判断。因此，对云南艺术学院艺术文化学院教师们有针对性地积极探讨教学活动的有效性，我以为是值得大力提倡的。艺术院校是培养充分保障艺术天性的释放与创造个性的发展的艺术人才培养单位，文化课，也应该有针对性地探寻个性教学、适应学生个性发展的路子。说起来容易，做起来万千困难。但是，开始有清晰意识地做了，就有希望克服困难做好。至少，比没有意识，缺乏努力会好，会渐入佳境。

53 篇论文，400 余页篇幅，可圈可点的论文不少，无法一一点评，聪慧的读者自己能够明鉴。云南艺术学院艺术文化学院的《人文社科论坛》出版第四辑，近 10 年的时间，论文集给我的提示是，这个办学群体的学术研究自觉性越来越强，研究队伍越来越庞大，学术能力也有较快较大的提升。但是，论文集中的水平参差也是有的，长期积累所得与灵机一动所为，从论文的内容到笔力，一望而知，判然有别。当然，我可以去猜想主编们的心态：好像是丰收季节的农家，满盆满钵的食物端上来给客人品尝，一则是生怕客人不够吃，一则是借此传递丰收的信息，分享喜悦。潜心的精进，要变为一种广泛深入的群体行为，有难度。但是，我从论文集中看到了这种强劲的趋势。是为序。

2012 年 8 月 3 日，昆明，麻园

前　　言

在云南艺术学院艺术文化学院建院十周年之际，《人文社科论坛4》编辑出版了，这是全体教师科研成果的集中体现，更是为十周年院庆献上的一份礼物。艺术文化学院教师站在教学岗位的第一线，同时也孜孜不倦地开拓着自己的学术园地。本书中收录的论文是艺术文化学院教师从自己教学实践中总结而来，更吸取了最新的学科理论，以当代的视角，对艺术学、美学、哲学、文化产业、管理学、文学、民族学、体育学、艺术设计等多种学科中的问题给予科学而理性的论述。"教研相长"，《人文社科论坛4》的出版更激励着教师们在教学中求新、求变，把最前沿的学科理论带给学生，拓宽他们的视野。

本书在编撰的过程中一直受到多方面的关注和鼓励，它不仅秉承了《人文社科论坛》前3辑的理念，更在结构、论文主题和论文风格上进行了突破和创新。但是我们深知，这本论文集还有不少缺憾，不少论文在学术研究和思维表达上都稍显稚嫩。但也正是这些稚嫩，体现了艺术文化学院教师进行学术探索迈出的更为坚实的步伐。

在本论文集的编撰过程中，云南艺术学院吴卫民院长、潘红副院长、郭浩副院长，艺术文化学院赵继华书记、洪波院长和侯云峰副院长共同组成《人文社科论坛4》编委会。

吴卫民院长在百忙之中抽出时间为本书作序，出版社柴伟老师也为本书的出版付出了辛勤的劳动，我们对此深表谢意。

潜心的精进
　　——人文社科论坛 4 代序 ［吴　戈］1

前　言 1

管理理论与文化产业

管理理论与文化产业

1 区域红色旅游文化产业开发

洪 波

摘 要： 本文从区域红色旅游文化产业开发遇到的问题入手，着力分析红色旅游消费者市场；在政府引导下，探讨民间资本的注入的可行性；总结分析红色旅游文化产业发展模式及具体做法。通过以上分析，试图探求一条区域红色旅游文化产业行之有效的开发之路。

关键词： 红色旅游 文化产业 开发模式

红色旅游是指"以 1921 年中国共产党建立以后的革命纪念地、纪念物及其所承载的革命精神为吸引物，组织接待旅游者进行参观游览，实现学习革命精神，接受革命传统教育和振奋精神、放松身心、增加阅历的旅游活动。红色旅游是把红色人文景观和绿色自然景观结合起来，把革命传统教育与促进旅游产业发展结合起来的一种新型的主题旅游形式。其打造的红色旅游线路和经典景区，既可以观光赏景，也可以了解革命历史，增长革命斗争知识，学习革命斗争精神，培育新的时代精神，并使之成为一种文化"①。都府城市、乡村院园等文化遗产都是以人类为中心创造的智慧产物，这些历史文化遗产本身就是先辈留下的平台，可以进一步作为当今政务活动、文化产业与经济振兴的支点。《2011—2015年全国红色旅游发展规划纲要》中提到："要大力推动红色旅游和观光旅游、文化旅游、乡村旅游、休闲度假旅游等其他旅游产品相结合，形成以红色旅游为主题、形式多样的复合型旅游产品和线路，增强其吸引力和竞争力，实现产业化发展。"②

---

① http://baike.baidu.com/view/15319.htm，百度百科。

② http://www.chinacehua.com/zcfg/2588，中国人才策划网。

一、区域红色旅游文化产业开发遇到的问题

区域红色旅游文化产业开发既有政治效益又有经济效益，旅游业作为产业开发具有长远的经济效益，是绿色经济和环境友好城市建设的抓手。目前，国内红色旅游文化产业市场面临的问题主要有以下几个方面。

（一）区域红色旅游产业创新不足

红色旅游作为革命圣地的特色和龙头，资源具有丰富性、唯一性、垄断性。"说教讲解"仍是景区传统方式，声、光、色、电等高科技手段运用少，直观感受或者游客互动参与性项目较少。如到陕西延安的游客反映："每次到延安，看到的都是一孔窑洞、一张桌子、一把椅子、一张照片、一部老式电话机。"眼前所见都是些文物陈列、图片文字说明，讲解员像老师跟学生讲课，游客心理上不容易接受这样的形式。

传统方式仍然是把与革命人物和历史事件有关的纪念物进行简单陈设，而对内在的历史文化价值和精神内涵挖掘不深，内容和形式都太呆板枯燥，没有新意，游客观看时，很快就能看头知尾，不适合现代审美观念和旅游者的消费取向。

（二）区域红色旅游商品有资源无创意，缺乏创意营销

很多红色旅游景点没有将地方文化符号和现代工业相结合的产品，旅游商品的开发未引入市场机制。很多红色故地在发展旅游产业时，没有充分挖掘体现当地地域文化特色的旅游纪念品和商品，缺乏旅游购物超市或者商场，游客可以参与的旅游文化娱乐节目基本没有，旅游产业链还没有真正成形。

由于缺乏创意人才和营销人才，往往斥巨资打造的文艺演出也只是在当地政府的文化活动中演出几场，昙花一现，面临着市场开发的问题。如陕西吴起县、志丹县着力打造的剧目《兰花花》、《山丹丹》在北京、西安几场巡演后就基本处于停滞状态。

革命老区山东临沂创新思路，举办了红色运动会并创意了"手榴弹比武"、"南泥湾丰收"、"独轮车支前"、"独腿长征路"、"红军的扁担"等15个比赛项目和"红嫂救伤员"、"红嫂纳鞋底"两个表演节目，充分彰显了红色元素，通过赛会等大型活动建设了红色体育公园，开发出了纪念邮票、各种服装、各种器

材等旅游特色产品，把比赛项目开发成常态化的互动参与性项目。同时引入了市场化运作机制，对红运会进行全方位、全过程招商，遴选出冠名单位、特别赞助单位、吉祥物特许经销商、指定商品（服务）提供单位，充分发挥了赛会助推经济社会发展的多元功能，招商引资达到了 700 万元，取得了良好的社会效益和经济效益。①

二、区域红色旅游消费者分析

到革命圣地旅游，游客抱着何种心态？红色旅游文化产业作为特殊的旅游产品，受到什么样的青睐？从身份上看，党政机关、企事业单位、大专院校、部队等单位部门人员在建党、建军、建国等重大纪念活动及其他重要节假日中的系列活动，是构成红色旅游景区游客的主体人群；从年龄结构上看，通过笔者目测和询问调查，红色旅游目的地，如延安、井冈山、韶山等地，中老年人是主体，年龄多为 50 岁以上，青少年游客所占不多，境外游客寥寥无几。而红色旅游应该稳定中老年人市场，多吸引青少年游客，让他们在旅游的快乐中得到教育，同时应该加大在境外的宣传力度，大力开拓国际市场。

中老年人市场可以定位为曾经在红色故地生活过的"老革命"的后人，还有就是受革命传统主义"红色情怀"深深浸染的老中青年人，这部分人是游客的主体。

目前，红色旅游景区大部分还是以基层党组织活动，高校、部队官兵组织的团体参观活动为主，散客和自助游客很少。原因如下：一是红色旅游景区"说教"味道浓，不符合现代年轻人的审美和消费需要；二是年轻人工作、学习紧张忙碌，生活压力大，没有更多的钱和时间投到旅游中；三是学校教育中爱国主义教育趋弱，年轻人对革命历史知之甚少；四是针对青少年游客的宣传促销开发也不够。解决之道在于：从宣传到旅游项目开发，统一规划，多组织年轻人参与红色旅游，游费进行适当优惠，实现对青少年爱国主义教育和经济收入的双赢。

海外游客很少，港澳游客很难见到，主要因为红色旅游市场长期以来只是针对国内市场，境外很少宣传。其实这里面还是有文章可以做：

第一，如国家副主席习近平 2009 年考察延安所阐述的：红色旅游不应该只给内地人看，也应该给港澳台和境外游客参观；他们对共产党是怎样的不了解。

---

① 张凯：《通过红色运动会打造传承新发展平台》，临沂：新华通讯社，内部交流资料，2010。

参观后，他们会找到答案："共产党的政权是人民给的。"

第二，随着海峡两岸关系的日趋紧密，台湾人心里也有好奇感，为什么共产党会指挥军队打败国民党取得解放战争的胜利，这也是诸多境外游客的关注点。由此加大境外宣传促销力度，邀请海外媒体人和作家采访写作，通过文艺作品宣传红色旅游，通过国际旅行社加强市场运作，为红色旅游产业注入新的增长点。

第三，关于免费和收费的问题。根据《关于全国博物馆、纪念馆免费开放的通知》①，对国家级爱国主义教育基地向社会免费开放。景点全免票，运行经费由中央、省、市各承担三分之一，而革命老区财政有困难，经济条件差，地方资金配套往往有困难。同时还存在基地成为市民茶余饭后散步和吹拉弹唱、乘凉取暖的场所，甚至一些社会无业游民潜入景区行窃等现象，这些都给红色旅游景区的管理带来不小的考验。

笔者认为：红色旅游文化资源应该细化，作为爱国主义教育基地免费，作为红色旅游市场开发收费，需要明确和规范。对于革命遗址文物保护和爱国主义教育基地，不同于一般免费公园，政府更应该主动承担主要维护和运行费用，不能放任自流，避免出现管理混乱，从而影响当地的红色旅游形象。

三、红色旅游文化产业鼓励民间资本的注入

政府面对诸多红色旅游资源，开发力量有限，多渠道筹集资金进行保护和开发成为必然。鼓励民企、当地农民等民间力量投资红色旅游产业，政府在其中起好引导、管理和扶持的作用成为一个有效途径。对于民间力量开发应该以市场为导向，尤其是引导农民开发红色旅游产品时更应该有市场意识和市场头脑，在项目选择上，要考虑能否与市场对接的问题。政府职能部门对民间力量承担保护遗址的功能要给予适当的政策优惠和资金补贴。②

比如延安吴家枣园村被誉为"中国知识青年上山下乡第一村"。这是毛岸英当时生活了 7 个月接受锻炼的地方，是当时毛泽东最亲密的农民朋友吴满友的家乡，2010 年央视大剧《毛岸英》就是在这里实景拍摄的。吴满友的侄子吴凌云抓住了当前全国对下一代教育问题特别关注这一市场卖点，筹资 100 万元，建设了毛岸英事迹陈列室。许多游客在旧居自己做饭，在展厅里打地铺，目的是体验

---

① http://news.sina.com.cn/c/2008-01-27/180714838761.shtml，新浪新闻中心。
② 梁娟：《红色旅游产业调查》，新华通讯社，内部交流资料，2010 年版。

伟人的儿子在此是怎样生产生活的。深圳一企业老板组织了一批"富二代"到毛岸英劳动过的地方"忆苦思甜"。当地村里四个农民集资 176 万元办起毛泽东纪念馆，展出像章、书画、照片等，每年接待游客 3 万人。

政府对民间力量开发红色旅游资源的管理指导和政策支持是否到位，会出现截然不同的效果。浙江温州商人投资 2 000 万元，开发了全国首个红色经典旅游项目"梦回延安保卫战"，利用高科技手段再现当年革命战斗的场景，让游客有身临其境感，"急促的防空警报声、轰炸机的嘶鸣声、炸弹落地爆炸的爆炸声，烟雾升腾和扑面而来的热浪"，让游人如同置身于真实战争中。2009 年运作至今，此项目已经吸引了超过近 40 万游客。政府给予了浙商税费减免等多项优惠政策，但是对当地农民个体开发的红色旅游项目，关注度却有差异，力度明显不足，还存在欠缺。

四、区域红色旅游文化产业发展模式探析

区域红色旅游文化产业打造过程中，有一些模式可供借鉴，比如井冈山围绕"生态井冈，红色摇篮、精神家园"，将红色旅游与生态旅游相结合，注重用红色培训留住人，用绿色生态吸引人，由单一观光型向多元化复合型旅游转型的新路。[①] 具体方式如下。

（一）红色培训模式的构建

在开展红色旅游过程中，在革命老区依托丰富的红色资源，以游客喜闻乐见的形式开展红色培训，引导游客坚定理想信念。培训必修课程包含了现场课堂教学，"穿红军服，戴八角帽，唱响红歌"，在遗址前听一堂传统教育课，向烈士陵园先烈献一束鲜花，重温历史，重温群众与党、与人民军队的鱼水亲情，重温红军精神。红色培训把游客的时间由单一的一两天观光旅游延长到三四天，甚至更长一些。而游客有了切身感受后，又会建议给单位或者朋友，增加旅客流量。红色培训提升了红色旅游的品质。

（二）体验式教学

体验式教学包含了把重走红军长征路与现代拓展训练理念、当年革命历史相

---

① 李兴文：《用绿色生态吸引人用红色培训留住人》，新华通讯社，内部交流资料，2010 年版。

结合。采取现场讲解、分组讨论、情景模拟等多种教学方式，让游客去亲身体验，挑战困难和身体极限，实地接受革命传统主义教育。比如昆明寻甸县柯渡镇红军纪念馆开展的"飞夺泸定桥"、"穿红军服 3 公里挑粮"等，形式多样，内容丰富，既激发身体潜能，又增强意志品质。

（三）革命传说故事与红军菜肴的开发

根据脍炙人口的红军故事，农家乐可以开发出一道道色香味俱全的红军菜肴，配以简单的文字说明，别具一格，能让游客在品尝食物之中品味文化，重温那段红色历史。

（四）红色旅游商品的打造

通过旅游商品的研发推广，开发出一批集文化、历史、纪念、观赏、收藏为一体的特色旅游商品，建立一批有品位的旅游购物场所，让红色旅游走上商品产业链之路。

这种模式适合于共产党重要的工作地和战斗地，具有在革命老区推广的潜力。既加大了理想信念教育的力度，又对地方经济发展有贡献，对解决农村剩余劳动力的就业问题、增加农民收入、提高当地人生活水平具有积极作用。

结　语

区域红色旅游通过历史真实与规律的切近，体现鲜明的历史内涵和时代特色。从表达形式看，它的开发激活了红色文化对当代教育的积极因素，使红色文化资源以鲜活的形式呈现在人们面前，并为新时期、新形势下加强社会主义核心价值体系建设探索出了有效途径。

区域红色旅游产业开发将红色文化、文化产业、老区发展融为一体，打造了新时期集传承、创新、发展多元功能为一体的平台。其作用在于：一是展示老区形象；二是促进互动交流；三是塑造区域精神。

在开发区域红色旅游文化产业资源中，要充分体现"政府主导、社会参与、资源共享、市场运作"这一运作模式，整合资源，科学规划，把资源优势转换为产业优势，打造好红色旅游产业品牌形象，集传统红色教育旅游、温泉度假旅游、水景旅游、野外拓展旅游、民俗旅游等为一体的多元化复合型红色旅游产业模式的形成，可避免旅游品牌形象的固化，既带动当地红色旅游的发展，又可成为各地游客青睐的旅游目的地和休闲度假地。同时，推进红色文化旅游与其他产业紧密融合，延长红色旅游文化产业链条，促进工业旅游、都市休闲旅游、农业观光旅游、历史文化旅游等协调发展，相得益彰。

通过不断创新，最终推动红色旅游多样化、多层次发展，从而提升区域红色旅游文化产业的核心竞争力和可持续发展力。

参考文献：

［1］向勇，喻文益. 区域文化产业研究［M］. 深圳：海天出版社，2007.

［2］叶朗. 21 世纪的中国文化产业　北大文化产业前沿报告［M］. 北京：群言出版社，2004.

［3］2011—2015 年全国红色旅游发展规划纲要［EB/OL］. http：//www. chinacehua. com/zcfg/2588.

（洪波，副教授，艺术文化学院院长，主要从事中国少数民族艺术及文化产业管理研究）

2 云南演艺产业模式探析①

侯云峰

摘　要：本文以演艺产品类型为视角，通过对云南省演艺产业的分析，力图发现和整理出云南省演艺产业发展与管理的规律，目的是对我省演艺产业发展的成功经验进行梳理和总结，为今后产业的发展与管理提供借鉴。

关键词：演艺产业　模式　产业管理

从我国范围内来看，我省以旅游演出为核心的演艺产业具有较大的影响力和知名度，表现出起步早、精品多、影响大和特色突出等特征。演艺产业是云南文化产业的重要组成部分，甚至可以说演艺产业是云南文化产业的代名词和靓丽名片。认识和研究云南演艺产业的发展模式、管理模式，对于了解和分析文化产业发展的"云南模式"，对于积累产业发展的经验、探索产业经营规模、推动该产业实现良性有序发展，都具有重要价值。

一、云南演艺产业模式的界定

模式（Pattern）是方法论中的概念，是指人们从重复出现的事件中发现和抽象出的规律，是解决问题的经验的总结。人们在生产生活实践中的经验经过抽象和升华过程，就形成了解决某一类问题的方法论，也即此处所指"模式"。近些年来，云南文化产业取得了令世人瞩目的成就，在探索文化产业发展的道路上，云南省不断探索、积极创新，在西部欠发达地区创造出了一条有别于东部经济发达地区的、具有区域特色的文化产业发展的新途径。这一新途径被一些专家总结提炼为"云南模式"，"云南模式"可概括为：由政府主导、民族文化主打、旅

---

① 本文是云南省教育厅科学研究基金项目研究成果。

游助推、龙头带动、文化事业产业互动的文化产业发展机制。

　　"云南模式"是我省发展文化产业采用的方法以及所取得经验的一种高度概括，在其中，具有云南特色的产业管理措施和方法也是推动产业良性发展的动力之一。很难想象一个没有完善管理机制的产业会取得良好的发展，而我省在演艺产业方面取得的突出成绩也与开创性地实施了一些行之有效的管理模式有关。这些经验和方法，不仅对于我省文化产业的可持续发展意义重大，而且对加快我省经济发展方式转变、丰富完善文化产业发展方式，有十分重要的启示和借鉴作用。

　　如果以2002年《丽水金沙》公演和2003年《云南映象》首演为产业快速发展的标志，那么，云南省演艺产业已经历了大约10年的发展时间。在这10年中，云南省演出精品不断涌现，为云南文化树立了崭新的形象。在这十年中，演出产品开始从产品走出去向品牌走出国门迈进，更难能可贵的是：10年间，云南演艺产业的从业者们不断探索、积极创新，在西部欠发达地区创造出了一条有别于东部经济发达地区的、具有区域特色的演艺产业发展的新途径，形成了具有云南特色的演艺产业发展模式和产业管理模式。

二、云南特色的演艺产业发展模式

　　从演艺产业的发展类型来看，这些模式主要可概括为以下八种类型。

（一）生态与民族文化结合模式

　　发展"展演型"文化产业，是向游客展现多姿多彩的民族风情与独特韵味的重要方式之一，但如何进行展演、展演应以何种有效路径进行则绝非易事。在这方面，云南省西双版纳州作出了积极的探索与尝试。西双版纳地处热带，这里民族风情浓郁、生态资源丰富、自然风光迤逦，近年来，西双版纳利用自身具有的自然和文化优势，探索出一条通过发展"展演型"文化产业，促进民族文化生态保护、实现文化产业发展与民族文化生态保护互动的道路，成为促进西双版纳旅游业实现可持续发展的重要路径。这种演艺产业模式，可称之为生态与民族文化结合模式，我们可将之细分为节庆文化展演型、民俗风情演艺型和民族歌舞演艺型三种类型。

　　1. 节庆文化展演型——《泼水节·印象》

　　泼水节是西双版纳傣族最隆重的节日，《泼水节·印象》是西双版纳傣族园有限责任公司在傣族园景区成功推出"天天欢度泼水节"等系列民俗活动的基础上，在橄榄坝曼迈桑康景区推出的实景演出，在旺季时每天循环演出。《泼水节·印象》以山水实景为舞台，以数百名当地傣族男女作为演员，以泼水节为文化背景，以展现泼水节赛龙舟、放高升、赶摆、泼水等系列民俗活动为主要内容，演绎孔雀公主等动人的民间故事，集中向游人再现了傣族节庆文化的深厚文化内涵，使游客能亲身感受和体验傣族民俗节庆文化的魅力。

2. 民俗风情演艺型——《澜沧江·湄公河之夜》

《澜沧江·湄公河之夜》是在国家 AAAA 级旅游景点景洪市曼听公园内进行的综艺晚会，一共分为傣味晚宴、民族节目表演和篝火晚会三大部分的内容。游人能在演出前品尝各式烧烤、椰蓉米饭、傣家米酒等傣族风味食品。晚餐后的场内演出以展示西双版纳及澜沧江·湄公河流域中、老、缅、泰、柬、越六国民族的民族风情为主。第三部分场外篝火晚会以互动舞会和放河灯等民俗活动为主。《澜沧江·湄公河之夜》突破了以往的舞台界限，增强了游客的体验性，使游客在品美食、看演出、共欢舞的过程中感受澜沧江·湄公河流域多姿多彩的民俗风情，领略西双版纳的独特魅力。

3. 民族歌舞演艺型——《勐巴拉娜西》

大型歌舞《勐巴拉娜西》是西双版纳一个重要的旅游文化产品，是一台以世居西双版纳的 10 余个少数民族歌舞文化为题材、以游客为主要观众的旅游演艺产品。《勐巴拉娜西》艺术构思精巧、服饰精致豪华、舞蹈语汇丰富多样，自 2004 年 4 月公演以来一直受到游客的欢迎。自正式对外公演 7 年以来，这台大型歌舞秀共计演出 3 000 多场，接待游客 200 多万人次，年均接待观众 30 万人次，实现票房收入 2.5 亿元，实现了社会效益和经济效益双丰收。《勐巴拉娜西》展示了民族民间歌舞的神奇魅力，提升了西双版纳旅游市场的整体质量，推动了西双版纳文化产业的整体发展。

以《澜沧江·湄公河之夜》歌舞篝火晚会、《勐巴拉娜西》大型民族歌舞为代表的一批具有浓郁民族特色的文化旅游演艺产品，开创了自然生态与民族文化相结合的产业模式，是展演型文化产业的杰出代表，该模式对于展现民族风情浓郁的旅游目的地多姿多彩的民族风情、增加游客体验性、提升旅游文化内涵具有积极意义。

（二）品牌扩张模式

品牌是企业最有潜力的资产，我省一些演艺企业把品牌扩张作为企业发展、品牌壮大的有效途径，开始探索在异地复制成功模式、扩张成功品牌、打造针对当地旅游市场的演艺产品。这也标志着云南文化产业开始由"文化产品走出去"时代进入"文化品牌走出去"时代。例如：丽江丽水金沙演艺有限公司在成功推出《丽水金沙》后，也着手进行品牌扩张，在苏州推出续作苏州版《丽水金沙》，成功进军省外演艺市场；世博吉鑫集团相继推出《吉鑫宴舞》、《勐巴拉娜西》等大型民族歌舞演艺产品之后，在海南三亚推出《浪漫天涯》大型歌舞晚会，集团规模得以迅速扩张，吉鑫集团向成为中国最大民营演艺集团的宏伟目标又迈进了一步。该集团目前正在积极探索如何使《吉鑫宴舞》品牌走出国门，而我省也正在探索让"云南制作"走出国门的可能性，现已启动和柬埔寨合作开发大型演艺项目——歌舞剧《梦幻吴哥》；2011 年 11 月，由云南文投集团与新加坡共同打造的大型情景歌舞史诗《辉煌新加坡》在新加坡公演，该演出以新加坡历史为叙事线索，讲述了新加坡的历史和传说，展现了新加坡的变迁和文化，反映了新加坡人民不屈不挠的抗争精神和现代新加坡的美好画卷。

品牌扩张战略的实施，使我省演艺产业开始由以输出产品为主的"文化走出去"向以品牌、运作及管理模式输出为主的"品牌走出去"转变，产业发展实现了历史性的突破。

（三）"一戏一公司"模式

"一戏一公司"模式是指为一台精品演出成立公司，专门负责演出的经营与管理，这种模式具有专门化管理的特点，公司围绕一个产品进行运作，避免被其他项目和事务牵扯精力，可以达到管理精细化、服务品质化、投入产出比优化的目的。

《丽水金沙》是丽江市歌舞团进行体制改革、走向市场化运作，与深圳能量公司共同成立"丽江丽水金沙演艺有限公司"后推出的一个演艺产品。《丽水金沙》依托现代声光、音乐、舞美、服饰等艺术手段，以气势恢宏、华美壮观的舞蹈形式，通过丽江各民族最具代表性的走婚、殉情等文化意象，以舞蹈诗画的形式表现了丽江独特的民族文化和民族精神。演出充分运用了现代艺术的表达方式，通过优美的舞蹈语言、丰富的民族音乐曲调、绮丽多姿的民族服饰的展示，舞台设计丰富、灯光效果出神入化，让观众得到了强烈的艺术享受和视听震撼。公演 9 年以来，总演出已逾 5 000 场，接待观众 300 多万人次，总收入接近 3 亿元。

《丽水金沙》以游客为目标客户，以精品旅游舞蹈晚会为产品，取得了社会效益和经济效益双丰收，《丽水金沙》及"丽江丽水金沙演艺公司"被文化部授予"文化产业示范基地"称号；被评为"2004年度中国文化产业十佳成长型企业"；在中国第七届艺术节上被评为"全国百家优秀文艺团体"；获第五届中国舞蹈荷花奖表演金奖和作品铜奖；2005年被评为云南省著名商标。《丽水金沙》已经成为丽江、云南乃至全国文化产业的一面旗帜。

（四）宴·舞结合模式

所谓宴·舞结合的演艺产业发展模式是指：演艺节目与餐饮文化有机结合，通过宴会伴餐演出的形式，体现筵席与舞台表演艺术的高度融合的产业模式。该模式以《吉鑫宴舞》最具代表性。《吉鑫宴舞》是由餐饮企业云南吉鑫集团公司投资打造的演艺产品，属于伴餐型的演艺产品。该产品以"宴舞是筵席与乐舞艺术相结合"的理念，通过把过桥米线等滇味传统美食与云南少数民族歌舞艺术、民族服饰展演相结合，提炼挖掘云南民族文化元素，在宴会大厅这个特定的空间内艺术地再现了绚烂多姿的云南少数民族文化。近年来，《吉鑫宴舞》已成为我省最著名的餐饮演艺产品。

《福天宝地》也可归类于宴舞结合的产业模式。《福天宝地》演出地点在昆明市福保文化城。演出以展现昆明历史和滇池周边民俗文化为主，该演出构思奇特，舞台设置在一个可供1 200人就餐的大厅里，而实景表演区设于室内温泉水景之上，观众可在品尝美味佳肴的同时观赏水上歌舞演出。

（五）驻场与巡演模式

从演出场地是否固定来看，演出可以分为驻场式、巡演式和驻场加巡演式三种演出模式。在我省，旅游业处于持续增长的态势，使得一些重要旅游目的地的观众来源得到保证，演艺企业可通过驻场式演出获得稳定收益，驻场式演出成为我省旅游演艺企业采用的通行模式。如《丽水金沙》在"丽江国际民族文化交流中心"驻场演出，《云南映象》的固定演出场地先后设在昆明会堂、云南艺术学院展演中心剧场和云南艺术剧院，西双版纳的《勐巴拉娜西》在"勐巴拉娜西艺术宫"（原景洪市文化艺术中心），《蝴蝶之梦》则在大理州新州礼堂驻场演出。

除了驻场式演出模式，我省一些优秀的院团和演出企业也在探索"驻场加巡演"的营运模式。云南映象文化产业发展有限公司正在探索驻场式与巡演式相互依存的全新演出模式，《云南映象》已发展成为一团在昆明会堂驻场演出；由杨丽萍领舞的二团在各地巡演；三团创编了《云南映象》的姊妹篇《香巴拉映象》。"驻场式加巡演式"模式，集合了固定场地演出与巡回演出的优势，丰富了利润增长方式。固定场地演出成本相对较低，能锻炼演员，不断完善演出剧目质量，而跨地域巡回演出可以增加观众的数量，扩大演出的影响和知名度。

（六）景·舞交融模式

所谓景·舞交融模式就是指演出空间设置于自然空间，以自然景物与舞台演出交相辉映的模式，也可称之为实景剧模式。就目前云南的实景剧演出情况来看，以《希夷之大理》和《印象·丽江》最具代表性。《印象·丽江》剧场坐落于丽江玉龙雪山山麓的甘海子，《希夷之大理》以大理北门水库为演出地。《印象·丽江》和《希夷之大理》两剧都是景·舞交融的大型实景型演艺产品。《印象·丽江》由曾成功打造《印象·刘三姐》的张艺谋、王潮歌和樊跃出任导演，总投资均接近 2 亿元；《希夷之大理》由同为中国第五代导演领军人物的陈凯歌出任总导演。

《印象·丽江》巧妙地将自然景观与民俗文化融为一体，在海拔 3 100 米的甘海子设立演出场地，以玉龙雪山为背景，随着雪山的四季变幻也使演出背景自然变化，让人惊叹于大自然的神奇魅力的同时，启用了先进的造水工程和烟雾效果工程，与自然交相辉映，营造出令人赞叹的视觉效果。同时，该剧的服装、音乐融入了大量的民族元素，并全部选用业余演员出演。500 多名演员全是普通农民，他们用最生活化的动作、最质朴的歌声，与天地共舞，震撼着在场的每一位观赏者的心灵。

与《印象·丽江》在白天演出不同，《希夷之大理》则选择在夜晚演出。《希夷之大理》剧场坐落于大理北门水库，座位数多达 5 000 个。剧场背靠洱海，面朝苍山，横跨在舞台上部的是一座巨型的钢筋彩虹桥，舞台中央则是一个巨大的圆球状结构。演出取材自白族传说"望夫云"，融入了京剧、民族舞、山歌、动漫、杂技、变种双簧等多种表演形式和复杂的舞台机械及现代声、光、电手段。

（七）原生态民族歌舞演出模式

原生态演出模式是通过对云南丰富的民族文化资源进行活态化利用，将少数民族的风情、民俗、生活和劳动通过舞台原汁原味地向观众传递的类型。原生态民族歌舞演出模式的杰出代表《云南映象》是云南省演艺业的标志性精品，由我国著名舞蹈艺术家杨丽萍出任艺术总监和总编导并领衔主演，是我国首部大型原生态歌舞集。在以"原生态"为产品定位的《云南映象》中，这种模式得到了非常成功的运用。《云南映象》这部作品充满了地道的云南民族元素，演员70%来自云南各地甚至田间地头。它通过对原生态歌舞艺术的整合重构，展现了云南多姿多彩的民族风情，获得了极好的社会效益和经济效益。《云南映象》已成为我省继《五朵金花》、《阿诗玛》之后新的文化名片，是到昆外地游客必看的演艺节目。

（八）演出产品资本风险化投资模式

演出产品运作模式与国际接轨是演艺产业发展的必然趋势。2009年《云南映象》姊妹篇《云南的响声》成功首演并实现全国巡演。《云南的响声》就采用了与国际接轨的运作模式而大获成功。该产品还在创意阶段就采取了"一戏一公司"的运作模式，组建了"云南的响声文化传播公司"，使该产品由经济上完全独立的公司来制作和管理。在市场运作方面，该产品采用了国际通行的操作方法，即采用资本风险化投资的方法，由演出项目投资公司投资运营首轮全国巡演50场演出，每场演出费用高达15万元。这样的操作方式使杨丽萍可以安心于艺术创作，而演出市场开拓则由北京希肯国际演艺公司全权负责。还在排练阶段，数百万元演出预付金已经注入云南的响声文化传播公司账户上，新作排练有了充足的经费保障。巡演还未开始，《云南的响声》就已收回全部前期成本。

事实证明：采用与国际接轨的运作模式，可以实现优势资源的整合与互补，分散市场风险。演艺制作公司和演出投资公司各司其职又紧密合作，使各自都可以专注于最擅长的专业领域，最终达到双方共赢的良好局面。

三、云南省演艺产业管理的主要模式

演艺产业管理模式指产业管理过程中所采用的基本思路和方式，是指一种成型的、具有借鉴作用的演艺管理体系，通过这套体系，管理主体可发现和解决管理过程中存在的问题，从而规范管理手段、完善管理机制、实现既定目标。管理模式的形成与产业发展模式密不可分，管理模式应该属于产业模式中的重要内容。就云南省的情况来看，抛开微观的演艺企业自身的管理不谈，在宏观管理层面和以中介经纪机构为主的中观管理两个层面，经过多年的探索，已逐渐形成了具备一定地方特色的管理模式，主要可概括为以下三种类型。

（一）政府主导管理模式

从我国行政管理体制历史沿革与管理机制来看，各级政府和职能部门仍然是演艺行业领域宏观管理最重要的主体，政府通过制定产业发展规划、出台产业扶持政策或通过对下属文艺院团加以产业引导等措施来实现产业管理的目标。

政府通过制定导向性和宏观性产业发展政策依然是一种重要的宏观管理手段。如我国政府在2009年出台的《文化产业振兴规划》中明确提出了国家要重点推进的文化产业类型，其中就包括演艺娱乐业。对于演艺产业而言，国家和省级的法规除《营业性演出条例》外，其他更多是针对文化产业的配套政策或优惠政策。如《中共中央、国务院关于深化文化体制改革的若干意见》（中发〔2005〕014号）、全面落实《国务院关于非公有资本进入文化产业的若干决定》（国发〔2005〕10号）、《关于文化体制改革中经营性文化事业单位转制后企业的若干税收政策问题的通知》（财税〔2005〕1号）、《关于文化体制改革试点中支持文化产业发展若干税收政策问题的通知》（财税〔2005〕2号）。文化部制定了《关于促进商业演出展览文化产品出口的通知》和《国家商业演出展览产品出国指导目录》等政策。从云南省的情况来看，近几年先后制定了《中共云南省委云南省人民政府关于深化文化体制改革、加快文化产业发展的若干意见》（云发〔2004〕15号），以及《关于构建合理演出市场供应体系促进演出市场繁荣发展的若干意见》（发改价格〔2008〕76号）等。政府部门通过制定操作性强的文化税收与价格政策、地方性演艺产业政策、社会捐助与社会保障政策，为繁荣演艺事业、发展演出演艺产业提供了政策保障，实际上发挥着产业管理和导向的功能。

（二）体制改革管理模式

体制改革管理模式包含完善政府宏观职能和院团改制两方面的内容。通过转变政府职能，实现文化宏观管理体制改革，建立与社会主义市场经济体制相适应、与社会主义精神文明建设要求相一致、与文化艺术自身规律相符合的文化管理体制和运行机制，这样就能逐步理顺政府部门与文化事业单位的关系，建立党委领导、政府管理、行业自律、市场推动、文化单位依法自主运行的文化管理体制和运行机制。逐步实现政府文化主管部门从"办"文化为主到"管"文化为主的转变。

比如：云南省为繁荣文化事业，推动文化产业发展，促进融资平台及投资主体建设，由省政府出资 11.2 亿元注册设立了国有独资的文化企业集团——云南文化产业控股集团。其目的是通过政府引导、企业运作的方式，充分发掘并整合云南文化资源，盘活存量资产，把包括省歌舞剧院、省杂技团、云南艺术剧院、云南大剧院等院团转企改制及划入资产，达到资源整合、规模化经营的效果。

由于企业化改制后，各国有院团必须按照现代企业制度进行运营管理，政府实际上已改变其原有管理功能，政府的职能以监管和服务为主，实现了从既办文化又管文化向只管文化的转变。这样既可避免政府大包大揽，又可激活文艺院团的创作生产活力，从长远看有利于解放艺术院团的文化生产力。原来省属的 6 家院团通过转企改制，成为云南文化产业控股集团旗下的子公司，这样既能培育市场主体、增强演艺产业的生产力，又使国有院团能够面向市场，提高演艺产品的市场适应能力，从而向观众提供更多更好的演艺产品。云南文化产业控股集团建设成大型省属企业后，实际上起到了龙头企业的领航作用，不仅成为文化体制改革的重要载体和云南文化"走出去"的桥梁及纽带，而且成为省委、省政府重大演艺项目的实施者。云南文化产业控股集团先后推出了在法国上演的情景杂技《雨林童话》、在新加坡演出的《辉煌新加坡》、在云南腾冲上演的《梦幻腾冲》、在柬埔寨上演的《吴哥的微笑》等演艺精品，取得了较好的综合收益。

前文提到的民族风情舞蹈诗画《丽水金沙》正是依靠企业化运作，建立现代企业制度，适应市场运作要求，引入竞争和激励机制，完全打破了原有的内部管理制度。歌舞团彻底走向了市场，原歌舞团的 30 多位年轻演员成为该团的签约演员，现在除自己发工资之外，还向政府交纳包括场租、人员管理、税收在内的费用，而政府不用再掏钱养戏、养人。

无论是政府宏观文化管理体制的改革，还是国有文艺院团的管理体制变革，都会促进新型管理主体的形成，都会起到丰富管理内涵、激活产业管理自觉性的作用。因此，文化体制改革推动了产业管理变革，也促进了新型管理模式的形成。

（三）行业自律管理模式

行业协会具有自律功能，除政府主管部门和产业主管部门发挥常态职能外，行业协会等中介组织同样能发挥出重要的管理功能，演出行业协会等机构可依照法律规定和自身章程履行协调、服务、维权、自律等职责。一般而言，一个社会的发展和文明程度越高，其中介组织和机构会越发达。市场经济条件下，政府对企业的管理，以间接调控、行业管理为主，许多经济事务要靠市场调节，并具体表现为靠中介组织之间的协调。

对于演艺业而言，仅仅依赖政府进行管理只会导致效率低下，管理主体力不从心。而规模经营是现代演出业发展的要求，只有实现了演出规模化经营，才能降低演出项目成本，实现利润最大化，并逐步走向产业化。除了演艺产业管理主体，演出联盟、行业协会等中介组织的发展可起到充实产业管理主体的作用。通过行业协会的社会化、规范化管理，可以使政府部门把精力集中于管理和服务上，从而有利于促进演出演艺产业健康有序地发展。

我省部分知名演艺企业近年加入区域性行业自律组织"西部演出联盟"，达到了演出资源共享、演出风险共担、项目共同培育的效果，原有演出院团和演出经纪机构各自为政、单打独斗、管理松散的局面得到了改善。2011 年，包括中国东部剧院联盟、中国西部演出联盟与中国北方剧院联盟在内的我国三大演艺行业联盟已开始整合成立"中国剧院演出联盟"，并正式向文化部报备。"中国剧院演出联盟"这一行业自律性组织"巨型航母"的呼之欲出，实际上预示着演出行业自律管理模式将成为一种主流，有望在今后的产业发展中发挥更大作用。

结　语

本文探讨的八种产业模式和三种管理模式是对云南演艺产业发展的一次初步总结。认识和研究云南演艺产业的发展模式，探索产业经营管理规律，对于积累产业发展的经验，推动该产业实现良性、有序发展，了解和分析文化产业发展的"云南模式"，都具有重要价值。这些模式无疑已成为产业发展典范，将为今后的产业发展提供宝贵的范例和经验。

参考文献：

［1］施惟达 . 态与势：云南文化产业研究［M］. 昆明：云南大学出版社，2007.

［2］尹欣，范建华 .2008—2009 云南文化产业发展报告［M］. 昆明：云南大学出版社，2011.

（侯云峰，副教授，艺术文化学院副院长，主要从事文化产业管理及演出演艺产业研究）

3 桥头堡建设背景下高校教育平台的新构建

熊 焰

摘 要：桥头堡战略的提出促使云南成为中国面向西南开放的重要地区，桥头堡建设对有效地开发、开放云南及中国具有重大的积极作用，能够最大限度地促进云南及中国同南亚、东南亚在桥头堡建设过程中各渠道的交流与合作，开发与共享。高校教育应该如何抓住机遇，构建起独具特色的高校教育平台，既为桥头堡文化建设提供更多的技术和智力支持，进一步推动中国同南亚、东南亚文化的交流合作，同时也推动和完善高校教育的改革与发展。

关键词：桥头堡 高校 教育 构建

"桥头堡"是亚欧陆桥经济研究中一个富有特定含义的重要概念，对"桥头堡"一词的解释主要有三层意思："第一，是控制重要桥梁、渡口而设的碉堡、地堡或据点；第二，设在大桥桥头的像碉堡的装饰构筑物；第三，泛指作为进攻的据点。"2009 年 7 月，国家主席胡锦涛提出将云南建成中国面向西南开放的重要桥头堡，这一战略的提出促使云南成为中国沿边经济区的重要发展目标之一，战略的提出逐步上升到国家战略层面，各方关注和评议蜂拥而至。诚然，云南独具区位优势，对东南亚、南亚地区具有良好的辐射功能：首屈一指的民航运输网络，贯穿云南物流市场的联邦快递，连接南亚、东南亚的人才桥梁……由此可见，云南省在对外开放中重要的前沿地位。

一、桥头堡战略的提出和意义

桥头堡战略的提出，既是提升中国西南沿边开放水平大战略的着力点，也对我国未来的整体发展具有重要的意义。

其一，推动我国经济的可持续发展。云南毗邻东南亚和南亚各国，也与国内藏、黔、川、桂等省份紧密连接，交通便捷，桥头堡战略的提出，能够使上述三方形成很大规模的物流、人流、资金流与信息流，从而促进我国经济结构的调整、升级，整合优势资源，改善经济发展环境，对推动西部大开发战略的逐步深入和西南地域经济的持续发展，具有重要的作用。

其二，促进区域各方的合作交流。在中国、东南亚、南亚三方市场中，当前的云南具有不可忽视的连接优势，桥头堡战略的提出从根本上改变了西南地区交流合作闭塞的瓶颈，有利于扩大区域各方的经济合作，加强中国与东南亚、南亚的全方位交流，从而进一步推动西部地区同周边各国的全面合作交流。

其三，拓展沿边的开放程度。云南在西南区域的发展中具有独特的地理位置优势和资源、市场优势，改革开放以来，通过区域经济及文化的交流合作，云南同周边各国建立了良好的信任关系，一方面能够拓展西南地区的沿边开放程度，另一方面，中央关于桥头堡建设的提出可以为云南发展提供更多的机遇，提高中国沿边的开放水平。

二、桥头堡建设提出背景下高校教育的整体发展现状

云南独具区位优势，在桥头堡建设过程中具有重要作用，因此，更有效地开发、开放云南，最大限度地发挥其在桥头堡建设中的作用，从而促进桥头堡建设过程中的交流与合作，开发与共享。但这一切都不能脱离文化环境，因此，教育的境况尤其是高校教育的发展对桥头堡战略的实施与推进具有重要的作用。当前云南省高校教育发展滞后、人才培养模式与市场脱节等现象阻碍了桥头堡战略的顺利推进。详细说来，对桥头堡建设背景下我省高校教育发展凸显的矛盾表现在以下几个方面。

（一）日益扩大的生源与办学条件滞后的矛盾

1999 年教育部出台《面向 21 世纪教育振兴行动计划》，我国便开始了大规模的高校扩招，"从 1998 年全国普通高校招生 108 万人，到 2002 年全国高校计划招生 275 万人，增幅高达 154.6%"[1]，而到 2008 年，高考录取比例达到 57%，2011 年录取比例竟已超过 70%。因此，用飞跃来描述中国高校生源的增长并不为过，高校生源不断扩大，是当下高校教育发展的主要趋势。但是，生源不断扩

---

[1] http://www.people.com.cn。

大，却未有与之相匹配的高质量的办学条件、教学设施、师资队伍、学术成果等，加大了生源扩大与办学条件滞后之间的矛盾。

（二）内地发达与边境发展滞后的矛盾

近年来，我国经济连年持续增长，但持续增长的同时也加大了各区域经济的差距，东部地区经济发展迅速，西部相对滞后，这种经济发展的不平衡也使整体文化的提高受到了限制，同时为教育质量的提升带来了巨大的局限性，使得高校教育区域发展的不平衡进一步加剧。整体来看，东部发达的优越性同西部发展滞后的矛盾较为突出，高校教育发展滞后的矛盾也日益凸显，这也造成了一定规模的人才流失。

（三）传统专业及课程设置与快速、多元发展形势的矛盾

在桥头堡建设背景下，中国与东南亚、南亚的经济、文化交流越来越频繁和密切，快速、多元的发展形势对高校的课程及其专业设置等各方面都提出了不同的需求，传统的专业和课程设置已经无法与之适应，于是出现了传统专业及课程设置与快速、多元发展形势的矛盾。

（四）灵活自主办学与政府宏观调控的矛盾

计划经济时代，我国政府一直将高等教育作为政府的重要任务来抓，并取得了较大成效。改革开放以来，我国高等教育事业获得长足发展，改革获得瞩目的成绩，初步形成了适应国民经济建设和社会发展需要的多重层次、多种形式、学科门类齐全的社会主义高等教育体系，为社会主义现代化建设培养了大批的高级专门人才，在国家经济建设、科技进步和社会发展中发挥了重要作用。

长期以来我国政府在高等教育改革与发展中占据主导地位，包括高校的举办、经费的投入与使用、招生计划的安排、专业设置、教师的管理、学生毕业分配等各种活动都由政府直接或间接地参与管理。在20世纪80年代，政府对我国高等教育管理体制进行了一系列的改革，改革的主要内容是理顺政府和政府之间的关系，高校和高校之间的关系，但政府与高校的关系问题依然存在。中国是一个政治、经济、文化与国家政权高度统一的国家。在这样的政府高度集权的传统文化背景下，高等教育在适应市场需求方面显示了力不从心的矛盾。

三、桥头堡建设中高校教育职能的新思考

（一）传统意义上高校教育的职能

1. 教育的经济职能

教育的经济职能指的是"教育对生产力和经济发展的促进作用"①。教育的经济职能主要体现在以下三个方面：第一，教育能够将可能的劳动力转化为现实的劳动力，通过教育可以令人掌握一定的科学知识、生产经验与技术手段，形成新的生产能力，从而促进社会生产的发展。第二，教育是科学知识再生产的手段。借助教育功能，可以使原来被少数人掌握的科学知识与经验等，在较短时间内被更多的人掌握，可以为社会源源不断地提供更高质量的技术人员。第三，教育是产生新科学技术的手段。学校在传播知识的同时，还可以进行科学研究，提供新的科学技术知识，因此，也可以说教育是催生新科技的必要和重要手段。

2. 教育的政治职能

教育可以为政治培养其所需的人才，高校通过思想教育等形式，传播一定的政治思想意识，包括政治、经济、法律、道德、思想等方面的内容，使受教育者成为具有一定政治思想意识的人；教育具有一定的思想宣传作用，可以影响群众，为一定的政治服务；教育还能够促进政治民主化。可见，教育能够为政治提供良好的发展环境，具有重要的政治职能作用。

3. 教育的文化职能

教育在文化的发展中起着桥梁的作用，而教育本身也是一种文化存在，教育的每一发展阶段都具有很深的文化烙印，带有明显的文明、思想和思维印记，教育也因此具有了文化指导、思想教育的作用，具有了重要的文化职能。

4. 教育的育人职能

教育是培养人才的社会活动，教育有助于促使受教育者实现社会化和个性化发展。教育可以促进人的先天素质发展，能够把人类在历史进程中形成的人类精神文明移植在个体中，还可以依照一定社会的要求，造就合格的社会成员。

---

① 邵宗杰、裴文敏、卢真金：《教育学》，华东大学出版社 2001 年版，第 19 页。

（二）桥头堡建设背景下高校教育职能的转变

"当今世界，科学技术突飞猛进，知识经济初露端倪，国力竞争日趋激烈。教育在综合国力形成中处于基础地位，国力的强弱越来越取决于劳动者的素质……"① 2009 年 7 月桥头堡战略的提出，进一步加强了对人才素质提升的需求，在桥头堡建设背景下，高校教育职能也因此出现了诸多转变。

1. 提高劳动者素养，培养具有服务意识的人才

科学技术是第一生产力。"发展教育事业，提高全民族的素质，把沉重的人口负担转化为人力资源优势，这是我国实现社会主义现代化的必由之路。"② 特别是当下桥头堡战略的提出和实施，进一步加强了对劳动者素质提升的要求，增强人才的服务意识，为社会提供服务型人才，这是世界发达国家为我们提供的振兴经济的历史经验，也是促进中国与东南亚、南亚更好地交流沟通的重要措施。而高校教育是劳动者素质提高的最主要途径，高校教育是培养服务意识、提高服务能力的重要措施，受教育者通过教育能汲取更好的服务性理论，参与社会服务的实践之中，逐步成长为具备服务意识的重要人才。

2. 了解市场需求，教学科研与市场结合

当今国际社会是信息化、科技化的社会，国家生产力的发展越来越依赖于科学技术的进步，一些新的生产工具、新工艺、新药品等都是首先诞生于科学实验室，而后逐步推向市场。因此，人才培养必须关注市场，高校的专业、课程设置应当顺应多元化市场的发展需求。面对桥头堡建设背景下多元文化和多元市场的丰富、复杂，更应该重视市场的需求，吸取有益的经验和文化，拓展市场信息的来源渠道，将之运用于自身的教育实践过程中，既可以创造良好的科学研究氛围，还能够培养更多的顺应市场发展的人才。

3. 加强复合型人才的培养

现代高校教育在提高劳动者素质、培养科技人才的基础上，还能通过各种形式为社会提供服务。一方面，高校是社会科学文化的中心，可以担负对社会各方面工作的指导、咨询等教育工作，这需要高校人才具备广泛的专业技能，来帮助社会解决可能遇到的各种理论与实际问题。另一方面，提供社会服务也是高校自身发展的需求，通过广泛的社会服务，有利于高校充分了解社会对人才、思想、

---

① 中共中央、国务院：《关于深化教育改革全面推进素质教育的决定》。

② 中共中央、国务院：《中国教育改革和发展纲要》。

科技等的需求状况。所以高校教育职能要注重培养一专多能、全面发展的人才，在桥头堡建设背景下，为社会提供更多具备民族、法律、市场、政治等知识和能力的人才，进一步加强对复合型人才的培养，提高高校教育水平与质量，提高社会效益和经济效益，更好地为社会服务。

四、把握多元文化态势，构建高校教育平台

随着全球化的步伐，不同地区、不同国家、不同民族的文化交流逐步加强，云南省在桥头堡建设背景下，因地域、习俗、民族等的不同，各地具有体现其自身民族特征的思维方式与行为模式，加之与东南亚、南亚文化的交流沟通，形成了多元文化的发展态势，构成了较强的文化生命力和张力。

因此，高等教育应该把握多元文化发展的大好时机，与时俱进，积极构建新型高校教育平台，一方面更好地发展高校教育，另一方面真正发挥高校为社会服务的职能。

（一）重视人才培养，树立国际化意识

宋代理学先驱胡瑗曾说："致天下之治者在人才，成天下之才者在教化。"在桥头堡建设背景下，多种文化和谐相处、共生共荣是必需的，中国与东南亚、南亚等国多元文化交流沟通中也必然会存在着某些共同和普遍的原则，只是其表现和体现的具体方式存在差异而已。所以，在这一文化背景和多元文化态势下，更应重视对人才的培养，树立国际化意识，使高校教育同国际接轨，保持高校教育的文化发展和共同繁荣。

思想是指导行动的标尺。具有了先进的教学思想，才能保证取得高质量的教学效果。具体来说，应努力做到以下几个方面：其一，提高教师与时俱进的社会意识，了解桥头堡建设背景下高校教师的任务；其二，加强高校与企业、高校与高校之间的交流；其三，采用"请进来"、"走出去"的方式，聘请市场上有经验的人士到高校讲课，让老师到企业了解市场；其四，树立国际化意识，关注国际上各学科、专业、课程的设置和开展，改进教师对理论知识的授课方式，以现代化、国际化的教学思想适应教育发展的要求。

（二）优化教育环境，创新教育理念

高校教育最不容忽视的是其教育环境，良好的教育环境有利于陶冶情操，铸

造健康人格，创新教育理念则有助于培养创新型人才，开辟新颖的教育途径，促进教学思维的改善。未来社会的竞争归根到底是人才素质的竞争，特别是创新人才的竞争。因此，培养创新型人才，完善教育理念，注重创新精神已成为高校教育的最高目标。

特别是桥头堡战略的提出，更多的文化潮流和思想交流融合，"创新"便显得更为重要，特别是"在一个多民族国家或社会中，重视各民族的文化传承和发展"①。所以，高校需要打造特色课程，开展特色专业。高校教育可以利用自身民族和区域的特色、优势，打造能够体现民族历史和地域文化的特色课程，利用自身的学科优势，编写相应的特色课程教材，开展具有民族性、区域性、多元性的省级与国家级特色专业研究项目，形成独具自身风格的教育理念。在多元文化发展态势中，优化教育环境、创新教育理念更是亟须完成的高校教育目标。

（三）围绕桥头堡建设，推行教育国际化

经济全球化，教育国际化是人类文化发展的挑战和机遇。围绕桥头堡建设，面对高等教育国际化形势，应当看到桥头堡建设背景下教育资源多样化的优势，加强高校的交流合作，进一步推行教育国际化，以此来适应桥头堡建设与多层次、全方位交流合作的需要。

一方面，我省作为面向东南亚、南亚开放的桥头堡，其建成与后面所能发挥的效能，对桥头堡周边区域的经济、社会、文化发展具有不可忽视的拉动作用，推行国际化的高校教育有利于为之提供充足的人才和智力资源。另一方面，在桥头堡战略指导下，高校教育可以把东南亚、南亚多元文化资源引进并传播到云南及中国各地区，同时能够融合诸多多元文化资源为社会提供一大批具备跨文化素质和能力的人才。由此可见，围绕桥头堡建设，高校教育可以更多地利用有利条件，积极推进教育改革探索、创新，保障高校教育质量的不断提升。

（四）多渠道市场反馈，为政府提供决策

高校是一个智囊机构，高校教育塑造了政治、经济、文化、艺术、思想等各领域的人才，从事各行业的人才是高校教育和社会人才队伍的重要组成部分。桥头堡战略的推行和实施，需要充分依托现有的人才资源，需要通过人才资源的市场反馈为政府提供具有建设性的意见和建议。

---

① 叶澜、白益民：《教师角色与教师发展初探》，北京教育科学出版社 2001 年版，第 230 页。

一方面，政府为提高本地域的发展水平，需要多方面的信息来源，高校人才具有专业的多样性和技能的多元化，能够通过各种渠道获得有价值的市场信息反馈，有利于为政府决策提供可参考的资料和信息来源。另一方面，高校作为最大、最具影响力的人才培养机构，其培养的人才中有很多已经参与到政府决策中，高校在教育过程中注重市场信息的反馈，更有利于相应人才直接参与政府决策。

桥头堡战略的提出，对云南、中国、东南亚和南亚等都具有十分重要的意义，有利于区域间的交流合作，有利于资源共享，创造最大的合作效益。而高等教育对桥头堡建设起到引领、支撑、服务和保障作用。近年来，云南省的高等教育长足发展，在东南亚、南亚和西亚已经具有一定影响力，但还不具备号召力和足够影响力，因此把握机遇，加快高等教育的发展，构建良好的高校教育平台至关重要，时不我待。

参考文献：

［1］杨叔子.高校应成为知识经济的动力源［J］.高等教育研究，1998（6）.

［2］克拉克·科尔.大学的功用［M］.陈学飞，刘新芝译.南昌：江西教育出版社，1993.

［3］叶澜."面向21世纪新基础教育"探索性纲要［M］.上海：上海教育科研出版社，2001.

［4］王学仁.深入建设桥头堡　积极实施大战略［J］.社会主义论坛，2010（4）.

［5］中共昆明市委政策研究室.加快国际化门户和桥头堡建设打造区域性国际化城市研究报告［R］.

（熊焰，副教授，艺术管理教研室主任，主要从事艺术教育、艺术管理研究）

 云南旅游演艺业发展的营销困局

杨　岚

　　摘　要：文章运用营销4P理论分析解构了云南旅游演艺业持续发展中面临的产品之伤、价格之痛、渠道和促销上的短板等营销困局。

　　关键词：旅游演艺业　云南　营销困局

　　在"十二五"开局之年，云南省提出文化产业"三结合"、"三创新"的发展思路。"三结合"、"三创新"中的重点之一就是将文化与旅游结合，以丰富的旅游资源为载体，以多彩的文化为灵魂，推进文化与旅游互相融合，共同进步；并将文化演艺列入着力发展的 10 大主导产业来重点提升、加大扶持。① 而伴随着中国旅游业的蓬勃发展和文化产业的持续升温，旅游演艺产品作为特殊的旅游吸引物仅仅经历了不到 10 余年的时间，可以说，就进入了白热化竞争时代。目前，我国相当比例的知名旅游城市和旅游景点定时定点上演的文艺演出就已超过 300 台，2009 年至 2010 年新增相关项目超过 100 个。在旅游大省云南，目前开发较早、较为成熟的旅游演艺项目就超过 10 个，例如：《印象·丽江》大型实景山水演出、《丽水金沙》、《云南映象》大型原生态歌舞集、《蝴蝶之梦》梦幻风情歌舞集、《香巴拉印象》情景歌舞剧，每日演出座位数均超过 5 000 个；与此同时，在这波旅游演艺热潮中，类似《梦云南》这样折戟沉沙的也不在少数。2007 年 9 月，《梦云南》在云南艺术剧院隆重上演，被称为"民族百老汇中国第一秀"，投资 1 800 万元，运营 3 年后，产品却因亏损不得不退出市场。本来旅游演艺作为云南省民族文化旅游的一个重要部分、民族文化旅游的创意产业，无论是依托的各层面外部条件、按照产品生命周期，还是旅游业整体的发展状态和未来走势来看，目前阶段都应该是它的蓬勃壮大期。到底是什么原因导致它的发展持续动力不足，相当多的项目陷入了市场困局，

---

① 见云南省文化产业领导小组 2011 年 3 月 23 日会议报告。

甚至变成了投资者盲目的"独舞"？云南的旅游演艺市场卖点在哪里，观众在哪里，效益在哪里？本文在实际调研的基础上，从产品、价格、渠道、促销等几个方面，尝试探讨云南旅游演艺业的营销困局。

一、产品之伤

据调查统计，云南旅游演艺产品一般呈现以下几种典型特征：

第一，项目大投入，从策划、制作初始就是大手笔，动辄几千万的投资，如《印象·丽江》投资了 2.5 个亿；

第二，舞台大场面，基本均是动态舞台，运用声、光、电、水雾等元素，给人以充分的感官刺激；

第三，产品大运作，作曲、音响、舞美、服装均极尽夸张之能事；

第四，演出表现形式以民族歌舞为主。

从产品典型特征已经可以很明晰地看出，云南省目前绝大多数旅游演艺产品除了内容有所差别外，产品的同质化现象严重；又由于是局限于云南省一个区域内，甚至连表现的历史文化底蕴以及风俗习惯都是类似的。然而，演艺市场情况复杂，变数很大，作为一种特殊的精神消费，同质化严重很容易让观众产生审美疲劳，那些自说自话的投资方，显然是忽略了市场调查这一步，对市场需求者的状况知之甚少，就花费巨资将产品打造出来强迫观众消费，怎么可能吸引顾客呢？自经济学诞生以来，消费者主权就是一个核心的原则。按照这个原则的描述，消费者到市场上选购所需要的商品，借助生产者、销售者之间的竞争行使主权，向生产者、销售者"发布命令"；生产者和销售者听从消费者的意见安排生产、创作，最终取决于消费者的意愿和偏好。道理似乎是明摆着的，可是我们的企业就是很难做到。要在市场中谋求生存与发展，那么，在这样一个舞台上，就应该有多种不同形式、不同内容的文化产品出现，使旅游者在富有文化内涵和深度参与的旅游活动中不断有新鲜感，不断有消费欲。不能所有的旅游景点景区都经营一个层次的剧目，也不能让一个剧场始终上演同一个类型甚至同一台剧目。由此看来，依托云南独特的人文环境、自然环境和民族文化背景作为节目的舞台不断寻求新突破，才能使我省旅游演出更有卖点，更易长开不谢。

旅游演出的性质是准文化、半商演，要经受严酷的市场考验，同时又是重度资金密集型行业，投资大，回报周期长，很多企业以为有了大投资的演出，开演后就像印钞票一样，有大把大把的收入，但是基于旅游演出的市场培育和品牌认知的过程特别长等原因，往往会希望越大，失望越大，如旅游演出的著名品牌——"印象系列"一般都要一年后才盈利。

二、价格之痛

长期以来，云南的旅游演艺演出主要是针对团队旅游市场展开，产品的价格主要受制于团队市场的总体价格约束，通常只是根据演出演艺产品与旅游其他商品或服务的互补关系来定价，而缘于团队旅游市场过度竞争、旅游价格信用缺失及旅游费用当中重要组成部分景点门票价格过高等问题的直接或间接影响，又致使云南旅游演艺市场的价格整体偏低，例如：市场反响很不错的《印象丽江》普通票价：190.00 元，VIP 票价：260.00 元，和目前市场上的其他演艺项目（包括演唱会、其他团体演出）动辄千元以上的票价相比差之甚远。其次，旅游演艺演出产品属于专业型旅游产品，专业型旅游产品的价格区间一旦确定，改变的可能性就很小。一般技术水平又会比较高，从产品的开发到产品的投放和消费过程都需要高额的成本，并且目前消费人群也很有针对性；同时，因为产品本身特点等各种原因，云南省这类旅游产品进入衰退期的速度比预期要快，有些产品演出总周期很短，远远达不到规模效应形成的门槛，行业内价格战、价格折扣还此起彼伏。以上种种使相当多的演出企业深刻地感受到了低价之痛。

三、渠道单一

在云南这样的旅游大省，旅游演艺市场的消费者依然主要来自旅行社分销这一渠道类型，而众所周知，旅行社行业现已经成为典型的微利行业，相当比例的行业从业者的收入来自于旅游相关产品、自费项目等，旅游演艺项目通常作为自费项目出现在游客面前，在渠道上受到导游、驾驶员和旅行社牵制现象比较普遍，驾导一定程度上左右着景区演艺市场，屡屡发生在淡季向游客索取回扣，旅行社又硬性推荐，往往导致有些游客谈演出而色变，听到驾驶员、导游的推荐，第一反应就是他们又要拿回扣了；但是单一的推广渠道又使得演出团体只能依赖旅行社和相关人员，经营方式单一的演艺团体的利益无法得到有效保护，失去了持续创新的空间，不断吃老本，陷入了一种恶性循环。对于云南的旅游演艺企业来说，普及电子商务，以满足游客的信息咨询、购票相关指导等需求，如游客可在网站里收集文字、图片、游记、相关评论以及与演出产品关联的服务、食宿和交通等详尽的信息，不但能吸引更多的散客，还可以通过提供个性化服务不断拓宽自身的营销渠道。

四、促销之弱

许多云南旅游演艺企业不会为自己的资源做促销。今天，"酒香不怕巷子深"的时代早已过去，市场营销与宣传对任何商品来讲都是很必要的。作为旅游文化演出剧目这种特殊的商品，它的市场化运作直接关系到投入成本的回收问题以及演出剧目对旅游演出市场的占有率。然而，由于旅游文化演出剧目的投入比较大，独立资本根本无法运作。因此，很多旅游演出剧目的排演与宣传推广都有政府的帮扶。又因为有政府的帮扶，目前大多数旅游文化演出的票务推广工作都落在了旅行社的头上，造成了宣传推广手段相对单一。随着旅游市场越来越成熟，大量游客追求个性化体验，这部分游客数量比例不断攀升，针对到云南旅游发现的演艺节目，他们一般自己直接购买演出门票，产生消费。而这类观众获取演出信息的渠道往往是"听别人介绍"这一最原始的途径，仅有很少观众是从网站、电视、报纸等专业媒体获取信息，旅游演出剧目的宣传推广手段需要不断丰富起来，网络、电视、电台、广播、户外等媒体都要因各个剧目内容与载体的不同因地制宜、因时制宜。

通过以上种种分析，我们能比较清楚地把握云南旅游演艺产品的营销困局，现今的旅游演艺市场中，消费者一方面对品牌依赖性很高，另一方面，由于本市场的特殊性，品牌的更替节奏很快，给新演艺品牌的成长时间及生命周期缩短；性价比在本产品的营销中的地位越来越重要；企业之间存在竞争，但更多是规模实力与营销能力的较量；盈利模式的缺失将在今后的较长一段时间内始终是云南旅游演艺业发展的硬伤，只有充分挖掘出消费者在任意一方面的具体需求，利用自己的资源和专业能力加以满足，在产品、价格、渠道、促销四个层面都充分融入观众的需求，才有可能走上持续发展之路。

参考文献：

[1] 徐艳芳. 区域文化产业开发的比较优势研究 [D]. 济南：山东大学，2010.

[2] 诸葛艺婷，崔凤军. 我国旅游演出产品精品化策略探讨 [J]. 社会科学家，2005（5）.

[3] 王鹏. 中国旅游演艺新时代 [J]. 旅游时代，2009（1）.

（杨岚，讲师，艺术管理教研室副主任，主要从事区域经济研究）

5 寻甸柯渡文化旅游业深入开发的 SWOT 分析①

杨　岚

摘　要： 本文针对寻甸柯渡镇开发文化旅游业展开了 SWOT 分析，实证分析，在新时期发展云南村镇文化旅游面临的优势、劣势、机会、威胁，为柯渡镇下一阶段文化产业与旅游经济互动发展提供借鉴。

关键词： 柯渡　文化旅游　SWOT 分析

　　距离云南省省会昆明 80 公里的柯渡山川秀丽、气候温和、土地肥沃、物产丰富，举世闻名的中国工农红军长征两次经过柯渡，对柯渡的社会变革产生了深远的影响。1977 年 10 月省政府在柯渡镇丹桂村建立了红军长征纪念馆，1997 年被省委、省政府命名为爱国主义教育基地，每年都有上万人到这里来追忆红军长征的革命历史，缅怀老一辈无产阶级革命家的丰功伟绩。特有的革命情怀和历史氛围，红军长征时留下的精神和伟绩形成了柯渡特有的人文气息，柯渡镇独特的人文气息还来自于融合儒、释、道形成的中原传统文化和伊斯兰文化以及雪山、草坝、峡谷这些丰厚自然资源，所有这些共同促使柯渡形成了儒、释、道传统文化、彝族土著文化和伊斯兰文化并存的多元文化结构。

　　近年来，柯渡经济快速发展，基础建设成效显著，全镇餐饮、住宿、零售等个体工商业得到全面发展。而在"十二五"的序幕已经拉开之时，柯渡将大力发展文化旅游业，把使文化资源优势转化为经济优势列入新的发展目标。而过去的很长一段时间，柯渡文化旅游开发深度不足，提供的文化旅游产品单一和缺乏特色，这些都制约着柯渡这样一个历史文化名镇文化旅游业的进一步发展。本文以柯渡为例，在实地考察的基础上，运用 SWOT 分析法分析其在文化旅游开发中具有的优势和劣势，面临的机遇和威胁，客观、系统地研究小镇开发现实情况，

---

① 　本文是云南省教育厅科学研究基金项目研究成果。

并提出相应的开发战略，以期为这样一个红色名镇像红军走出柯渡一样走出寻甸、走出昆明提供科学依据。

一、优势与劣势分析

（一）优势分析

1. 多姿多彩、富有特色的文化旅游资源

红军长征两次进入柯渡的历史不仅作为纪念馆内的陈列物品和资料，也是柯渡特有的独一无二的人文资源，作为历史底蕴的承载物，为纪念红军长征中巧渡金沙江和"六甲之战"的胜利，为纪念红军长征精神的柯渡红军纪念馆于1977年10月就已经建立，另外，柯渡红色旅游区"红色丹桂长征丰碑"、红色庄园"怀旧文化休闲度假"形成了该镇旅游资源的鲜明特色，是其他村镇难以模仿和复制的。柯渡全镇38 000多人，回族占33%，是一个典型的回族聚集镇。在柯渡远远就能看见各村高耸的礼拜楼，身边不时走过的男女戴着白帽、披着纱巾，若是到了每年的圣纪节、开斋节和古尔邦节，更是能深深体验伊斯兰文化。回辉村是柯渡镇最大的回族聚居村落，村里的清真寺建于清代，古老的叫拜楼保存完好。叫拜楼是用于宣礼，即呼唤人们来礼拜用的，一般都是村中最高的建筑。寺内还有大殿，以及生活区和教学区。清代的清真寺建筑体现了伊斯兰教的本土化，具有完整的中国建筑特色，像丹桂村清真寺大殿从建筑形式到门窗楼阁上的精美雕刻，无不体现出中华民族的传统文化。柯渡还有着良好的文化传统。可郎大村三圣宫内的古戏台，重修于清朝光绪三十一年（公元1895年），已有140年的历史了。早在清朝晚期，可郎村就有了古戏台，可见当时可郎的文化生活已到了何种程度。新中国成立以后可郎村还有一批演艺达到相当水准的老艺人，使民族文化在可郎得到了很好的传承。柯渡不光诞生传奇，历史文化资源也非常丰富，还有很多自然风光优美的地方。如丹桂的凤鸣大龙潭和朵山大龙潭、柯渡村委会回辉村北部的大叠水瀑布、木刻望鲁山梁王营寨等。以上这些共同构成了柯渡镇得天独厚的文化旅游资源优势。

2. 具备一定的知名度

柯渡作为红军两次长征走过的地方，早在改革开放之初就已经建立了红军长征纪念馆，又数度被云南省政府公布为重点文物保护单位和昆明市近现代史及国情教育基地。2010年柯渡镇丹桂村通过云南省旅游局审核成为省级旅游特色村，中央电视台专题片《我的长征——柯渡丹桂红军长征柯渡纪念馆》于 2006 年的拍摄播出，使其作为红色景点在国内外的知名度进一步得以提升。另外，众所周知，回族是一个善于经商的民族，柯渡人"麻袋里装钉子，个个都想往外扎"的特点恐怕也来源于此，这一特点使得在清末民国时期在昆明就形成了柯渡回民聚居的珠玑街，也让更多的云南人较早就认识了柯渡。

3. 区位优势

相对于许多红色旅游景点处在比较偏僻的山区，地理位置、交通不便等因素，柯渡在此方面却又独具优势，它地处昆明—曲靖产业隆起带的中间位置，距离两大城市均不到 100 公里，是昆明经滇东北到内地的重要通道。它除毗邻 213 和 320 国道外，7204 公路从境内通过，还有东川铁路支线、贵昆铁路穿境而过。同时随着昆明新机场的正式营运，还将处于新机场半小时经济圈的范围，游客对其交通基础设施的满意度将会进一步提升。

4. 与周边旅游资源的联动效应

碧波荡漾、水清鱼肥的"高原明珠"清水海，引人入胜的"西南第一洞"撒米罗溶洞群，天蓝地绿、牛羊成群的万亩草山，山环水抱、曲径通幽的凤龙湾；热泉涌流的"南谷温泉"，"滇东第一佛地"的钟灵山，火把节、花山节等色彩斑斓的民族节日以及各民族独特的建筑，星河温泉小镇，这些均为柯渡镇所在的寻甸县的旅游资源。如果把寻甸县的旅游资源比喻成一串碧绿的"翡翠项链"，那么柯渡的文化旅游资源就是这串项链上一颗耀眼的红宝石。这些旅游资源与柯渡镇的旅游资源有很大的差异，根据资源互补的原理，再利用地理位置上的相近相连优势，将上述资源有机地整合在一起，游客有游有玩，在欣赏观光的同时还可以体验文化，他们的感官可以得到全方位的满足和放松，通过整合不仅可以降低游客的旅游成本，也能够有效利用开发成本，还可进一步扩大客源市场，总体提升效益。

（二）劣势分析

1. 旅行社关注度和参与度不够

昆明几家旅行社曾在几年前推出过寻甸柯渡红色旅游线路，均是短线旅游，通常一天可以往返。这些旅行社往往将红色旅游作为一个独立概念推出，在推出一段时间后，发现能够成团的，主要还是以单位、企业占多数，一般的散客团等很少，特别是省外游客，线路运营效果很不好；旅行社态度观望，比较冷淡，没有对消费者的需求展开良性的引导和旅游线路的良好设计和深度开发，是在一定程度上造成客路渐渐萎缩的重要原因。

2. 旅游设施的不规范

柯渡镇共有大一点的餐饮企业 9 家，中档的 12 家，红军长征宾馆有 7 家，每家床位都在 70 个以上，在景区附近，农家餐馆和旅舍比比皆是，缺乏有效管理，极不规范。但大多数旅游饭店（宾馆）还停留在农家乐的水准上，各种文化娱乐、体育、疗养等设施较为缺乏，游客自然停留时间短，在柯渡的停留时间大多在一天以内，进而游客在本地的实际花费也较低。据了解，其中每人消费以 300 元以下者居多，如何将游客留住，不是硬性命名为红军长征宾馆，游客就会真的"长征"，红色旅游的发展及针对的游客群体与传统景区有所不同，这将是对柯渡提出的一个很有挑战性的问题。

3. 景区景点整体规划设计的不足之处

站在远处，遥望红色旅游中心景点柯渡丹桂村，屋舍俨然，绿树掩映，青山良田环抱。我们可以看到，由云南丹彤集团投资 1 亿元打造的"丹桂红军村"已初步建成。即将建成的雕塑广场、红军长征过云南博物馆、示范性农家小院等，正丰富着丹桂红军村的内涵。但走到近处会发现丹桂村因经济的发展，传统居住方式已满足不了现代人的生活需求，于是出现了缺少规划指导的无序建设，道边、巷口、山腰均成为村民择地建房的宅基地，在核心景区内新建的博物馆、示范农家小院黄墙黑瓦与周围村民民居的设计样式和颜色均显得格格不入，使得丹桂村的整体空间形态和传统风貌发生了一定程度改变和破坏。

4. 景区管理滞后

柯渡镇旅游景区管理滞后主要表现在以下几个方面：一是卫生状况差。以丹桂村为例，即使是在雨天看丹桂村，也很容易发现纵贯丹桂村景区的道路、路旁的池塘、小溪等污染状况较为严重，影响了该村的旅游形象。二是景区旅游标志、旅游解说牌等设施建设粗糙，农家餐馆和旅舍户内户外广告杂乱，与周边环境极不协调，影响景区的档次和文化品位。

二、机遇与威胁分析

（一）机遇分析

1. 当地经济的迅猛发展和政府的政策支持

自"十一五"以来，柯渡农业生产平稳上升，农村经济快速发展，农民收入稳步提高，农民人均纯收入由 2006 年的 1 714 元增至 2010 年的 2 471 元，年均增长 8.9%。同时本镇非公经济发展迅速，形成了鼎业集团、丹彤集团、雄达集团、宏宾蔬菜花卉种植有限公司等一批柯渡人创办的企业，带动了地方经济发展。以红色旅游、生态旅游、乡村旅游为支点，全镇经济得到全面发展，经济的快速发展为进一步拓展文化旅游夯实了基础。2011 年云南省政府提出的《云南省旅游产业发展和改革规划纲要》明确提出加快寻甸柯渡特色旅游产品的开发建设，建设寻甸柯渡红色旅游精品景区，强调依托丰富的特色资源优势，整合资源，积极开发建设新型旅游产品，积极探索特色旅游产品与有关部门联动开发建设机制，扩大投资渠道。加强配套的基础设施、旅游接待配套设施的建设。寻甸县政府、柯渡镇政府也已经明确规划将深度开发柯渡红色旅游村镇建设项目，打造生态旅游精品，提升旅游品位和档次，发展休闲观光度假旅游，积极开拓旅游市场，使旅游开发有序推进。这些宏观政策环境为柯渡文化旅游发展赢得了资源共享、产品景区联动的良好机遇。

2. 村镇文化旅游丰富了旅游类型，满足了人们新的旅游需求

随着我国城市化、工业化进程的加快，越来越多的城市居民在繁忙的工作之余对乡村优美的自然环境、淳朴的民风民俗向往不已，普通城市附近村镇农家乐旅游强调以自然资源开发（如欣赏湖光山色、休闲娱乐）为主，而柯渡不仅具有普通村镇旅游拥有的元素，而且具有深厚的文化历史底蕴，满足了人们更深层次的旅游消费需求。

（二）威胁分析

1. 市场争夺日趋激烈，旅游业竞争压力不断加大

柯渡目前阶段主要客源市场包括昆明市及曲靖市部分县市。在这一区域的消费者心目中，柯渡镇的旅游资源并不突出，近年来在旅行线路的设计上，将其和轿子雪山连线面向自助旅行者大力开发后，虽然具有一定的知名度，但依然等级不高、规模小，和昆明、曲靖周边诸如石林、彩色沙林等很多著名旅游景区相比资源优势并不明显，与云南著名村镇旅游项目也相距甚远，加之在旅游产品深度开发上缺乏特色，同质化严重；在产品宣传、旅游设施、接待能力等方面与周边同类景区也相距较远。例如：如果着力打造和运行围绕柯渡的自助游自驾游线路，自助旅游者很可能面临的是在旅游目的地区域各景点之间缺乏便利的公共交通，交通运力不足，缺乏实用的自助旅游信息。虽然今天人们查询旅游信息的渠道越来越多，有网络、旅游报刊、自助游丛书、电视中的旅游栏目甚至专门的旅

游频道等，但有关柯渡这一旅游目的地的相关信息在上述平台上不够全面，甚至有时很笼统、不够准确，极易误导自助旅游者，而且缺乏综合的交通网络、路况和气象等信息。这些障碍都将影响当地旅游的发展，有待进一步改进。因此，柯渡要在竞争如此激烈的昆明地区旅游市场中杀出一条血路并逐步拓展，难度很大。

2. 制约要素很多

柯渡当地农村基础设施建设滞后，交通、电力、环保基础设施和文化、教育、卫生等公共服务还难以很好地满足当前旅游发展的需要，并造成对游客服务的大环境不够好；第二项制约因素是发展旅游业投资额大，回收期比较长，由于本地很难拓展旅游房地产项目支撑，大额资本往往不感兴趣，而旅游相关配套项目经营户如餐饮服务，这些经营户获取资金特别困难，资金制约比较明显；同时，本地缺少有较高文化艺术造诣和善于开拓旅游市场的经营能人也是一项关键制约因素。

三、结　语

通过上述分析，既明确了影响制约柯渡镇文化旅游业发展的优势与劣势和机遇与挑战，同时也反映了云南特色村镇在旅游发展中的综合现状。它们一般均具有资源优势，是各地特色地域文化的载体，但也同时具有旅游开发、经营和管理粗放，资源保护、利用的迫切等问题。村镇特色文化作为当前中国文化产业中最具地方特色、发展潜力和社会经济效益的产业，涵盖了文化产业分类中的群众文化服务、文艺表演服务、休闲健身娱乐活动和工艺美术品制造等类别，本产业发展的基础是本地区特有的文化资源，这些资源又恰好是旅游发展中最可能吸引游客眼球的元素。"十二五"期间，文化旅游产业将成为柯渡借势发力、加快经济转型升级的重要突破口，如何充分利用文化资源价值科学地发展旅游，又能让当地经济乘势而上，政府和居民都对文化旅游业寄予极大的热情和希望。但要想在群雄并起的旅游业竞争中稳步拓展，就必须正视自身的优劣势，扬长避短，同时抓住机会，减小威胁，趋利避害，实现旅游的大发展。柯渡镇开发以参与性、体验性和活动性为重要特征的文化旅游产品是下一阶段文化产业与旅游经济高度互动发展面临的重要课题。

参考文献：

[1] 贾亚顺. 北京市乡村旅游发展对策建议与模式创新 [J]. 中国商界（下半月），2010（1）.

[2] 李蕾蕾等. 文化产业生产模式——深圳华侨城主题公园个案研究 [J]. 旅游科学，2005（12）.

[3] 杨娇. 旅游产业与文化创意产业融合的研究 [J]. 全国商情（经济理论研究），2008（20）.

[4] 余丹. 生态旅游产品开发——以四川省都江堰市为例 [J]. 资源开发与市场，2008（24）.

（杨岚，讲师，艺术管理教研室副主任，主要从事区域经济研究）

6 浅论建水紫陶业经营方式的缺失及其对策

张 磊

摘 要： 建水紫陶是中国陶瓷艺术中不可缺少的一部分，是云南的特色工艺。由于其蕴涵着诸如审美、历史、文化、教育、经济等因素，所以它具有非常高的艺术价值、文化价值和经济价值。虽然目前其迎来了巨大的发展机遇，但同时也面临着严峻的考验和挑战。本文将在了解建水紫陶业经营现状的基础上，浅析其经营管理中的优势和劣势，进而提出完善建水紫陶业经营方式的对策。

关键词： 建水紫陶 经营方式 缺失 对策

引 言

陶瓷艺术是中国传统文化传承的重要载体之一，是中国人的骄傲。而地处云南边陲的建水紫陶无疑是中国陶瓷艺术中不可缺少的一部分，也是云南的特色工艺。据考古发现，建水早在 3 500 多年前的新石器时代就有了原始制陶艺术，它与江苏紫砂陶、四川荣昌陶、广西钦州陶共称为"中国四大名陶"。2008 年，建水紫陶烧制技艺被列入第二批国家级非物质文化遗产。近年来，随着文化产业、旅游业在建水的发展，生产曾濒于停顿的建水紫陶业又逐步兴盛起来，产品实现了向文化产品的转换，其凭借光滑如镜的品质和古朴典雅、技艺绝妙、造型新颖的艺术感受而深得人们的喜欢和珍爱。建水紫陶业迎来了巨大的发展机遇，但同时也面临着更加严峻的考验和挑战。本文将在了解建水紫陶业经营现状的基础上，分析其经营管理中的优势和劣势，进而提出完善建水紫陶业经营方式的对策。

一、建水紫陶的经营现状

（一）建水紫陶的种类多样

建水紫陶本身只是为了满足人们生活方面的需求而存在，然而，随着工艺的进步，紫陶凭借文化的修饰而获得了"艺术品"的意义，在市场经济环境下其又以"文化产品"的形式而存在。其产品主要有瓶、尊、盆、盘、碟、碗、壶、缸、气锅、烟斗、文房四宝、乐器、日常生活用品等一百多种，在市场中可以将其分为艺术收藏品、家饰品摆件、茶具、包装、礼品、旅游产品等几类。但就目前来看，饰品摆件、茶具较多，艺术品较少，且饰品、摆件销售量大，利润相对平稳。建水紫陶将"产品"的实用与艺术双重属性较好地集于一身。

（二）建水紫陶的价格不一

建水紫陶的生产主要集中在碗窑村，距离县城约 2 公里，其价格层次主要表现如下。

1. 紫陶的价格与陶艺师傅的名气有关

紫陶的价格有几十元、几百元、几千元甚至上万元，如紫砂壶的价格从 300 元左右到 5 000 元上下不等，这跟陶艺师傅的名气有关，因为紫陶工艺全靠手工，其不仅有特殊的材料，独到的技术，更有着艺人们特有的情与意的表达，因此，每一个成品都是不可复制的。据了解，一把茶壶是否出自名家，其价格相差几百元、几千元甚至更多。

2. 紫陶的价格与成品完成时间有一定关系

一个成品完成的时间主要是由设计的难易程度决定，如一般情况一把紫砂壶从做到完成需要 10 天左右，因此，一个月一个师傅能生产 3 把紫砂壶已算不错了；但是有的紫砂壶由于设计较难，质量要求高，需要精雕细琢，所以其完成的时间会相应增加。有的订单甚至会用半年或者一年，甚至更长的时间。据调查，这样的工艺品价格相应较高。

（三）建水紫陶的销售量稳定增长

五年前，建水紫陶的年销量在 200 万元左右，自 2004 年以后，逐年递增，目前，初步估算有 3 000 万左右。一般情况下，小作坊年销售额最高的有 100 多万元，一般的只有 20 万元至 30 万元，其利润在 30%，精品类商品达到 70%。近年来，随着省内外购买力的不断增强，建水紫陶的市场不断扩展，甚至有的产品已经辐射到大中城市。

据相关部门初步估算，现在建水紫陶年市场量约为国内 20 万件，国外 10 万件，并且年增长率在 30% 左右。建水紫陶业迎来了一个较好的发展契机。

（四）建水紫陶业家庭式—小作坊经营模式

中国有句古话："靠山吃山，靠水吃水。"碗窑村的人民依靠碗窑村的土壤肥力，用心打造了一张文化名片——紫陶。目前，紫陶业的发展主要为家庭式的小作坊，其产品部分自产自销，大部分在市场上进行交易。整个建水县大概有专业紫陶生产作坊 40 余户，相关企业商铺 60 多家，从业者上千。紫陶大规模作业曾风靡一时，但后因经营不善而进入了冬天。

（五）建水紫陶的产销渠道

建水紫陶的产销渠道主要有以下两种：

其一是分散销售。分散销售是建水紫陶的主要产销方式。村民根据自己的经验，决定该生产多少产品，生产哪些类型的产品，用哪些图案、文字等，产品生产出来以后，在自家的作坊销售或是到各地集市上去销售。

其二是小批量销售。小批量销售主要是由口碑好的作坊承担。产家根据客户订单的要求，在规定时间内完成商品提交给客户，但是这种订单相对较少。

二、建水紫陶经营中存在的问题

建水紫陶由于蕴涵着诸如审美、历史、文化、教育、经济等因素，所以它具有非常高的艺术价值、文化价值和经济价值，尽管近年来建水紫陶业得到了适宜的发展契机，但是在其经营管理过程中依然存在问题，主要有以下几方面。

（一）紫陶业未形成产业化生产

首先，作坊工作人员分工不明确。经走访发现，建水碗窑村从事紫陶制作业的家庭式作坊并不少，但是他们的规模相对较小。有的作坊为了节省成本，生产过程中涉及的工作仅由自家人承担，或者只是雇用周边的邻居帮忙，造成了有的人既是商品的制作人，又是产品的销售者，同时还是管理者，身兼数职。

其次，产品销售渠道单一。作坊制作的商品大部分只摆放在自家搭建的陈列室里，然后等着一些慕名而来的客人购买。虽然有的时候会有小批量的订单，但是机会并不多。大批量生产几乎没有，建水只有几家经济实力稍强的公司在建水县城内开设了专门销售紫陶工艺品的店铺，且开始往省外扩展，或者利用网络技术进行网络销售，但是产品销售形式依然比较被动。

最后，没有形成规模生产。好的紫陶工艺品从拉坯到作品出炉，对手工要求很高，因此很难复制、克隆，所以成本价无法和靠模子做出的陶瓷比拟，也无法成规模地生产。此外，由于规模化生产需要有大规模的资金支持，好的经营管理理念、体制以及技术、人才，但是，目前由于碗窑村自身的经济发展水平有限，没有建设大规模制陶厂的条件。

（二）市场上出售的成品质量难以保证

建水紫陶虽然已经被列入第二批国家级非物质文化遗产，但依然没有一个有关生产紫陶统一、规范的产品标准，作为指导生产和质量检验的依据，尤其是小作坊的生产，实行的是自产自销，因此，陶艺品的价格完全由生产者自己制定，降低了消费者购买到货真价实的商品的概率。

（三）建水紫陶价格波动较大

建水紫陶的价格有几十元、几百元、几千元甚至是几万元不等，这对消费者购买产品有两个方面的影响：第一，有的消费者作为收藏家想购买颜色、质量稍好的紫陶，但是迫于价位的压力而放弃；第二，有的消费者因为不是行家，所以并不了解紫陶的价值所在，而仅凭价格作出判断，紫陶的价格本身跨度较大，容易给消费者带来"并不是所有的紫陶均有价值"的误解，所以消费者会担心买不到行货，由此消费者会为是否购买紫陶而犹豫。

三、建水紫陶经营中存在问题的原因分析

建水紫陶之所以会出现以上这些问题，主要有以下几方面的原因。

（一）宣传力度不够

宣传力度不够主要表现在对内和对外两个方面。对内，建水虽然为了提升建水紫陶的知名度，在全球首届普洱茶嘉年华会、云南省首届普洱茶交易会暨第七

届普洱茶节在云南省思茅市举行期间，曾携建水紫陶工艺品1 000件参展并迅速成为展会最大的亮点。之后为使建水的紫陶业再次兴旺起来，2003年州政府在昆交会上争取了一个展位，以后每年一次展出部分紫陶产品①；2005年9月，在首届"中国红河——建水第一届孔子文化节"上，策划组织了"首届建水紫陶工艺技能大赛"，让观众零距离感受建水紫陶古老而神奇的传统工艺技能。但是这些活动并没有扩大紫陶在省内的影响力，广大消费者并没有真正了解到它的经济价值、文化价值及其收藏价值；同样，在省外，虽然每年都会有紫陶工艺品去参加一些档次比较高的展览会、博览会，如2008年11月，在杭州"第九届中国工艺美术大师作品暨国际艺术精品博览会"上，建水紫陶获得一金二银二铜的殊荣；2010年上海世博会，在云南馆展馆可以用建水紫陶茶具来品尝普洱茶，充分体现了它的实用性和艺术性，但是参与这些活动的公众数量有限，所以对于紫陶知识的宣传，市场覆盖面相对较小。

（二）专业技术人才缺乏

首先，紫陶制作的技术要求高。一件建水紫陶作品的制成，需要经过十几道复杂的制作工序。除了烧制，其余工艺都必须全部或大部分依靠手工完成。建水紫陶一般分为制泥、拉坯、绘制、刻坯、填泥、精修、烧制和磨制八个程序，分别由专人承担各道工艺的制作。每个程序除了技术，还有每个工艺师的情与意的表达，因此，它是不可复制的。往往一个优秀的陶艺创作需要陶艺家全面熟悉各个工艺环节，有良好的技术以及较高的悟性。目前，建水紫陶一线工艺美术师仅有10余人。

其次，年轻人想学陶艺不是件容易的事。据了解，目前在建水年轻人想学陶艺的并不一定找得到地方学，除了子承父业以外，对于外来的学徒师傅多是安排其接待客人或卖紫陶成品，没客人时教授其最简单的制作工序，按这样的进展，一名学徒要出师至少需要五年的时间。

（三）市场意识薄弱

产品的销售是为消费者服务，通过为消费者服务取得自身的利益，而不是牟取暴利，所以紫陶成品的价格应该是合理的。但是就目前而言，建水紫陶市场不完善，缺乏相应的监管，紫陶的价格任由制作者自己决定，市场价格没有统一标

---

① 侯烨琦：《云南建水紫陶造型艺术的研究》，昆明理工大学硕士论文，2008年。

准，因此消费者不容易接受。此外，私营业主扩大自身知名度的手段缺乏时代性，比如利用网络营销的技术手段比较少。

四、完善建水紫陶经营方式的几点思考

（一）改善建水紫陶的经营环境

要想改变紫陶经营环境，政府一定要重视。首先，在政府的支持下可以借鉴大理鹤庆新华村的经营方式，打造一条专营紫陶的购物街。其次，规划一条旅游路线，地方政府可考虑与昆明的旅行社联合，推出昆明—建水（燕子洞、朱家花园、孔庙、紫陶销售一条街、碗窑村）两日游的旅游套餐，以此拉动碗窑村的消费水平，扩大紫陶的知名度和市场占有率。

（二）改善经营方式，提高产品的质量

紫陶企业、作坊、陶艺从业者应加强团队合作精神，走集团化、集约化经营之路，在改善经营方式、营销方式、传播方式等方面，在提高工艺水平、书法艺术、绘画水平、防伪水平等方面，全方位下工夫，通力合作，创造建水真正的名片。

（三）加强宣传，提升知名度，提高建水紫陶收藏数量

建水紫陶与宜兴紫砂虽存在巨大价值差距，但它依然有其收藏价值、投资重点。如清末民国时期的建水老陶、当代大家和实力名家作品、单件作品工艺独立完成度较高的紫陶以及名家书画艺术陶等，因此，应该以此为契机提高建水紫陶收藏数量。政府应牵头，联合紫陶研究会、陶业界及社会公众，面向全国、面向世界广泛宣传；同时，可以积极策划组织参与全国、全世界的设计比赛，以点带面，进一步提高建水和建水紫陶的知名度，更广泛地走向市场、占领市场。

参考文献：

［1］张黎明. 民族民间艺术的传承与发展——以云南建水紫陶的发展为例［J］. 文山学院学报，2011（10）.

［2］侯烨琦. 云南建水紫陶造型艺术的研究［D］. 昆明：昆明理工大学，2008.

［3］田绍伟. 建水紫陶亮相上海世博会［N］. 红河日报，2010–5–15.

［4］董万里. 以设计的视野展望建水紫陶的产品开发［J］. 民族艺术研究，2010（3）.

［5］刘玥. 建水紫陶的发展现状及建议［EB/OL］http：//www. ynzy. gov. cn/html/2011/zhengy-anzhanshi_ 0526/26_ 2. html.

［6］建水名家紫陶跨进"万元时代"［N］. 昆明日报，2011 - 7 - 15.

（张磊，助教，主要从事行政管理研究）

书刊编辑制度与网络文学生成机制比较探析

谢轶群

摘　要：书刊编辑制度形成后在传播文化、文学上发挥了积极作用，但其弊端在以往的文学活动中往往被有意无意遮蔽。在网络文学萌生、发展并逐步壮大的过程中，其开放、灵活的生成机制使书刊编辑制度的低效、狭隘和文化霸权得到一定克服，但同时又形成一些新的负面效应。因物质技术手段的差异，二者的取长补短尚待观察、研究。

关键词：书刊编辑　网络文学　技术手段　比较

如果不以 1991 年 4 月少君的《奋斗与平等》为起始，而以 1998 年 3 月痞子蔡的《第一次亲密接触》为发端，网络文学迄今已有 13 年的历史。借助现代传播技术而勃兴的网络文学相当程度上改变了整个文学活动的面貌。因为印刷文化的长期存在，文学活动一千多年来在这单一的文化背景中运行，人们对待文学已经形成忽略其产生的物质基础和技术手段的惯性心理，相信作品内容、艺术风格和思想品位与物质、技术的相对疏离，直到高度依赖信息科学和通信技术的网络文学形成潮流，貌似创作而又对文学发展有着重大影响的相关问题才被高度重视并加以研究。

习惯上将"传统文学"和"网络文学"并举，实则这是两个不能构成并列关系的概念："传统"应对"当今"，而"网络"是指载体和手段，与之并立的应是"书刊"。在书刊文学主流地位尚在、网络文学来势汹汹的文化载体和形态的转折点上，比较探析书刊编辑制度和网络文学生成机制，揭示二者在物质、技术手段上的优劣和差异，展望文学发展的走向，应是及时而必要的。

一、"书刊编辑制度"的广义与狭义

现代的书籍和报刊都是经过专门机构和人员编辑之后出版面世的。广义的书刊编辑制度，是指成规模印刷发行的书刊都经过编辑出版行业的挑选、编排乃至内容改造；我们所阅读到的读物，固然是作者的作品，其实首先是编辑出版业的产物，编辑出版业作为以纸张为载体的文化产品的挑选者和传播者，很大程度上决定了包括文学、思想、学术在内的印刷文化的面貌。这一问题人们已经熟知，《唐诗三百首》中作品的广为流传，就在于这个诗选版本的高度普及，编选者蘅塘退士对唐诗的取舍决定了其流传程度；"唐宋八大家"的命名，也来自于明人《八先生文集》、《文编》和《唐宋八大家文钞》的编选。"文学史是选家写的"，这一学界共识说明的就是编选者在书刊文化中所起的决定性的作用。

现代出版业成熟之后，编辑成为一个专门的工种，他们根据某种意图和目的，筛选一定范围内的文学产品制作成书刊发行流传。以纸质书刊为文学最重要载体的时代，编辑出版业可谓是实际上的文学活动统治者。因为成规模制作、发行书刊需要较大的物质消耗和经费支持，形成出版资源的有限性，这些出版资源通常就掌握在编辑机构手中。一部书刊文学发展史，其实就是"文学出版物史"。相应地，文学批评通常也是"文学出版物批评"，文学研究通常也是"文学出版物"研究。因为历史上纸质书刊的有限性和权威性，形成了浓重的印刷品崇拜：发表与成书至今仍是文学创作价值的确认；而未能通过编辑形诸印刷品，不管本身具有怎样的价值，就只能埋没于文化主流之外。

狭义的书刊编辑制度则是指出版社、报社、杂志社制定的具体业务流程。一般来说，如今编辑出版机构大多会将其业务流程分为选题策划、编辑加工、印刷装订三个阶段。图书的选题策划阶段一般又分为市场调研、选题策划、立项、组稿、选稿等部分。就具体编辑出版机构来说，这一阶段决定了哪些作品（文稿）可能成书，与之缺乏关联的作品，不论质量如何，就会落选。而对作品内容产生常被忽视的影响的阶段则在编辑加工，后文将专门叙及。

从广义和狭义的书刊编辑制度可知，以书刊为载体和形式的文学作品受到编辑出版业的重大影响：任何形诸印刷物的作品均是受过书刊编辑出版业的挑选的，被选中的作品亦不能保证被原样传播。书刊编辑制度尽管也要受到政治、经济、社会、文化等因素的种种牵引、制约和影响，但它显然比文学创作者更能决定纸质印刷文学的整体面貌。

二、书刊编辑制度对文学活动的负面影响

在编辑加工阶段，书刊编辑出版机构的规范流程一般是：

收稿—初审—复审—终审—发排—一校—二校—三校—通读—质检—改错—出片—核片—付印

这就是行业内通常所说的"三审三校制"。书刊编辑出版机构一般被称为文稿的"质量检验所"、"内容加工厂"，负有作品挑选、质量把关、出版资源分配和优质文化传播的重要职责，在现代文学发展史上发挥着影响深远的积极作用，出版物崇拜和以成书、发表为写作价值归属在今天依然顽强地存在就是明证。从社会专业分工的道理上说，作者在完成作品之后，有合格的检验、加工者，也更能保证质量。

但也应看到，书刊编辑人员并不因从事这项职业而天然地具备了对作品的"检验"、"筛选"、"加工"的能力；或者尽管能力具备，在编辑加工本身可能因个人趣味、素养而造成了作品的扭曲和对读者的误导。当前编辑出版业鱼龙混杂，规范、科学的编辑制度往往得不到落实执行，编辑加工中随意性盛行，"三审三校"的流程在一些出版机构被有意压缩而沦为空文，特别是"作者签清"（作者在付印前签字认可）环节形同虚设，严重影响了文学书刊真实、有效地传播作品，提升民族文化素养。

《咬文嚼字》主编郝铭鉴于 2009 年 4 月发表在《解放日报》上的一篇《从王蒙"喊冤"说起》，集中反映了书刊编辑制度的负面作用。文中说，由于外行的"编辑加工"，王蒙自传第二部《大块文章》中有关红学研究的"索隐派"全被改成"索引派"，毫无红学常识；王立群的《读〈史记〉之汉武帝》中汉武帝晚年"迷恋黄老"后被编辑强加一句"烧香拜佛"，而实际上直到汉武帝去世佛教也还未传入中国；著名学者陈平原教授文中的山水画大家米氏父子"米家山水"被改为"作家山水"；西汉名人叔孙通被改为"孙叔通"；很多年前萧也牧一篇小说中的军事术语"大背着枪"也被不了解军事的编辑改成令人哂笑的"背着大枪"……

在这些知识上的错误之外，文学编辑对作品的改造尤其影响读者对作者真实意图、水平、风格的把握。同是王蒙，曾在与文学评论家王干对话时说他的成名作《组织部新来的年轻人》1956 年在《人民文学》发表时，文中一句"难道，

47

难道……"在打印杂志清样时被误成"难过,难过……"编辑觉得此句莫名其妙,就顺手加上一句"又说不清为什么难过"以使之"通顺"。另有彭荆风,其收入初中语文教材的短篇小说《驿路梨花》结尾被编辑删去:"这天早上,我们和这些哈尼小姑娘一起,把修理茅屋的事做得很认真。我们都感到这不仅是修葺一座小茅屋,而是在建设一座共产主义的大厦",抹去了那个时代文学中常有的裸露的政治宣教色彩。而"伤痕文学"的开篇之作卢新华的《伤痕》,在上海《文汇报》发表时被改动十六处,包括标题。

在作品被"改造"的问题上,杂志由于其用稿的篇幅限制,作品刊发后与原貌差异更大。云南女作家半夏17万字的长篇小说《铅灰暗红》在《芳草》杂志2009年第3期上发表时,被删节五分之二;而王朔早年在文学杂志上发表作品,也有10万字的篇幅被删改成3万多字的经历。

取消出版物的"作者签清"环节、重大改动后不向读者作任何说明等弊病一直随处可见,因为出版、发表资源的稀缺,以及编辑制度对文学作品的取舍、改造的特权,养成了一种"编辑霸权"。中国青年出版社1982年出版的《文艺鉴赏指导(一)》中,收入著名诗评家谢冕教授的《通过想象理解诗歌》一文,以徐志摩《沙扬娜拉一首》为例谈想象在读诗中的重要性,编辑竟将"沙扬娜拉"当成人名,擅自添上"这位日本女郎"等语句,让谢冕陷入读者不断来信纠错、嘲讽的噩梦。资深编辑崔道怡为此著文《"误会"的难过》为谢冕洗冤,但文中相当篇幅却在挖苦审阅稿件时常见的作者错误和大谈改动的必要性,即便在为同行过错汗颜,分明还透着一种居高临下的隐隐傲慢。编辑改稿所造成的问题历来存在,但作者对此只能忍气吞声,读者不明就里,这样的书刊严重影响作者的声誉和读者阅读作家原作的权利;尤其在文学学科的作家作品研究领域,让印刷成书、载于报刊的作品失去了第一手资料的价值,而需要有一个"原作是何样"的"考证"环节。

三、网络文学生成的开放性

论及网络文学,开放性是其屡屡被提到的首要特性。网络文学作品的发表无须纸张、油墨的消耗,无须通联、运输过程,特别是无须编辑人员的筛选、改造,以及相应地无须因上述活动而产生的组织管理,形成了"零成本,零门槛"的状态。法律上所规定的凡是公民都享有的"出版自由",在印刷文化时代其实无法落实,因出版资源的有限性,只有一部分被认为是优秀的才可能得到出版机会；在网络时代，人人才都真正具备了将自己的作品提交至公共空间传播的权利。在技术发展迟缓的文学领域，这是一次重大的进步。

在书刊时代，由于出版面世的作品的有限性，以及同是出自编辑制度，形成了一种作品面貌的趋同性。尽管书刊文学作品看上去也千差万别，但总的说来，语句通顺、标点规范、行文简练、思维有一定内在逻辑等是共有的要求，是成为印刷品必须具备的基本特征。在这种要求的规范下，就形成了常说的"书面语言"（包括经作家加工提炼过的口语），非书面语言，一般被排斥在书刊之外。

《第一次亲密接触》之所以被称为中文网络文学的开端，不是因为它第一次以网恋为题材，而是因为它的语言风格和传统的书刊文学比较鲜明地区别开来。戏仿、恶搞、谐谑等网络平台上才滋生的方式，在这部小说中开始集中出现。其开篇如下：

> 如果我有一千万，我就能买一栋房子。
>
> 我有一千万吗？没有。
>
> 所以我仍然没有房子。
>
> 如果我有翅膀，我就能飞。
>
> 我有翅膀吗？没有。
>
> 所以我也没办法飞。
>
> 如果把整个太平洋的水倒出，也浇不熄我对你爱情的火焰。
>
> 整个太平洋的水全部倒得出吗？不行。
>
> 所以我并不爱你。

在书刊文学时代，这样"啰唆"的文字很容易被编辑认为是未受过写作训练的作者在搞恶作剧，发表的可能性极低。然而，复沓的文字背后的"理科特色思维"很快被当时的网民心领神会、热烈追捧。网络文学就是这样省略了编辑环节，借助技术而将作者和读者直接相连。

著名诗人于坚就网络文学相比于编辑制度下书刊文学的优越性论述道：

> 一部文学作品的出版发行史，就是一部文学爱好者的理想被封杀、作品被任意宰割的历史。网络技术的引入，为文学爱好者、为作者提供了更广阔的冒险与实践空间。作者们获得了主宰自己作品的充分权力。而读者也将认识更多新面孔，阅读到更多新鲜句子，领略到文学多元化的真正乐趣。尽管如此，网络时代、网络文学并不排斥文学编辑的作

用，真正优秀的作品仍需要优秀编辑的参与。但可以肯定的是，编辑们的功能将极大地被改写，他们的主要职责不是铲除略显零乱的杂草，而是将杂草丛中脱颖而出的花朵扶植得更硕壮、装扮得更娇艳。

这是对传统编辑出版制度的颠覆！但不管现在还是将来，人们都将承认，这种颠覆，意味着文学的新生。

网络文学的开放性惠及的还有读者的文学评论权利。"在线评论"使每一位读者都有了发表自己读后感的平台，即各种网络论坛的"跟帖"。此前被评论家垄断的评论权其实也意味着普通读者处于被教导、引领的地位，网络文学的在线评论将作品批注评点也开放给了民众。今日网络上海量的文学作品和文学评论是报刊时代不能想象的。

四、网络文学生成机制中的编辑因素与报刊编辑制度比较

网络文学早期处于自发状态，并无专门网站发布、推广，等到网络文学声势已大，"网络文学人口"迅速膨胀，相应商机便被网站经营者捕捉。文学网站勃兴并走上专业化运行后，早期网络文学的自在自为状态逐渐被有利于网站商业利益的秩序所规约，网络文学写作也逐渐从纯粹的个人爱好向商业化写作和自娱性写作并存发展。网络文学活动一旦组织化、目的化，其编辑因素必然显现。

网络文学的编辑因素基于互联网传播的特点，但同时，无论网络文学还是书刊文学，内在特质都属于文学，都同处一个时代和社会，随着文学网站组织化、企业化的进一步加剧，网站影响力的增强，网络文学编辑从最初的无关紧要的地位变为开始承担重要职责，同样掌握文学活动中的权力。这种权力可看做书刊编辑权力和影响的变形。

网络文学编辑没有书刊编辑那样优越的文化身份。与文化霸权相关，书刊编辑的"老师"称谓天经地义，多少撰稿人需要接受"编辑老师"的修改和聆听其"指导"。而网络文学编辑被称为"斑竹"（版主）或自称"小编"，互联网文化不同于书刊文化那样形成层级，网络是平面化、平民化的，这种特质让编辑不作为一个文学活动的指导者存在。

网络文学编辑也基本没有书刊编辑那种选稿、加工职能，但掌握"重点推荐"的重要权力。如前所述，网络文学的首要特性是开放性，它高度尊重作者的意愿和个性，不为作品的发布设置门槛，不会将编辑意愿强加于作品，否则会失

去网络文学的乐趣，也立即会受到网民出言不逊的反击；更重要的是，就改稿职能来说，网络作品数量极其庞大，起点中文网等热门文学网站日更新量可达五千万字以上，不可能具备"加工"的人力。对于不符合版面性质的作品发布，只要不关涉政治，往往也是采取"移动"（将作品移至合适版面）方式处理。

这种对作品不予挑选、加工的方式比之书刊文学，它尊重作者，原汁原味呈现了作品，避免了如前所述的书刊编辑制度弊病，但同时不可避免地造成网络文学总体上的粗糙。

网络编辑虽不把守发布门槛，但要选取作品重点推荐。从海量发布的作品中选取认为有价值的，更多是可能为广大网民喜爱、追捧的作品置于网站页面醒目位置，重点推荐给网民，这是网络文学编辑的主要工作。在网络文学作品的汪洋大海中，极度丰富造成贫乏，人们无所适从，编辑推荐即是选择阅读的重要因素。得到上首页、"置顶"、标题加色加粗等待遇的作品会迅速获得广泛阅读，反之则难有人问津。就著名的"天涯社区"之"煮酒论史"版来说，从中脱颖而出、成书出版的历史文学作品几乎全部得到过版主的重点推荐。这样看，编辑的青睐和冷落往往同样能决定作品命运，网络中编辑的重要性反而得到加强。

网络文学编辑虽不直接改稿，但仍会通过自己对读者心理把握来联系作者影响作品走向。在以"长篇连载"为主的商业文学网站，对其重点推荐或有潜力的作品，编辑通常会在连载过程中对情节走向、人物设置等提出建议，影响作者思路，达到吸引读者的效果。

网络文学编辑和读者反馈之间的互动性要强于书刊文学编辑。书刊文学是单向度的，即"我写（编）你看"，阅读反映散落于一个个具体的读者那里，而网络文学的读者反馈即时而集中，网民的满意或不满会迅速体现出来，形成强大力量，编辑必须根据读者意见迅速作出调整，这一方面让工作有切实依据，另一方面难以建立自己的工作个性。

五、结　语

书刊文学和网络文学作为目前并存的两种文学形态，其编辑制度和生成机制分别体现了各自优势和缺失。因为物质技术特点的不同，二者其实不易做到取长补短。探析这一课题，更多地让我们对文化现象、文化潮流保持一份清醒。网络文学将成为口传文学、纸质文学之后的第三大文学发展阶段现在看来疑义不大，在印刷文化的挽歌日近之时，新型文化究竟会带给我们什么，还有待体验和观察。

参考文献：

［1］潘树广. 编辑学［M］. 苏州：苏州大学出版社，1997.

［2］詹珊. 我写故我在［M］. 福州：福建人民出版社，2009.

［3］郝铭鉴. 从王蒙"喊冤"说起［N］. 解放日报，2009 - 04 - 07.

［4］崔道怡. "误会"的难过［A］. 谢冕. 流向远方的水［Z］. 成都：四川人民出版社，1997.

［5］赵晋华. 沙扬娜拉说不完谢冕不再心太软［N］. 中华读书报，1998 - 02 - 18.

［6］金莹. 卢新华：命运选择我执笔《伤痕》［N］. 文学报，2008 - 12 - 18.

［7］沧浪客. 网络宽带之于文学创作［EB/OL］. http：//blog. sina. com. cn/s/blog _ 4bdd7d9001000cgd. html. 2007 - 11 - 28/2011 - 12 - 04.

（谢轶群，讲师，主要从事文化批评）

8 民族动画多元化与差异化的融合思考

石 钦

摘 要: 如何在动画产业国际化的今天繁荣民族动画创作,将原创动画推向海外市场,主动创新,寻求合作与融合。民族动画要"走出去",混血行为成为必然,当代中国民族动画创作唯有在多元化的竞争中相互碰撞,以各自的差异性为特征,相互融合,不断交流切磋,才能放宽眼界,不断提高。

关键词: 民族动画 多元化与差异化 融合

一、民族动画"民族性"的两种现象

如何在动画产业国际化的今天繁荣民族动画创作,将原创动画推向海外市场。人们对民族动画事业的拳拳之心令人在尊重的同时也心生担忧:长期以来,由于过分夸大"民族性"的市场效应,不少动画企业在海外贸易的实际操作中陷入了困境。民族性对中国动画走出国门具有两种完全相反的效果:一是促进。部分外国人会因为对中国文化感兴趣,抱着猎奇的心理观看具有强烈中国风味的作品。二是阻碍。民族性很强意味着作品与外国的文化距离很大,外国人很可能因为不能理解或者无法接受作品中的想法而不去看它。人们通常言之凿凿的"只有民族的才是世界的"说法,夸大了民族性的第一种效果,而忽略了它的第二种效果。不能说这个说法有误,但它的确产生了误导作用。我们希望能把民族文化迅速传播到海外去,被外国人所接受,但赤裸裸的传播不仅不易被外国人接受,相反还可能导致排斥心理。因此,无论是对这句话,还是对由这句话引导的当前中国动画"走出去"的路径,中国的动画人有必要重新考量。

二、民族动画要"走出去",混血行为成为必然

毋庸置疑,民族动画的创作队伍中还有一大批富有历史使命感的艺术团队,他们创作的作品忠实于民族生活、民族情感和现实主义民族精神。但尽管如此,这些作品依然不够完美,尤其是在艺术的感染力和冲击力、语言的独特性和新颖性方面还有不足。然而,在科学技术飞速发展的今天,国外动画片不但高度垄断中国动画片市场,而且还出现了外国拍摄我国历史名著动画片歪曲原著的行为,迫使我们不得不保护属于我们自己的历史,同时也要通过制作优秀精良的动画作品赢得历史再现权和价值话语权。中国的民族动画太需要精品型经典级的动画大片来鼓舞士气,扬眉吐气。

数字时代各种文化的交融使得人们有了更加宽广的视野,提高了对各种文明的包容度。中国动画是时候摆脱一直处于日本风和欧美风的夹缝中徘徊的尴尬处境,主动创新,寻求技术上的合作与文化意识上的融合,在符合东西文化的基础上力求动画创作艺术上的后天混血。当然,在动画艺术的展现形式、关注层面及思想内涵都在不同程度上出现了"中西合璧"的现象,与此同时,人们对不同文化的承受能力与理解能力也将随之得到极大的提高。

著名导演吴宇森在谈到中外电影的对比和融合时,他说:"文化的背后更大的是人性,而人性是共通的,我们应该用好的方法表达我们中国的文化,而不是只局限于哪一种技巧或哪一种设计,单纯为吸引目光和市场考虑。"吴冠中先生也说过,"不挑食的孩子长得壮"、"杂交的水稻长势好"、"要做艺术上的混血儿"的艺术创作理念。中国台湾著名广告人李欣频女士说过一句话:"每去一个国家,都是一次后天混血的过程——到最后就成为自由进出各国的世界公民。"比如,迪士尼公司制作的动画片《花木兰》,其造型风格中大胆地对中国人物进行了一次"混血"的创新改革,突破了传统意义上的东方美女造型,糅合了西方"美女"与英雄主义元素,成功地确立了跨国界、跨文化的设计概念,塑造出中西合璧的动画形象,"混血艺术"被动画艺术家成功地推向全新的审美领域,并结下了非常好的观众缘。

随着中国的日益强大,世界的目光开始聚焦中国,中国文化开始有了卖点。经过大量调研和对《指环王》、《哈利·波特》等成功案例的剖析,不难发现"史诗+魔幻+巨制"是叩开世界电影市场的敲门砖,"国际化融资和制作+中国文化元素+创意"是中国动画"走出去"的策略。

2008 年文化部发布的《关于扶持我国动漫产业发展的若干意见》中提出："促进国际交流与合作，支持动漫企业'走出去'。鼓励政府间和民间与国（境）外开展多边和双边的交流与合作，鼓励我国动漫企业以合资、合作、服务加工等多种形式参与国际合作及国际市场竞争。大力扶持原创动漫产品的出口，将优秀动漫出口企业产品列入《文化产品和服务出口指导目录》。"

2008 年 9 月底，《三国演义》的制作方辉煌动画与日本未来星株式会社达成合作协议，用中国古典文化敲开了海外市场大门，《秦汉英雄传》也是大陆动画公司首度与台湾动画界联手打造的。2011 年 1 月全球同步上映的《熊猫总动员》是由中、德两国合拍的 3D 动画电影，版权已经卖到了 100 多个国家。由此可以看出，中国民族动画要"走出去"，"混血行为"成为必然。

三、民族动画混血行为中多元化与差异化的融合

作为艺术与技术的结合体，动画给我们带来了独特的美妙感受：一方面，动画融文学绘画的情境和意象表达于一炉，将人们的愿望以视听的方式充分演绎实现；另一方面，动画以时间运动表演的形式将在人们的心目中树立血肉丰满的各种形象。如今，在数字技术的支撑下，各国动画艺术家创作的自由度大大得以提高，同时，人们的需求也变得越来越多。在多元的艺术格局中，寻求东方与西方、传统与当代的融合，理性与感性、科学与艺术的契合，创造具有时代精神、个性特征、文化内涵的中国民族动画作品，这是当今动画人的共同心愿与追求，其实这也是符合世界动画艺术发展走向的。

对于全球人类来说，艺术创作多元化与差异化的融合是必不可少的。为此，不同国家和不同民族间的文化吸收、融合、同化，甚至对峙、排斥、摩擦、对抗，但经过全面的、充分的、直接的碰撞和交流，最后总能彼此沟通、理解和共存，迸发出新思想、新文化。中西方无论是人文体系，还是艺术体系都存在着不同的理念，它们不仅是独立的，而且均体现出各自不同的民族特性、文化底蕴与思维形式。在动画艺术混血的创作中提倡多元化与差异化的融合的意义在于保持本民族自身的特色，体现不同的民族品格和面貌。艺术的享用是没有国界的，艺术的创造却有国界或民族传统的制约。

例如：动画片《马兰花》的人物形象设计面部设计采用眉线和鼻子轮廓线连接的表现手法，人物身材修长健美，服饰富于几何形装饰意味。在吸收云南现代重彩画派的特点之外，《马兰花》的造型还吸取了迪斯尼的造型手法，如在线

条的转折处，将其进行圆化处理，显得刚柔相济，次要角色的造型夸张诙谐，卡通味十足。动画的制作技术完全采用了当前商业卡通片通用的数字技术：人物造型用匀整挺括的勾线、平涂的色彩，场景大量运用数字绘画和三维技术。最终使得这部动画片成为熔云南现代重彩画派的风格和美式动画的特点于一炉的"新民族动画"。

四、总　结

不论是学习借鉴，还是发掘、继承，都要有大胆开拓，勇于创新的精神。鲁迅说："没有冲破一切传统思想和手法的闯将，中国是不会有真的新文艺的。"当下中国民族动画产业发展的过程中，混血行为越来越突出了，让中国民族动画创作在融合多元化与差异化之间碰撞思考、挣扎，伴随挣扎而来的可能是新生般的痛苦，但这种疼痛的进化必将让国人对动画艺术的理解更加理性、成熟，同时有助于国民艺术素养的提高。

民族动画混血行为中多元化与差异化的融合探索将会一直延续下去。当代动画创作唯有在多元化的竞争中相互碰撞，以各自的差异性为特征，相互融合，不断交流切磋，才能放宽眼界，不断提高，通过这个地球村的频繁密切的交往，日益得到交融。

参考文献：

［1］陈绘.数字时代背景下视觉传达设计的多元化发展［J］.南京艺术学院学报，2010（03）.

［2］白炜.中国动画"走出去"的策略［J］.中国文化报，2010（06）.

［3］赵勤.中国动画艺术民族化的方向［J］.艺术与设计，2010（10）.

［4］马珑尹.艺术的后天混血行为——论吴宇森电影与美国式个人英雄主义［J］.大众文艺，2010（11）.

［5］宋磊."民族性"并非首要消费理由［J］.中国文化报，2010（05）.

［6］周群.吸纳西域技术，开采中国特色动画［J］.教师，2010（09）.

［7］田建伟，冯文静.中国民族动画对云南现代重彩画的借鉴［J］.民族艺术研究，2011（10）.

（石钦，助理研究员，主要从事艺术管理与艺术设计研究）

9 中国神庙剧场在文化产业发展背景下的再开发

杨 洋

摘 要: 中国的神庙剧场是中国戏剧史上非常重要的组成部分。它兼祭祀与演出功能于一体,舞台不仅是酬神的祭坛同时又是娱人的剧场。本文从神庙剧场的建筑构成入手,介绍神庙剧场中各个场所的形成、发展与作用。在对神庙剧场进行一个全方位的论述的同时,讨论神庙剧场在当今社会条件下再次开发利用的可能性,并提出了具体的设想和方案。

关键词: 神庙剧场 祭祀 娱乐 再开发 文化旅游

引 言

人类初期的舞台几乎都和祭祀有关,甚至很多舞台本身就是用于祭祀神灵的场所,随着戏剧的不断成熟和发展,各国的戏剧舞台渐渐脱离了原初的祭祀功能而独立成为演出场地。唯独只有中国的剧场依然保留着原来娱神与娱人两种功能集于一身的面貌,而这一典型代表就是中国的神庙剧场。

神庙剧场是指建立在神庙之内可以提供演剧同时具备观赏场地的场所,建立于 11 世纪的中国宋代,在中国的剧场发展史上占据着重要的地位。它独特的建筑形式与仪式性的演出成为不同于其他任何剧场的特点。它也为清代以后兴起的专门化剧场、城市戏院等提供了建筑上的经验和范本。如今在我国还有很多传统的和经过改造的神庙剧场存世,它们大多被文物保护单位作为重点保护对象,然而正因如此,神庙剧场失去了当日的光辉,而成为荒芜的摆设。曾经鼎盛一时的神庙剧场在我国目前文化产业兴起的大潮下,应该有怎样的定位,作为旅游资源之一,神庙剧场不应该停留在文物保护的原地,相反应该积极地对其价值进行深入的讨论,尽可能地再次开发使之创造更高的文化与经济价值。

一、中国神庙剧场概况

（一）中国神庙剧场的源流

中国神庙剧场形成于 11 世纪的北宋时期。在此之前中国的戏曲演出是没有正式剧场的。这种情形一直延续到 5 至 6 世纪的南北朝时期。南北朝以后，随着在佛寺中举行的各种仪式和表演活动的渐渐兴盛，"百戏"开始在神庙大殿之前的一种被称为"露台"的砖石结构的舞台上演出。"露台"的结构虽然非常简单，但是由于观众可以围在舞台四周，不仅方便观看，还可以大大增加观看者的人数。11 世纪以后民间开始大量兴建的杂神庙宇都承袭了"露台"的演出习俗，而"露台"也开始向剧场的形式转化，这一转化的最终结果就是神庙剧场的形成。

神庙剧场主要承担的任务是进行祭祀活动。神庙建设最直接的目的就是祭祀神明，通过愉悦神明的方式来换取庇护。而在民间，人们祭祀神明最直接的方法就是通过表演来达到娱神的目的。神庙剧场就成了提供这种表演的最佳场所。

同时，正因为神庙剧场承载了娱神的作用，所以便有了更为特殊的需求，它不像"百戏"时代那样可以随便进行演出。神庙剧场的整个演出是有纪律和组织的，一切表演顺序都必须是排列好的。15 世纪以后，早期的"勾栏"因为其简陋的舞台和安全问题逐步停止了演出活动，渐渐被神庙剧场所取代。一直延续发展到了 17 世纪。随着中国戏曲发展的日趋成熟，神庙剧场所承载的祭祀作用也慢慢开始淡化。在神庙中以祭祀为主要目的的表演也逐步由娱神转向娱人转变。

（二）神庙剧场的构造和作用

神庙剧场的构造经历了一个由简渐繁的过程。一般由正殿、献殿和戏台三个部分构成。但是因经济实力等不同的因素导致即使在同一时期的神庙剧场简繁差异也很大。最简单的由正殿和戏台两个部分组成，而烦琐的除了正殿与戏台之外，还有侧殿、配殿、后殿、山门、厢房、钟鼓楼等建筑。在此，我们对神庙剧场的几个重要组成部分进行简单介绍。

1. 正殿

正殿是神庙剧场的中心建筑，也是最重要的部分，因为神庙剧场演出的最重要目的是以祭祀为目的的娱神活动，而在神庙剧场中的演出都是以祭神为号召。因此，演出的观看者首先就是正殿中所供奉的主神。所以正殿的地位就显得尤为重要，所有的活动与演出都必须以正殿为中心。

2. 献殿

献殿，顾名思义就是祭献的场所，是神庙里提供敬献供品和观看表演的场地。献殿一般位于正殿之前，因为中国古代方位是以坐北向南为尊，所以神庙正殿就是以此建造，而献殿要面对正殿，因此，献殿位置一般为坐南向北。在建有戏台的神庙里，献殿也可以作为看戏的场所，但是一般只有身份地位崇高的人才有资格在里面看戏。

3. 戏台

戏台由最早在正殿之前的露台演变而来。位于献殿之后，一般与献殿一样坐南朝北。最早的露台就是一个高起的平台，后来逐渐在其上加盖了顶盖，成为乐棚或舞亭，最后演变为专门进行演出的戏台。这一建筑有的又被称为舞楼、舞亭、乐厅、乐楼、舞楼等。但一般都被统称为戏台。

二、神庙剧场的功能

神庙剧场不但是人们谨慎小心祭祀神明的场所，同时又是人们无拘无束尽情欢愉的地方。它由神庙和剧场两个部分组成一个共同体，因此本身就具备了两种不同的功能：一方面，以娱神祭祀为主要目的；另一方面又兼具娱人为主的演出功能。这就形成了中国神庙剧场与众不同的特点。

（一）祭祀功能

神庙剧场最主要的作用是祭祀神明和进行以娱神为目的的演出活动。供奉祭品与乐舞表演成为祭祀时物质与精神两个不可或缺的重要因素。人们要定期在建有戏台的神庙内举行祭祀活动，绝大多数还要通过演戏来达到敬神的目的。在演出之前，人们首先在献殿供奉香烛牺牲与果品糕点，之后才开始敬神表演。从祭祀时间上来讲，"神庙祭祀活动多有固定时间，一般选择神灵的诞辰日，如三月二十三为天后诞辰日，四月初八为浴佛日，五月十三为关公诞辰日等。也有以岁节时为祭祀者，如清明节、八月十五等节日举行。演出时间一般有三天、五天，多者可达到数十天"①。

（二）演出功能

除了祭祀之外，神庙剧场最大的作用就在于它的演出功能，神庙内的戏楼是现今可见的最古老的戏楼，也是后世民间戏楼的原型，同时也是分布最广的戏楼。随着时间的推移和文化的发展，神庙剧场的功能中心逐渐由祭祀向演出转移，娱乐作用在神庙剧场晚期成为它的主要功能。在神庙举行祭祀性的演出活动自始至终贯穿了中国戏曲史，形成了特殊的民俗戏剧现象。

在神庙剧场演出时，演员的表演和乐队的伴奏必须有紧密的配合，演员的上场下场以及表演都有一套制定好的规矩和程式。这样，原来百戏时代杂乱无章的演出形式就变得越来越正规化、系统化。使得观众得到了更好的审美享受，提高了观剧热情和参与积极性，对神庙祭祀表演也给予了高度的重视。

三、神庙剧场再开发的思考

（一）中国神庙剧场的现状

明朝后期，随着各地地方戏的兴起，各地的商业会馆也完全模仿了神庙剧场的建筑特点，利用它的祭祀功能以酬神为号召进行演剧，为商业带来更多的利益，也为经济活动提供服务，这使得传统的厅堂庭院式演出逐步向剧场化的形式转型发展。与此同时，神庙剧场不断演变后还渐渐进入了人们生活的场所，经过改变后成为私家庭院里的小型剧场。此后更成为清朝初期宫廷中不同类型和不同大小的戏台建筑的范本。

随着时间的推移和戏剧的不断发展，神庙剧场的功能逐渐被商业剧场所取代。近代以来神庙祭祀和庙会基本停止，神庙剧场也因之完全废弃，现在只有少量存世。其功能也仅只是提供给旅游者参观而已。这样的现状，一方面，政府为了保护历史建筑必须拨付大量资金用于修缮并且必须配有专人进行维护和管理，增加了管理部门的工作，耗费人力、物力。另一方面，神庙剧场的作用和功能完全失去了意义，无论作为建筑学还是戏剧学的文化传承来说都是一件令人遗憾的事。

---

① 车文明：《中国神庙剧场》，文化艺术出版社 2005 年版，第 15 页。

（二）新的定位与开发

神庙剧场在这个文化产业蓬勃发展的时代，能否从尘封中走出来重拾旧日的光辉，关键在于我们是否能找到神庙剧场符合这个时代的存在价值以及如何合理地开发和利用这一价值。而要实现这一点首先我们要给神庙剧场一个新的定位。神庙剧场在今天当然不能再定为祭神的场所，更不能定位为娱神演出的地点，而应该根据神庙剧场的实际情况进行不同分类，并根据分类来进行具体定位。

首先我们可以把现存的神庙剧场大致上分为三个类别。

1. 保持原貌的神庙剧场

这一类剧场是没有经过后世的改革，依然建设在神庙之内，其主要功能依然是以娱神祭祀为目的的剧场，如分散在我国各地极为众多的关帝庙戏台和孔庙戏台。这一类戏台往往建筑精良考究，气势恢宏，金碧辉煌。但是在今天基本已经无法使用，因为已经和神庙主体建筑一样成为国家和地方文物保护对象。这类神庙剧场目前仅能作为中国建筑的典范供游客参观。

这一类剧场由于其特性，在再开发中不可能成为主体，但这不代表其商业潜力和价值不足，相反，这类剧场在再开发中应当作为文化传播与品牌形象树立甚至是城市意向的重点来考虑。因为这类剧场所在的大型神庙本身建筑的一体化和恢宏的气势已经注定剧场与生俱来的历史感和神圣感。因此，在再开发中应将其定位于宏大场面的高端运用，在神圣的气氛下打造庄严恢宏的演出效果。

世界著名音乐家雅尼在雅典卫城和北京紫禁城的大型音乐会获得空前反响和巨大成功，卫城古神庙和紫禁城太和殿的选址甚至超越了其精湛的技艺和一流的乐队成员，成为其成功至关重要的因素。西安华清池的大型实景歌舞表演、云南的《印象·丽江》、广西的《印象·刘三姐》同样是依托原有的实景加以建设作为演出场地取得了空前的成功。既然如此，我们为什么不能将本身就有演出功能的神庙剧场与原来已成为一体的神庙建筑群一起加以改造，使之成为大型或高端演出演绎的场所呢？这样一方面既节省了重新兴建实景演出基地的巨额开支，同时观众在观剧时更具参与感和神圣感，增加演出的品位与档次。另一方面以部分赢利作为神庙剧场的修缮与维护，也可以使其更具生命力。

2. 改进后的神庙剧场

经过后世改进而转型成为私家庭院里的小型剧场以及各地会馆中不同类型和不同大小的戏台，如云南会泽的江西会馆戏台。这类戏台早已经脱离了娱神的属性，成为达官贵人或者商贾巨富的聚会场所，虽然比不上大型神庙里的剧场那么大气，但是却有着其隽秀灵气、小巧独特的一面。在今天，这类剧场往往变成了会馆或大宅院参观的一个组成部分，也有很多还可以让游人亲自登台详细地观赏。

私家庭院和会馆剧场在我国还有大量留存，这一部分也应该成为我们对神庙剧场再开发的重点。根据其具体情况可以有两种方式来进行开发，有的甚至可以两种方式兼而有之。

（1）利用现有场地拓展祭祀活动的演出功能

在今天我们所说的祭祀功能，绝非是要保留对神祇的原始膜拜。中华民族伟大复兴的一个重要组成部分便是文化的复兴。在这一前提下，中国人开始重新理解和认知中国的传统文化。而对黄帝、孔子、关公等中华民族的始祖以及文化和道德的代表人物的重新祭奠与追思也随之而兴起，继而带动了对中国传统文化与古礼的学习和实践。大量地区的文庙、武庙再次出现了祭祀文化名人和传承古代礼法的活动。而实现这一活动的最好场所自然就是神庙剧场。神庙剧场不但能提供活动场所，更在为这些活动增加神圣感的同时使这类活动充满了观赏性。常年的演出性祭祀和文化传播不仅能更好地宣传和传承中国文化，更能给枯燥的神庙旅游增加一道风景，游客在观赏和参与的同时也能更好地对中国文化与神庙文化有所了解。

（2）小型的参与性庭院式演出

随着我国国民收入的不断增长和生活水平的不断提高，走马观花式的景点旅游已经远远不能满足大众的需求。文化式的体验旅游成为未来旅游的必然趋势。而现今能提供这类旅游的地区和场所却寥寥无几。

其实各地的私家大院和会馆正好是能够提供实现这一旅游方式的场所。大院和会馆的体验式旅游虽然不可能成为旅游的大趋势，但是旅游出行不住酒店租城堡的欧洲式旅行方式却极有可能在中国以租住会馆或私家大院的高端旅行方式出现，而私家大院与会馆中的剧场自然也必将成为这种文化旅游的重要组成部分。这类剧场观众人数较少，但是文化素养和艺术修养较高，因此非常适合进行小型的庭院式的高雅演出。如同日本国乐堂的能乐演出一样，只针对高端观众群。这不仅仅是一种文化旅游的享受过程，同时也可以为中国戏曲演出提供一个传承和保护的优良环境。

3. 古代乡村里的神庙剧场

这也是当时唯一的公共型的剧场类型，成为我国古代范围最广，延续时间最长同时又是数量最多的剧场，为在它之后形成的中国各类戏台和舞台等的表演场所提供了很大的借鉴和典范作用。这类剧场因为当年建设时便不是精雕细作，甚至有很多为临时搭建，因此大多已经废弃或者拆毁，只有少量存世。即便尚有保留的也已基本面目全非。这一部分剧场自然不是我们再开发的重点，但是并不是说它就没有开发的潜力。在我国广大农村至今还保留着逢年过节外出聚会和上街观看演出的习俗。民间神庙剧场往往修建在广场或集市的中心，具有广阔的观剧和活动空间。通过重新的修缮和改造，可以成为地方民间演出演绎以及节日庆典的演出场所，恢复其原来的作用。一方面可以节省每次民间演出临时搭台所发生的不必要开支。另一方面，固定的演出场所带来的巨大人流量，往往可以带动周边诸多产业的发展。以戏台为依托形成当地民间手工业和特产集中地，以此成为当地旅游业的重要区域。

四、结 语

神庙剧场以它独特的魅力和特殊的文化意义在中国久远的戏剧历史长河里占据着举足轻重的地位。同样成为文化史上不可忽略的一页。时至今日，当中国传统文化再一次放出耀眼光芒的时候，我们应该更多考虑的是如何使这些文化现象与文化在今天的世界里找到适合的位置和当代的价值。神庙剧场这古老而神圣的建筑的再次开发与利用不仅仅可以创造巨大的文化价值，同样在做好文化传承与保护的同时还能创造不菲的经济价值。只有不断地发展才能更好地对神庙剧场实施保护。毕竟真正的保护不是将其尘封起来，而是使其最人可能地实现其本身的作用价值，从而延长其本身的生命力。

参考文献：

［1］苏琼.图说中国戏剧艺术［M］.南京：江苏人民出版社，2009.

［2］车文明.中国神庙剧场［M］.北京：文化艺术出版社，2005.

［3］车文明.20世纪戏曲文物的发现与曲学研究［M］.北京：文化艺术出版社，2001.

［4］刘彦君.东西方戏剧进程［M］.北京：文化艺术出版社，1997.

［5］冯俊杰.戏剧与考古［M］.北京：文化艺术出版社，2002.

（杨洋，讲师，主要从事演出演艺管理研究）

10 民营企业和谐企业文化建设初探

杨佳佳

摘　要：目前我国民营企业的发展正经历着各种"瓶颈"的限制和阻碍，民营企业的可持续发展受到严峻挑战。本文从民营企业企业文化建设的角度来分析限制民营企业发展的"瓶颈"。在分析我国民营企业企业文化现状的基础上，提出民营企业建设和谐企业文化的现实意义，并提出建设和谐企业文化的建议，以期为我国民营企业的可持续发展提供理论参考。

关键词：民营企业　企业文化　和谐文化

一、概　述

我国的民营企业是改革开放的产物。改革开放 30 多年以来，大大小小的民营企业在中国大地上不断开花结果，其强大的生命力使其逐渐成为推动中国经济发展的一支重要力量。

据国家工商总局统计数字显示：截至 2007 年，全国民营企业数量达到了 551.31 万户，民营企业的从业人员达到了 7 253 万人，民营经济已经占到了国民生产总值的 21.46%，占全国税收总额的 11.3%。[①] 这一连串的数据表明，民营经济在改革开放近 30 年的过程中，为我国的整个国民经济发展作出了重要的贡献：促进经济快速发展，维护社会稳定，提高就业率，增加人民收入；为国家提供大量税收，推动和加速我国工业化、城镇化进程；大量民营企业产品出口外销，增加了出口创汇收入，促进了社会主义市场经济的发展；发展培育了一大批优秀的民营企业家；等等。随着经济体制的不断改革、社会的不断进步，民营企

---

① 张一青、孙春晓：《民营企业文化与竞争力》，经济科学出版社 2006 年版。

业的这些作用将会在今后的经济发展过程中进一步凸显出来。

在取得众多成就的同时，民营企业存在的各种问题也逐渐暴露出来。在 30 多年的发展历程中，大多数民营企业如流星般转瞬即逝，"短命"现象严重。珠海巨人风波，沈阳飞龙闭门思过，济南三株官司危机，广东太阳神日落西山，后来的牟其中的下台，爱多的退出，等等。有人甚至断言，中国的民营企业是"盆景企业"，"像一棵长不大的小老树"！据调查①，全国每年新生 15 万家民营企业，但同时又有 10 万多家死亡。60% 的民营企业在 5 年内、85% 的在 10 年内破产，平均寿命只有 2.9 年。随着中国加入 WTO，民营经济迎来了新的发展机遇。与此同时，在经济全球化、国际市场激烈竞争的形势下，也面临着产品质量低、科技含量不高、缺少高科技人才和高级管理人才等诸多挑战。

在新形势下，中国民营企业如何抓住新的发展机遇，如何面对具有强劲竞争能力的国际对手，如何在日渐激烈的国际市场环境中持续地生存下去，如何肩负起推动中华民族经济健康、持续、稳定、良好地发展的责任，是一个重大的现实问题。

当前，国家在宏观方面制定了许多有效的政策和措施，以促进民营经济的发展，加强对民营经济的管理和引导。然而，在微观方面还是一个难题，这就需要民营企业自身的努力。今天，许多优秀民营企业的发展实践告诉我们，建设优秀的企业文化，是中国民营企业健康持续发展的一条重要出路，而企业文化的最终发展归宿则应是和谐的企业文化。

中共十六届四中全会提出了构建社会主义和谐社会的任务，而建设和谐文化是构建社会主义和谐社会的主要任务。构建和谐社会，既是政府的责任，也是企业必须承担的责任和义务。只有把企业做强、做大，提供更多的就业岗位，创造更多的社会财富，才能为建设和谐社会提供坚实的物质基础。把企业做强、做大就要依靠优秀、和谐的企业文化。

二、我国民营企业的企业文化现状分析

企业文化理论形成于 20 世纪 80 年代的美国，随后作为一种全新的管理理念被引入中国，至今已有 20 多年了。在企业文化管理理念盛行的同时，我国的民营企业也在不知不觉中发展壮大起来。可以说，企业文化理论伴随于我国民营企

---

① 庞婷、冯毅、张瑾：《透视民营企业的"短命"现象》，中国科技信息 2006 第 22 期，第 159～161 页。

业发展的各个阶段，各民营企业对企业文化管理都有或多或少、或深或浅的认识。企业文化在民营企业管理中的现状，明显突出的主要有以下三个方面：

（一）重形式，轻内涵

企业文化理论提出至今仅有 20 多年的时间，它作为一种新的思想和理论，在其发展过程中引发众说纷纭的现象也不足为奇。对"企业文化"，并不需要一个标准的定义来套牢，我们要做的应是全方位、深层次地把握其内涵。如今，虽然越来越多的民营企业家开始关注企业文化管理，然而其中不乏追风者。在民营企业文化建设过程中，最突出的问题就是盲目地追求企业文化的表面形式，而忽略了体现企业文化的内涵。

前面笔者提到，从结构上来看，企业文化通常被分为三个层次：物质层、制度层和精神层。精神层的各种意识形态通过制度层转化为物质层的实体文化，也就是说企业文化精神要由物质实体来体现，也就是说企业文化的物质层的建设要以企业文化精神层的意识形态为依据，而不是盲目地追风、乱建。

由于有的民营企业的领导者对企业文化的认识存在局限性，导致一些民营企业在建设企业文化的过程中往往走入误区：有的将企业文化口号化，即把那些开拓、前进、创新、拼搏等标语写在纸上、贴在墙上，而不去落实企业的日常行为；有的认为企业文化就是举行各种活动，比如开展歌咏比赛、举办文化节；等等。这些活动虽然在一定程度上能够调动员工的工作热情和提高企业凝聚力，但其终究只是停留在表面上，不能够真正地深入人心，产生的效果也是短暂的，不会持续太久；有的认为企业文化就是塑造良好的企业环境和形象，制定统一的 CI 识别系统，再加上一句朗朗上口的广告语，这就是企业文化了。红极一时的"太阳神"，当时就是凭着国内首家导入 CI 战略，凭着"当太阳升起的时候，我们的爱天长地久"这一广告歌和醒目的产品标志而红遍全国的，现如今却早已日落西山了。

（二）企业家文化代替企业文化

我国许多民营企业的成功都始于创业者的杰出贡献，一个成功的企业背后必然有一个成功的企业家。在企业发展的过程中，企业经营者形成了自己的一套经营理念，这一套成功的经营理念，被企业家有意无意地灌输到企业文化管理中，使得企业中"个人英雄主义"盛行，产生了不容忽视的影响。由此许多人都误以为企业文化实际上就是企业家文化。这种方式的企业文化管理，往往忽略了员工的群体意识，是缺乏持久张力的。这对于企业的长远发展是相当不利的，因为企业家会消逝，而企业则是要长存的。

当然，笔者并不是否定企业家文化在企业文化建设过程中的引导作用，只是强调不能将企业家的个人意识覆盖整个企业的群体意识。

纵观国内外成功的百年企业的企业文化，我们也可以得到这样的结论：企业的持续发展和不断壮大是以整个企业文化为支撑的，并不仅仅是依靠某一个人的"魔力"。

（三）创新不足，缺乏个性

众所周知，企业文化是企业独特的经营管理模式和价值理念，是企业个性的表现，不是"放之四海皆准"的真理。不同文化背景、不同国家、不同地区的企业文化都有各自的特点。例如①：美国的企业文化以追求个人发展为灵魂，日本的企业文化是建立在重视人的联系、共存关系和人际关系的集团主义基础上的。处于相同文化背景下的企业也同样有着不同的企业文化，例如：同属日本文化的索尼和尼桑，前者的企业文化强调的是开拓创新，而后者强调的是顾客至上。

然而，我国民营企业在进行企业文化建设时，有的民营企业由于自身缺乏知识，对企业文化的理解不深刻，甚至无从下手，但又不愿意与时代脱轨，往往无视自己的实际情况，于是常常盲目搬抄套用国内外成功企业的成功经验。结果，在实际操作过程中，"拿来"的文化无法在自己的企业中发挥效用，有的甚至起到相反的作用。而有的民营企业虽然有自己的企业文化，却忽视企业文化的创新，认为有了企业文化就可以"高枕无忧"了，殊不知，企业文化也需要随着企业环境的变化和企业的发展而不断地创新和改进。

企业文化是企业在特定文化背景下形成的独具特色的经营理念和行为哲学。它是企业的个性化表现，不是刻意寻求统一化模式，不是赶潮流追时髦，更不是迎合时尚的标语。因此，企业文化应当与企业实际相结合，形成自己的独特之处，才具有生命力和渗透力，并随着企业的发展而不断创新和改善，才能经久不衰。

---

① 焦娅敏：《论民营企业文化管理中和谐的缺失与构建》，载于《特区经济》2006年第7期，第94～96页。

三、企业和谐文化的构建

（一）民营企业构建和谐文化的目的和意义

"和谐"一直是中华民族追求的远大目标，同时也是全世界人民所向往的理想境界。从宏观方面来看，建设社会主义和谐社会，构建和谐文化，不仅有利于我国社会的安定、团结，有利于国家的兴旺昌盛，更有利于全世界人民共同、和平、持续地发展。从微观方面来看，建设和谐社会，构建和谐文化，有利于我国民营企业的长远发展，为我国的民营企业在竞争激烈的市场环境中稳定、持续、健康地发展，提供了坚实的精神基础。

1. 什么是和谐文化

什么是和谐？《现代汉语词典》对和谐的解释是配合得适当、协调。常用来形容音符搭配完美、和畅。总的就是指事情融洽、和畅，世间万物配合得协调、不激烈、井然有序。和谐文化，古已有之。

中华民族五千年的文化博大精深，承载万物的思想以及"天时、地利、人和"等精神烁古名今，源远流长，其文化精神对于我们当今的经济与管理也有着深刻的指导意义。

孔子提出的"和为贵"、"和而不同"、"仁者爱人"、"己所不欲，勿施于人"等思想，实质上不仅告诉我们"和"的作用，而且提出了建设"和"这一思想的道德途径。

《尚书》中记载了立功立业和追求吉祥顺利需要的九种品质。① 皋陶曰："都！亦行有九德。亦言，其人有德，乃言曰：载采采。"禹曰："何？"皋陶曰："宽而柔，柔而立，愿而恭，乱而敬，扰而毅，直而温，简而廉，刚而塞，强而义。彰厥有常吉哉！"意思是说，皋陶认为，检验一个人的行为可以依据九种品德，检验言论也一样，如果说一个人有德行，那就要以许多事实作为依据。禹问，什么叫做九德？皋陶回答，宽宏大量而又严肃恭谨，性情温和而又有主见，态度谦虚而又庄重严肃，具有才干而又办事认真，善于听取别人的意见而又刚毅果断，行为正直而又态度温和，直率旷达而又注重小节，刚正不阿而又脚踏实地，坚强勇敢而又符合道义，能在行为中出现这九种品德，就会吉祥顺利啊！

---

① 李大明：《四书五经·现代版》，天津古籍出版社 2000 年版。

由此可见，中国古代早已将这种重视人伦、和谐共处的思想作为一种精神文化加以弘扬，并且作为一种传统美德贯彻融合于中国的管理伦理中。这种和谐的精神文化要求企业组织内部善待员工，追求和谐，融洽团结，讲求和合，好善以治天下；要求企业不仅要注重用经济、行政手段来管理企业，更要注重以包含优秀伦理道德精神的和谐企业文化来引导员工，建立共同的群体意识，使每个人都符合企业的要求，以实现企业的目标。

2. 构建和谐文化的目的和意义

毛泽东说过："没有文化的军队，是愚蠢的军队。"这一结论对于企业同样适用，一个企业没有属于自己的优秀企业文化，就等于没有灵魂，其生命之路是走不长的。

民营企业是我国改革开放过程中迅速崛起的生力军，在国民经济中占有举足轻重的地位，已经成为社会主义市场经济的重要组成部分。民营企业在社会经济发展中，表现出了公有经济所不可替代的作用。它充分调动了生产者的积极性，促进了生产力的发展，吸收了大量的城乡就业人员，减轻了社会的压力。我国现有的民营企业大多是由以下几种形式发展而来的[1]：一是从个体户起家，逐渐积累发展起来，或直接由家庭成员投资兴办的家族式企业；二是朋友、同事合资开办的合伙企业；三是国营或集体企业通过买断转型的企业等。其共同的特点是企业的所有权归一个或少数投资者所有。这些民营企业的企业家大都缺乏科学、系统的经营管理理念，重效益而轻责任；缺乏人力资源观念，不重视员工的思想，仅把员工当做生产的"工具"；缺乏价值共享意识，把各利益相关者当做敌人而不是合作者；缺乏诚信，以非法或非道德的手段获取利益等。尽管这些问题在非民营企业中也不同程度地存在，但在民营企业中却尤为突出。笔者认为，这些问题的产生，归根结底是企业文化建设的缺失或不完善，尤其是缺乏和谐企业文化的建设。

现如今，中国的民营企业已经步入了国际经济的轨道，面对各种机遇和挑战，只有建设符合自身发展情况的企业文化，才是保障企业长远发展的坚实基础。2006 年，中共中央提出了建设和谐社会。民营企业对构建和谐社会的作用与其对整个国民经济的作用是一致的。民营企业在提供就业岗位，推进城乡、地区之间协调发展和促进社会、经济及政治稳定等方面的作用将随着民营经济的不

---

[1] 余平：《民营中小企业制度创新的路径选择》，载于《民营经济发展研究》2006 年第 1 期，第 33 ~ 35 页。

断发展而日益显现。① 因此，民营企业作为推动我国经济发展的重要力量，应积极配合、响应国家的相关政策，考虑本国国情，吸纳我国的传统文化，借鉴国外成功企业的优秀企业文化，创建与自身企业发展相适应的企业文化。而和谐文化则是当前我国民营企业建设企业文化任务的核心。

企业在与他人、与社会、与自然的关系上，讲求平衡、和谐、和合。"与天地合其德，与日月合其明，与四时合其序，与鬼神合其吉凶，达到人与自然的协调统一。""顺天时，量地利，则用力少而成功多。任情返道，劳而无获。""上逆天道，下绝地理"，"天不予时，地不生财"。"一个事物只有在它有助于保持生物共同体的双向互助式和谐、稳定和美丽的时候，才是正确的；否则，它就是错误的。"和谐不仅是事物存在的一种美好方式，也是事物发展的内在动力，违反和谐规律，必将带来事物的停顿甚至倒退。

和谐文化是中华民族传统文化的精华，具有一定的科学性。这种宝贵的文化成果如果被企业文化容纳，必将成为企业的力量，为企业插上平衡的翅膀。

总之，构建和谐的企业文化，才是我国民营企业健康长久的生存之道。

（二）和谐企业文化的构建

21世纪是高科技发展的知识经济时代，市场经济中的一个重要走势就是经济与文化"一体化"。在21世纪，国际竞争是综合国力的竞争，也是一种文化的竞争。现代企业的竞争，已经从产品平台的竞争上升到了深层次的理念竞争，尤其是企业文化管理的竞争。为了使我国民营经济走向世界并持续健康地发展下去，必须建设一种以社会主义精神文明为统帅，中华民族传统文化、现代文化与现代市场经济相嫁接的多元、开放、人文的创新企业文化——和谐企业文化。

1. 加强企业伦理道德建设，坚守诚信价值观

现如今，我国正处于社会转型时期，经济体制不断改革，利益格局重新调整，人们的思想观念也在发生着深刻的变化。在我国一些地方，出现了价值观缺失、道德水平下滑等不和谐现象。某些企业为了追求较高的经济利润，不惜采取造假、欺瞒消费者、破坏自然环境等违法手段。还有的企业在面对利益的诱惑时，突破了社会的道德底线，以商业贿赂的手段牟取不正当的利益。这些企业有可能会成就一时的辉煌，但由于其缺乏坚定的诚信价值观，失去了员工、客户等

---

① 黄彦：《论和谐社会构建中民营经济的和谐发展》，载于《湖北经济学院学报》（人文社会科学版）2006年第1期，第51~52页。

利益相关者的信任而无法继续发展。在这些企业中，民营企业占了绝大多数。这是民营企业家重利益轻责任的思想在作怪。在我国经济转轨时期，一些民营企业通过结交权力等方式来分配或者转移了大量的社会财富，如 20 世纪 80 年代的价格双轨制、90 年代的炒地皮，到现在的贱买贱卖国有资产。面对一大批因犯罪而倒下的民营企业家，人们对不法企业主的憎恶、鄙视心理变得更加强烈。私营煤矿主的暴富与大批毫无生命保障的挖煤工人生存状态的巨大反差，也加大了社会公众对民营企业的道德谴责和"仇富"情绪，甚至出现了极端的"杀富"行为。缺乏伦理道德的人被世人谴责、孤立，同样，伦理道德败坏的企业也必将被社会抛弃。

因此，民营企业只有不断加强伦理道德建设，坚守诚信的价值观，以此赢得内部员工以及外部人员的信任，营造和谐的企业环境，才能在竞争日益激烈的市场环境中站稳脚跟。

2. 坚持以人为本，推广和谐理念，提高员工素质

坚持以人为本，就是坚持以职工为本，尊重员工需求，关心员工的成长和发展，重视员工的主体性和参与性。坚持以人为本，要求企业做到热爱员工，端正对员工的态度，从心里尊重员工，为员工着想，尊重员工的主体地位和创新精神，认真总结员工创造的新经验，把教育人、引导人、鼓舞人与尊重人、理解人、关心人结合起来，平等交流，民主讨论，尊重差异，包容多样，引导员工自我教育、自我提高，达成共识求发展。以此在员工与员工、领导与员工、企业与员工之间建立和谐关系，构建和谐的文化氛围。通过培训、开讲座等宣传手段，使全体员工学习并领会和谐的深刻内涵，帮助员工树立以崇尚和谐、追求和谐为取向的文化精神和价值理念，使其以和谐的思想认识问题，以和谐的态度对待问题，以和谐的方式处理问题。

时代在进步，企业在发展，员工的精神文明追求也在不断增长。为满足员工的需求，也为了企业更好地发展，企业应当定时或不定时地对员工进行培训，通过对员工进行思想道德教育、科学文化教育等，提高员工的整体素质。

3. 培育共享价值观，与利益相关者建立和谐关系

企业并不是孤立发展的实体，企业的利益不仅仅靠个人创造。企业价值的创造不仅依赖其内部条件，其所处的外部环境对其价值的形成也起着至关重要的作用。消费者、员工、股东、合作伙伴、供应商、社区等是企业至关重要的利益相关者。当前，我国民营企业普遍存在压低工资、克扣工资、拖欠工资的现象，任意延长劳动时间、增加劳动强度、缺乏劳动安全保障措施等问题。劳动者不仅不

能参与劳动成果的分配，连自身的基本需求都难以得到保证。当前民营企业中老板与员工之间的矛盾和纠纷更加突出，出现了职业病、伤残、死亡等损害员工健康和生命安全的严重问题。这对于和谐社会的构建是相当不利的。民营企业的各利益相关者之间应当形成一种价值共享的理念，因为企业的生产经营活动离不开他们的参与，企业在处理与他们的关系时，必须依照和谐理念的要求，遵循价值共享的原则，即人的价值高于物的价值①；组织价值高于个体价值；社会利益高于企业利益；长远利益高于短期利益；内在约束高于外在约束；管理建立在人的自我管理和内心醒悟的基础之上等。通过对话、沟通、协调利益关系，实现企业的和谐发展。

四、结 论

自古以来，文化的进步推动着社会的进步，在知识经济到来的今天，文化更是渗透到了社会生活和经济生活的各个领域，并且扮演着越来越重要的角色。繁荣而有特色的文化是经济发展的必要社会条件，同样，独特的企业文化也是企业可持续发展的必要保障。因此，搞好企业文化建设是我国每一个民营企业的当务之急，是企业做大做强的必由之路。

目前，我国民营企业虽然在企业文化建设方面积累了一些宝贵的经验，取得了一定的成绩。但是，由于各种主客观方面的原因，我国民营企业在企业文化建设方面仍然存在着重形势、轻内涵、缺乏个性、个人主义盛行等问题，从而阻碍了企业的可持续发展。建设和谐企业文化，是我国民营企业持续、健康发展的必要举措。

《左传·襄》中写道："八年之中，九合诸侯，如乐之和，无所不谐。"千百年来，中国人民一直在追求政治和谐、社会和谐。和谐理念是中华民族传统文化的精髓，构建和谐企业文化，即是建设和谐企业的精神动力，也是建设和谐社会的要求和时代的召唤，反映了社会进步和企业可持续发展的内在要求。因此，我国民营企业只有在和谐企业文化建设方面奋发蹈厉、始终不渝，才能在竞争激烈、需求变化莫测的市场竞争机制中独树一帜，并立于不败之地。

---

① 祝慧烨：《坚守核心价值观 培植企业和谐文化》，载于《人民时报》（企业论坛）2006年11月17日。

参考文献：

［1］张一青，孙春晓．民营企业文化与竞争力［M］．北京：经济科学出版社，2006.

［2］庞婷，冯毅，张瑾．透视民营企业的"短命"现象［J］．中国科技信息，2006（22）.

［3］焦岩．浅谈企业文化［J］．企业管理论坛，2003（6）.

［4］刘俊心，李靖，张建庆．企业文化学——现代经营管理制胜宝典［M］．天津：天津大学出版社，2004.

［5］李大明．四书五经·现代版［M］．天津：天津古籍出版社，2000.

［6］余平．民营中小企业制度创新的路径选择［J］．民营经济发展研究，2006（1）.

［7］黄彦．论和谐社会构建中民营经济的和谐发展［J］．湖北经济学院学报（人文社会科学版），2006（1）.

［8］焦娅敏．论民营企业文化管理中和谐的缺失与构建［J］．特区经济，2006（7）.

［9］祝慧烨．坚守核心价值观　培植企业和谐文化［N］．人民日报（企业论坛），2006－11－17.

［10］徐学斌．"和谐民企"诠释可持续发展之路——远东集团打造"和谐远东"纪实［J］．机电信息，2005（13）.

［11］李丽萍，于宏新．中国民营企业文化构建的现状及对策［J］．牡丹江师范学院学报（哲社版），2006（3）.

［12］黄亨良．言论：浅谈企业和谐文化建设［EB/OL］．http：//www. xjepc. com. cn/news/Article_Show. asp？ArticleID＝3423.

［13］刘凤姣．我国民营企业文化建设的现状分析［J］．益阳职业技术学院学报，2006（3）.

［14］耿相魁．和谐是我国传统文化的实践目标［J］．专题研究（资料通讯），2006（5）.

［15］曾毅生．儒家思想对中小民营企业文化之影响［J］．金嗓子论坛（科技进步与对策），2003（5）.

（杨佳佳，助教，主要从事企业文化研究）

11 对云南民族体育在旅游文化产业发展中的思考

李玉明

摘　要：云南具有得天独厚的自然环境和丰富多彩的民族体育资源，其传统民族体育项目众多，但运用于旅游开发的项目屈指可数。优化民族旅游资源，挖掘潜力，完善我省独特、鲜明的民族体育个性，创造人与自然的和谐，为我省旅游业的再次腾飞提供理论依据。

关键词：民族体育　独特性　开发　可持续性

一、云南民族体育的特点

（一）民族体育构成的地域特殊性

每个民族的文化都有一个特定的地理区域，并受到地理环境的影响，反过来又影响环境的变迁。云南民族传统体育及其所具有的文化内涵与该民族的生存环境有着千丝万缕的不可分割的联系。例如：生活在怒江峡谷的怒族，传统体育"过溜索"是特定地理环境的生存需要和谋生的一种手段，有较大难度，需较强的力度，充满了惊险性。而白族、傣族等民族的传统体育"霸王鞭"、"整光灯"；在普洱市的拉祜族的扩塔节中的赛木陀螺；滇西南、德宏地区景颇族的"目瑙纵歌节"的万人起舞；临沧佤族的"摸你黑"等活动则娱乐性较强，带有明显的游戏、娱乐等特点。不同民族世居的生活环境、气候条件的不同，其传统民族体育项目也就包含了不同的民族特色。

（二）多样性

云南少数民族众多，各民族的传统习惯、主客观条件不完全相同，兴趣爱好也有所差别，必然也就会呈现出五彩斑斓的多元特色。各民族都拥有数十种甚至近百种体育娱乐活动，而每一种同名目的体育娱乐活动在不同的民族中又有不同的称呼，使用不同的器械。不同的娱乐方式及竞赛规则，充分显现出了民族体育的众多种类。

（三）多功能性

1. 健身与娱乐

民族体育将健身与娱乐融为一体，在欢娱中享受美并得到体质的健康。自娱自乐的、消遣式的和游戏活动的方式让人们在这些活动中可以直接得到令人愉悦的情感抒发和宣泄，使身心需要和情感愿望得到了满足。由于民族体育的这个特点，使它具有较大的吸引力，一次体育活动的举行，往往成为一个民族的盛会。例如：云南的基诺族，每逢喜庆节日，男女老少聚集在一起开展打鸡毛球、扔石头、打陀螺、跳牛皮鼓等民族体育活动，沉浸在无比的欢乐之中。

2. 大众的参与性

民族体育活动起源于劳作之余的娱乐活动，集娱乐、健身、艺术、民众参与等多功能于一体，具有广泛的民俗性、娱乐性和丰富的文化内涵，因此，简单易学，使人能很快模仿而参与其中。

3. 表演和观赏性

由于民族体育项目的独特、新奇、优美、粗犷等特点，使人耳目一新，乐于观赏，致使民族节庆常常与民族体育活动融为一体。

4. 地域融合功能

不同地域具备不同民族体育文化的特征，美丽的自然景观与民族体育的融合，成为具有独特风格的民族风情旅游资源，呈现出了风格各异的民族体育项目，并可通过不同的民族体育文化而了解到当地风土人情、民俗文化、历史演进，从而也就构成了旅游产业的基础之一。

二、云南民族体育资源状况

（以云南特有少数民族为例）民族、项目名称及主要分布区域：

白族——打霸王鞭、耍海会、赛花船陀螺、绕三灵、登山、跳火把、人拉人拔河、老虎跳、跳花棚、赛马、射箭、磨秋、荡秋千、耍龙、武术等。集中在昆明、大理州、元江、保山、丽江。哈尼族——摔跤、陀螺、踩高跷、荡秋千、跳大海、阿弩塔、拉手、鼓刀跳、猴子、车秋、磨秋、抵肩、射击、跳竹筒、武术。主要分布在红河、元阳、绿春、墨江、江城、普洱、元江、澜沧等县。傣族——赛龙舟、打滕球、象脚鼓对踢、陀螺、放高升、打水枪、赛马、鸭子赛跑、青蛙赛跑、抓子、独木舟、整光灯、游水、丢包、堆沙、武术等。主要分布在西双版纳和德宏州及元江、孟连、双江、耿马、景谷、新平、金平等县。布朗族——爬杆、藤球、秋千、陀螺、跑马、登山、思略兰、亚嘟嘟、跳大鼓、武术等。主要分布在西双版纳的勐海县。普米族——射箭、射弩、划猪槽船、丢鸡毛球、板羽球、跳高、摔跤、秋千、堵鲁、赛跑等。主要分布在怒江的兰坪和丽江的宁蒗两县。阿昌族——赛马、射弩、耍白象、泼花水、武术、秋千等。主要分布在陇川、梁河、芒市等县市。怒族——溜索、射弩、怒球、跳竹、秋千、爬绳、老鹰捉小鸡、老熊抢石头、划猪槽船等。主要分布在贡山、泸水、福贡、兰坪等县。基诺族——跳竹竿、扭竹竿、翻竹竿、顶竹竿、丢包、打鸡毛球、打陀螺、拔滕条、高跷踢架、羊打架、泥弹弓、丢石头、跳牛皮鼓、牛尿泡球、射箭、箭弩、火药枪射击、拉绳秋、打太阳鼓等。主要在西双版纳的景洪、基诺山等。德昂族——跳象脚鼓、射弩、武术、弹弓等。分布在潞西、镇康等地。独龙族——独龙天梯、溜索、射弩、投石器、绳梯、手劲、跳高、撑杆跳高、老熊抢石头、标枪、拉姆等。主要分布在贡山县。

三、云南民族体育项目旅游开发的不利状况

（一）原生态环境旅游景区、景点的破坏，民族文化的传承与人文底蕴的退化

过度的商业开发、外来的招商引资、功利性的短期经济利益驱使以及受到外来文化、价值观念的冲击，其区域性、地方性不断地丢失。少数民族地区原始的生态环境也随旅游业的迅猛发展而受到了严重的破坏和污染。一些地方在发展当地民族文化旅游时，抱着急功近利的思想，想在短时间内出成绩、出效益，在没有科学的规划指导，管理政策滞后等情况下，盲目地开发一些少数民族旅游村寨，使旅游目的地群众的生活方式产生了很大的变化，当地人的民族服饰现已很难看见，往往只是为了庆祝节气或接待远方来的客人而作为表演性的穿戴而已，

其生活方式和居住环境也逐步被外来方式所同化。经营者为了追求经济利益的最大化，过度开发，造成环境的污染与破坏。在景区、景点内建造大量的宾馆、饭店，大量的缆车、索道，给人以现代化、方便、快捷、省时、省力的印象，方便了一时的游客但却破坏了自然景观，旅游者仅仅作为观光客，留下的只是一种走马观花、到此一游的感觉。当年的傣家竹楼正在消失，云南少数民族淳朴的民俗、民风正在被侵蚀并逐步走向倒退。

（二）环境保护工作的严重滞后

景区、景点内排污，环保工作和设施的表面化、短期化造成景区、景点内生活垃圾、建筑垃圾严重污染了景区、景点的生态环境；景区、景点内的建筑风格和自然环境缺乏自然和谐，成了名副其实的"杀风景"。

（三）缺乏统一完整的民族体育旅游项目开发和利用的长远规划

民族体育的宣传不够，没能让人们真正了解少数民族体育运动的历史、文化价值和现代意义。景区、景点没能形成互相协调，资源共享的联动机制，重复建设过多，既浪费了资源，又给游客千篇一律的感受；民族体育项目在表演中过多地流于形式化，缺乏和忽略了其内在的、深层次的、文化的内涵底蕴。多数民族体育项目只注重表演、娱乐，致使游客互动性和参与性差，只是让游客感受了一下"热闹"，而没能给游客留下深刻的印象。在数以百计的民族体育项目中，也仅仅只有临沧佤族的"摸你黑"、德宏景颇族的"目瑙纵歌"万人起舞在国内具有影响力。

（四）相关旅游从业人员的素质参差不齐

因缺乏有计划的专业的培训，相关旅游从业人员对少数民族体育运动的知识了解较少，不能很好地介绍、宣传少数民族体育运动，无法引导游客积极参与。

（五）民族体育项目的普及和民族体育相关产品的开发利用率低

虽然民族运动会持续召开，但每届的参与者大多数都是熟悉的面孔，人数也是极少数，民族地区大众全民性的共同参与还有待发展。景区、景点独具当地民族特色的体育器件和用品的艺术性开发匮乏，形成全国旅游景区、景点民族旅游特色产品大多相同的尴尬境地。

四、云南民族体育旅游的建设与发展

（一）发挥政府保护民族文化的主导作用

民族体育文化是民族地区旅游业的灵魂组成部分。民族旅游区要想获得持续健康的发展，必须注重特色文化的保护，民族体育旅游文化涉及民族的观念、习俗、礼仪、制度、宗教、艺术、文学、建筑、遗迹，体现了民族特色的景观以及生产生活等各个方面，它是民族文化的精华部分之一，具有鲜明的民族特性。因此，对民族体育旅游文化资源的保护，各级政府要发挥计划、组织、协调、控制、监督等多种职能。

（二）进一步挖掘保护民族传统体育的历史文化价值，保持民族特色

差异性是产生旅游动机的重要诱因，没有差异性，旅游就丧失意义。民族地区旅游业以民族文化为主要吸引物。失去了民族特色，旅游业也终将解体。民族文化作为一种特殊的人类历史活动产物，一旦消亡，将会像生物物种消亡一样，具有不可再生性。所以从保护民族文化多元性角度出发，保护和发扬民族文化中的民族体育文化成了我们尊重自身、协调不同民族文化和谐发展的一种人文精神的体现。云南少数民族遍布全省各地，各民族传统体育在形成和发展过程中，由于生活地域的不同，所处的自然环境的不同，所熏陶和培育出的民族性格和民族气质迥然各异，其道德观念、宗教信仰、风土人情、节庆仪式以及服饰、饮食等也是各不相同的，呈现出了鲜明的民族特性。但就单一民族而言，又具有在地域上相对集中的情况，这种分布特点客观上要求在开发民族体育旅游资源时，要注意突出重点，按民族特点、属地的原则，根据民族体育资源所在地的民族特点和名称，对同民族的体育资源进行整合和改造，形成具有同一格调、同一民族文化和同一民族特点的民族体育主题。这样做既能够突出本地区鲜明的民族特色，又能够很好地呈现民族体育的专业性主题，更好地吸引游客前来旅游。

（三）挖掘和改造适合旅游者共同参与的传统民族体育活动

旅游经历越来越被现代旅游者所看重，在看到美丽的风光、民俗表演的同时，亲身体验或参与到当地的文化、生活、民族传统体育活动和民俗活动之中，是旅游者的最大心愿，通过参与和交流来了解当地的民俗、民风，并得到感情的

慰藉和心灵的净化。因此，挖掘民族传统体育的文化内涵，突出民族文化和民俗文化，开发、设计一系列具有浓郁民俗风情和地方特色，同时又与娱乐相结合，便于旅游者参与进行的民族体育旅游项目，以此来丰富旅游者的经历，提高旅游者的认同感和满意度，使旅游者的身心得到和谐发展。如普米族的丢鸡毛球，白族的射箭，怒族的弩射，傈僳族的顶杠、荡秋千等。

（四）注重对环境的保护与利用

　　少数民族体育旅游的开发要有长远规划的科学发展观，在继承与发扬的基础上沿着可持续发展的道路前进。它"既满足当代人的需要，又不对后代人满足其需要的能力构成危害"。使旅游与自然、文化和人类生存环境成为一个整体。资源的可持续利用与旅游业的协调发展，实现了旅游业生态系统的良性循环，避免旅游资源的破坏和枯竭。因此，旅游业的可持续发展是造福于子孙万代的公德。而民族体育旅游要持续发展，应把民族体育旅游资源的开发和保护紧密结合在一起，树立不以牺牲自然环境、社会人文环境为代价来换取社会财富的增长和区域性的繁荣的理念。外来的招商引资和旅游景区、景点的建设和开发利用不能停留于眼前利益，需要长远的可持续增长的规划。旅游景区、景点既不是给一两批游人参观游玩的，也不是几年后就没人来游玩或消失了的，如果路修到了景区，宾馆、饭店建到了景点，村寨设施达到了现代化，高楼之下，树没了，河水干枯了，遍地污水横流，这样的话，旅游者就不能看到奇异多姿的风景，民族风情、民族文化也就会随之消失。因此，旅游资源的可持续利用和发展是保证我们民族生生不息的基础。

（五）在云南省民族地区学校增加少数民族传统体育教学的内容，保护和传承少数民族体育文化

　　作为全国民族成分最多的云南，民族体育更是以它浓郁的乡土气息和民族特色，成为中华民族传统体育中的一块瑰宝。这些少数民族传统体育项目从不同的角度反映了各民族的历史文化、习俗风情，其内容丰富，形式多样，既是传统文化的一种具体体现的方式，也是少数民族人民强身健体的重要方式，是构建民族团结，活跃民族文化生活的重要组成部分。随着近代体育的快速推进，在竞技体育全球化大潮的冲击下，一些少数民族传统体育日渐衰微，甚至有很多民族传统体育项目濒临失传。因此，合理地选择一些适合于学校体育教育开展的项目，能够为这些优秀的民族传统体育项目搭建更好的发展平台，使之具有更为广泛的群

众基础，并得以发扬和传承。

（六）民族体育旅游的管理者和服务人员严格规范化管理和培训

一个繁荣发达的市场，离不开严密的规则和规范的管理。管理者的疏忽大意必然导致品牌效应的长期低迷，如"丽江的导游殴打游客事件"。因此，必须对旅游从业人员定期培训，并提高民族体育旅游的专业知识。目前云南还没有一所体育院校开设少数民族体育课程或少数民族体育选修课程，建议在有条件的少数民族学校建立少数民族体育培训基地，加强对民族传统体育的研究、升华和人才的培养。

（七）利用大众传播媒介是民族体育发展的重要外部因素

民族体育活动是以身体运动形式来表现不同民族的生活情趣、审美心理和文化价值取向的。要把民族体育顺利地推向世界，必须借助各种手段来宣传、介绍民族体育活动的文化价值特性，让更多的人了解少数民族，了解少数民族的历史、文化以及民族传统体育项目，这就要充分发挥大众传播媒介、媒体、广告、现代电子音像、电视、录像、电脑等传播工具的宣传作用，来加强旅游产品和少数民族传统体育项目的宣传和促销力度，让国内外旅游者全面了解、认识云南少数民族的旅游景区、景点和民族传统体育旅游的内容、特色和服务项目等，吸引国内外广大旅游者的兴趣，激发旅游者旅游观光、参与、了解、认识民族体育旅游的好奇心，扩大旅游客源，以推动民族体育旅游事业的快速发展。

云南是一个文化旅游大省，在推动地区的经济快速发展的同时，更应该认识到，市场必须是观众、群众、社会、政府、企业和新闻媒体都喜欢的市场，要想达到这个理想的目标，就必须不断进行自我反省、总结。充分利用各种有利因素，深化民族体育与旅游文化产业的结合，把旅游文化的潜在优势变为现实优势，不断推出和打造、提升民族特色的云南特有的民族体育文化品牌优势，使民族体育与文化旅游产业向着科学化、社会化、规范化、商业化、国际化方向迈进。

参考文献：

［1］康万英. 西部民族体育文化与旅游文化品牌优势的探究［J］. 前沿，2009（12）.

［2］张晓宇. 少数民族地区旅游文化资源的开发与保护［J］. 前沿，2011（9）.

［3］王楠. 浅谈民族文化旅游的保护与开发［J］. 当代广西，2008（10）.

［4］杨耀华. 体育旅游开发与对策研究［J］. 体育文化导刊, 2005（10）.

［5］叶取源, 王永章, 陈昕. 中国文化产业评论［M］. 上海: 上海人民出版社, 2003.

［6］陆元兆, 杨莎莎, 钟学思. 广西民族传统体育旅游项目分类开发研究［J］. 集团经济研究, 2006（4）.

［7］夏冬, 李丽, 谭兆风. 我国少数民族体育文化特征探讨［J］. 体育文化导刊, 2010（9）.

（李玉明, 副教授, 主要从事高校体育教学、大众体育健康研究）

12 行政主体理论的再检讨

段庆华

　　摘　要：任何一种理论的建立，总是回顾现有的理论来进行批判和超越的。"行政主体"一词自首次使用至今已经 20 年①，在这段时间中，行政主体理论经历了兴起、确立、发展、争论的几个重要阶段，各种新的研究方法和研究视角纷纷引入到这一领域中，掀起了对现有理论反思进行批判的热潮。现有的理论在建立之初确实有重大的贡献，并形成了完整的体系，但是在政府还权于社会的背景下，单一的国家行政已经与实践中的行政改革多元化的趋势形成了矛盾的局面。目前，我国社会正处在社会转型时期，在行政法学领域里，对传统的行政主体理论提出了严峻的挑战，需要我们认真加以分析思考，求得理论的完善，在实践中完成行政主体的革新。

　　关键词：行政主体　界定　研究困局

一、行政主体概念的提出

　　概念是研究现有问题的基本元素。行政主体的概念是一个舶来品，不是我国的原创。在此之前，在我国的权威法学教材中，普遍采用"行政组织"和"行政机关"来指代实施行政管理行为的主体，并在此基础上引出了行政行为、行政法律责任的相关概念，沈岿教授将这时的研究称为"行政机关范式"。② 在当时的环境下，采用行政机关的提法具有一定的科学性，但是这一概念也存有极大的

---

① 国内最早使用行政主体的教材是张焕光、胡建淼的《行政法学原理》，该书由劳动人事出版社于 1989 年 7 月出版。

② 沈岿：《重构行政主体范式的尝试》，载于《法律科学》2000 年第 6 期。

缺陷，主要表现在：

首先，法律意义地位的非独立性。所有的行政机关并非都在行政法上具有独立的地位，行政法关注的只是对外行使职权的组织，因而类似于内部行政管理机构的行政机关就无法与有资格对外行使职权的行政机关相区别开。

其次，行政机关身份关系的多重性和复杂性。在不同的法律关系中，行政机关的法律地位都是不同的。如行政机关既可以以"机关法人"的身份从事普通的民事活动，从而成为民事法律关系的一方当事人，也可以以"管理者"的身份从事行政管理活动，还可以以"被管理者"的身份参加某些行政活动，从而成为行政法律中接受行政管理的一方当事人，纯粹以"行政机关"一词加以概括容易造成误解。①

再次，与现行法律体系的衔接性。行政机关这一名词在宪法和组织法上有严格的界定，广义的行政机关是指从中央到地方的整个政府体系，而政府只是行政主体的重要组成部分，有造成外延过窄的嫌疑。

"行政机关范式在使行政法学专业化的功能方面和描述或解释现实制度的功能方面的局限，以及行政诉讼法起草时解答行政诉讼被告确认问题的迫切需要，促使行政法学者转而诉诸由国外引入的行政主体概念，并在研读和改造的基础上构建了我们现有的行政主体理论。"② 回顾行政主体理论体系的形成过程，这一概念正式在学理上确立是 20 世纪 80 年代，在当时，法国、日本的行政主体理论相继被介绍、引入到我国大陆，对大陆行政法学理论产生了巨大的影响，适逢王名扬先生的《法国行政法》一书出版，对法国行政法上的行政主体理论进行了全面的介绍③，正是在对域外经验的有益借鉴上，行政主体理论在 1989 年《行政诉讼法》颁布的时候正式在司法实务中得到了确立和应用，解决了行政诉讼被告资格的认定问题。

由此看来，行政主体概念的提出绝非偶然，而是时代背景下的必然。正是行政机关研究范式的缺陷所在，加之国外理论的引进，才有行政主体这一概念的提出。有学者将之归纳为三个原因：一是行政机关概念在承载和传递"行政权力行使者"的使命上的不足，二是行政诉讼被告确认的需要，三是法国、日本行政法

---

① 杨海坤、章志远：《中国行政法基本理论研究》，北京大学出版社 2004 年版，第 178 页。

② 沈岿：《重构行政主体范式的尝试》，载于《法律科学》2000 年第 6 期。

③ 张树义教授认为在此意义上，整个行政法学界都受惠于王名扬先生，而事实上在中国行政法学界存在着一个"王名扬时代"。

理论的外在影响。① 自 2008 年启动新一轮的政府机构改革以来，政府机构在效能的基础上实行大部制，这不仅是行政管理体制的创新之举，也是行政法学研究的实际命题，它将为行政主体体系的建构提供现实的研究范本，对划分其类型和范围有重要的研究意义。

二、行政主体概念的界定

"主体"一词在中国汉语中的解释有以下的几种含义：第一，君主的统治地位；第二，事物的主要部分；第三，哲学上指有认识和实践能力的人；第四，与客体相对应，是指依法享有权利和承担义务的自然人、法人或国家。作为法学意义上的主体概念是由第四层意思引申而来，比较法上的主体"Subject"一词为人民、庶民、臣民（any member of a state except the supreme ruler）；题目、主题、科目（something talked or written about or studied）；处理或讨论的对象（person, animal or written or thing treated or dealt with）；即做的理由、场合或事物（circumstance, etc. that given cause for it）；有某种倾向的人（person with the tendencies specified）。②

法理学上的主体概念出现在法律关系的范畴中，即在法律关系中享有权利、承担义务的自然人、法人及其他组织，进而区分权利主体和义务主体。近十年研究中，行政主体的概念主要着眼于权力要素和责任要素，主要概括有："行政主体特指能以自己的名义实施国家行政权（表现为行政管理活动），并对行为效果承担责任的组织。"③ "行政主体是指以自己的名义行使国家行政职权，作出影响行政相对人权利和义务的行政行为，并能由其本身对外承担行政法律责任，在行政诉讼中能作为被告应诉的行政机关或法律法规授权组织。"④ "依法享有国家行政权力，以自己的名义实施行政管理活动，并承担由此产生的法律责任的组织。"⑤ 由此可以看出在以下方面学界已经基本达成了共识：第一，行政主体是

---

① 杨海坤、章志远：《中国行政法基本理论研究》，北京大学出版社 2004 年版，第 179 页。

② 王丛虎：《行政主体问题研究》，北京大学出版社 2007 年版，第 53 页。

③ 罗豪才：《行政法学》，北京大学出版社 1996 年版，第 67 页。

④ 姜明安：《行政法学》，法律出版社 1998 年版，第 26 页。

⑤ 王连昌：《行政法学》，中国政法大学出版社 1997 年版，第 35 页。

组织而非个人；第二，行政主体以享有行政职权为前提①；第三，能够以自己的名义作出行政行为；第四，能够独立承担法律责任。

在概念界定的三个标准中，具体说来：首先，行政主体以享有国家行政职权为前提。行政权力的赋予是行政主体正当性的一个基本前提，在传统的分权理论中，行政权的行使以国家机关为代表，因而行政主体理论以行政机关为其研究主线。其次，排除个人为考察对象。曾有一种建立在 20 世纪 80 年代的观点认为，行政主体是国家行政权力的拥有者与国家行政管理活动的实施者，所有有权进行国家行政管理活动的组织和个人都是行政主体，但是主流观点均排除个人为行政主体的研究对象。② 一般而言，传统行政主体概念吸收组织理论的精华，认为行政实践中具体行政行为虽然由公务员来代表行政机关具体实施，但是公务员并不对外承担责任，需要以组织向相对人承担责任。因此，行政主体概念是使行政主体具有统一性连续性的一种法律技术，是行政组织的法律理论基础。③ 近来，薛刚凌教授在《行政主体的理论和实践——以公共行政改革为视角》一书中提出了"代理行政主体"的概念，这一概念基于行政代理，是本身没有独立的行政利益，为利益行政主体而基于法律法规的直接授权或者利益行政主体的委托，享有行政职权承担公共行政职能，且行为的效果归属于利益行政主体的组织和个人。④ 代理行政主体制度将个人囊括到行政主体的研究范围中，是基于个人不是独立的利益行政主体而提出的，其能否为学界所接受，则有待时日。

三、界定行政主体概念的几个考量因素

随着行政体制改革的不断深入，理论和实践均给行政法学提出了新的挑战，特别是面对政府职能的转换时期，社会管理体系在不断变得庞大，单一的国家行政已经无法满足这一需求的变化，如果作为行政法学基本概念的行政主体不加以深入研究和变革，那么不仅不能明确行政权的归属，为行政相对人的合法权益提供充分保障，还将影响到其他问题的解决。

我们究竟是仍然使用现有的理论，还是在否定该理论的基础上重构一个新的

---

① 至于这种行政职权是否必须以国家专有为基础，实为争论的焦点。这一部分主要在国家和社会的分权理论中来论述。

② 姜民安：《行政法概论》，北京大学出版社 1986 年版，第 33 页。

③ 王丛虎：《行政主体问题研究》，北京大学出版社 2007 年版，第 45 页。

④ 薛刚凌：《行政主体的理论与实践》，北京大学出版社 2009 版，第 71 页。

行政主体理论，是当下中国行政法学发展中的一个重大抉择。① 20 世纪末直至今天，研究行政法学的各位学者纷纷意识到这一问题，展开了颇有意义的学术价值争鸣。1998 年，薛刚凌教授开始反思中国行政法上的行政主体理论，在行政法学界产生了较大的影响。② 之后，张树义教授著文质疑中国行政主体理论，并对薛刚凌教授的观点提出了不同的看法。③ 其后，杨海坤教授、杨解君教授、沈岿教授等也先后发表论文，加入了这场对行政主体理论之反思的讨论中，从而进一步扩展了讨论的影响力。④ 总体而言，在这场理论争鸣中，有"引入西方行政主体说"、"扩大内涵外延说"、"渐进方式重构说"几种代表性观点，这些都是对行政主体理论探索极其有益的尝试。任何一种学说均有其可鉴之处，只有博采众家之长，才能构建符合中国实际的行政主体理论。可贵的是，公共行政的研究角度将研究的重心放在行政分权、国家行政向社会行政和公共行政改变、研究范式转换等方面，并且渐渐引领着行政主体的研究潮流。

（一）行政权力的范围

传统的研究理论都是在国家行政的范围内界定行政权力的内容，以管理论为基础，将行政权看做是国家授予管理社会的权力，管理为行政的标志。时代在不断进步，各种情况也在不断地涌现，这就意味着我们必须考察行政权的发展动态，在权力内容的架构内确定何种权力属于行政权力、行政主体究竟拥有哪些行政权力的问题，在准确界定行政和行政权的前提下划分行政主体。

现有行政法上的行政是国家行政，即行政机关对国家事务组织和管理的活动。在计划经济时代，政府承担了管理国家的绝大部分职能，在这样的环境中，管理事务类型单一，政府可以在全社会的各种事务中发挥作用。但是在市场经济的背景中，政府已经不是万能政府，而是一个有限政府，其角色定位由管理向服

① 章剑生：《反思与超越：中国行政主体理论批判》，载于《北方法学》2008 年第 6 期。

② 薛刚凌：《我国行政主体理论之检讨——兼论全面研究行政组织法的必要性》，载于《政法论坛》1998 年第 6 期。

③ 张树义：《行政主体研究》，载于《中国法学》2000 年第 2 期。

④ 杨解君：《行政主体及其类型的理论界定与探索》，载于《法学评论》1999 年第 5 期；杨海坤：《在探索中前进还是后退——与杨解君教授商榷》，载于《法学评论》2000 年第 4 期；李昕：《中外行政主体理论之比较分析》，载于《行政法学研究》1999 年第 1 期；沈岿：《重构行政主体范式的尝试》，载于《法律科学》2000 年第 6 期；李昕：《现代行政主体多元化的理论分析》，载于《行政法论丛》（第 6 卷），法律出版社 2003 年版；沈岿：《公共行政组织建构的合法化进路》，载于《法学研究》2005 年第 4 期。

务转化，其他公共组织已经参与到社会管理活动中来并且发挥了重要的作用，在一些专业领域（如环保、社区服务）甚至替代了政府的作用。政府在还权给社会，功能社会、市民社会、社会自治已经不是公共行政学研究的专业名词，而是活生生的事实。"在社会公共事务管理的发展中，国家行政是历史的产物，随着国家的消亡，国家行政的内容与形式都将发生质的变化，但社会不可能没有公共管理……社会公共事务实施公共管理的权力，不会消亡，而且还会发展，并会增强其公共性，最终回归社会。"[①] 可以在一定程度上说，国家行政权在不断地调整，政府的角色定位也发生了变化，在法治的基础上是有限政府、责任政府、服务型政府，而基于经济学上的公共选择理论，政府的职能应该是有限的，即限于提供一些最基本的政府服务，把凡是能够由市场提供的皆由市场提供，因为政府的每一种行为都包含着失败之处。[②] 行政权力的范围在不断地调整，行政主体的类型和组成自然而然将发生重构，不适宜由政府管理的职能交由社会组织来行使，那么社会组织在一定程度上就承担了公共管理的职能，与相对人发生行政法律关系，因而才有将其纳入行政主体研究的必要性。

（二）独立承担责任的内涵

行政主体概念的一个重要特征就是责任归属，否则所有的定义都是空中楼阁。行政主体做出具体行政行为，当然要为行为的后果承担责任。但是到现在为止，行政主体独立承担责任的问题仍然没有在立法和实务中得到解决。在我国宪法中，明确规定了中央人民政府实行行政负责制，地方各级人民政府实行首长负责制。这里的行政责任的归属到底是行政主体对行政相对人的责任，还是内部行政管理关系中下级行政主体对上级行政主体的负责，抑或是公务员对行政机关的责任呢？[③] 此外，在行政赔偿关系中，承担责任的不是行政主体而是国家，出现了关系错位的现象。假如实施侵权行为的行政机关是行政主体，那么，它应当具有承担完全责任的能力，但实际上该机关只是出于诉讼上的便利而作为行政赔偿义务机关，并非法律意义上赔偿责任的最终归属主体。这种违法主体与责任主体在逻辑上的错位，导致了行政赔偿法律关系的混乱和造成国家赔偿责任名不符实。

---

① 石佑启：《论公共行政与行政法学范式转换》，北京大学出版社 2005 年版，第 23 页。

② Grand，Julinale：The Theory of Government Failure. British Journal of Political Science，1991，4.

③ 王丛虎：《行政主体问题研究》，北京大学出版社 2007 年版，第 55～56 页。

所谓某一概念的分类就是从不同的角度并根据不同标准对概念进行剖析，因此，对概念的深层次挖掘，就是全方位的解读。关于行政主体的分类，学界在前述概念的基础上得出的分类标准或分类形式都具有逻辑推导的连贯性，但如果概念本身就存有巨大漏洞，那么分类形式不仅不会带来简明直观的理解，还会影响其他问题的深入探讨。

四、行政主体的职权、法律地位

行政主体的职权包括抽象的权力和具体的权力。抽象的权力主要是法律规范的制定，具体的权力则是在行政活动中处理各种人和事的权力。有学者将之概括为行政组织设置和人事任用权，规范制定和公务组织权、财政收支权。同时，体现抽象权力的抽象行政行为则主要是制定地方政府规章和部门规章，但是，由于中央和地方的分权关系需要上级的批准，拥有独立财政地位也是体现行政主体职权的一个重要因素。① 这是研究公共行政的一个重要前提，只有在财政上享有支配权，非政府的公共组织才能够获得政府的支持或者作为政府购买公共服务的一个依据，承担公共管理职能的非政府组织成为行政主体，已经在现实中成为重要的研究案例。例如：珠海市软件协会已经成为行政管理体制改革的第一批受益者之一。自 2008 年 5 月，珠海市谋划、推进社会管理体制以来，该协会不仅已经拿到了原来属于政府的部分权力——这使其在行业内的权威陡增，还得到了 10 万元的财政拨款，用于协会内部的制度与能力建设，这是珠海市本次社会管理体制改革的侧影。珠海市要完成的是一个宏大的目标：由官本位向社会本位、由政府一元管理向社会多元治理结构的两大转变。②

行政主体的法律地位是行政主体的权利和义务即职权和职责的综合体现。在行政法上，行政主体的地位包括两部分：一是行政主体在国家行政组织中的地位，二是行政主体在对外的公共行政活动中的地位，具体体现为行政指导和行政管理。行政主体享有行政优益权，但是错综复杂的行政主体之间也会形成相互之间的职权关系。在公共行政过程中，行政主体既可以成为拥有它本身职权范围内的管理者，也会成为其他行政主体权责范围内的被管理者。因此，我们探讨行政

---

① 薛刚凌：《行政主体的理论与实践》，北京大学出版社 2009 版，第 71 页。
② 《政府放手，社会接棒——珠海"社会管理体制低调求解"》，载于《南方周末》2010 年 2 月 25 日 B10 版。

主体的职务关系，就是将其限定在行政优益权的范围内，包括领导和被领导关系、指导和被指导关系、公务协助关系。领导关系存在于具有隶属关系的行政主体之间的关系，上下级人民政府之间是单一的领导关系，而工商、质监等部门是双重领导关系。指导和被指导关系主要存在于人民政府和被授权的行政主体之间，人民政府不直接对被授权主体的事务加以命令，只能通过间接的建议、劝告等方式来实现目的。产生公务协助关系的原因是由于在职权上发生了交叉关系，完成公务不能单靠一方，需要公务上的协助。①

五、行政主体理论的贡献和研究困局

（一）行政主体理论的贡献

我们已经认识到行政主体的重要意义，不研究行政主体问题的行政法不能称之为行政法，行政学在这方面的研究只可能提供一个契机或研究的新视角，但是在法学范围内研究，仍然应当意识到传统"行政机关范式"对中国行政法学界的贡献。

行政主体概念提出之初对行政法体系统一化和协调化奠定了基础，对行政诉讼的被告的确定起到了重要的作用，可以这样说，没有早期的行政主体理论，就没有行政诉讼的被告。有学者将之总结为学术整合功能、现实描述功能、司法功能。② 在学术层面，它旨在帮助学者们实现行政法学专业化的期望，行政法学也由此基点而得到相当程度的整合，避免了逻辑思维和学术理论上的混乱；在制度层面，它旨在为理清实际行使行政权力的各个主体（包括行政机关、内部机构、派出机构、被授权组织、被委托组织、公务员、被授权或被委托组织之成员）之间的法律关系、确定行政行为的效力奠定理论基础，进而有助于行政诉讼被告资格和行政责任归属等问题的解答。③

任何一门学科建立之初，总是从其他学科那里汲取养分，行政法学成为一门独立学科，就深深地受到行政学的影响，所以行政学上的"行政机关"一词引入到行政法学的研究领域内就被作为行政组织法的基本概念之一。但自学者引入

---

① 王丛虎：《行政主体问题研究》，北京大学出版社 2007 年版，第 108～111 页。
② 杨海坤、章志远：《中国行政法基本理论研究》，北京大学出版社 2004 年版，第 181 页。
③ 沈岿：《重构行政主体范式的尝试》，载于《法律科学》2000 年第 6 期。

行政主体概念，继而建立了行政行为论、行政程序论、行政责任论，架构了完整的行政法学体系，行政主体概念已逐渐取代了行政机关的提法。"相比较行政机关概念来说，行政主体概念与公共行政发展的现实更加吻合，尽管这种适应性或许并不是学者一种自觉的'集体行动'的结果。但'行政主体'概念的提出就隐含了一种新观念的诞生，隐含了对复杂世界科学把握能力的提升，可见，对真实行政法世界相对合理的解释是行政主体理论的又一重要学术贡献。"①

行政诉讼法颁布以后，行政主体解决了被告的确立问题，著名行政法学家姜明安教授在其论述中就提出将法律、法规授权组织纳入到被告范围是为了适应行政职能社会化的趋势的观点。② 这说明行政主体概念的提出，是适应我国由计划经济向市场经济转型的社会形势，也是解决行政诉讼被告问题的重要产物。正因如此，面对目前单一行政向多元行政转化的格局，现有行政主体研究范式应该反思当初这一概念的外来性和本土资源的冲突，回应公共行政尤其是政府改革的现实，脱离目前的研究困境。

（二）行政主体理论的研究困局

1. 概念的局限性

前文已经论述了在界定行政主体概念时的几个考量因素，行政权力作为行政主体行使职能的前提，但是这里的行政权力本身界定非常模糊，而且仅限定在国家行政的范围内，实质责任主体和形式责任主体在独立承担责任上的错位，个人能否成为主体的众说纷纭，都要求重新界定行政主体概念。在利益多元的社会背景下，政府已经不能承担庞大的社会管理事务，全面满足公民多样化权利的需要，狭窄的范围限定必然不能满足现实的繁复变化。自中国改革开放以来，中国公民社会在慢慢形成，政治民主化，民主制度化和公开化，政府不能解决所有公共物品的供给，而社会公共组织在这方面发展比较迅速，并且呈现专业化的良好态势，承担了管理社会的部分职能。但是，现有的行政主体概念在一元行政和国家行政中形成，绝大部分公共组织不具备行政主体概念必备的几个要素，既没有行政职权，也缺乏法律法规的授权，一旦出现和相对人的纠纷，就面临无法确立被告的问题，如村民状告村委会、行业协会成员状告行业协会等。

学者总结了现有的行政主体范式研究的局限性。认为其既存在内在的逻辑矛

---

① 杨海坤、章志远：《中国行政法基本理论研究》，北京大学出版社 2004 年版，第 182 页。

② 姜明安：《行政法和行政诉讼法》，北京大学出版社、高等教育出版社 1999 年版，第 110～111 页。

盾，在学术功能上最初目的和意义比较狭隘，没有将行政机关内部结构纳入研究范围，忽略甚至排斥有关中央与地方、机关与机关之间的权责配置，行政机关的设置、编制以及行政组织内部有效监控等内容，在制度设置上，如果不具备资格的组织行使行政职权和受委托组织超越委托权限的行为不能成为行政诉讼被告的情况就是例证。在保持行政活动连续性和统一性的问题上，行政主体的预期过高，忽视了传统范式在行政主体认定方面的过低标准的问题，使大量林立的行政机关都具有独立的法律人格，且各自为政、各负其责，机关本位主义盛行，从而影响了行政组织和行政活动的统一性、协调性。①

2. 现实的挑战和无法回应的困局

理论的苍白和薄弱让行政主体理论无法回应现实和个案的不断挑战，因为建立在现有行政主体理论之上的立法体系在实践中呈现了滞后性的问题，法官在审理行政诉讼案件时如果没有找到相应的依据，只能以被告不符合规定为由驳回诉讼请求，这样牺牲的不仅仅是个案的正义，更凸显了行政主体理论对实践司法指导功能的困局。

当前社会正处在剧烈的转型之中，全能国家正在解体，市场要素正在不断重新整合与分化，政府职能也在适应这场深刻的社会变革，单纯的一元化结构逐步解体为国家、社会、市场的三元结构，利益多中心，社会多元化，非政府性质的公共组织承担了现实的行政职能，在灾害救助、环境检测和保护、医疗卫生、文化教育交流等方面，公共组织发挥了专业化和灵活性的优势，但是，由于目前行政主体理论的局限，非政府的公共组织没有获得法律、法规、规章明确的授权，这样，在行政诉讼中，法官往往无法找到法律依据，最终只能以被告不适格为由不受理此类纠纷，这是行政法研究无法回避的现实问题之一。

此外，以中国银监会为例，它在法律限度范围内获得了明确的身份——国务院直属事业单位。在行政编制中，它是一个事业单位，但是在其职能中，它具备立法权、行政处罚权、行政审批权，是典型的行政法律关系主体。事业单位的定义表明其既不是正式的行政机关，也不是法律法规授权的组织，甚至 1998 年颁布的作为设立标准的《中国证监会职能配置、内设机构、人员编制规定》都只是国务院的一个规范性文件，事实上银监会扮演的是一个强大的行政管理者的身份。在宏观的背景下，现有的行政主体理论对现实行政法世界的解释力在逐步下

---

① 沈岿：《重构行政主体范式的尝试》，载于《法律科学》2000 年第 6 期。

降，可见，公共行政改革是现行行政主体理论所面临的重大的外在的挑战。①

3. 外来性与本土化的冲突

法律移植是法律变迁的基本路径之一，但是域外的法律制度能否在本土获得成功，有赖于内部环境是否为这一制度提供孕育的土壤或制度能否适应本土文化和法律构建的情景。"在中国政治制度中的某些特点现阶段无法加以抹平的情况下，必须对异域的行政主体理论作适当的修剪，方能达到法律移植的目的……在本国政治体制和他国行政主体理论之间不作必要的妥协，就不可能实现法律移植的目的。"②

在引入行政主体理论时，我们并没有深入考察行政主体所依存的现实环境，反观域外的制度却又发现，法国有公务法人，美国存在独立管制机构，甚至没有行政主体概念的英国也有事实上的行政主体制度。毫无疑问，以上虽有不同称谓却又实质上具备行政主体内涵的行政法学词汇均产生在其他理论完整的构架范围内或是在其他理论上成熟发展的积淀。例如：英国以20世纪70年代末的公共行政改革为导向，政府权力外移，政府小型化和扁平化，市场最大限度地发挥作用，公共产品的提供主体和方式逐渐改变，由完全的政府供给转为政府和市场二元提供的格局，同时，提供的方式也由传统的行政命令式转向契约合作式。美国第三部门理论对行政主体最重要的影响就是第三部门承担了对社会提供公共物品的功能，打破了公共物品中的政府垄断。法国的公务理论也在狄骥的分析中有了萌芽，传统的公共权力理论因为不断扩展的社会关系而使国家的职能大幅拓宽，以新的"公共服务"为核心的公法体系逐渐建立起来，国家理论进入了一个新纪元。在中国本土，面对经济学的政府失灵理论、政治学的公共选择理论，公法私法化和私法公法化的趋势和国家、社会、市场的三元社会结构，行政主体理论需要不断革新，既反思当初理论的弊端，又将应对中国现实的多元理论冲击，对西方的行政主体理论有所甄别，有所借鉴，正如台湾地区的法律移植的成功范本，多渠道化解本土化和外来性的冲突。

（段庆华，助教，主要从事艺术法学及传播法学研究）

---

① 杨海坤、章志远：《中国行政法基本理论研究》，北京大学出版社2004年版，第185页。
② 章剑生：《反思与超越：中国行政主体理论批判》，载于《北方法学》2008年第6期。

13 论行政和解的正当性基础

——以协商民主理论为视角

段庆华

摘 要："协商民主理论是对当代西方多元文化的回应，是民主理论的一种新发展，在公民实践理性的基础上，协商民主激发了理性立法，参与政治和公民自治的理想。"① 行政和解虽然在法院主持下进行，但是相对人摆脱了服从和管理的角色，有助于行政争议的解决和达到行政诉讼的目的，而协商民主理论为此提供了正当性的证明基础。

关键词： 行政和解 协商民主 正当性

一、行政和解与协商民主

（一）行政和解的界定

行政诉讼法第 50 条规定："人民法院审理行政案件，不适用调解。"在 67 条第 3 款中规定："行政赔偿诉讼可以适用调解。"这就是通常意义上的行政诉讼不适用调解的原则，这也是行政诉讼不同于民事诉讼的特性所在。而使用和解抑或调解，其实在中国语境下是一个特殊选择。

在最近的讨论中，学界集中考察了中国的行政诉讼法修改是应当确立行政调解还是应当确立行政诉讼和解制度，因为在语境选择上已经有了不同的称谓和理解。有的学者认为这只不过是释义学结构上的微妙差别，有的学者则认为和解与

---

① 陈家刚：《协商民主》，上海三联书店 2004 年版，第 2 页。

调解在本质上存有不同。而近来又冠以协调和解的称谓。① 综观普通法系和大陆法系国家的实践就可以发现，这两种称谓存在差异的主要原因就在于法院所扮演的角色不同，并且在终结行政诉讼上的作用也不一样。英国在 2000 年确立由拥有专家法官的行政法庭审理行政案件，虽然按照特别程序审理，但因英国具有普通法的传统，并不完全排除民事程序在行政案件中的适用。在德国，诉讼和解是一种公法合同，当事人既可以在法院或者指定或者受委派的法官面前做成和解笔录，也可接受由法院提供的和解协议。② 而美国则规定和解可以在任何时候达成，大部分的地区法院都由一个指定的审裁法官作为法院的主要和解官员，《联邦民事诉讼规则》也规定法院不出面支持审理和调解。而法国就越显得特殊，因为只有它对调解与和解做了明确的划分，但法官在和解中的能动作用要弱于调解，更多的是劝导和推动，而对于和解协议的效力认可都是有效的诉讼程序终结的依据，等价于一个相应的法院裁判。③ 在我国，民事诉讼的实践已经证明调解制度的缺陷所在，大部分的调解中，法院扮演的是一个积极的角色，甚至是最重要的参加者，这一方面有悖于民事诉讼的特性，另一方面导致大量的民事诉讼以调解结案，降低了法院在裁判权上的威信。因此，笔者认为中国应当建立行政诉讼的和解制度而非调解制度，因为如果出现民事诉讼中法官超越职权对行政主体和相对人进行压制，就偏离了正当程序的中立原则，在行政诉讼中，法院严守不偏不倚的中立立场更为重要。

（二）协商民主理论

协商民主理论是 20 世纪 90 年代以来在西方政治学界兴起的一种民主理论，约瑟夫·毕塞特在《协商民主：共和政府的多数原则》一文中首次从学术意义上使用"协商民主"一词，他主张公民参与而反对精英主义的宪政解释。到了 20 世纪 90 年代后期，协商民主理论引起了更多学者的关注。罗尔斯和哈贝马斯也出版了关于协商民主的著作④，哈贝马斯选择从交往行为和交往合理性出发来构建理想的对话情景，即以著名的商谈论来论述协商民主的必要性，而在宪法民主国家，立法与公共决策的过程都要体现和重视话语原则。⑤ 在目前的行政诉

---

① 如法制日报在 2006 年 12 月 11 日的一篇文章中就使用了"北京三成行政诉讼协调和解"的标题。

② 周公法：《试论行政诉讼和解制度》，载于《行政法学研究》2005 年第 4 期。

③ 白雅丽：《论中国行政诉讼和解制度的建立》，载于《现代法学》2006 年第 5 期。

④ 陈家刚：《协商民主》，上海三联书店 2004 年版，第 2 页。

⑤ 杜雾雪：《哈贝马斯视野中的协商民主》，载于《中共长春市委党校学报》2007 年第 6 期。

中，作为被告的行政主体处于话语权的优势地位，在对话情景中没有体现相对人的充分参与性，协商民主在此基础上就具备了立论的必要性。首先，实现对话的一个重要前提就是行政和解的双方处于一个平等自愿的基本条件，都能获得一个影响对方实现偏好转换的机会，行政主体能够公平地对待相对人，并且任何人不会因不公平的劣势地位而无法实现参与。其次，在现代中国的行政法理论改革中，行政权更加强调公众平等参与所赋予其的合法性基础，微观的协商民主理论也着眼于消除公民社会的权力和资源的不平等，而公民通过平等自愿地协商可以参与政策的制定，传递公共理性。再次，讨论过程本身是以说服为重点而非将强制作为政治的核心，因此它需要一个独立的第三方作为和解得以顺利进行的场所，在目前的实践中，只有法院能够发挥中立的作用而加以公正客观的引导，这也是确保和解协议能够发生效力的重要保证。最后，行政和解需要双方互相理解和互相尊重，保持克制，存有互惠互让的观点，避免对自身利益的纯粹单方追求和不肯让步，反而应当将对话视为协作的过程，公正而又具有包容心，这才是最终达成和解协议并在现实中有条件完成的前提。

（三）小 结

将协商民主理论运用到行政法学领域的研究还是一个新的视角或工具性手段，因为对行政和解的探讨，理论界目前存在肯定说和否定说两种看法。否定说的立场认为行政权力具有不可处分性，如果法院为求得争议的解决而使行政主体在一定程度上处分了行政权力，本质上就是侵害了其他大多数人的利益。并且，行政相对人提出行政诉讼就是为了排除行政行为对自己权利的妨害，如果相对人在作出让步之后在一定程度上错误地认为行政行为合法，那么限制行政权和保护公民利益也就失去了意义。而在行政赔偿诉讼中存在调解，是因为在此类争议中，行政行为已经得到法律的认可，只是对损害的具体赔偿请求存在分歧，本质上是民事赔偿，已经不涉及行政权是否合法的处理，由此可以仿照民事诉讼的调解制度，人民法院可以进行调解工作，促使双方就赔偿问题达成协议。[1] 肯定说从自由裁量权、行政诉讼的目的、行政法关系的新趋势和解由人民法院主持等方面认为行政和解是存在理论基础的。[2] 而另外的学者从政治理论基础即协商民主，法治理论基础即自由裁量权、行政合同、消极行政向消极行政拓展的角度论

---

① 毕可志：《论行政救济》，北京大学出版社 2005 年版，第 277 页。
② 张淑芳：《行政诉讼和解问题探讨》，载于《行政法学研究》2004 年第 3 期。

证了行政和解存在的可能性。① 实践指导中，最高人民法院 2008 年 1 月 16 日公布了《关于行政诉讼撤诉若干问题的规定》。该司法解释第 1 条明确规定："人民法院经审查认为被诉具体行政行为违法或者不当，可以在宣告判决或者裁定之前，建议被告改变其所作的具体行政行为。"这被广泛地认为是和解制度在司法实践中的初步的并且是有益的尝试，对近年来学界讨论得较为热烈的行政和解制度是极大的肯定，为将来修改行政诉讼法"不适用调解"奠定了基础。但综观讨论的热点，大多集中于传统行政法的理论和实践层面，较少涉及公共政治学角度，或选取其中的若干作为立论的基点，而忽略了运用西方政治学新兴理论来论证行政法学的问题，本文尝试从协商民主理论视角来解析行政和解的正当性。

二、协商民主视角下行政和解的正当性分析

（一）平等自愿：行政和解的前提基础

行政和解是行政原告和被告对行政争议的自愿协商解决，虽然整个过程在法院的主持或参与下进行，但是法院始终居于一个中立者的角色，无权对和解的双方施加任何强制性的影响。同时，原告和被告达成和解的另一前提是协商过程中，相对人和行政主体都是平等的当事人，排除了行政管理命令与服从的关系，强调在平等的前提下才有对话的可能性，或者由于行政相对人的权利义务的不对等，应当更加强调公民的平等参与，体现合法性和公开、公正。协商民主关注在政治讨论中，语言的沟通主要是一个公共论坛而不是一个竞争的市场，它被普遍看做是聚合性民主的替代，因为聚合民主过于强调聚合之后达成的最终成果，而协商民主在尊重聚合民主的同时更加关注聚合的具体过程，所以在公共论坛中，公民可以自主发表意见从而排除强制的影响，竞争市场则存有淘汰和替代的可能性，因为市场强调效益的最大化，追求绝对效率，忽略对多元利益的关怀。协商民主主张政治平等，因为耐特认为的机会平等和托马斯·克里斯蒂安诺的资源平等都是不现实的，而博曼主张的能力平等，是协商民主平等理想的主要诉求。② 因此，能力平等体现着协商民主理论的根本特征。同时，协商决策模式需要平等能力来促进积极公民权的实现，如果缺乏这种能力，得到公平、合法协商结果的

---

① 温辉：《论行政诉讼的理论基础》，载于《法学杂志》2008 年第 3 期。

② 陈家刚：《协商民主》，上海三联书店 2004 年版，第 250～251 页。

可能性就是很低的。能力平等不但强调积极公民权以及有效参与公共生活的意义，它还承诺调解多样性和平等要求之间的潜在冲突。[①] 协商民主的能力平等体现在行政和解上就是和解的双方对自己的权利均可以在涉诉范围内处分，换而言之，协商民主的政治平等主张反映到行政和解领域就是诉讼地位和权利的平等原则，而且在和解地位上，协商的当事人在彼此的偏好上寻找一种合意，以求最终达成一致，即合意的前提就是行政主体建立了对相对人的充分理解和承认资源的合理分配，因为协商政治为了维护民主，就不能只偏袒具有优势权力的一方，一旦进入协商领域公民就必须得到充分的尊重和认可，如果缺乏平等自愿，就无法得到完全公平、合法的协商结果。行政法理论上按照行政主体是否具有裁量余地将行政行为划分为羁束行政行为和裁量行政行为。事实上，行政裁量已经广泛存在于行政活动的领域，这也是行政管理灵活性要求所必需的。这样，行政主体对和解的事项在不违背宪法、法律和法规的情况下可以进行处分，就具备了和解的能力，而行政相对人对除了身份关系、婚姻关系以及事实上无处分可能的行政案件，对争议事项具有自由处分的权利，和解的双方就是能力平等的当事人，就可以成立和解。

（二）公民社会的逐步成熟：行政和解的环境基础

在协商民主模式中，民主决策是平等公民之间理性公共讨论的结果，正是通过追求实现理解的交流来寻求合理的替代，并作出合理的决策。[②] 因此，公民首先应当具备参与协商的热情，这有赖于公民社会的成熟和公民表达政治诉求的环境。在公民社会领域，微观的协商理论家倾向于通过有组织的论坛与国家合作，宏观的协商理论家则更喜欢看到公民社会对抗国家的作用。[③] 对此，协商民主采取协商论坛的形式，并在商讨模式上出现了外行公民协商和派性协商的两种制度创新。行政和解的实现，不仅仅需要制度设计的完善，同样也要求公民社会作为制度实施的基本环境，在这个角度而言，公民社会对民主而言利大于弊并且具有操作的可能。在中国，有很多的人质疑协商民主模式的适用，理由是中国是一个政府主导型国家，行政权支配社会是毋庸置疑的，即使目前我国进行的现代化建设，这也是在政府的宏观调控之下，绝对不能脱离国家政权的控制，否则这样的

[①] 陈家刚：《协商民主》，上海三联书店 2004 年版，第 340 页。
[②] 陈家刚：《协商民主》，上海三联书店 2004 年版，第 125 页。
[③] 陈家刚：《协商民主引论》，载于《马克思主义和现实》2004 年第 3 期。

改革是危及国家统一的。但是在市场经济高度竞争的未来，现代化改革完全建立在政府集中统一的模式几乎是不可能的。而且推进政治文明建设，发展民主政治，需要参与型政治文化的培育，转变动员和被动参与，提升社会公众的自主参与意识，在这一理念的支配下，公民可以自主表达自我诉求，改善民主治理的质量，同时提高法律、政策和制度的合法性，寻找纠纷化解的多样性机制，及时处理社会矛盾，推动公共政策的实行，降低政策运行的成本，促使民主政治的良性发展。① 在目前的政治改革中，鼓励公民民主监督，期待行政权在阳光下运行，但由于官本位思想和臣民文化的存在，相对人已经习惯于被动参与的角色定位，但最近在基层民主中出现的民情直通车、民主恳谈会、民主听证会都作为公民表达诉求、宣泄感情的途径，而从解决纠纷出发，和解无疑是最方便、快捷的方式。随着中国民主法制建设的进程逐步加快，公民维权意识的增强和行政主体依法行政意识的提高，是完全可以通过对话方式来解决双方存在的分歧，同时，作为现代公权力代表的政府已经不是一个单纯的管理者角色，而正在经历由管理型行政文化向服务型行政文化蜕变的过程，引入行政和解客观上要求行政主体和相对人是平等的服务者和被服务者的关系，和解所要解决的问题是被服务者对服务者提供的服务存在分歧和争议，和解的过程是双方围绕自己的偏好实现偏好转换，同时在这样的过程中受到教育，形成责任感，既注重公共利益又对个人欲望形成有效节制。

19 世纪末 20 世纪初行政国兴起之时对于行政主要是管理—强制—服从的关系，到 20 世纪中期尤其是 20 世纪 70 年代以来，一些西方国家展开了"新公共管理运动"并成为一股不可扭转的时代潮流，政府不再是唯一的公共管理组织和部门，公共权力随着公共管理的社会化而社会化，众多的非政府的公共管理组织成为公共权力的执掌者。② 这意味着，越来越多的第三方力量开始显现出在处理纠纷、提供社会服务方面的优势，在行政活动中，政府也开始转换计划经济的思维，朝着社会服务者的方向变化，服务型政府的建设就是应对这样的社会潮流和国情而提出的。随着行政管理体制改革的逐步深化和行政争议的大量出现，和解是经济、有效和快捷的方式，政府强势的影响在逐渐地降低，和解的空间在扩大。在这个方面，民事诉讼已经有丰富的实践经验供我们借鉴。而协商民主理论为此提供了政治学的理论基础，解决了行政和解的正当性证成。

---

① 陈剩勇：《协商民主理论与中国》，载于《浙江社会科学》2005 年第 1 期。
② 白雅丽：《论中国行政诉讼和解制度的建立》，载于《现代法学》2006 年第 5 期。

（三）协商的场所和参与者：行政和解的实践基础

德雷泽克把公共协商划分为三个场所，即国家制度、特设论坛，公共领域，而将法院纳入到国家制度的考察中来，国家制度中的协商民主就是把协商因素吸纳到国家制度中来。在西方主要是立法机关和法院。在美国，法院被强调为协商的一个主要场所。因为在美国，法院对于政策的制定的影响要大很多。罗尔斯认为，美国最高法院是一个示范性的协商机构，在这里，不仅是案件当事人可以对争议的问题进行辩论，而且法官也实践了罗尔斯所谓的公共理性。因此，辩论的内容以一种每个处于政治体系的个体都能接受的方式界定。① 协商民主在激进的观点之中，认为在任何地点、任何组织之中得以实现，包括民主国家之内和之外的场所。因此，相关的组织包括民族国家政党、议会、执行组织和司法部门，也包括解决跨国纠纷的国际论坛。行政和解在法院进行，本质上是因为和解不同于ADR 的诉讼解决方式，对此，我国台湾地区和德国都规定和解是一种诉讼行为并在受诉法院进行。在众多的解决场所中，为何要强调法院的特殊地位呢？一方面，行政争议的双方选择了和解，不可能私下进行，在这里一定要遵循公开、公正的原则，这是保证协商过程合法与和解协议等价于有效的法院裁判的前提。另一方面，在实践中，不能保证每一次协商的参与者都秉持客观理性的立场，强制性的影响必然存在于具体操作中。对此，法院就不再定位于主持人的角色，还应当承当监督者的责任，如果有一方出现违反和解协议的情况，法院还应当提供法律救济。

在协商民主的视野中，优秀的协商公民要求具备许多美德和能力，具备参加对话和信息交流的能力。这些公民至少要有互惠的观点，关注公共利益，避免对自身利益直接地追求的自制力，同时具备仔细倾听他人意见的能力，有开放的胸怀接受对自己原先立场和利益的修改。这应当是协商民主对于行政和解直接的指导。行政主体和行政相对人既然接受了以和解方式解决纠纷，双方就应当保持一个冷静客观的立场，相对人除了具备和解的条件，还对行政争议有着清醒的认识，能够对争议的焦点提出自己的要求，在理性的支配下实现与行政主体的对话，并且相对人在潜在的意识中已将让步作为参与和解的前提。这也是和解得以实现的前提，因为协作的行为本质上是一个相互理解的过程。行政主体在对话的

---

① 约翰·S. 德雷泽克：《不同领域的协商民主》，见陈剩勇、何包钢主编《协商民主的发展：协商民主理论与中国地方民主国际学术探讨会论文集》，中国社会科学出版社 2006 年版，第 17 页。

过程中应当充分尊重相对人的立场和实现倾听，不是偏好的单面满足。对此《行政诉讼法》第七条规定："当事人在行政诉讼中的法律地位平等。"这一基本原则必须反映到行政诉讼的和解中来，即在理想主义色彩上，行政和解排除任何强制或潜在的影响力。

同时协商民主也是一个互相教育的过程，行政相对人参与了和解，对具体行政行为有了合理性与合法性的双重再认识。这一方面实现了行政管理的基本要求，同时公民对于法律的直接感知也反映到行政主体的政策制定中，都是一个对自身欲望有效节制和对公共利益的追求的过程。

三、结　语

综上所述，在公民社会中，平等自愿的行政主体和行政相对人二者可以在法院通过对话实现偏好转换来解决行政争议，而协商民主的价值即平等、参与、对话，偏好转换、理性和共识等基本的理念不仅仅提供了回应多元文化民主的基本路径，也是行政和解在诉讼中发挥作用的最终落脚点。

参考文献：

［1］陈家刚．协商民主［M］．上海：上海三联书店，2004.

［2］周公法．试论行政诉讼和解制度［J］．行政法学研究，2005（04）.

［3］白雅丽．论中国行政诉讼和解制度的建立［J］．现代法学，2006（03）.

［4］杜霁雪．哈贝马斯视野中的协商民主［J］．中共长春市委党校学报，2007（03）.

［5］毕可志．论行政救济［M］．北京：北京大学出版社，2005.

［6］张淑芳．行政诉讼和解问题探讨［J］．行政法学研究，2004（03）.

［7］温辉．论行政和解的理论基础［J］．法学杂志，2008（03）.

［8］陈剩勇．协商民主理论与中国［J］．浙江社会科学，2005（01）.

［9］约翰·S. 德雷泽克．不同领域的协商民主［A］．陈剩勇，何包钢．协商民主的发展：协商民主理论与中国地方民主国际学术探讨会论文集［C］．北京：中国社会科学出版社，2006.

（段庆华，助教，主要从事艺术法学及传播法学研究）

艺术研究

14 中国朝鲜族舞台民间舞蹈的文化阐述

刘　锦

　　摘　要： 中国朝鲜族舞台民间舞蹈介于原生态和次原生态舞蹈之间，兼具朝鲜民族性和中华民族性的复合性特点，以从朝鲜半岛传承而来的地域特有民间舞蹈为根基，在中国文化圈中经历了发展和变化，汲取中华民族传统文化和多元宗教养分，不断借鉴交融，舞蹈风格呈现微妙的矛盾对立而又统一的和谐美。本文以舞蹈文化生态学理论为基础，侧重于历史文化视点，而非舞蹈专业技巧视点，从地理地缘、政治历史社会、生产方式、生活习俗、价值观、民族性格、审美心理七个方面，追溯其朝鲜民族性的由来；从农耕文化影响、与太极文化的相得益彰、宗教的交融与影响、传统道德理念和家庭观念影响四个方面，关注中华民族性的根源。

　　关键词： 中国朝鲜族舞台民间舞蹈　舞蹈生态学　历史文化成因　动作与风格　对立统一

一、引　言

　　在中国众多的少数民族舞蹈中，朝鲜族民间舞蹈被纳为中国五大民间舞蹈之一。在舞蹈专业的教学体系中，朝鲜族民间舞蹈教学板块往往被安排在高年级的课程当中，其学习难度和重要性可见一斑。而舞蹈专业学生、舞者和爱好者往往觉得，在学习、表演和欣赏的过程中，相对其他民族舞蹈而言，朝鲜族民间舞蹈看似一招一式简单而柔缓，实际上却有些难以捉摸的"大象无形"的意味。

　　朝鲜族民间舞蹈的呼吸控制和动作姿态中不仅呈现出朝鲜族独特的民族性格和民族精神，也蕴涵着中国禅学"泰然处之、淡定自若、平和清静"和易学"阴阳对立、阴阳依存、阴阳互根、阴阳转化、阴阳消长、不断转化"的哲理，这并非是在一朝一夕间形成的。要深入理解、全面掌握、如实表现或尽情沉醉于其气韵必须开阔视野，在纵向上贯通古今，在横向上多方联系，追根溯源，从内外两方面综合分析着手，才能透彻明晰地领悟其深刻的历史文化内涵。

众所周知，朝鲜族并非中国现今疆域内的原生民族，而是 19 世纪中叶由于历史原因从朝鲜半岛移居东北三省生息繁衍、逐渐形成的迁入民族。中国朝鲜族人民与朝鲜、韩国人民祖源相同，血脉相连。迁入中国后的历史，可谓这一民族一个很短的阶段。历史的车轮滚滚向前，文化的传承亦然。中国朝鲜族在思维、理念、习俗、生活方式等方面，理所当然地与其衍生地朝鲜半岛有着千丝万缕的联系，文化艺术领域也不例外。此外，中国本土悠久的历史、深厚的传统文化和多元的宗教思想也潜移默化地影响着中国朝鲜族民间舞蹈。

朝鲜族民间舞蹈迁移到中国后，鉴于舞蹈的主体是平民阶层，中国朝鲜族舞蹈同样以民间民俗舞蹈风格为主体。当代的朝鲜族民间舞蹈存在于三个不同的空间。其中，仍然依托于民俗活动或由民众承传的传统朝鲜族民间舞蹈属于原生态民族民间舞蹈；而与之相对的经职业舞蹈工作者提炼、整理、加工，且用于教学或健身的朝鲜族民间舞蹈属于次生态民族民间舞蹈；以上述原生态或次原生态民族民间舞蹈为素材创作的作品则是朝鲜族舞台民间舞蹈。①

在现实生活中，对于非朝鲜族人民来说，无论是舞蹈专业学生、舞者，还是舞蹈爱好者和欣赏者，接触最多的莫过于介于原生态和次原生态舞蹈之间的朝鲜族舞台民间舞蹈。朝鲜族舞台民间舞蹈以现实生活中丰富的民俗和不断延续的传承为基本素材，经过专业人员的艺术提炼和再创造。它融合了最典型、最生动的民族特色，既能鲜活地以动态形象真实地反映朝鲜族人民的审美心理、历史文化和社会生活，又能艺术地以内在气韵灵动地呈现朝鲜族人民的民族性格、精神风貌，从而最具有代表性。

鉴于此，本文选择的关注点和切入点正是朝鲜族舞台民间舞蹈。如下问题值得思考：中国朝鲜族作为 19 世纪中叶才迁入的少数民族，其民间舞蹈究竟是以怎样别具一格的动作和风格特点才能在丰富多彩的中国少数民族舞蹈文化中独树一帜并脱颖而出的？而以原生态或次生态民间舞蹈素材为基础创作的舞台民族民间舞蹈，其动作和风格特点的形成有着怎样与众不同的深层历史文化背景？应该如何解读和领悟朝鲜族舞台民间舞蹈微妙甚至有几分神秘的文化内涵？

---

① 朴永光：《民族民间舞蹈作品的价值取向》，载于《舞蹈》2006 年第 12 期。

二、整体风格特点

像一般亚洲舞蹈一样，中国朝鲜族舞台民间舞蹈的表现形式明显不同于西方舞蹈。西方舞蹈注重表现舞蹈家的个性、特征和躯体；而朝鲜族舞台民间舞蹈则呈现出对感情的抑制性特征。西方舞蹈家喜欢利用声光、舞台、道具、服饰的统一和谐感与力度变化，使自己成为全场的焦点；而朝鲜族舞蹈家更乐于把身体隐藏在带有长袖的宽大的丝绸衣服里，沉醉于表现高度抽象的喜悦。[1]

从总体上看，最具代表性的中国朝鲜族舞台民间舞蹈是舞姿动态美与民族内在美的完美融合。其动态特点为：含胸、垂肩、收臀；吸气由"气起丹田"开始，而呼气则时断时续；身体、臀部及腿部动作在横向上求"圆"，而纵向上求"拧"；动势呈"波浪状"，凭借气息把动作以弧形延伸到身体各个部位。而内在美则以其典雅、飘逸、含蓄、圆润的风韵，柔中有刚、动中有静的微妙韵律而著称。朝鲜族内敛、深沉、文而不弱、雅而不俗、刚柔并济、坚韧顽强的民族性格和精神内涵充分地体现在其静穆潇洒的舞蹈中。

（一）舞蹈韵律（动静相宜）

朝鲜族民间舞蹈呈现出三种动中有静、静中有动的微妙律动特征：含蓄性律动、顿式律动、弹式律动。以此为基础形成的最典型的韵律核心为柔韧律动，既彼此黏接，又彼此对抗，由内发自于外，又由外回收于内的"气韵"组合，能够充分体现该民族的内在心态和民族性格。[2]

（二）舞蹈姿态（"含"态）

"含"态是朝鲜族独有的别具一格的舞姿，生动地体现出朝鲜族纯洁、善良、朴实的神态，如坐姿、站姿、蹲姿以及大部分舞姿都是含胸、垂肩、收臀的姿态，力求塑造"禅"的姿势，即反展内向型。[3]

---

① 张晓梅：《韩国传统舞蹈教程》，上海音乐出版社 2004 年版，第 53~54 页。
② 向开明：《太极文化与东亚舞蹈文化》，民族出版社 2006 年版，第 18 页。
③ 张晓梅：《韩国传统舞蹈教程》，上海音乐出版社 2004 年版，第 57 页。

（三）舞蹈动力（独特的"呼吸方式"）

朝鲜族民间舞蹈的动力之源是"呼吸"（不是生活中的呼吸，而是舞蹈艺术的呼吸）。它是一种"气起丹田"的深呼吸，整个呼吸过程由意念控制。[1] 这种呼吸支配舞蹈动作的幅度大小，腿部的屈伸和臀部动作全过程中顿、抻、伸的有机连贯，同时也支配舞蹈韵律的协调和感情的变化等。追溯其由来，应该是受了朝鲜族宫廷乐舞中的《鹤舞》的影响，舞者在模仿鹤的动作时自然形成的，贯穿于全身上下，始终保持着立圆的循环。

（四）动作线条（横向上求"圆"，纵向上求"拧"）

在舞蹈动作过程中的身体动作、臀部动作以及腿部动作大部分是以曲线为主，其中 S 线、圆线、抛物线等，能给人以柔和、舒展而优美之感。舞蹈的基本动态是在人体的横向上求"圆"，从纵向上求"拧"，在动态上有"甩、抻、弹、推"等动作。典型动作为甩袖、鹤步、抽甩手、扔手等动作。这些动作由宫廷乐舞中流传至今，并在动作风格上得到了很大的发展。

中国朝鲜族舞台民间舞蹈的形态特征体现在手如翠柳飘拂、步如丹鹤悠迈的所谓"柳手鹤步"动作风格中，呈现出一种平稳细腻、庄重大气、潇洒肃穆、刚柔并济的特征。最典型的整体风格则体现为典雅、温柔、含蓄、深沉。

三、动作与风格矛盾对立统一性的三种具体体现

无论从动态特点还是从整体的风格韵律来看，朝鲜族民间舞台舞蹈都呈现出一种微妙的矛盾对立统一的和谐美，主要体现在如下三方面：

（一）呼吸方式

朝鲜族民间舞蹈的动力之源是"呼吸"（不是生活中的呼吸，而是舞蹈艺术的呼吸）。舞蹈的一起一落、举手投足，律动上的风韵完全融于气息运用，即呼吸之中。它是一种"气起丹田"的深呼吸，整个呼吸过程由意念控制。通过独特的呼吸方式，通过动作与动作之间的连接，在转换变化和节奏中形成一种内在的律动，可称之为一种"黏劲儿"。这种柔韧的力量彼此粘连不断，又彼此对

---

[1] 向开明：《太极文化与东亚舞蹈文化》，民族出版社 2006 年版，第 19 页。

抗，是由内发自外，又由外回收于内的"气韵"组合。

（二）基本姿势和动态

朝鲜族民间舞蹈的坐姿、站姿、蹲姿以及大部分舞姿都是含胸、垂肩、收臀，力求塑造"禅"的姿势和动态。如此含蓄内敛的气韵却没有让人感到卑躬屈膝的压抑低沉，通过与其呼吸"黏劲儿"的紧密配合，举手投足之间反倒呈现一种大彻大悟之后，自省谦让而又不卑不亢、淡定自若而又张弛有度、祥和庄重而又潇洒自如的气韵之美。

（三）舞蹈韵律与风格

"动"与"静"是一对矛盾对立体。二者相互制约也相互依存。"静"相对于"动"而存在，它不是孤立的。① 朝鲜族民间舞蹈的核心韵律"柔韧律动"呈现出动中有静和静中有动的动态特征，又进一步发展为舞蹈整体风格的刚柔并济，从而充分地体现出该民族内敛深沉、静穆潇洒、文而不弱、雅而不俗、坚韧顽强的内在心态、精神内涵和民族性格。

四、形成中国朝鲜族舞台民间舞蹈文化的因素

中国朝鲜族民间舞蹈微妙的矛盾对立统一性的和谐美，是以从朝鲜半岛传承而来的地域特有民间舞蹈为根基，在中国文化圈中，经历了发展和变化的过程，不断汲取中华民族传统文化和多元宗教养分，相互借鉴交融，逐渐形成的具有鲜明特色的民族主体文化。由于其特殊的历史渊源，中国朝鲜族民间舞蹈兼具中华民族性和朝鲜民族性的复合性特点。② 因此，追溯它的形成因素必须首先探讨其朝鲜民族性的由来，然后关注其中华民族性的根源。

（一）朝鲜民族性的由来

1. 从地理地缘角度

在乐舞变化的过程中，参与其中的要素极多，过程也颇复杂。地形与气候不仅影响着人的性格气质，也影响着文化和审美观念。

---

① 向开明：《太极文化与东亚舞蹈文化》，民族出版社 2006 年版，第 311 页。

② 李爱顺：《中国朝鲜族舞蹈训练体系的理论考析》，载于《北京舞蹈学院学报》2006 年第 3 期。

（1）朝鲜半岛地理环境因素（半岛智慧对民族性格乃至舞蹈文化的影响）

朝鲜半岛连接大陆和海洋，成为二者间的通道和桥梁，而与其相邻的是大陆强国中国和海洋强国日本。因此，无论当大陆的影响伸向海洋时，还是当海洋的影响伸向大陆时，作为必经之路，朝鲜半岛都会首当其冲地在政治上和文化上受到各种有利和不利的影响。

朝鲜半岛的根本智慧，也就是对其地缘环境的挑战做出成功应战的智慧，即在既定的地缘环境中，保存和发展自己的智慧。一边积极利用自己的地缘环境，不断吸收先进的大陆或海洋文化，一边又抵抗自己的地缘环境，努力在各个方面保持自己的民族特性；从而使得朝鲜民族既具备当今高度发达的文化，其文化又区别于影响过它的任何文化。[1]

（2）朝鲜半岛气候条件因素（陆地与海洋气候的兼具性对民族性格乃至舞蹈文化的影响）

由于朝鲜半岛的特定地缘特征，其气候既有陆地性气候的特点，又有海洋性气候的特点。白昼和黑夜变化明显，夏季和冬季持续时间长，四季循环变化显著。总体来说，气候温和，而温和中又偏寒。这样一种自然环境所赋予朝鲜半岛人民的，必然是兼有大陆和海洋特点的对比鲜明的性格：既崇尚明朗又崇尚淡雅，既平和又充满激情，既温顺内向又坚韧。[2]

2. 从政治历史社会角度

（1）内部纷争

从公元初至7世纪中叶的700多年间，高句丽、百济和新罗三国鼎立。新罗在三国之中曾经是最弱的，但最终却成为朝鲜半岛的统一者。原因就在于新罗杰出的外交政策：面对强敌，采取了明软暗硬、明让暗争的两手方针；在前期以软让为主，以硬和争为辅，在后期以硬和争为主，以软和让为辅。金庾信是新罗历史上著名的战将。新罗也是整个朝鲜半岛的外交智慧可以用他的一句话来概括："犬畏其主，而主踏其脚则咬之。"此话形象地描述了朝鲜半岛人民柔中有刚的民族气节：承认小国不得不顺从大国的现实处境，但坚持小国在受到大国侵犯时应该毫不犹豫地予以坚决反击。

此后，无论是10世纪初重新统一朝鲜半岛的高丽王朝，还是14世纪末取代高丽王朝的朝鲜王朝都继承并发展了新罗的外交智慧：面对强敌的入侵，一面在

① 邵毅平：《朝鲜半岛地缘环境的挑战与应战》，上海古籍出版社2005年版，第1～17页。
② 张晓梅：《韩国传统舞蹈教程》，上海音乐出版社2004年版，第58页。

军事上不惜拼死抵抗，一面在外交上不断乞和称臣。可以说，新罗的这种外交智慧是朝鲜半岛历朝延续下来并保持独立的重要原因。①

（2）被侵略史

半岛是指从大陆延伸出来的三面临海的地形，有着从大陆向海、向岛延伸出去的桥的作用，也是从岛伸向大陆的桥。因此，半岛具有非常重要的战略意义，尤其是位于大陆强国中国和海洋强国日本中间的朝鲜半岛。日本的不断入侵，甚至还有海盗的骚扰，构成了朝鲜半岛辛酸的外敌入侵史。② 尤其是 1592 年至 1598 年，1906 年至 1945 年，在日本前后长达 50 年的殖民统治时期，朝鲜半岛人民一面坚持不懈地争取民族独立，一面也发挥了忍辱负重等待恢复的传统智慧。他们的斗争艺术和生存策略，秉承了历史上各时期的民族精神。

（3）"恨"的哲学

在绝大部分时期，朝鲜半岛都未强盛到足以进攻他国的程度；与此同时，其农耕文明以及所受到的中国思想的影响，使得它一向对外来侵略采取守势。这样的苦难历史长期积淀下来，怨恨一直得不到发散发泄，自然逐渐形成了朝鲜半岛"恨"（怨恨而非仇恨）的哲学，即一种内敛的弱者哲学。③ 持有这种哲学的民族，忍受着巨大的困难，千方百计地坚持下去，决不放弃希望，通过把怨恨积聚起来，求得一种抵抗强者的勇气，一种保存自我的力量，来应对其地缘环境的挑战。

朝鲜半岛人民数千年来同心协力共御外敌的特殊历史形成了其紧密团结的民族意识、坚韧不拔的民族性格和超乎寻常的控制力，并深深地折射到其文化艺术中。朝鲜族民间舞蹈动作和风格的矛盾统一性生动地呈现了这一点。

以朝鲜族民间舞蹈独特的呼吸为例。当一口气从丹田有控制地吸气时，"气息像拉皮筋一样有韧性地、不断向上伸长，一路气脉由后背直上至头顶部，另一路气脉则同时从腰、臀部往下至腿，脚立起吐气时，也不是一下子把气全部吐完，而是像手风琴合拢时一样，把气息慢慢地放出，再屈蹲"④。舞蹈的动势呈现出"波浪"状，从呼吸的点与线到每一个动作的连接都连绵不断，上一动作的终即是下一动作的始；动作到位要求凭借气息一直延伸到身体的各个部位，包

---

① 邵毅平：《朝鲜半岛地缘环境的挑战与应战》，上海古籍出版社 2005 年版，第 18～63 页。

② ［韩］李元馥：《漫画韩国》，中信出版社 2004 年版，第 40～41 页。

③ 邵毅平：《朝鲜半岛地缘环境的挑战与应战》，上海古籍出版社 2005 年版，第 248～251 页。

④ 向开明：《太极文化与东亚舞蹈文化》，民族出版社 2006 年版，第 19 页。

括指尖、头顶，力求在一种弧形运动的规律中寻找一种顿挫。①

再比如朝鲜族民间舞蹈的一个较常见的双臂向两侧水平举起的动作，这个看似简单的动作中的张与弛其实颇为不易，它的三头肌与腋下均需高度控制，才能牵动背肌与整条手臂向两侧伸展，而小臂则需要松弛地"吊"在大臂上，手指尖还需要控制好，从而找到无限延伸的感觉。这一个普通动作中所要求做到的松弛度与控制度的把握足以说明朝鲜族民间舞蹈充满对立统一的特殊韵律。②

3. 从生产方式角度

朝鲜半岛山多且大多呈弧形，不易发展牧业而有利于发展农业，特别是南半部。因此居住在南半部的马韩氏族率先发展了农业。而农业文明发展的趋势从三国前就已开始。到统一新罗后，朝鲜民族在语言、习俗、生产等方面趋于统一。由此真正构成了以农业文明为基础的，有着共同语言、共同领域、经济生活以及表现共同民族文化中的共同心理素质的朝鲜民族。当农业文明的发展由南到北波及全岛之后，半岛人民的生活方式、文化传统和艺术形式也随之嬗变，以农业文明为基础的民族乐舞亦趋形成。农乐舞首先举起了"农者为天下之大本"的旗帜。

人的生产方式也是促成人体运动不同动力定型的重要文化因素。生产方式对运动人体的影响莫过于在其舞蹈动作中出现劳动动态本身。农业文化与相应乐舞的产生是密不可分的。对以农业为主的民族来说，土地即"衣食父母"，人们总是精心耕种，密切关注农作物的生长，无非是祈望获得丰硕的收成。在这样的特定劳动中，由于动作空间小，形成了特定的惯性动态舞蹈动作特点：俯首、含胸、屈膝，手臂动作的变化多端，动作柔和细腻、幅度小，大腿屈伸幅度较大而内敛，天长日久就逐渐形成了农耕舞蹈文化含蓄内敛的动律特征。

朝鲜族典型的农耕文化决定了其民间舞蹈常是举行农事季节仪式祈祷丰收时在广场进行表演的舞蹈，有时也是劳动者在田间劳动间歇时的即兴起舞。为了便于大面积的水稻种植和管理，朝鲜族人民多采取集体劳动、相互协作的劳动形式。人们每逢下地，都将"扁鼓"和"唢呐"与农具一起带往田间。休息时，人们便在明快的鼓乐声中即兴起舞，以欢乐的歌舞荡涤疲劳。随着时间的推移，这些即兴歌舞便逐渐形成了游乐性的朝鲜族民间舞蹈，贯穿于各种传统民俗活动之中。

---

① 张晓梅：《韩国传统舞蹈教程》，上海音乐出版社 2004 年版，第 56 页。
② 张晓梅：《韩国传统舞蹈教程》，上海音乐出版社 2004 年版，第 46 页。

以朝鲜族民间舞蹈中的"农乐舞"、"长鼓舞"和"长缨舞"为例来简析生产方式与舞蹈动作定型的关系:"农乐舞"中多为三拍子的动作,与水田劳动有关。常见舞步的轻抬慢落犹如水田中移步,让人自然联想到"稻熟拔其穗"的舞姿;又如左右围手动作,颇像撒种。

4. 从生活习俗角度

(1)独特的风俗习惯

朝鲜族妇女善于在头上顶着东西走路,如盛满水的瓦瓮、装有衣物的包袱等,都用头顶着,不但不会掉下来,而且还能走得很快。朝鲜族舞台民间舞蹈代表作《顶水舞》就是以现实生活中的动态为创作来源,再辅以艺术手法的加工,塑造了朝鲜族姑娘勤劳、温婉的柔美形象。舞蹈中手指轻抹脸颊,随之手背轻拭额头,接着中指以"扛手"姿势在耳边轻弹的一系列连贯轻盈的动作,模仿的正是以防行走时头顶水罐偶有水花溅出而用手拭去的轻快飘逸动态。

(2)日常生活习惯

由于气候寒冷,用土坯和平整的石头砌成的火炕成为朝鲜族人民居住生活的重要场所。用餐、休闲在家、接待客人、从事简单的家务活动等都习惯于盘坐在炕上。长期的盘坐容易使人的气血流畅不通,从而站起后自然会形成屈膝弯腰的"含"态和腿部的屈伸动作。[①]

5. 从价值观角度

朝鲜族最重视"忠",即把"中"放在心上。中(中间、中心)的另一个意思即平衡。其价值观念的核心即保持原形和根基,因此形成了朝鲜半岛强烈的民族自豪感和固守传统的民族性格。[②] 这样的价值观深刻地体现在朝鲜族民间舞蹈"圆"与"曲"的造型与律动形态中。

在舞蹈动作过程中的身体动作、臀部动作以及腿部动作大部分是以曲线为主,其中S线、圆线、抛物线等,它能给人以柔和、舒展而优美之感。动作的"起"与"止",动作的止亦是动作的开端。舞蹈的动作多取圆的形式,双臂做圆形运动,身体做圆形旋转,路线呈圆形运行。例如:舞蹈中最基础的"横开手"位就蕴涵了这种圆的姿态;而舞者的基本体态更具"圆"的意趣。舞蹈的基本站姿为:含胸收敛,尾椎垂直于脚跟,膝盖自然弯曲。"弧线下沉"的身体动作状态,如果再打开"横开手"位,便是一个平圆加立圆所形成的一个"球

---

① 李北达:《民间舞蹈》,中国社会出版社2006年版,第163页。

② [韩]李元馥:《漫画韩国》,中信出版社2004年版,第42~48页。

体"空间了，即从头顶至脚尖是一个无限循环的立圆，而从指尖到另一指尖则是一个无限延伸的平圆。[1] 朝鲜族民间舞蹈的静止体态体现着"圆"的境界，动起来的姿态更离不开"圆"。最具特色的莫过于"划圆手"了，即由小臂带动经手腕到指尖的划圆动作，它划出了"八卦图"中间的阴阳分界线。过程中不凸不凹没有缺陷、不起棱角、圆润而饱满。此外，"围手"动作强调"圆"与"曲"膝的起伏；行进中的步伐在起伏律动中通过曲、直步伐的行进，又形成"半圆"；"绕腕手"动作强调手臂的大圆连接手腕的小圆；身体活动性动作又形成腰部的横甩"圆"、手臂的紧甩或横甩或"竖圆"和"横圆"；构图上的大"圆"和造型上的"半圆"；旋转中的单转"圆"、双转"圆"和"八字圆"；甚至所用的小道具也多为圆状。如"长鼓"、"手鼓"、"象帽"、"扇子"（半圆）等。真是"圆"中生万变，万变不离"圆"。[2]

6. 从民族性格角度

（1）坚韧自强

朝鲜半岛人民数千年来同心协力共御外敌的特殊历史形成了坚韧自强的民族性格和超乎寻常的控制力，并深深地折射到其文化艺术中。朝鲜族民间舞蹈动作和风格的矛盾统一性生动地呈现了这一点。

（2）团结合作

多年来的内忧外患使得朝鲜半岛人民深深意识到，要获得民族独立，走上富强之路，除了本民族的精诚团结和患难与共之外，别无他策。

其次，产生于水田劳动的"水田文化"，深刻地影响着朝鲜族，不可避免地对他们的思维方式、行为取向和价值评判发生着重要影响。水田作业，在工艺流程上要求整体的协调性和局部的相互配合。正是这种劳动方式内在的关联度，使朝鲜族在生产实践活动中特别富有组织与合作的意识。他们往往习惯在组织的系统中发挥个人的作用，实现个人的劳动价值。在生产活动中形成的组织合作意识，随着时光的演进，已逐渐积淀成一种民族文化心理，自觉不自觉地在经济和社会生活的各个方面反映出来。[3]

朝鲜族参与集体和社会事务的热情普遍较高，从东北抗日战争、解放战争和抗美援朝战争的史料中可见，朝鲜族人民积极响应国家号召，主动参军参战。据

[1] 张晓梅：《韩国传统舞蹈教程》，上海音乐出版社2004年版，第55页。
[2] 向开明：《太极文化与东亚舞蹈文化》，民族出版社2006年版，第330页。
[3] 王晓东：《跨入21世纪的中国朝鲜族》，http://zhidao.baidu.com/question/2981146。

統计，"三大战争"中牺牲的朝鲜族烈士仅延边地区就有 13 048 人，占该地区烈士总数的 **97%** 以上。这正是朝鲜族人民为维护中华民族整体尊严，而不惜牺牲个人一切的最生动的历史写照。朝鲜族演员跳独舞不见得比别人多么出色，然而，若是排练集体舞、团体操，特别是大型的集体表演，他们的组织协调天分，立刻就会大放光彩。其组织协调的水平和表演的精湛程度，在全世界都堪称一流。①

（3）开朗乐天

朝鲜半岛人民所生存的恶劣的自然地理环境并没有使他们陷入悲观状态，反而在艰苦的生活磨砺中形成开朗、乐天、刚毅的性格。在"多大山深谷，无原泽。随山谷以为居，食涧水。无良田，虽力佃作，不足以实口腹，其俗节食"的情形下，为寻求精神上的支柱，除祈求上苍和神灵保佑之外，歌舞便是最好的调整和解脱方式。

（4）爽快飘逸

水田劳动的另一个特性是劳动过程中的快节奏。不管人们主观上愿不愿意，赤腿弯腰在冰凉的泥水中劳动，都不可能在四平八稳、慢慢腾腾中去体味一种劳动的享受，明智的抉择是速战速决。这样劳动的快节奏也影响到朝鲜族生活工作的方方面面。铲地、盖房子或干其他农活儿，"干起来一溜风"，把一件事痛快干完了，聚到一块儿去喝酒跳舞，亦不乏酣畅淋漓。于是，潜移默化中朝鲜族歌舞也逐渐濡染了如此爽快飘逸的风格。②

（5）谦恭礼貌

朝鲜族深受中国古代儒家思想的影响，自古就非常注重教育，历来有"宁肯啃树皮，都要让子女读书"的优良传统。③朝鲜人民讲究汉学，以能否吟诵汉文诗词、文采如何作为评判文化水平的标准。目前，朝鲜族的教育水平在全国少数民族中居第一位。因此，朝鲜族人民向来给人以谦恭礼貌、温文尔雅的印象。朝鲜族民间舞蹈魅力之所以集律动之美、韵味之浓、风格之独特、表现力之强于一身，除了其形成的特殊历史文化背景之外，关键就在于其浓厚的民族文化底蕴。

（6）既平和又充满激情

朝鲜族作为当事人的民事案件十分稀少。不打民事官司，并不说明这个民族

---

① 王晓东：《跨入 21 世纪的中国朝鲜族》，http://zhidao.baidu.com/question/2981146。
② 王晓东：《跨入 21 世纪的中国朝鲜族》，http://zhidao.baidu.com/question/2981146。
③ 千里原：《民族工作大全》，国家民委网站。

缺乏运用法律武器维护民事主体合法权益的意识，而是他们民族内部有一种自我化解矛盾和纠纷的隐性机制。朝鲜族是一个性格直率、性情急火的民族，日常生活中，磕磕碰碰自然不少，也有打得头破血流的情况。但他们很少告到官府去解决这类事。今天打完了，明天双方到一块儿喝一顿酒，往往也就烟消云散了。

朝鲜族喜欢呼朋唤友，或家中或山野田间围坐一圈小酌娱乐，其能歌善舞的天性还不为场地条件所束缚，任何地方都可以和着"道拉吉"的曲调翩翩起舞，随便拉出一个朝鲜族朋友都跳得有模有样。充满激情的朝鲜族人很容易自己感动而又感动他人。然而，即使是在欢快的节奏中，其动作在舒展中仍有所抑制，喜而不狂。[1]

（7）善于接受外来事物

由于特殊的历史文化背景，朝鲜民族对于外来文化的接受，有时是心甘情愿的，有时却是迫不得已的。但不论是主动还是被动接受，朝鲜民族自古以来善于吸收外来文化，化为己有并壮己躯体。以长鼓为例：本出自印度仿象脚而制的细腰鼓，公元三四世纪先传入中原，接着东传朝鲜，发展成为朝鲜族最具代表性的民族乐器；随之，长鼓舞发展成形。

7. 从审美心理角度

（1）传统审美标准

韩国学者金元龙认为，朝鲜民族艺术中柔顺的特点，与地势和气候因素是密切相关的。这二者影响着人的性格气质，也影响着其审美观念。朝鲜民族长久以来形成了尚白、敬老、重礼节、喜洁净的习俗，潇洒、典雅、含蓄、飘逸的精神风韵。朝鲜族民间舞蹈的美，主要不在外形而在内涵，不在动势而在气韵，不在表演而在自省、悟性。爽快、陶醉的舞风是朝鲜族民间舞蹈最本真的特征。[2]

（2）图腾崇拜和吉祥鸟"鹤"崇拜的影响

舞蹈艺术的发生和发展初期，与万物有灵、图腾崇拜、原始宗教和原始巫术的关系极为密切。民族图腾崇拜实际是对其祖先的崇拜。[3] 图腾的形象和特点往往会在该民族的民间舞蹈中反复出现。在历史的发展进程中，有的民族拥有不止一种图腾崇拜，或者说还拥有本民族图腾之外的其他吉祥物。朝鲜族即是如此。

---

① 王晓东：《跨入 21 世纪的中国朝鲜族》，http://zhidao.baidu.com/question/2981146。

② 张晓梅：《韩国传统舞蹈教程》，上海音乐出版社 2004 年版，第 57 页。

③ 向开明：《太极文化与东亚舞蹈文化》，民族出版社 2006 年版，第 62 页。

根据《三国遗事》记载，朝鲜族图腾为"熊"。① 尽管"鹤"并非朝鲜族图腾，但其形象及意象在民间舞蹈中的广泛体现和寓意却是众所周知的。朝鲜族崇鹤的心理对其民间舞蹈的影响可谓深远而悠久。

由民间艺术所表现出来的文化现象，积淀着一个民族的历史与深层的意识。正因为鹤在朝鲜民族的观念中是最普遍的心理影像，所以不论是在艺术舞蹈或自娱性舞蹈里，这一影像都会自然地流露而习以为常，不会追寻由来，不会称为鹤舞。而本民族以外的观赏者却从中看到了鹤的艺术形象和朝鲜族崇敬鹤的心态。

鹤与朝鲜族舞蹈的密切关系，与远古流传的巫俗活动有关，又和儒家的清高、道家的神仙思想分不开。在神话传说中，鹤是道教仙人的化身。以三国、两晋时代高句丽诸王古坟（吉林集安）的壁画中两幅主人乘鹤飞升的画像作推断，高句丽王族是崇拜鹤的，乘鹤飞升、飞仙羽化的观念早已形成。②

鹤常被比作鸟类中踩着高跷的模特和玉树临风的百合花，优雅灵活的脖颈，不论以什么姿势站立，它的头、颈和身体的整个轮廓都呈现出最高雅和匀称的曲线。鹤在中华民族尤其是朝鲜族心目中，是善良、纯洁、长寿的象征。鹤在东方受到的欣赏和欢迎，要远胜于西方。这里面其实隐藏着一个微妙的问题。无人怀疑鹤的正面形象，但它的君子风范中显示出中庸色彩的自制，更吻合东方美学的推崇，而与西方强调个性和自我的观念相佐。③

朝鲜民族民俗中关于鹤的说法也很多，如鹤不能吃，食之必死，尤其是丹顶鹤。科举时代认为鹤落之处为福地，是有人中举的先兆。"松鹤延年"以祝白头偕老，新郎的礼服上"双鹤飞舞"寓意爱情纯真、夫妇比翼双飞。崇拜仙鹤的观念逐渐成为朝鲜民族的重要心理因素。

上述因素交织、融合在一起，遂形成特有崇鹤的审美情趣。这种崇鹤的心态经过长期的艺术加工与不断升华，在民间舞蹈中展示出来，即形成了朝鲜族民间舞蹈最典型的步态，模拟鹤自然形态的"鹤步"、"鹤飞翔"等舞蹈形象；而鹤的神态、鹤的意境、鹤的舞姿最终形成朝鲜族民间舞蹈典雅、飘逸、潇洒的整体风韵。④

此外，除了崇鹤心态的重要影响之外，"虎"图腾对朝鲜族民间舞蹈的影响

----

① 朴永光：《朝鲜族舞蹈史》，人民音乐出版社 1997 年版。

② 罗雄岩：《中国民间舞蹈文化教程》，上海音乐出版社 2001 年版。

③ 周晓枫：《齐鲁晚报》，2005 年 2 月 16 日。

④ 罗雄岩：《中国民间舞蹈文化教程》，上海音乐出版社 2001 年版。

也不容忽视。根据北京舞蹈学院张晓梅老师考证，朝鲜族先祖貊族以"虎"为图腾。从当今仍然流传并盛行于朝鲜族少年儿童中的民间故事中，从朝鲜族语言中众多的成语、俗语、形容词中可知，虎的形象遍及朝鲜族社会文化生活的各个领域。朝鲜族舞者的脚跟始终着地，而其他舞种均为脚尖、半脚尖、脚掌和脚跟轮流为着地点。这种典型的具备王者风范的豪迈与刚毅的"虎步"特征可以看做朝鲜族民间舞蹈的另一特征。

作为朝鲜族民间舞蹈两种最基本步态的"鹤步"与"虎步"，尽管在审美意象的表现特点和风格上是截然不同的，但二者却又能够自然地相互转换、和谐共存，加上另一种固有的基本动作"柳手"，从而潜移默化形成了该民族民间舞蹈"外柔内刚"的独特风韵与魅力。

（二）中华民族性的由来

1. 从农耕文化的影响角度

由于特定的地缘特征，朝鲜半岛一边利用所处的环境，不断从中国大陆吸收先进的文化，一边又对地缘环境加以抵抗，努力在各个方面保持自己的民族特性。

自战国（燕）时起，中国汉族农耕文化逐渐传入朝鲜半岛，朝鲜民族在接受汉族先进农耕技术的同时，也接受了其文化中物质与精神的各种因素，原有的民族心理、传统习俗和精神生活乃至民间舞蹈产生了重要变革。朝鲜人民从理解中国的儒教思想观念开始，又接受了从印度经中国传入的佛教，并凭借它们对朝鲜民族一直由巫术、咒语支配的精神生活进行了改革。

农业经济的发展，需要稳定的环境、集中的人口以及家庭宗族的组织形式。农耕文化带有浓厚的传统观念、宗族观念以及天人合一、人际和谐的思想。农耕文化的传入虽对朝鲜民族具有重要的影响，但不会完全改变朝鲜民族原有的民族心理与传统习俗。儒教、佛教都是兼容其他文化的，只有当它为朝鲜民族接受后，才能得到广泛传播。因此，朝鲜族民间舞蹈在广收博采中，成为富有民族特色和高水平的艺术形式。

2. 从与太极文化的相得益彰角度

太极拳以练气为主，注重内气的培养与人格的修炼，在应用防身上崇尚无形无招。其传统文化哲理为：以柔克刚、以静制动，力小胜力大、手慢让手快，四两拨千斤。而其哲理根源在于：其一，易，即太极，代表宇宙一切空间、时间及所有的动能在天地间的运行，代表阴阳变化及万事万物在发展过程中的对立和统一；其二，儒家和道家思想，以孔孟学说、中庸之道为中心，以老庄（无为、虚静、不争、柔弱取胜）思想为大用，再加上佛、禅之学等为辅助而融合为一。

总之，太极拳取法于天地自然之道，自然而然便是其真精神。太极文化对东亚文化的影响是深远的。以韩国国旗太极旗为例，其易学性象征意义的哲理为：阴阳相生，相互对立与转化，由此生成宇宙万物，并且生生不息。由于太极文化的影响，东亚舞蹈的"气韵观"和特色别具一格。即使在 21 世纪的今天，东亚舞蹈仍然不会混同于西方舞蹈，因为它所渗透的仍然是太极文化影响下的东方神韵和东方精神。①

朝鲜族民间舞蹈与太极拳在内涵上有异曲同工之妙。其圆润深沉、流转酣畅、行云流水、悠然自得、梦一般的气韵与太极文化精髓的相得益彰是显而易见的。

朝鲜族民间舞蹈很讲究阴阳的相互转化，有了阴阳的相互转化，就会有"圆"的形成，这个"圆"就如宇宙般包含了所有的变化与循环。舞蹈从一个简单的动作到一个剧目的构思与编排，无不显示着阴阳互补、相克相生的大妙之境。以"翻摊扛顶手"为例：双手交替做扛顶手时，两只手的运动路线是对称的，一只手顶起后向下落，另一只手抽起向上提，顶起的手由手心向上（阳面）转至手心向下（阴面），而抽起的手则由阴面转至阳面，最后落于横开手位时已经变化为一阴一阳相互平衡的状态。②

此外，以太极文化影响之下的较典型的变向轮回的动态为例。在平稳的舞步中会出现一个脉冲式的曲线，既不是直线又不是完整的曲线，而是隐隐约约地在完整的曲线体的圆的基础上形成的"8"字线，进而又发展为太极形和螺旋形；而动态中的"扭拧"、"前后翻"、"左右旋转"也体现为变向和轮回，这是"循环往复"的时空观在朝鲜族民间舞蹈中的体现。③

3. 从宗教的交融与影响角度

从舞蹈发生学的角度看，每个民族舞蹈的发生与形成均和该民族的宗教信仰有着密切的关系。作为迁入民族，中国朝鲜族具有朝鲜民族性和中华民族性的复合性特征。随着中国多元宗教影响的逐渐深入，中国朝鲜族宗教信仰形态从朝鲜半岛本土最初的万物有灵、巫俗信仰发展到多神教的自然崇拜，即将佛、儒、道

---

① 向开明：《太极文化与东亚舞蹈文化》，民族出版社 2006 年版，第 8 页。

② 张晓梅：《韩国传统舞蹈教程》，上海音乐出版社 2004 年版，第 54～55 页。

③ 张晓梅：《韩国传统舞蹈教程》，上海音乐出版社 2004 年版，第 55～56 页。

三种思想熔为一炉，形成"天人合一"，阴阳、刚柔之气和拟物制象的原初的哲学思想内涵，从而实现人与自然间的和谐统一。①

中国的三大宗教是从相互抵触、相互对抗而发展为和谐共融的。隋唐初期，儒教、佛教、道教三教鼎立。唐宋之后，逐渐形成三教合一，宋明理学以儒教为主导思想，把佛、道思想都吸收到儒教体系中来，宣扬三纲五常，为统治者服务。唐宋后，三教对每个中国人的思想和生活都有深刻的影响。中国民间舞蹈文化中，明显反映出这一点。许多盛大的、带有祭祀性的民间舞蹈，无不与巫俗或宗教活动有关，边远少数民族民间舞蹈更是如此。

由道家思想发展而成的玄学不以有限为其认识的终根，常借有限来展现无限。这种审美价值的确立对中国朝鲜族民间舞蹈美学思想产生了直接的影响。玄学思想与舞蹈中"韵"的特点相一致，在中国朝鲜族民间舞蹈中体现得尤为直观。

"韵"是一种非静止的形态，体现为人的轻盈动态和神情的回环绵延。美术、书法、诗文和词赋都以"韵"取胜，舞蹈也如此。"韵"所体现的是与"气"不同的形态内容。"气"所体现的是一种向外扩散的"张力"和向内回收的"缩力"。所谓"气韵生动"指的就是在舞蹈作品的表现中，演员用自己身体有节奏的律动，而不是声音语言，却展示给观众一种近似语言的表达、情感的宣泄，那种优美的舞姿、高超的技艺、起伏的情感，就是融化在一种"韵"态之中。② 中国朝鲜族舞台民间舞蹈的独特魅力即源于这样一种微妙的矛盾对立统一的"气韵生动"带来的美感。

中国朝鲜族舞台民间舞蹈典雅、优美、刚柔并济的舞风，实属受中国儒家、道家和佛家文化影响后相互交融的结果，当三种美学思想深蕴的艺术辩证法渗入到舞蹈中，则形成了其典型的动作形态和风格特点。朝鲜族含蓄、深沉、飘逸、灵动、柔中带刚、文而不弱、雅而不俗的民族性格和精神内涵便充分体现在其静穆潇洒的舞蹈中。

4. 从传统的道德理念和家庭观念影响角度

儒家学说作为中国文化主干对朝鲜族妇女的日常生活和舞蹈风格影响深远。

从正面来说，儒家重视乐舞修身养性的功能，认为通过乐舞的熏陶，人的精神面貌和情操志趣都会发生变化，注重在道德上超离野蛮的状态；强调控制感

---

① 向开明：《太极文化与东亚舞蹈文化》，民族出版社 2006 年版，第 160 页。

② 向开明：《太极文化与东亚舞蹈文化》，民族出版社 2006 年版，第 325～329 页。

情，保持礼节风度，维持举止合宜。从反面来说，儒家三从四德的封建思想束缚禁锢着妇女的自由与发展。①

深受儒家学说影响的中国朝鲜族至今仍然沿袭"男主外，女主内"的家庭观念。在长期"相夫教子"传统观念的定位下，朝鲜族女子的典型性格特点为：温柔贤惠、吃苦耐劳、外柔内刚，富有牺牲精神。而真正的温柔绝不是懦弱的代名词，它必然是建立在一定的刚强之上的。② 朝鲜族女子端庄、温静、坚韧的美德融入其民间舞蹈中，则形成含蓄、细腻、刚柔并济的代表性风格。

五、结 语

有人说："音乐是世界通用的语言。"那么"舞蹈则是人人都可看懂的人体语言"。恩斯特·格罗塞曾经说过：再没有别的艺术行为，能像舞蹈那样转移和激动一切人类。中国舞蹈理论家于平则认为：当人类的声音语言乃至文字语言发达后，当舞蹈从人类沟通神灵的媒体淡出后，舞蹈的文化功能逐渐萎退，成为人类剩余精力的宣泄和日常生活的缀饰。或许正因为如此，舞蹈从人们生活的必需走向了生活的休闲，走向了精神的超越。于是，我们在漫长的历史长河中看到了舞蹈从民俗走向古典，从民族传统走向国家象征。

舞种是特定文化要素与审美要素的合一，有特定的无声言说的形式标准，它甚至是一种约束力，带着族群群体的认可。③ 中国朝鲜族舞台民间舞蹈的气韵在于，"气"的外在形态形成于发源地朝鲜半岛民族的历史文化生活背景，而"韵"则不仅形成于上述传统，还有中国传统文化，尤其是太极文化和多元宗教文化的交融影响。

作为迁入民族的中国朝鲜族，既保守又善于借鉴，数千年来曲折艰难的发展历史形成了该民族与众不同的优秀文化艺术，充满了矛盾对立和统一的微妙气韵。其舞台民间舞蹈动作及风格特点的形成历时久远，与该民族的历史文化背景密切相关，成因复杂而深刻；反之，其丰富多彩的艺术形式和独树一帜的艺术内涵又折射出该民族独特的发展历程，刻上了深深的民族性格和精神烙印。

---

① 向开明：《太极文化与东亚舞蹈文化》，民族出版社 2006 年版，第 315～318 页。
② 王晓东：《跨入 21 世纪的中国朝鲜族》，http://zhidao.baidu.com/question/2981146。
③ 张晓梅：《"民族风格"与"个性创作"的当代结合——从〈扇骨〉说起》，引自《中国民族民间舞论坛论文集》，中国文联出版社 2006 年版，第 381 页。

新中国成立以来，中国政府一贯奉行的民族平等和民族团结政策使朝鲜族已有的民族特征得以保留和发展起来。作为深受欢迎的舞种之一，朝鲜族舞蹈艺术保留并形成了自己独特的风格特点并在蓬勃的发展之中。许多民间舞蹈经专业工作者加工、整理、提炼后搬上了舞台，将朝鲜民族的喜、怒、哀、乐融于其中，使人深刻感受到这个民族艰难曲折的历史和坚韧顽强的民族品性。朝鲜族典雅、含蓄、深沉、柔中带刚、文而不弱、雅而不俗的民族性格和精神内涵充分体现在其静穆潇洒的舞蹈当中。

对于舞蹈的欣赏与解读，是否能立刻触动观众的内心，而是否能用文字语言来解释翻译这种非文字的身体语言，乃其"懂"与"不懂"的最直接的评判标准。正因为如此，观众才能在即使"不懂"的前提下，照样为某个舞蹈深深打动、情有独钟；只有具备这样独特的感染力，舞蹈才能超越人种差异和历史文化限域，存在并延续于舞台上和生活中，不断地发展完善。

生命精神依附在形体之内，形体外貌是人生命精神的外在显现，但体现人的本质的不是外在的形貌，而是内在的生命精神。在塑造人物形象时不能单单停留在所要塑造和表现的人物形貌上，而要把握人物内在特有的个性、心态、神情及情感，并通过外在形体动作及技艺把它给传达出来。否则，所表现的人物和作品只能是一个躯壳，无血无肉，平白无意。①

本文聚焦于历史文化视点，而非舞蹈专业技巧视点。透过现象看本质，通过对形成中国朝鲜族舞台民间舞蹈动作和风格特点的历史文化背景的综合阐述，期望有助于专业学生和舞者更深入地理解朝鲜族艰难曲折的发展历程、坚韧顽强的民族性格和精神，进而在学习和表演过程中，恰如其分地掌握朝鲜族民间舞蹈的风格气韵，并以生动的动态形象完整而艺术地呈现给观众；而作为对朝鲜族舞台民间舞蹈感兴趣的爱好者，通过对舞蹈精、气、神的把握，在欣赏的过程中，就不再是"内行看门道，外行看热闹"，可以争取做到"不仅知其然，而更知其所以然"。

参考文献：

[1]罗雄岩.中国民间舞蹈文化教程［M］.上海：上海音乐出版社，2001.

[2]向开明.太极文化与东亚舞蹈文化［M］.北京：民族出版社，2006.

[3]张晓梅.韩国传统舞蹈教程［M］.上海：上海音乐出版社，2004.

---

① 向开明：《太极文化与东亚舞蹈文化》，民族出版社2006年版，第290~295页。

［4］朴永光.朝鲜族舞蹈史［M］.北京：人民音乐出版社，1997.

［5］朴永光.韩国传统舞蹈的沿革与发展［M］.上海：上海音乐出版社，2004.

［6］池福子.朝鲜音乐"长短"与舞蹈［M］.北京：民族出版社，2001.

［7］于平.舞蹈文化与审美［M］.北京：中国人民大学出版社，2005.

［8］李雪梅等.地域民间舞蹈文化的演变［M］.北京：文化艺术出版社，2004.

［9］邵毅平.朝鲜半岛地缘环境的挑战与应战［M］.上海：上海古籍出版社，2005.

［10］关辛秋.朝鲜族双语现象成因论［M］.北京：民族出版社，2001.

［11］［韩］李元馥.漫画韩国［M］.北京：中信出版社，2004.

［12］张文勋.儒道佛美学思想源流［M］.昆明：云南人民出版社，2004.

［13］李北达.民间舞蹈［M］.北京：中国社会出版社，2006.

［14］张文勋，施惟达，张胜冰，黄泽.民族文化学［M］.云南大学在职研究生内部教材.

［15］纪兰慰，邱久荣.中国少数民族舞蹈史［M］.北京：中央民族大学出版社，1998.

［16］孙景琛.舞蹈艺术浅谈［M］.北京：人民音乐出版社，1987.

［17］刘建.无声的言说——舞蹈身体语言解读［M］.北京：民族出版社，2001.

［18］刘建.宗教与舞蹈［M］.北京：民族出版社，2005.

［19］明文军.东方舞蹈文化比较研究文集［C］.上海：上海音乐出版社，2004.

［20］潘志涛.中国民族民间舞教学法［M］.上海：上海音乐出版社，2004.

［21］复旦大学韩国研究中心.韩国研究论丛［C］.北京：中国社会科学出版社，2006.

［22］向开明.太极"气韵"与朝鲜（韩）民族舞蹈文化及"韵律"［C］.中国民族民间舞论坛文集［A］.北京：中国文联出版社，2006.

［23］张晓梅."民族风格"与"个性创作"的当代结合——从《扇骨》说起［C］.中国民族民间舞论坛论文集［A］.北京：中国文联出版社，2006.

［24］李爱顺.中国朝鲜族舞蹈训练体系的理论考析［J］.北京舞蹈学院学报，2006（3）.

［25］朴永光.民族民间舞蹈作品的价值取向［J］.舞蹈，2006（12）.

［26］姿华筠.关注非物质文化遗产保护 关注舞蹈文化遗产保护的方法论探讨［J］.舞蹈，2006（7）.

［27］王晓东.跨入21世纪的中国朝鲜族［EB/OL］.http：//zhidao.baidu.com/question/2981146.

［28］佚名.浅谈当代朝鲜族舞蹈在继承朝鲜族宫廷乐舞后的新发展［EB/OL］.http：//www.ccmedu.com/bbs13_2472.html.

［29］千里原.民族工作大全［EB/OL］.国家民委网站.

［30］刘泽海.一招一式非灵感，十年辛苦不寻常［EB/OL］.大地之舞网.2006.3.14.

［31］罗莹.《扇骨》评述［EB/OL］.http：//bbs.05005.com.

［32］优民助理.中国舞蹈论坛［EB/OL］.http：//bbs.05005.com/dispbbs.asp.

［33］蓝剑原创.朝鲜族民俗趣谈［EB/OL］.http：//bbs.tiexue.net/bbs_68.

（刘锦，讲师，主要从事英语教学及中国少数民族艺术研究）

15 拉祜扩节庆活动的权力建构①

周 翔

摘 要： 节日是民族文化的重要传承载体，是民族文化遗产的重要组成部分，是民族艺术集中展示的重要文化空间。民族节庆活动中充满权力的建构，在不同权力和权威的影响下，民族节庆活动得以发生，民族艺术得以全方位展示。

本文通过对拉祜扩节进行个案调查，研究在不同权力的影响下，拉祜扩节庆活动如何得以建构。在拉祜扩节庆活动场域中，政府、本土文化持有者、大众媒介、他族文化以及旅游市场等促使拉祜扩节庆活动得以建构。在各种权力的作用下，民族艺术具有显著的时代特征，传统性与变异性相统一，但也存在不尽如人意的地方，在民族节庆活动建构中应坚持民族内部的文化传统，保护民族艺术的特色。

关键词： 拉祜扩 节庆活动 权力 建构

一、权力界定

"权力无所不在……这不是说它囊括一切，而是指它来自各处。"② 权力在英语里为"power"，意思为"能力，力量"。关于权力，有不少学者把它定义为政治学的研究对象，对政治学的研究就是对权力的研究。一提到权力，人们往往会把它和政治学联系起来，把权力视为一种支配力，即某个人或组织影响、支配或控制其他人或组织的能力和力量。福柯认为，权力并不是在谁手中可支配的物，权力是一种关系，"权力从未确定位置，它从不在某些人手中，从不像财产或财

---

① 云南省教育厅科研项目"云南少数民族艺术活动中的权力互动研究"成果，项目编号 2010Y480。
② ［法］米歇尔·福柯：《性经验史》，佘碧平译，上海人民出版社 2000 年版。

富那样被据为己有。权力运转着"①。要对节庆活动中的权力概念进行界定，不得不提到布迪厄关于"场域"的概念，在布迪厄看来，场域是"位置间客观关系的一个网络或一个形构，这些位置是经过客观限定的"②。场域是一个由客观关系构成的系统，它是一个相对独立的社会空间，在这个空间里充满了不同力量关系的相互对抗。每一个场域都处于权力关系之中，布迪厄所指的权力不单是国家政权，也是具有最普遍意义的权力，它以一般的社会关系和社会力量的形式表现出来。权力场域作为构成各种场域的基本场域，它是一种包含多种力量的场域，其结构的维持或转变是各种力量争斗的结果。

节庆活动作为一种场域，其权力场域中包含了多种力量，节庆活动的维持与转变是节庆活动权力场域中各种力量斗争的结果，权力渗透在民族艺术中，并且"审查和生产各种事物，它带来愉悦，形成知识，产生话语。它应被看作一具通过整个社会机体运作的生产网"③，权力被视为各种关系。因此，节庆活动建构中的权力是指，在民族文化发展进程中，促使节庆活动得以发生、维持和转变的各种社会力量和社会关系。正是社会力量和社会关系的存在与相互争斗才使得拉祜扩节及其艺术样式得以保留、传承和发展。

二、拉祜扩

拉祜扩是拉祜族最为传统隆重的节日，时间为每年农历正月初一至初三，拉祜扩意为"过年的节日"，它是拉祜族的春节，在拉祜语里春节被称为"扩尼哈尼"、"扩弄玛"、"扩塔"、"枯扎"，因此，也就有了"拉祜扩"的称呼。拉祜族过年有大年、小年之分，大年是女人的年，从正月初一到初四；小年是男人的年，从初九到十一。拉祜扩期间，当地会举行盛大的庆祝活动。你可以目睹拉祜族服饰、歌舞等民族艺术样式。村寨里的男女老少都会身着传统服饰汇集到广场上，手拉着手围成圈，人多的时候可以围成几圈，合着芦笙和三弦欢快的旋律逆时针转圈跳起欢快的三跺脚，跳歌时有人会领唱，每一句唱词结束之后，众人都会附和一句"阿竖者呢巧哟，习竖者呢摇哟"，活动一般会持续三天，每天从夜

---

① ［法］米歇尔·福柯：《必须保卫社会》，上海人民出版社 1999 年版。
② ［法］皮埃尔·布迪厄：《艺术的法则：文学场域的生成和结构》，刘晖译，中央编译出版社 2001 年版。
③ ［英］斯图尔特·霍尔：《表征：文化表象与意指实践》，徐亮等译，商务印书馆 2003 年版，第 50 页。

幕降临时开始跳，一直到天亮。

拉祜扩与宗教有着不解之缘，与生产生活密切相关，与民间习俗相互交融，体现出宗教性、艺术性、娱乐性等特点。拉祜族多信仰原始宗教和佛教，宗教作为文化的重要组成部分渗透到了拉祜族社会生产生活实践中，拉祜扩是民族文化的重要载体，在拉祜族芦笙舞中还有专门的祭祀舞，因此，拉祜扩充满了浓厚的宗教色彩。

拉祜扩与生产生活密切相关，是展示民族艺术的大舞台和重要场所，节庆中的歌舞表演是民族文化的一种综合表现形式，通过服饰、音乐、舞蹈等物质载体展现拉祜族所具有的独特民族文化特点。拉祜族是一个能歌善舞的民族，歌舞作为一种艺术形式，不仅丰富了拉祜族人民的日常生活内容，而且也从拉祜人民的生产生活中汲取了大量的民族艺术元素。歌舞是拉祜人生产生活中不可缺少的内容，是拉祜族人民的生产生活在民族歌舞中的艺术化再现。

拉祜扩节庆活动展现了拉祜族的民间民俗，与传统民间习俗相互交融。拉祜扩来临之际，家家户户打扫卫生，扫去一年的灰尘，干干净净迎新年；腊月十五左右杀年猪，做腊肉；腊月二十九用水泡米，三十舂粑粑，请亲朋好友吃年饭；正月初一足不出户；正月初二，带上腊肉和粑粑走亲访友相互拜年，晚辈给长辈磕头拜年，长辈会给一些糖果或者甘蔗，以示来年的生活甜甜美美，顺顺利利。拉祜扩是拉祜族全民共同参与，融多种娱乐活动为一体的节庆活动，体现了节庆的娱乐性特点。

在文化变迁的大背景下，节日担负起承载民族的共同文化心理素质，维系民族意识，传承与发展民族文化的责任。拉祜扩是民族性与变异性的统一，一方面，它植根于民族文化的肥沃土壤之中，另一方面，又受到了节庆活动建构中权力符号的影响而发生变异。因此，少数民族节日具有整合民族文化的功能，通过整合民族节日主体特有的文化符号、艺术元素、审美价值与民风习俗，延续、规约了民族文化、艺术的持久性与影响力。①

三、拉祜扩节庆活动的权力建构

拉祜扩活动中，各种权力的互动使节庆活动得以发生、延续并且传承下去。民族艺术在传统风格的基础上发展，形成了适应社会生产发展的具有民族特点的

---

① 迟燕琼：《云南少数民族传统节庆艺术活动的基本特征》，载于《民族文化》2010 年第 3 期。

现代形态。

（一）政府力量

在拉祜扩活动建构中，政府居于主导作用和中心地位，主要通过法律法规和政府官员在场的形式参与节庆活动。节日作为一种公共文化空间，无疑是国家意识形态和行政权力渗透到民族传统社会中的重要渠道。对民族节庆活动的凝视往往从政府开始，并以绝对的权力和地位进行凝视，政府的凝视具有促进当地民族经济发展和满足游客他者需求的双重作用，在政府力量的动员引导下，其他力量也对民族节庆活动进行着综合的凝视。国家的介入导致了少数民族传统节日的转型，引导着包括节日在内的民族文化向着有利于国家价值观念的方向发展。①

1. 以法律法规的形式参与节庆活动

每当节庆来临时，拉祜村寨村民都会自发组织一些庆祝活动，对于当地拉祜人来说，这是一种民族传统，庆祝形式和艺术样式保留了原生态的味道。节日期间，拉祜人会着民族服装，汇集到村寨广场上跳歌，参加娱乐活动，发自内心地表达对节日来临的快乐心情，因此，举行拉祜扩节庆祝活动是出于民族的自发心理，是民族传统习俗。然而，各地、各村寨的拉祜族过年的时间各有不同，后来政府对拉祜扩进行了统一的规定。1989 年 11 月 25 日，西双版纳州第七届人大第十四次会议正式把拉祜扩定为拉祜族的传统节日，时间为农历正月初一至初三，从此，拉祜扩被以法律的形式写入了当地的法规中。

当地政府组织大规模的拉祜扩节庆祝活动，其目的是为了活跃民族文化，招揽游客，带动当地经济的发展。节庆活动中进行的文艺演出是政府力量参与节庆活动的一个典型的显性事件，政府会从政治层面出发，让当地的宣传、文化部门编排一些具有拉祜族文化特点的歌舞在拉祜扩期间的文艺节目表演时进行演出，文艺节目表演活动便带有了国家的意志，也使得节庆活动更具表演性。拉祜扩被纳入当地政府的法律法规，对拉祜扩按照国家的意图进行改造，成功地将国家意志渗透到这一民族节庆活动中，政府官员参与拉祜扩节也就顺理成章了。

2. 政府官员直接参与节庆活动

政府不同层级的官员作为政府在场代表者，通过直接参与对拉祜扩产生着影响。政府官员参与少数民族节庆体现了国家对少数民族的重视，有着肯定的、积

---

① 李德建：《民族节日符号的现代转型及动力探析——以贵州苗族节日为例》，载于《广西民族研究》
2008 年第 3 期。

极的作用，但政府官员由于在身份、地位等方面与村民存在差异，很难使他们在节日活动中真正地融合在一起。因此，那种传统意义上的全寨村民共同庆祝节日的格局也随之分解。在拉祜扩节与政府行政仪式范式的互动中产生了以政府官员为中心的节庆仪式主线。节庆仪式既然有政府官员的参与，其仪式也必然会带有行政的因素，以迎合政府官员。由于有以政府官员为中心的节庆仪式主线的存在，那种全村同庆的形式转化为以各家各户为主的庆祝活动，但仍保留了原有的活动内容和节日文化。

国家意志与民族节庆的互动关系突显了政府力量参与的有效性，在这种以政府官员为中心的节日活动主线中，政府官员的角色与作用就显得尤为重要，政府官员以什么样的方式参与节庆活动对于政府力量是否被拉祜人所认同以及对节庆活动是否满意有着重要的作用。

（二）本土文化持有者

作为文化持有者的拉祜村民不仅仅是节庆活动的观众，更是活动的参与者和主体，节庆活动也会由于拉祜村民自身的需要而潜移默化地发生着改变，当地村民对民族艺术的自发保护与创新意识和行为，对拉祜族传统艺术样式的发展有着不可忽视的作用。

1. 当地村民

在市场经济利益的驱使下，村民会采取各自的方式去迎合市场，制作少数民族服饰和工艺品，演出民族歌舞，要么保留民族传统自娱自乐的艺术风格，并不断改进和创新；要么是以经济利益为目的而不惜抛弃具有民族特点的传统艺术，使民族艺术发生扭曲。

夜幕降临，只听见从拉祜村寨里传来跳歌的声音，村民们自发组织跳歌活动庆祝拉祜扩。此时此刻，拉祜扩是真正属于拉祜村民自己的节日，全寨村民共同参与，俨然成了一片欢乐的海洋。拉祜族与傣族、哈尼族和汉族等交错聚居，拉祜族村民作为本民族的文化持有者、拉祜扩的主体，他们并没有排斥其他民族的参与。拉祜族村民以自己的方式来庆祝拉祜扩，殊不知正是他们这种节日庆祝活动的方式，使拉祜族传统民族文化和艺术样式得以保存、延续和发展下去，强化了拉祜村民们所固有的那一份权力。

拉祜村民根据自己意愿和喜好对拉祜族传统艺术进行着创新。拉祜族有一首有名的歌曲《快乐拉祜》，是一首反映拉祜族快乐、幸福生活的原生态歌曲。这首歌的创作者是距离澜沧县城 50 多公里酒井乡勐根村老达保村民小组一位漂亮的拉祜族姑娘李娜倮，她并不懂乐理知识。2001 年时，年仅 18 岁的她创作了这首歌曲，并把这首歌曲一句一句地教给当地村民。老达保村民将拉祜族传统音律融入和声中，如《打猎歌》四声部合唱。在拉祜族传统音乐中融入了吉他，传统音乐与西洋乐器的结合使拉祜族民族艺术样式更加丰富。

2. 民间艺术传承人

《国务院关于进一步繁荣发展少数民族文化事业的若干意见》中提出："传承民族艺术和弘扬民族精神的关键，则是加强对少数民族地区艺术传承人的培养。只有抓好人才培养，建设一支规模较大、素质较高的传承人队伍，才能为少数民族艺术的发展提供坚实的人才保障，以便更好地延续中华民族少数民族艺术，弘扬博大精深的民族文化。"少数民族传统艺术传承人就是本民族文化的历史、现实和未来的连接者，培养少数民族传统艺术传承人也便具有了承上启下的深刻意味。[1]

拉祜族芦笙舞被列为第三批国家级非物质文化遗产项目，代表性传承人为澜沧县的李增保。随着社会的发展和生活方式的不断变化，拉祜族传统艺术面临着断层现象。当走进拉祜村寨时，看到拉祜村民穿的是与汉族别无二样的西装、牛仔裤、T 恤等流行服装，很难看到原汁原味的民族服饰；拉祜青年不会吟唱民族歌曲、不会演奏民族乐器，在节庆活动中吹弹芦笙和三弦、表演芦笙舞的往往是中老年人。拉祜民族艺术传承人是保护传统民族艺术的途径，使民族艺术得以传播、延续下去。作为国家级或省级的非物质文化遗产项目代表性传承人，更是担负起了民族艺术保护、传播的重任。在保护拉祜族民族民间艺术中，民间艺术传承人应起到一个示范作用，对民族艺术的保护有着不可推卸的责任和推动作用，但保护拉祜族民间艺术并不是个别传承人的事情，而是拉祜族全体人民须坚持不懈的事业。

（三）大众媒介

法国当代著名的社会学家、人类学家布迪厄在《文化生产的场域》和《艺术的规则》两本著作中阐述了关于媒体与文化生产的理论，他把媒体视为一个与权力场、经济场有沟通往来的力量关系场，并试图揭示媒体运作的场域结构、支配权力和被支配权力的相互合谋以揭露被视为自然而然的符号权力的运作。[2] 由

---

① 陈玉茜、何清新：《关于培养少数民族艺术传承人的思考》，载于《艺术评论》2011 年第 5 期。

② 张意：《文化与符号权力：布尔迪厄的文化社会学导论》，中国社会科学出版社 2005 年版，第 196 页。

此可见，媒体是权力符号的一种有效形式。大众媒介包括报纸、杂志、书籍、电影、广播、电视、手机、因特网等，在拉祜族民族艺术活动建构中，媒介作为一种有效的权力符号形式，它传播面广，集声音、图像于一身，具有跨时空的特点。过去，人们大多采用简单的、直接的传播方式，传播的意义并未引起关注，未能对艺术活动产生较大的影响，现在，媒介发挥着它作为权力符号在民族艺术传播过程中的积极作用。

1. 大众媒介对民族艺术的宣传功能

在大众媒介对拉祜族民族艺术的宣传中，政府往往起着主导作用。大众媒介是一种受众面广的传播方式，政府正是利用了大众媒介的这一特点对当地的民族民间艺术进行宣传，当地政府通过大众媒介对民族文化活动进行宣传，招揽游客，促进当地的民俗旅游，从而带动经济的发展。2003 年，澜沧县明确提出了"拉祜文化兴县"的发展思路，这种宣传是一种带有国家意志的宣传，宣传的内容主要以介绍民族民俗为主，向外界展示本地民族所具有的传统民族特色。民族节庆活动具有很强的旅游吸引力，但受到季节性的影响，没有形成规模，此时，大众媒介就起到了极大的宣传作用。拉祜扩节是拉祜族的传统节日，在节日来临前，报纸、杂志、广播、电视、网络等大众媒介充斥着有关拉祜扩节的信息，尤其是在一些旅游网站上，你可以了解到拉祜扩节每年的举办时间、地点、内容以及民族民俗的介绍，增加了拉祜扩节的神秘色彩。

在拉祜扩活动现场，随处可见人们手持数码相机、摄像机，对节庆活动进行着图片、声音或视频记录，当地媒体对节日活动进行及时的报道更是勾起人们对拉祜扩的向往。近些年来，一些拉祜族团体和个人纷纷登上电视荧屏，对宣传拉祜族民族艺术起到了积极的作用。

2. 大众媒介对民族艺术的传承功能

随着拯救民族民间艺术的呼声越来越大，大众媒介正发挥着它的作用。大众媒介除了对少数民族艺术有宣传功能外，还可以对其进行声音、图像的记录与保存，发挥着传承功能，大众媒介对少数民族艺术的传承功能主要体现为记录和保存少数民族艺术形态、普及和传播少数民族艺术。

1957 年上映的电影《芦笙恋歌》，它是历史上唯一一部以拉祜族为题材的影片，电影讲述了拉祜族青年扎妥和娜娃之间的爱情故事。影片中，你可以看到这对青年身穿拉祜族传统服装，插曲《婚誓》旋律优美动听，传遍大江南北。每当人们回想起这部电影时，除了那段感人至深的爱情故事之外，印象深刻的就是电影中所展示的拉祜族民族艺术，具有民族特色的服饰和歌舞。大众媒介对民族艺术传承具有普及和传播少数民族艺术的功能，传统的一对一的传授方式显然不利于民族艺术的传播，而大众媒介可以通过复制影像资料的功能，对所记录下来的民族艺术声音、图像进行大量的复制，供不同的人在不同的地方欣赏、学习。但需要指出的是，作为一种传播工具，尽管大众媒介具有无可比拟的民族民间艺术传承功能，但也无法传尽少数民族民间艺术的真意，有时大众媒介把关者甚至还会出现对民族艺术的误读。

由此看来，在现代和后现代社会中，媒体无处不在，媒体所承载的权力符号也无处不在。媒体中形态迥异的权力符号，在节庆活动的建构中起到了推波助澜的作用。①

（四）他族文化

在拉祜扩节活动建构中，他族文化也是一种重要的权力。一个少数民族的传统节日不仅是本民族在庆祝，还会有周边的其他少数民族也会参与到节庆活动中。一方面各民族之间相互交往、相互融合，每当民族节日时，各民族之间会相互邀请，以示友好；另一方面在国家和政府少数民族政策的推动下，促进民族团结，国家通过法律、法规和政策强制性地规定节庆活动的发生，使其行为者在活动中总是受着义务的约束。②

他族文化的渗透对拉祜族艺术样式产生着影响。在服饰方面，拉祜族自古就有自己的传统服饰，但由于长期与汉、傣、哈尼、布朗等民族交错聚居，相互往来，促进了文化交流，服饰受到了其他民族文化的渗透，拉祜族的传统服饰正发生着变异，甚至在逐渐消失。在墨江、新平一带的拉祜族多数已改穿哈尼族、彝族的服装或者是汉族的服装，在勐海、澜沧、孟连、景谷等县的部分拉祜族服饰与附近傣族、布朗族的服饰几乎完全相同。由于受其他民族，主要是汉族的影响，除拉祜族中老年妇女平日里穿着拉祜族服饰外，多数人即便家中保留着一套或几套拉祜族服装，但平日里都穿汉装，只有在节庆或重要活动时才会换上民族服装，以表示对节庆活动的重视，节庆活动一结束又会脱下，这是各地拉祜族共同的特点，尤其以男子最为明显。民族之间的文化交流与融合，促进了民族之间

---

① 迟燕琼：《少数民族节庆文艺活动的符号建构——对云南新平县漠沙镇花腰傣"花街"文化旅游节的调查》，载于《云南艺术学院学报》2007 年第 4 期。

② 何明、陶琳：《国家在民族民间仪式中的"出场"及效力——基于傈尼人"嘎汤帕"节个案的民族志分析》，载于《开放时代》2007 年第 4 期。

的文化认同，而民族之间的文化认同，又促使民族艺术产生流变，服饰的流变是民族之间文化认同的最直观的反映。

（五）旅游市场

以富有特色的民族传统文化来提升本地的知名度和吸引外来者，从而发展地方经济，是改革开放以来经济不发达地区的普遍做法，这就是所谓的"文化搭台，经济唱戏"。一时间以挖掘民族传统文化主要是以传统节庆为重要表现形式，组织大规模的民族传统节庆活动成为中国少数民族地区兴起的热潮，这股热潮至今持续不断。[①] 为了适应现代市场经济发展的需要，民族地区政府大力发展民族民俗旅游，形成了巨大的民俗旅游市场，带动了当地经济的发展，各地的民族民俗旅游业得到蓬勃发展。在节庆这个文化空间里，游客们可以欣赏到民族服饰、民族工艺品、民族歌舞，观看到节日仪式活动，由于受到民俗旅游市场的冲击，少数民族节庆活动原本的文化内涵也发生了改变。

1. 由民族自娱转变为他者观赏

传统的拉祜扩节是村民们自娱自乐的文化空间。拉祜村民共同参与到节庆娱乐活动中，对他们而言，节庆时的歌舞表演不是表演，而是内心的真实表达；也不是观赏，而是一种积极的参与自娱。现在，每当拉祜扩节到来时，会有大量的外地游客涌入，使拉祜扩节这一传统节庆活动由拉祜村民内部的自娱自乐变为了供他人观赏，表演的性质加重了。拉祜村民本来是节日参与者，现在则成了观看者，原有的节日和民间歌舞表演则变成了一种重表演、轻内涵的浅层次表演形式，只有显性的政府力量暂时退场后，拉祜村民才能真正体会到参与节庆所带来的快乐。

拉祜族传统的芦笙舞、三弦弹唱是节日期间拉祜族自娱自乐的形式，往往是全民共跳芦笙舞，齐声歌唱，为的是增进感情，因此拉祜扩节成了村民们聚会的场所。现在，由于拉祜扩节的参与群体发生了改变，拉祜扩节不再单纯是当地村民体验民族音乐与舞蹈而举行的庆祝活动，拉祜扩节期间的文艺演出节目大多是为了便于外地游客观赏，以达到视觉上的冲击而精心设计出来的，表演者是按照游客的眼光和需求选择的。舞台上跳歌时，表演者只会邀请政府官员、外地游客同台舞蹈，而村民们则暂时退出了这本来属于自己的节日，在台下观看。显然，在拉祜扩节期间的文艺演出缺少了当地村民的参与，更多的是作为节庆活动的观

---

① 施惟达：《民族村寨文化的现代建构》，载于《民族艺术》2004 年第 4 期。

看者。对当地村民来说，民族节庆带来了民俗旅游，产生了巨大的经济效益，但却丧失了传统节庆真正的内涵，拉祜村民远离了节庆活动。

2. 舞台展演中的服饰设计

民俗旅游带来的是大量的舞台展演活动，服饰是舞台展演中不可缺少的民族艺术元素。拉祜族在长期的生产和生活实践中创造了独具特色的民族服饰，拉祜族服饰在形式、面料、色彩、图案、配饰等方面有着自己独特的文化内涵。在民俗旅游市场的推动下，从 20 世纪 70 年代开始，拉祜族服饰登上了舞台，经过不断的探索和改进，形成了富有特色、注重视觉效果的拉祜族服饰。

通过举办拉祜扩节庆活动，越来越多的人开始关注拉祜族，促进了旅游业的发展。拉祜扩节文化空间集民族舞蹈、声乐、服饰表演为一体，其服饰质朴、庄重、绚丽，彰显了拉祜族的文化特质，拉祜族舞台服饰的设计更是成为展示和弘扬民族文化特色的重要途径。随着生产生活的发展，制作工艺的改善，拉祜族服饰得到了进一步的改进和创新，形成了独特的服饰类型。拉祜族的服饰以黑色为主，配以红、绿、白、蓝、黄等色，在深色的服饰上配以浅色面块、线条或饰物，拉祜族男子服饰较为统一，女子服饰则因支系不同有所区别。

拉祜族舞台服饰设计案例：拉祜族舞蹈《月光情》以拉祜族传统服饰的样式为基础，从舞台艺术的角度出发，在衣服的长短、色彩上做文章，在基本式样不变的前提下，两边开衩，色调为白色，缀以黑红两色几何图纹，绑腿以黑色为主，包头则突出额头上方的三角形。① 此款拉祜族服饰的舞台设计较为成功，它既保留拉祜族服饰的传统民族特色，又使其得到了美化，得到了拉祜族同胞的认同。因此，民族服饰的舞台设计，既要保留民族的传统特色，又不能盲目照搬生活，更不能为了追求华丽壮观的舞台视觉效果而不顾民族传统服饰的特点。

四、结　语

权力是民族节庆活动得以发生、维持和转变的各种社会力量和社会关系。在拉祜扩节活动场域中，民族艺术得到全方位展示，权力符号之间的相互争斗对民族艺术产生着影响：一方面，使传统民族艺术得以保留、延续和发展下去；另一方面，使传统民族艺术发生着变化。在全球化进程中，民族艺术逐步丧失它原有的传统文化内涵，作为民族艺术表现形式的艺术样式也更是面临着濒临消失的险

---

① 　王金萍：《本色与创新——拉祜族舞台服饰设计点滴》，载于《民族艺术研究》2003 年第 1 期。

境，通过节庆活动中权力的构建使传统民族艺术样式得以重新展现在人们的眼前，对民族艺术的保护起到了积极的作用。在一些拉祜族地区的日常生活中，除了一些中老年妇女外，很少见到当地村民穿着民族服饰，只有当拉祜扩来临时，才提醒人们穿上民族服饰，以表示对节日的尊重，增添节日的气氛。民俗旅游尤其以节庆活动为主要内容的旅游蓬勃发展，政府成为民族节庆活动的组织者和参与者，随着节日功能的淡化，人们对本民族的节日不再像过去那样自发地组织庆祝活动。此时，权力的介入重塑了民族节庆。尽管民族艺术的内容与形式在发生变化，但仍有一定的稳定性，这种稳定性一方面是因为来自民族传统文化内部不易发生变化的因素，另一方面，各种社会力量使民族文化得到了很好的保护与良性发展。民族艺术的保留与延续不仅仅是靠政府力量，还有本土文化持有者、大众媒介、他族文化和旅游市场也是促使民族艺术得以保护、保留的重要力量。

权力建构使节庆活动得以发生，民族艺术受到各种权力的影响与渗透，或是良性发展，或是受到扭曲，民族艺术的发展不能以牺牲其传统文化内涵为代价，在这一过程中，权力应发挥出积极的作用。节日作为民族艺术传承的重要载体，是民族艺术表演和展示的场所。在民族节庆活动中，各种权力是民族艺术发展的动因和重要力量。面对外部世界的日益相似，应更加珍视、坚持民族内部的文化传统，保护具有特色的民族艺术，正确发扬其中的积极因素。

各种权力形成合力共同作用于拉祜扩节庆活动，这也许无法穷尽在民族艺术活动中的所有权力，但却在一定程度上发挥着作用：一方面，展示出拉祜族独特的民族艺术魅力，在族群文化认同中增强民族自信心和自豪感，形成强大的民族凝聚力；另一方面，使他者在节庆中重新认识拉祜族，逐渐形成对拉祜族民族文化的重新肯定，推动拉祜族民族传统文化艺术的发展。

参考文献：

［1］［法］皮埃尔·布迪厄.艺术的法则——文学场域的生成和结构［M］.刘晖译.北京：中央编译出版社，2001.

［2］黄泽.西南民族节日文化［M］.昆明：云南教育出版社，1995.

［3］何明，陶琳.国家在民族民间仪式中的"出场"及效力——基于傈尼人"嘎汤帕"节个案的民族志分析［J］.开放时代，2007（4）.

［4］迟燕琼.少数民族节庆文艺活动的符号建构——对云南新平县漠沙镇花腰傣"花街"文化旅游节的调查［J］.云南艺术学院学报，2007（4）.

［5］晓根.拉祜族传统节日文化特点浅析［J］.云南师范大学学报（哲学社会科学版），1996－28（2）.

[6] 朱力平. 思茅主要几种少数民族节日及其文化特性 [J]. 思茅师范高等专科学校学报，2006 - 22 (5).

[7] 王正华. 拉祜族服饰文化概述 [J]. 云南民族学院学报 (哲学社会科学版)，1995 (1).

（周翔，讲师，主要从事英语语言文学及中国少数民族艺术研究）

16 "披星戴月"

——纳西族七星披肩的装饰文化解读

管丽华　森文

摘　要：云南少数民族对服装的装饰具有很深的文化内涵，其中纳西族的羊皮披肩虽然看似朴素，但却是纳西族文化的一个浓缩载体。在纳西服装已经日益"现代化"的今天，羊皮披肩仍然在日常生活中盛行，同时几乎已经成为纳西族服装中仅存的一个最具民族特色的符号，是民族服饰文化中的一个非常值得研究的特例。本文从丽江纳西羊皮披肩的功能设计、起源和装饰文化含义等几方面出发，对其独特的文化功能进行研究。

关键词：纳西族　羊皮披肩　装饰

云南少数民族的特色与美感，常常会被人们以"色彩斑斓"来概括，而色彩最为斑斓的就在于服饰，这是最为显著而易于区分民族身份的一面。几乎所有的少数民族都极其重视衣着上的装饰，甚至超过了对自身居住环境等的关注，家居可以简单粗陋，但在服饰上却极尽装饰之能事。例如苗族，从头到脚，几乎无处不"饰"，除有头饰、胸颈饰、手饰、衣饰、背饰、腰坠饰外，甚至还有脚饰，且都用昂贵的白银来打制，盛装时整套服饰重量可达 20 公斤，不仅耗资巨大，并且也让穿戴者不堪重负，甚至出现被饰品拉豁、压伤的情况。再如花腰彝服饰，从衣袖、后摆、坎肩、衽边、背部、头帕到裤脚沿口都施以繁复的刺绣图案，日、月、星、火以及花、鸟、鱼、蝶等形式丰富，色彩鲜艳夺目，制作工艺也非常复杂，一套完整的花腰彝妇女服饰，需要巧手的花腰彝姑娘耗费两年时间才能完成。

少数民族这种近乎极端的爱美的投入其实是源于对本族文化的自豪和认同的心理，其中蕴涵的是艺术的形式美和内涵的文化美，这从装饰纹样的题材内容上可以看出来。比如苗族及侗族就将其民族的迁徙史绣制于服装上，通过这样的方式让后世子孙牢牢记住本民族的源起及历史，服装的装饰不仅是民族特色的体现，更成为本民族文化观念的载体。

在琳琅满目的少数民族服饰中，丽江纳西族的羊皮披肩是一个非常值得研究的特例。其形式非常简洁，甚至具有现代设计的一些特征，整个披肩色泽暗淡，没有太多的图案，形式可以说丝毫没有"惊艳"的感觉，更像是一件普通的日用品，但却是纳西族服饰中最具代表性的一件。与其他"花哨"的民族服装相比，纳西族妇女全身上下可谓朴实无华，说到装饰也只有这件披肩有最多的装饰痕迹。然而这件披肩却在纳西人的生活中具有极其重要和崇高的意义，纳西妇女必是人手一件，而且一年四季从早到晚决不离身，到今天已经完全习惯牛仔裤、连衣裙的纳西年轻一代，也把羊皮披肩作为必备的嫁妆珍藏在家中。羊皮披肩已经超乎实用需要和民族标志的含义，成为纳西族心目中最重要的精神支柱，可以说是凝聚了最多民族特征的纳西文化浓缩物和精华物。费孝通先生曾经说过，文化的死与生不同于生物的死与生，它有它自己的基因，即种子，研究文化就是要研究这个种子，研究怎样才能让这个种子一直留存下去；又说："种子是生命的基础，没有了这种能延续下去的种子，生命也就不存在了。文化也是一样，如果脱离了基础，脱离了历史和传统，也就发展不起来了。"[1] 纳西羊皮披肩就是这样一颗纳西文化的种子，其中包含着许多的文化秘密和文化观念，它不仅记录着纳西族人民所生活地区的地理环境、气候特征等诸多因素，而且承载着纳西民族的历史、文化、社会状况、生产生活、民风民俗等多方面丰富而厚重的民族文化内涵。研究纳西文化应该从这个"文化种子"入手。我们可以通过对纳西民族服饰与其他民族服饰进行比较，深入研究纳西服饰的形制、功能及其装饰所蕴涵的纳西文化的要义，以便能在纷繁复杂的历史变化中把握其实质与真谛，了解并探究羊皮披肩之所以能得以保存和流传的真正原因。

一、羊皮披肩的设计特征

任何事物的存在首先在于其适应环境和生活需要的合理性和实用性，纳西羊皮披肩作为一件具有很强功能性的设计，就是因其在纳西人的生活中不可缺少而流传至今，我们就先从设计的角度来审视一下。

---

[1] 方李莉：《传统与变迁》，江西人民出版社 2000 年版，《序言》第 14 页。

（一）形式和工艺

羊皮披肩又称七星羊皮披肩，这是外形上的概括，原因是披肩为羊皮，上有七个绣有图案的圆盘，象征七星。

不同地区纳西族的羊皮披肩造型和尺寸大致相同，香格里拉、维西等地的纳西族妇女的羊皮披肩装饰较少，丽江一带的纳西族妇女的羊皮披肩特色较为明显，分为羊皮主体、背带及饰件三个部分。其主体是用一块山羊皮或绵羊皮经皮硝、糯米粉等反复鞣制加工，保留顺滑的羊毛，再按体形裁制而成，毛色乌黑纯净的羊皮为上品，纯白次之，杂色最下，纯黑的羊皮显得很有高贵感和厚重感。羊皮上部剪成四方形，底边像一个大括号，一条自然的弧线贯穿底部，中间剪成一个尖尖的尾。披肩上半部分为 100 厘米长、30 余厘米宽的长方形黑色粗毛呢，内衬天蓝色棉布，纳西语称其为"羊皮颈"，此部分大约遮盖了整个羊皮的 1/3，粗毛呢上部边沿缝有一对绣有蝴蝶纹饰的 17 厘米长、5 厘米宽左右的白布长带，用于将羊皮系在身上，即背带，纳西语称为"优轭货"。整个披肩有明显装饰纹样的只有两处，一处是在背带的粗毛呢衬布上接背带处，有两个缝上去的直径约 10 厘米的圆形图案，再下面为七个直径约 3 厘米的圆形布盘，上面用各色丝线环绕圆心绣成纹样，圆心镂空，每个圆盘中间缀有两根白色羊皮条做成的羊皮须（也有的上品是用麂皮条制作），纳西语称"优轭崩"，七个圆盘一共有 14 根羊皮须；另一处装饰则是在白色背带的末端，裁剪成尖角形，正面及背面都用蓝色丝线绣制几行纹绣，有人形手拉手舞蹈纹、蝴蝶纹、花样纹、叶片纹等，均为二方连续图案，尖角最下端绣形似孔雀的鸟形图案。

整个披肩造型简洁，色彩以大面积的黑或白为主，大小九个圆盘点缀其上，颇有现代设计气息，披在背上从肩部刚好达到腰部，呈倒三角形。

纳西人对披肩的制作是非常讲究的，颜色一定是黑白二色为主，原料也多用黑山羊皮，工艺方面也有统一的要求。各部分看似只是粗略地缝制在一起，但尺寸和各部位的对位却是有讲究的，工艺的重点体现在饰件上——两个大圆盘及七个小圆盘上必用各色丝线绣成同心圆样式，而圆心中间裁剪均匀细长的皮带为纯白色，背带末端的刺绣纹饰也很简洁，但很精细。无论老少，所有披肩在用材、尺寸、工艺上都完全一致，非常统一。

现代的丽江纳西族服饰形式繁多，早已不拘泥于传统的要求，帽子无固定的样式，就是普通的布帽甚至是军帽，有的人则什么都不戴，有的人甚至戴着白族的草编帽，还有的人在民族服装上搭配汉族的时尚帽子；裤子也无特定的穿着要求。现代纳西妇女表演时，甚至有人穿上了白族的白裤子，裤脚边缘绣上白族特有的纹样，若没有羊皮披肩则已辨认不出正在眼前跳舞的是纳西族还是白族。由此可见，纳西族的民族特征集中体现在羊皮披肩上，除掉羊皮披肩，其穿着和其他民族无太大区别，也因此证明了纳西族诸多的文化因子集中于羊皮披肩之上。

（二）功能设计

纳西羊皮披肩的穿着方法是把披肩披于背上，背带在胸前交叉，然后绕回背后从下端把羊皮系紧，末端自然垂下形成"尾"。因纳西族归属氐羌族后裔，所以和其他后裔民族如白族、彝族、花腰傣等族一样均有衣"尾"习俗。

纳西妇女一年四季羊皮披肩都不离身，穿着的目的既是注重形式也是注重功能，这一点与许多民族的服饰有很大不同。比如白族、彝族等族女性服装喜用较多的挑花刺绣装饰，这些民族女子自幼学习挑花刺绣，其绣品不仅装饰包头，挂于胸前，还可装饰居室以及各种所用物件，题材常常以民间喜闻乐见的花鸟、山水、人物为题材，精细地缝出裹背、头巾、桌布、挎包、帘布、帐纬、虎头鞋、猫头鞋、鱼尾帽等。这些纯粹是从美观的角度来考虑的，属于纯装饰性的设计。较为极端的例子有花腰彝服饰，从头饰到衣服、腰带，装饰部件较多，全身穿戴整齐需要数小时；还有苗族，其银饰品极为沉重且昂贵，所以作为盛装，只在节日等隆重场合才穿，而在田间地头劳作时反成累赘，其盛装主要是装饰性的服饰。藏族服装则又是功能性的，其特点为长袖、宽腰、大襟。藏袍一般都比身高还长，穿着时要把下部上提，下摆离脚面三四十厘米高，扎上腰带。由于藏族所居之地海拔高，早晚气温低，中午时分由于太阳直射非常炎热，因此，藏人所穿袍子不仅很长而且为皮质，非常厚实，以便早晚保暖。长袍上没有纽扣，只用一根腰带系紧，便于早晚将两只长袖穿在身上防寒，中午则将其中一只系于腰间散热。由此可见，这种服饰的设计主要是出于藏民生活便利的考虑，属于纯功能性设计。

相比之下，纳西族的羊皮披肩几乎在任何场合和季节都可以穿，是把实用功能和装饰功能有机地融为了一体。纳西族分布于云南西北部横断山脉地区，境内多高山峡谷，地理方面的原因造成气候严寒，只有厚重的服饰才能适应这种特定的地理气候，而羊皮披肩正可以起到保暖去寒的作用。同时，纳西族原为西北游牧民族，其对畜产品的使用有其游牧历史的根源，不仅符合纳西民族经济生活状况，同时还能满足适应环境、保暖驱寒的要求。另外，纳西族所居地区冬天寒冷，而夏季也不热，如丽江年平均气温仅为 14℃～18℃，夏季尽管太阳直晒，但是树阴下、屋檐下、石板地面背阴的地方仍潮湿阴冷，习习冷风从旁边的玉龙雪山上吹来，披肩光面贴背，既能散热又能防风，因此，纳西人秋冬寒冷时把披肩羊毛面朝内穿着，保证背部的温暖，夏天炎热时则羊皮光面朝内以散热通风。这种穿着方法还是建立在对羊皮这种原材料特性把握的基础上，是对原材料有着充分的认识和了解的结果。羊皮披肩还可防湿防潮，下雨时可用于挡雨，日晒时则可防晒。甚至有时可把披肩放在背篓上为背篓里面所陈放的东西遮阳，在路边休息时可垫坐于地上以防地面湿气。

披肩还具有垫肩垫背的功能。纳西妇女在社会生活和家庭生活中担负了重要的角色，起早贪黑、夜以继日的劳作绝对是纳西妇女勤劳的写照。背驮重物时，厚实的披肩可以起到垫肩和垫背的作用，减少重物对人体的摩擦和损伤。从尺寸上看，披肩长及腰部，重量不大，丝毫不影响劳作。披肩在纳西妇女身上不是一件修饰女性体形美的饰品，而更像是一件体现女性勤劳品德的工具，因此，披肩的"披星戴月"含义也多被解读为纳西女性披星戴月在外劳作的写照。这与纳西男性与女性的社会分工和生活方式是统一的。有人戏称纳西地区是女人的天下，男人的天堂，纳西族男人一生只做七件事：琴棋书画烟酒茶，而纳西族女人开门也有七件事：油盐柴米酱醋茶，如果哪家男人做家事，这家女人就会被看不起。

羊皮披肩的这种多功能性，使其在民族历史长河中经受住社会、文化、环境的变迁，一直保留着稳定的形式。

（三）文化信息的融入

上述披肩的实用功能固然是使其在纳西人的生活中稳定存在的原因，但如果仅有实用功能也只能使它成为一件设计精良的生活用品或生产工具，而披肩对于纳西人的意义远不止于此，它之所以成为纳西人最具民族特征的符号和精神凝聚物，还在于其中融入了丰富的文化信息。这一点是我们最感兴趣也是纳西披肩的设计在文化上最为成功的一面，形而下的实用功能应该说是较为显见的，而形而上的精神功能则有赖于对其文化信息的深入解读，对此我们将另文论述。

二、羊皮披肩的装饰文化含义

羊皮披肩既是一件功能设计巧妙的实用品，也是一件精心组合了丰富文化含义的民族图腾。我们从吉祥象征、图腾内涵、数字的含义和天地崇拜几方面来解读其所包含的文化信息。

（一）吉祥象征

羊皮披肩最首要的特征就是羊皮，并且对羊皮的选材还很有讲究，除了注重好羊皮的良好物理性能以外，还有羊所具有的驱鬼辟邪功能，取羊皮制披肩首先就包含着追求平安吉祥的愿望。

在古代，"羊"、"祥"通假，如西汉大儒董仲舒有云："羊，祥也，故吉礼用之。"因"羊"字通"祥"字，"吉祥"还常写成"吉羊"。《汉书·南越志》记："尉佗之时，有五色羊，以为瑞。"羊在中国自古以来就是一个美好吉祥的象征，在许多地区都把羊的形象用在各种装饰或造型中，广州称为"羊城"也来源于以羊为英雄主角的一个美好传说。汉代许慎在《说文解字》中说："美，甘也。从羊从大。羊在六畜主给膳。"① 羊是美好事物的代表，且主"民以食为天"的膳食，可见，羊在六畜中胜出被选中来作为纳西人的随身伙伴是有足够的"实力"的。

羊的概念还有众多的演变，比如三阳开泰就由三只羊画在一起、仰望太阳的图案来代表。《辞源》中注解"羊"通"阳"，故可助阳气。② "羊"、"阳"不仅谐音，而且在吉祥意义上也相通，三阳开泰寓意冬去春来、阴消阳长、万物新生之始。还有把羊形饰物挂于身上，取其谐音名为"样样如意"，寓意事事顺意、美满幸福。纳西人选羊皮做披肩主体，不仅在文化含义上有羊这样吉祥和声名显赫的"代言者"，而且羊皮的良好性能也不负众望地证明了其保暖护身的实力。

（二）图腾内涵

羊皮披肩主体裁剪的形状有不同的解释，一说是羊形，还有一说认为是蛙形，笔者认为蛙形说较为有道理，因为披肩的许多方面与纳西族的蛙图腾文化有相合之处。

关于蛙图腾，纳西民间有则传说：美利东阿晋善神曾把智慧之水盛在碗中，赐予下界的生灵，命乌鸦传令鸟兽来喝，不想乌鸦出了差错，智慧之水全被人类喝光了，人类因此变得聪明起来。在一旁等待分享智慧之水的鸟兽们极为愤怒，扑过去攻击人类。乘双方争斗之际，青蛙舔干了碗底残留的水，也因此变得聪明

---

① 引自许慎《说文解字》。

② 引自《辞源》。

起来。为了帮助正受攻击的人类，青蛙指着河水对鸟兽说，智慧之水并没有被人类喝光，而是被倒进了河里，并率先跳入河中，引开了鸟兽，拯救了人类。于是，纳西族的先民们把青蛙看成是仅次于人类的生灵，规定不准伤害蛙类，并且把青蛙当做图腾来崇拜。民间称之为"智慧蛙"。细观整个羊皮披肩，确实形似一只青蛙，披肩下部为蛙头，正中央尖角的部分如同蛙突出的嘴，九个圆盘中，两个较大的为蛙的眼睛。羊皮服饰，纳西语称"鱼轭"或"优轭"，意即羊皮，圆盘描花图案，纳西语称"巴妙"，意即蛙的眼睛，还有的歌手称"巴九"，意即青蛙。① 有人甚至认为七个较小的圆盘中麂皮细带为蛙的肠子，整个蛙身就如同一个纳西族的五行文化图。这些均可以说明纳西民间也认为羊皮披肩与蛙有着千丝万缕的联系。

纳西族最原生的图腾大约有蛙、蛇、猴、熊四个，纳西先民的四大氏族梅、禾、束、尤就是分别以这四种动物为图腾，也可以说远古纳西先民分别为蛙氏族、蛇氏族、猴氏族及熊氏族四大氏族。纳西族以蛙为图腾，原因有四：

其一，蛙具有十分旺盛的生殖能力。原始时代自然环境极其恶劣，整个氏族的生产能力以及人类自身的生产能力都极为有限，儿童很容易夭折，人们只有加大出生的比率，才能增加存活的数量，也才能达到民族繁衍的目的，因此，纳西人以蛙为图腾是纳西人民希望自己的民族如同蛙一样能多生多育的现实写照。

其二，蛙为两栖动物，既可以在陆地生存，也可在水中生存，若遇天敌，可藏于水中或陆地洞穴，身上的绿色表皮为天然保护色，与植物的颜色非常接近，不容易被天敌识破，因此对自然环境有着极强的生存适应能力，民间有"蛙不老"的说法。由此，更能反证当时自然环境之恶劣，人类生活之艰辛，人们取蛙作图腾是希冀人类能够和蛙类一样，有着无比强大的生存适应技能，归根结底也是为了在原始时代的残酷环境中生存下去。

其三，蛙有纳西祖先崇拜的含义。如冯特在其《民族心理学纲要》（Elemente der Volkerpsychologie）中说道："图腾动物通常也视为正在论及的那种群体的动物性祖先。一方面，'图腾'是一个群体的名字；而另一方面，它也是一个标志着祖先的名字。在这后一种关联中，它还具有一种神话学的意义……"② 纳西的蛙图腾中也包含有祖先崇拜的观念。引入祖先崇拜的观念之后，蛙图腾文化被注入新的含义，变成衍生图腾一术，这是一个有着蛙头、人身和蛇尾的图腾形

---

① 木丽春：《东巴文化揭秘》，云南人民出版社 1995 年版，第 323 页。
② ［奥］西格蒙德·弗罗伊德：《图腾与禁忌》，赵立玮译，上海人民出版社 2005 年版，第 130 页。

象，而这个由东巴祭司综合而成的偶体则充当着掌管人间万物、施云布雨、赐佑人类财富等多重责任。人们敬畏这个半人、半兽、半神的具象偶体，对它顶礼膜拜，希冀它能佑护本民族。

其四，纳西五行说。东巴文化受道教文化五行说的影响和渗透较深，在以鬼神观念为内容的祖先崇拜的基础上，创造了"射蛙出五行"的观念。据经典《白蝙蝠取方位经》记载，白蝙蝠到盘珠桑美女神处取方位经，经文沉入神海，潜居神海的神蛙吞食了方位经，于是人们请来射者从东向西射蛙，因此，射入蛙身的箭尾为东，箭头为西，因蛙坐北朝南，于是蛙头为南，蛙尾为北。而箭尾为木，于是东为木；箭头为铁，于是西为铁；蛙臀有水，于是北为水；蛙腹紧贴地面，因而中央为土。自此，纳西五行开始产生，著名的纳西"巴格图"就是蛙身出方位图谱。由蛙来指导人们认清世界的五行方位，可见蛙在纳西人民心目中的重要意义，也揭示了纳西民间把蛙当做图腾物的原因所在。

这里需要解答一个问题：为什么纳西人要将蛙形图腾穿于身上呢？原因有三。第一，纳西人对蛙的崇拜，人们敬蛙、爱蛙，在纳西族经典文献中尊称其为"黄金大蛙"，纳西五行方位就是源于黄金大蛙，人们甚至模拟蛙的动作和习性编成舞蹈——"黄金大蛙舞"（此舞还是《东巴舞谱》中的第一个舞蹈），把披肩裁成蛙形穿于身上，才能表达对蛙的这种高规格的崇拜。直到今天，纳西民间还不允许人们随便伤害这种动物，作为这种图腾崇拜遗存的羊皮披肩历时千载也仍然被人们所喜爱。第二，崇宗敬祖。中国人自古以来就有崇宗敬祖的习俗，纳西人也不例外，而蛙图腾中也蕴涵有祖先崇拜的含义，把象征蛙形的披肩披于肩头就如同把祖先背于肩头，更能体现对祖先的这种敬仰之意。此外，这多少有些像古人佩玉，古代君子以玉比德，佩玉实际上是为了起到一种道德的警示作用，让玉提醒自己慎言慎行。而纳西人把祖先披于肩头，也许有着某种异曲同工的功效，让祖先来警戒和指导自己的行为。第三，把蛙图腾披于身上极有接触巫术的特征。按照弗雷泽的说法："氏族成员期望得到其图腾的保护和关照……在某些特别重要的情况下，氏族成员会寻求以各种方式来强化其与图腾的亲属关系，如使自己在外表上与图腾相似；穿上动物的皮毛；将图腾的图案纹在自己身上；如此等等。"① 纳西人将羊皮裁成蛙形，可以强化与蛙的亲属关系，以期得到图腾的保护，并且这种保护的过程不是经历一个图腾——中间物——受保护者的过程，而是一个图腾直接作用于受保护者的过程，减少了中间环节，直接将图腾的

---

① ［奥］西格蒙德·弗罗伊德著：《图腾与禁忌》，赵立玮译，上海人民出版社 2005 年版，第 129 页。

神性注入所穿之人身上，缩短距离，确保这种保护作用更加亲密和及时有效。

（三）数的文化含义

羊皮披肩背带部分缀有两个较大的圆盘和七个较小的圆盘，一共为九个圆盘。到清代以后，两个大圆盘逐渐省略，保留了七个小圆盘，现代称之为"七星披肩"就是由于这个突出的特征。纳西人认为较大的圆盘分别为太阳和月亮，较小的七个圆盘则是星星。对于羊皮背饰的圆盘图案，不同的学者有着不同的解释，最多的是"披星戴月"的说法，意指纳西妇女劳作的辛苦。但其实纳西披肩都为纳西妇女自己制作，纳西妇女的贤惠和勤劳善良在生活中无处不是明证，如果自己绣上"披星戴月"是为了自夸，那未免有些许"造作"之嫌，"披星戴月"实际不是招牌，而是目的，是为了把日月星辰穿在身上。

纳西族传说远古时候天上有九个太阳，日夜肆虐，大地被灼烤得炽热难耐，民不聊生。当时，有一位名叫英古的纳西族姑娘下定决心为民除"旱"。她捉来许多快要渴死的水鸟，拔下羽毛，编织成一件五光十色的"顶阳衫"披在肩上，直向遥远的东方奔去。她与龙三王子一起与旱魔决斗时不幸丧命，而北岳三多神派出雪龙吞掉了八个太阳，制伏了旱魔，于是人间出现了雨露，永远告别了灼热。由于只有白天没有黑夜，雪龙又吐出了一个冷太阳，变成了月亮，将剩余的七个冷太阳变成星星镶在英古姑娘的"顶阳衫"上。此后，纳西人的披肩上都缀有太阳、月亮和七颗星星。每个圆盘中央都用彩色丝线，围绕圆心密密匝匝地绣制成同心圆样式，象征着太阳及月亮的光晕，七个较小的圆盘尽管象征的是星星，但由于纳西传说中，北岳三多神是将剩余的七个冷太阳变成星星镶在了英古的"顶阳衫"上，七颗星星原形为七个太阳，因而也在这七个圆盘中加缝彩线，比拟太阳的光晕。每颗星星圆心的中央均缀有两根细长的麂皮带，七颗星星总共有十四根麂皮细带，表示日月星辰放射出的万丈光芒，赋予人间光明与温暖。

在纳西文化中，九与七这两个数字有着丰富的内涵。九表示约数，泛指多或大，东巴经文中载，九个寨子，九层白云，九对白蛋，九座铁城，盘神九兄弟，砍九座山林的九把斧头……九表示大和多，与女人相比，男人力气大，本事大，能做的事情多。因而，九是与男人联系在一起的，男性烧尸要用九筒柴，招男人魂时要喊九声。九寓指男人，而七则寓指女人。东巴经文中载有辟地七姐妹以及七个智慧的术女等，女性烧尸要用七筒柴，招女人魂时喊七声，送女鬼时用刀砍七回，说明女性是与七这个数字联系在一起的。因此，羊皮披肩中九个圆盘实际寓指男性，而这九个圆盘的原形是太阳，故男性为阳，七个小圆盘则寓指女性，而这七个小圆盘原形是冷太阳，所以女性为阴。纳西羊皮披肩把日、月、星与九和七的数字概念通过阴阳观念统一在一起，"披星戴月"其实蕴涵着含九含七的阴阳调和观念。

（四）天地崇拜

羊皮披肩的颜色主要由黑白两色组成，白色皮质部分象征天，黑色粗呢子布的部分象征地。而天为阳，地为阴，这种将天与地置放在一起的形式与汉族道教的阴阳图极为相似。据史料记载，东巴教曾经吸收道教而创立出纳西族著名的"巴格图"，即纳西族的五行方位，那么吸收道教的阴阳图而形成自己的阴阳图也是极有可能的。因此，披肩极有可能是纳西民族民间原始的阴阳图。《道德经》曰："道生一，一生二，二生三，三生万物。万物负阴而抱阳，冲气以为和。"①"巴格图"正是以黄金大蛙来指示的五行方位图，是为了指明方向和正道的，因而，象征蛙形的披肩穿在身上，可以为人指明方向，不在世间迷失。因此，纳西人将天地穿于身上看似单纯的行为实际上是一种古老的哲学观念的反映，将天地穿于身上就能从天地之中获得源源不断的生的力量，借助这种力量来催生人类及万物，也就是说，只有天地阴阳的调和，也才有人的诞生，才有万物生灵的诞生。此外，纳西人穿羊皮披肩，不是某个个体单独穿着，而是整个集体的行为，意指一种对生的美好向往，希冀在天地佑护之下，穿披肩之人即纳西的整个民族能不断地生息繁衍下去。

有意思的是，太阳、月亮及星星都是缝制在表示"地"的黑色粗呢子布上，而不是缝在表示"天"的白色皮子上，太阳、月亮及星星均不在天上，这似乎与客观规律相悖。笔者认为，这不像是仅仅为了装饰的美观和协调而刻意为之，因为即使是把日月星辰安放在白色的皮子部分，通过合理的摆放方法，也可以将这九个圆盘图案排列得和谐而富有装饰感。因此，纳西人这种似乎违背常理的处理方法其实是富有深意的。丽江古为口岸，纳西男子多外出经商，生产和日常劳作全由纳西女人承担，将天、地和日月星辰缝在身上，是因为纳西妇女起早贪黑还是无法将活干完，于是每到晚上就只好把太阳、月亮和星星均从天上请下来，到地面上帮助这些勤劳的妇女完成每天未尽的劳作。

纳西族的羊皮披肩是纳西族文化的重要代表，甚至可以说是最为核心的凝聚体，就像费孝通先生所说的"文化种子"一样，是纳西民族文化基因的结晶。

---

① 引自老子《道德经》。

披肩本身既具有直观性、物质性、功能性、装饰性、实用性等设计美学方面的特征，同时也包含着原始宗教文化和民族文化的内容，体现出极其深刻和丰富的纳西民族文化的内涵，因而在漫长的历史演变中表现出了顽强的生命力和活力。

参考文献：

［1］［奥］西格蒙德·弗罗伊德. 图腾与禁忌［M］. 赵立玮译. 上海：上海世纪出版社，2005.

［2］木丽春. 东巴文化揭秘［M］. 昆明：云南人民出版社，1995.

［3］李国文. 东巴文化与纳西哲学［M］. 昆明：云南人民出版社，1998.

［4］李国文. 人神之媒——东巴祭司面面观［M］. 昆明：云南人民出版社，1993.

［5］李昆声. 云南艺术史［M］. 昆明：云南教育出版社，1995.

［6］汪宁生. 云南考古［M］. 昆明：云南人民出版社，1986.

［7］［英］列维·斯特劳斯. 图腾制度［M］. 渠东译. 上海：上海人民出版社，2002.

［8］［法］列维·布留尔. 原始思维［M］. 北京：丁由译. 商务印书馆，1981.

（管丽华，副教授，主要从事英语教学及艺术设计理论研究；森文，副教授，云南艺术学院设计学院副院长，主要从事设计艺术学研究）

17 浅析云南重彩画艺术风格的数字动画创作研究

石 钦

摘 要：云南重彩画内容大多是反映云南优美的自然风光、少数民族风情和历史文化，具有浓郁的民族地方特色，是一种民族风味浓郁的独特地方美术艺术，数字动画创作可以激发人类心灵深处最原初的情感体验，揭示人类最真实的生命存在状态，是对人类生命最本真的原初诉求。用云南重彩画艺术风格的数字动画创作研究是一个全新的领域，是绘画艺术与动画创作两种艺术价值的融合，对于发扬云南重彩画艺术和创新动画创作风格具有非常重要的价值。

关键词：云南重彩画 数字动画 创作研究

众所周知，云南是个多民族的省份，神奇独特的民族艺术数不胜数，有的已被列入世界遗产保护名录。在美术领域，20 世纪 80 年代初丁绍光、蒋铁峰等八人开创了云南画派重彩画。该画种从云南走向世界，经过几代人的努力获得了举世瞩目的成就，成为中国艺术在国际艺坛上一颗璀璨的明珠，开创了艺术界一个新兴的画种。

一、云南重彩画代表人物与云南重彩画装饰艺术特点

（一）点、线、面与重彩的唯美结合

丁绍光，运用传统的白描手法，在铜板纸上创作了白描长卷《丰富、美丽、神奇》等作品，白描手法是重彩画创作之源。在作品《春雨》中，他将背景装饰纹样按大小不等的规则或者不规则的方进行了排列，大小相比，大的则有"面"的感觉，小的则有"点"的感觉，从而产生了节奏美感。还将天蓝色镶嵌

于各种较深的蓝灰色当中，天蓝色则有了"点"的感觉，各种较深的蓝灰色则构成了"面"。代表作《摇篮曲》，在色彩绚丽夺目的画面仍然能感受出点、线、面的和谐之美。从专业角度细观丁绍光的装饰画，就会发现其作品线似流水，没有拘束，一气呵成，源于常理而冲破常理。可以用"点上生动、线上出新、面上美观、彩上出奇"来形容丁绍光的重彩画。

（二）抽象、具象、夸张与色彩交错的视觉盛宴

蒋铁锋，1979年为北京人民大会堂创作的大型壁画中，《石林春晓》散发着颇深的艺术造诣，代表作《丛林之最》等作品通过线条与色彩的交织、色块的透叠错行；抽象与具象结合，冲破了时间和空间的局限；图形夸张变形，线条飘逸凝重；绚丽夺目的色块相互拼接、交错、重叠，巧妙运用色彩之间的对比，显示出一种特定形态的立体感，有效丰富了单纯的形象，造成了强烈的视觉冲击效果。图形的夸张变形，似是而非，似非而是，似抽象并非抽象，似具象并非具象的绘画。它避免具象绘画的约束，抽象绘画的随意即兴，开启平面绘画多层空间之门。

二、中国动画与云南重彩画的民族化艺术风格

中国动画从1926年万氏兄弟创作的第一部动画片《大闹画室》开始，就初显其浓郁的民族特点，此后经过三十多年的发展，中国动画形成了独特而鲜明的民族审美特征。在内容题材上，中国动画大多吸取了本土的神话传说、民间故事、小说演义等；在创作风格上，中国动画吸取了民间的多种表现手法，如木偶戏、皮影戏、水墨画、剪纸艺术等；在故事情节上，中国动画单一线索清晰，正反人物构成分明，重视教育性。由此形成了中国动画简洁、明快、富有浓郁抒情色彩和含蓄意境的独特风格。如《鹿铃》、《山水情》等水墨动画片，脱胎于中国画中的写意花鸟和写意山水；《大闹天宫》、《天书奇谭》等传统动画片，借鉴的是中国古代寺观壁画；《渔童》、《金色的海螺》等剪纸片，吸取的是民间皮影和民间剪纸的外观形式；《南郭先生》、《火童》则融合了汉代画像石和画像砖的刚健风格；《三个和尚》中，人物的举手投足和音乐设计均来自中国戏曲。正是对中国优秀传统文化的借鉴和对本土现实生活的提纯，使中国的动画片呈现出地道的中国民族化风貌。

云南重彩画代表人物，除了丁绍光、蒋铁锋外，还有刘绍荟、区欣文等一批

画家。代表作有《灯花姑娘》(刘绍荟)、《重彩 1 号》(区欣文)等作品，内容大多是反映云南优美的自然风光、少数民族风情和历史文化，具有浓郁的民族地方特色。云南是个多民族群居省份，傣、佤、基诺等民族创造了灿烂的民族文化。云南画派重彩画体现出吸收了各民族的"美"，绘出代表中华民族"美"的装饰画，以中国画的线条造型，运用中国画所没有的而西方现代绘画中最醒目的斑斓色彩给画面注入了勃勃生机和绚丽色彩，融合了东西方古典艺术和现代艺术的特色，并深入地体验中国古典和民间的艺术传统，广为汲取并融合西方现代艺术的精华，将东西方绘画语言、古今技法熔为一炉，具有极强的透视感、美感和装饰性，给人一种赏心悦目之感。

三、以云南重彩画艺术为表现形式的动画创作思考

动画电影是对事物进行动态表述，从而获得"超现实"的审美感受，它表面上充满夸张、变形、假定、游戏、怪诞，看似是对儿童心理需求的满足，但在更深层次上，动画电影中的原型激发了人类心灵深处最原初的情感体验，揭示了人类最真实的生命存在状态，是对人类生命最本真的原初诉求。正是这种本真性与当今语境审美取向相契合而使其具有迷人的艺术魅力，促使了当下动画电影的勃兴与发展。

走进生活，走进对象。云南历史悠久，民族众多，文化资源特别是民族文化资源尤为丰富，自然资源极其多样而神奇。每一处风景都可以看成是大自然精心创作的原画，把大量的民间故事和传统生活习俗写成剧本，结合社会语境，探索既符合现代审美又有民族特点，既要市场接纳又受观众喜欢的作品。

图形民族化，音效民族化，色彩民族化。统一的民族化创作语言才可能形成独特而鲜明的民族审美特征，将最原生的乡土文化精髓和民族文化经典全新整合重构，再现云南浓郁的民族风情。如云南经典符号之原生态歌舞《云南映象》，巧妙地将浓郁的民族风情和质朴的艺术魅力结合起来，不仅成为云南省一张响当当的名片，而且也成为中国的一张文化名片。在云南重彩动画创作中可以把杨丽萍等演员设计成云南特色的动画形象，把舞台布景与道具可选择性地设计成动画场景，舞台的灯效可借鉴用在云南重彩画的色彩上，利用少数民族音乐加强情感，可使用的云南收录在册的民歌有 20 000 多首，舞蹈 8 000 余套，戏剧 2 000 多个，器乐 200 多种。

细节一咏三叹，情节一波三折。云南重彩画具有极强的美感和装饰性。色彩

瑰丽，线条充满了音乐的旋律，构图饱满、造型严谨、肌理新颖和谐、笔墨色彩厚重、富有时代感，在动画的特写镜头中画面展现自然形成的肌理效果，如纸纹、布纹、干擦、圆点笔触等。在情节设计上可以借用独龙族、佤族、基诺族、怒族、摩梭人、布朗族等固有的很强的原生性故事，设计出起伏、有吸引力、有情感的故事情节。

用想象力去表达对未知真理的发现。云南重彩画的装饰艺术独具一格，用来创作动画可使艺术家获得新的刺激，从而保证他的感受不至于僵化，心理结构得到丰富更新，这样才能使心灵保持一种活跃状态，从看似平常的事物中发掘出独特的意蕴。

对创作出的云南重彩动画作品写影评。我国目前的动画影片批评还在一个"处女地"阶段，因此，在创作动画作品的时候，我们要写一些对云南重彩动画的向往、渴望和呼唤。在网上、杂志上、报纸上发表，让云南重彩动画作品不仅被动画业界所知，也被学术界、文化界、艺术界等更大范围的人所知。

四、云南重彩动画作品研究的创新

创新文化题材。云南重彩动画作品研究是文化发展的迫切需求，云南省正在大力发展文化产业、打造精品力作建设民族文化强省。动画创作属于文化产业中的一部分，必须坚持先进文化的前进方向，把握正确的价值取向，把历史典故、地方传说、少数民族习俗文化等通过生动有趣的形式表现出来，继承并创新民俗文化。

创新艺术形式。云南重彩画是静态的绘画作品，以多维空间的动画形式演绎重彩画装饰艺术的独特韵味，实现动画创作艺术形式的创新，从创作的角度促进中国动画业的发展。

创新科普教育。以动画为新的载体，利用故事情节、唯美精致的图形、地方特色的音效等表现方法，对云南传统民俗文化、历史文化、建筑艺术、服饰文化等内容进行科学、生动、有效的宣传。云南旅游业发达，前来旅游的游客很多，可以让更多的人认识、欣赏、珍爱、保护这些传统文化遗产，以实现传承云南宝贵的非物质文化遗产。

五、研究云南重彩动画的意义

云南重彩画的崛起在云南美术史，甚至在中国美术发展的进程中都具有重要意义。并对当代中国美术的发展起到了推波助澜的作用，促进了云南美术的繁荣，更重要的是，云南重彩画为中国的艺术在世界艺术中觅得了一方立足之地。为我国动画艺术的创作与发展提供了"国际性"的优越条件，尤其在"民族性"方面为我们提供了极为丰富的内容与表现形式。

以云南重彩动画的形式来宣传云南民族文化，形成动画作品风格地域性特色，推动动画风格的多样化研究，对丰富我国传统动画艺术形式起到重要的作用。将独特的艺术形式与特色地方文化素材进行有机的融合，既能丰富动画创作的艺术题材，又能充分表现云南重彩动画的独特艺术魅力，对于保护、继承和发扬云南重彩画艺术与弘扬云南民族文化具有非常重要的现实意义。

参考文献：

［1］唐忠会，龚文．动画电影本真性探究［J］．美术与设计，2010（04）．

［2］曾志明，林霖．以岭南建筑艺术为题材的水墨动漫创作研究［J］．设计艺术，2010（05）．

［3］纳适．论"云南画派"的生成［J］．美术界，2010（05）．

［4］魏鸿飞．浅析丁绍光的装饰画艺术［J］．池州师专学报，2002（08）．

（石钦，助理研究员，主要从事艺术管理与艺术设计研究）

18 浅析植物造景在园林设计中的运用

红 川

摘 要：植物造景是对园林设计中较多硬质景观现象提出的以植物材料为主体进行的园林景观设计，充分发挥植物本身形体、线条、色彩等自然美，配植成一幅幅美丽动人的画面，合理利用植物造景中色彩配置、空间运用以及植物与周边环境配合成景，不仅可以衬托主题，而且还能创造景观意境美，对美化我们的生活环境，提升我们的生活品质有实际意义与价值。

关键词：植物造景 色彩配置 空间运用 配合成景

园林设计是一门研究如何应用艺术和技术手段处理自然、建筑和人类活动之间复杂关系，达到和谐完美、生态良好、景色如画之境界的一门学科。工作范围包括庭园、宅园、小游园、花园、公园以及城市街区、机关、厂矿、校园、宾馆、饭店等。植物造景是对园林设计中较多硬质景观现象提出的园林建设方向，要求以植物材料为主体进行园林景观建设，具体讲就是应用乔木、灌木、藤本及草本植物来创造景观，充分发挥植物本身形体、线条、色彩等自然美，配植成一幅幅美丽动人的画面，供人们欣赏。合理利用园林植物具有的姿态、色彩、季相变化丰富等特点，运用色叶植物、花卉和季相变化丰富的植物素材，结合冷暖色调的特征，周边环境经艺术配置，可以营造园林的前后空间，衬托主题，创造景观意境美。要想给园林设计中的植物造景营造出独有的意境美须从植物造景中色彩配置、植物造景的空间运用以及植物与周边环境配合成景三个方面去思考，融合并合理配置运用。

一、植物造景中色彩配置

色彩在植物设计中多方面地反映了人们心理审美视觉感受，直接地体现人与

149

物之间的关系，合理地运用乔木、灌木、藤本及草本植物进行色彩配置，会极大地调动人们的情感，丰富人们的生活情趣。下面介绍色彩配置的搭配方式。

（一）近似色配置

即运用相邻的几种颜色来配置。如红、橙、黄相配或黄、黄绿、绿相配，这种配色方法颜色之间既柔和统一，又适度变化，既有过渡，又有联系，不显死板，富于变化。而近似色配色也要有主色调和配色之分，各种颜色不能平均分配。

（二）对比色配置

对比色主要有色相对比和色调对比，主要考虑园林植物的色相对比。色相对比指在色相环上，距离越远的颜色对比越强烈，相差 180 度的颜色互为补色。对比最为强烈的，如红与绿、黄与紫、橙与蓝等，补色对比效果强烈、醒目。这种手法可用在住宅小区入口处或小区中心广场等比较重要的部位，利用对比配色组成各种对比强烈的图案花坛，显现出强烈的视觉效果，给人以欢快、热烈的气氛。

（三）层次配色配置

色相或色调按照一定的次序和方向进行变化，叫层次配色。这种配色效果整体统一，并具有一定的节律和方向性。分层配置和色彩搭配是拼花艺术的重要方式，不同的叶色、花色，不同高度的植物搭配使色彩和层次更加丰富。不同花期的植物配置也是一种层次配色配置的体现，这样可使观赏期延长。按季节变化可选择的树种有：早春开花的迎春、桃花、榆叶梅、丁香等；晚春开花的蔷薇、玫瑰、棣棠等；初夏开花的木槿、紫薇和各种草花等；秋天观叶的枫香、红枫、三角枫、银杏和观果的海棠、山里红等；冬季翠绿的油松、桧柏、龙柏等。总的设计原则应是三季有花、四季有绿，达到"春意早临花争艳，夏季浓翠不萧条"的观赏效果。

（四）多色配置

多种色相的颜色配置在一起，是一种较难处理的配色方法，把握不好往往会导致色彩杂乱无章，处理得好则显得灿烂而华丽。植物配置时，各种色彩的面积不能等量分布，要有主次，各种色调的种类力求丰富而统一。

二、植物造景的空间运用

园林植物造景空间内容从个体到群体组合，植物造景空间性包含三大空间类型：一是植物个体形成的空间。包括植物点、线、面静止的外貌结构空间和由植物生长变化使视线通透的"流动空间"。二是植物群落的空间结构。群落是生长在一起的植物群体，适应该地域的环境条件，有自身的组成结构和外貌，并按一定规律演替和发展，主要包括群落种间空间和群落演替的发展空间，植物造景创造的栽培群落同样具有其空间结构表现出的优美的形貌。三是植物以个体或群落组合造景时形成的内向空间、外向空间和定向空间。

（一）植物个体形成的空间

植物的外貌千变万化，有常绿与落叶、针叶与阔叶、乔木、灌木与地被的区别，可以从高度、形态、质地、色彩等多方面进行区分。不同的个体外貌及不同变化方式的组合构建出不同类型的结构空间。第一，按照生活型的不同，可将植物分为乔木、灌木、藤本植物、水生植物、草坪地被植物等。不同生活型植物的基本形态亦各有不同。如乔木类的基本形态就有圆球形、椭圆形、锥形、圆柱形、垂枝形、水平开展形和不规则形等。利用植物本身的尺度、大小、形态特征等视觉要素可构筑出不同的空间类型。第二，植物之间存在的质感、色彩、声音和气味的差异。质感的粗厚、色彩的浓重，能够给人以稳重、亲近的感觉；相反，质感的轻柔、色彩的淡雅，给人以轻松、远离之感。利用色彩的互补组合以及色彩给人带来的冷暖、远近等情绪上的影响，通过对比和衬托形成分离的空间感。

（二）植物群落的空间结构

一是植物群落是不同植物种群的集合体，不论是自然的植物群落还是人工的植物群落，都有一定的层次结构形成种间空间。种间空间不仅包括水平方向上不同种植物主干之间的空间，也包括垂直方向的不同层植物种类的枝端界定形成的空间。二是植物群落演替的空间变化。群落形成期、群落相对稳定期、群落衰老和更新演替期。这三个阶段的种间空间变化大体上表现为：个体间由孤立到交错、层次由模糊到清晰、形成空间由中间向四周扩展。从这一角度分析运用植物造景空间性，要注意种群间植物对生存空间的竞争问题。

（三）植物以个体或群落组合造景时形成各类空间

1. 内向空间

内向空间偏向静态，它可向内引导且集中兴趣或视线。例如：孤植树下的林荫空间就是内向空间，还有多层结构的植物群落四向围合形成的封闭空间也属于内向空间，可用于进行私密的活动或交流。

2. 外向空间

外向空间偏向动态，它可以把注意力引向边框甚至更远的地方。它可以自我完善、自成一体，也可以成为人或事物的背景。例如：竖向分隔面仅用低于人眼视高的低矮灌木和地被植物作为材料划分空间的开敞空间或是大高位芽植物围合形成的具有一定视阈的空间都属于外向空间。

3. 定向空间

定向空间可将注意力引至一定的方向，最常见的就是道路两侧行道树形成的空间，包括纵深空间、覆盖空间、植物群落垂直方向的向上空间等。

三、植物与周边环境配合成景

（一）与建筑配合成景

建筑周边的绿化多起陪衬作用，选择植物应配合建筑的风格、形式，使其立面效果丰富，构图美观。建筑前面布置花木，宜选色、香、姿兼备者，并应与建筑物保持一定的距离，不影响通风与采光；临水的房屋，临池一面多不植灌木丛，大树也以不遮挡视线为宜，以方便欣赏水景；向外眺望的窗前多栽植枝叶扶疏的花木。

（二）与山石配合成景

对于土多石少的假山，多半以较高的落叶树和较矮的常绿树错综配植。其下再配以低矮的灌木丛和草花。整个造景从远处看去，青翠欲滴，枝叶相接。对于以石为主的假山，主要针对于湖石假山，为了显示山石峭拔，一般树下少植灌木丛，树木数量和层次亦少，一般选择姿态古朴的个体。与石峰石笋的配植力求自然、入画，以南天竹、迎春、芭蕉、竹子、红枫为多。

（三）与水体配合成景

水池旁的植物配植，对丰富水面构图起着重要用。池两岸配置的植物，形体、色调往往互相变换，产生有节奏的对比。池岸路边的花木配植以稀疏为宜，常间植几株乔木或少许灌木，丰富景面的同时又不遮挡视线。水面倒影也是园内的一个重要景观，荷花睡莲栽植都应控制其过度扩展，山下、桥下与临水亭榭附近，一般不宜栽植荷花。

四、植物造景的实际意义与价值

在植物造景中，除了自然界的山水、日月、生物外，还有人工的建筑物。街道、广场等，都是景观构成的要素。但童山秃秃，无景可言，只有披上了绿装，才有山林之美。一泓池水，晃漾弥渺，虽然有广阔深远的感受，但若在池中，水畔结合植物的姿态、色彩、空间来组景，使水景平添几多魅力。园林中山若起伏平缓，线条圆滑，种植尖塔状树木后，就改变了对地形外貌的感受而有高耸之势。高层建筑前种植低矮圆球状植物，对比中显得建筑的崇高；低层建筑前种植柱状、圆锥状树木，使建筑看来比实际的高。巧妙地运用植物的线条、姿态、色彩、空间，可以使建筑的线条、形式、色彩相得益彰。

植物造景不仅仅是视觉感受出来的艺术图像，它还有着丰富的内涵，是一个综合了社会、政治、经济、地理、地方风情、技术和工程方法以及可接触的景观的最终结果。植物造景不应该仅仅只是植物间的配置，也应该是建设永恒持久的高质量的景观，并使之成为园林中具有生命力的角色。

参考文献：

［1］黄卫雪，陈建栋．园林植物造景中色彩的应用技法［J］．科技致富向导，2011（30）．

［2］盛兰芝，冒海清．苏州古典园林植物造景［J］．工程科技，2008（09）．

［3］马妮娜，芦建国，王永军．论园林植物造景的空间性［J］．林业科学，2011（19）．

［4］王世金．中国传统园林植物造景意境艺术美手法赏析［J］．现代园艺，2006（10）．

［5］陈烨．试析城市景观的概念及其本质［J］．新建筑，2004（05）．

［6］园林设计．［EB/OL］百度百科，http：//baike.baidu.com/view.

（红川，讲师，云南师范大学商学院，主要从事电脑艺术设计与数码摄影学研究）

19 中国当代油画中的动物相关体裁创作研究

窦 宇

摘 要：文章以对具体的作品和多位艺术家的分析和比较发现，当代油画作品中塑造的动物形态是具有特殊的审美价值和文化内涵的，在不同风格和内涵的作品中，动物形态承担了不同的审美作用和社会意义。

关键词：动物形态 当代油画 批判性 娱乐性 新时代命运

当代艺术产生在这样一个问题的时代，它肩负着它的历史使命，它要表现这些问题，也要思考这些问题的前因后果。中国当代艺术中的动物形象，给了我们一个深刻的社会思考，使人们对人与动物的关系开始深层次的再认识，使我们认识到人类自身的问题，同时，把当代人与动物的特殊关系上升至一个社会性的理性的思考层面来。

动物自艺术的产生时起就一直是艺术家所喜欢的题材。人类很早就与动物有了联系，不论是捕捉野生动物，还是驯养家畜家禽，动物的命运早早地与人类绑在了一起。人类表现动物的历史亦十分悠久，旧石器时代晚期已有表现动物的原始壁画。从法国拉斯科洞窟中我们可以看到一万多年前人类描绘野牛的绘画作品，这是原始先民有功利目的的巫术仪式的产物，它是利用矿物质与动物鲜血混合制成的颜料绘制的。我们也可以从中国半坡出土的陶器中看到我们祖先对鱼的表现，以及他们生活中鱼的重要性和他们对鱼的崇拜。

油画成为独立画种的时间虽然不长，但作为世界主要的画种却留下了大量表现动物的作品，其中不乏名家之作。欧洲许多佚名画家都表现了这样的画面，近代卢梭的《丛林中的狮子》、当代科尔维尔的《骑车人与乌鸦》也反映了动物、自然、人和谐相处的场面。

在我国，以动物为题材的绘画有很多，壁画、崖画、中国古代传统绘画等，均有具体地分析其寓意及画面。当代油画的活跃程度加深了对动物本身寓意的诠释和传达。对"卡通一代"的研究有大量的图文资料，并对它的形成有它与生俱来的必要性，适应这个社会的发展需要，也是绘画艺术走到今天的必然产物，在它身上体现着时代特征和时尚趋势。

当代社会是一个信息化、城市化、竞争化的社会。我们生活在冰冷无生命的水泥城市中，用电脑和手机交流信息，吃的是快餐，用铁制的汽车代步；生活中充斥着汽笛声和机器轰鸣声；每天与贴近但陌生的人对视。当代社会人与人的关系淡化了，这导致了当代人精神上的空虚与孤寂，对社会的不信任，对现实的排斥。这种现象在人类历史上还是第一次出现，人们此时在天真无邪的动物身上找到了寄托，利用动物排遣心中的寂寞。这一点在中国当代艺术中有着强烈的表现，这也是动物形象在艺术作品中角色的巨大变化——宠物，这在中国艺术史上是一个大的改变，动物成为宠物并不是人类对动物的关爱增加了，并不是人类使动物得到了自由，相反是对动物的摧残。一种对动物持象征的态度被称为"赋予人物性格的"态度。是的，将动物看做是偶像、意象和象征之外，随时都有一些微妙的潜在压力，迫使我们把其他动物看做是人类自身的形象。

从古至今，绘画艺术广泛吸收和融合其他文化，始终处在不断的解构和建构过程中，并日渐趋于"多元化"的方向发展。油画，作为绘画艺术中的主要门类之一，其样式语言的发展必然跟随整个绘画艺术发展的大方向——由单一走向多元。在当今众多影响油画语言向多元化方向发展的因素中，现代卡通动漫以其自身的优势，由少而多地成了一个不容忽视的新生力量，它与油画的结合产生了新的油画语言，即卡通式油画。这种新兴的油画语言带着70年代末80年代初出生的一代人特有的精神面貌和对传统文化的理解，开拓出了油画领域之中的一块全新的空间。这一新的表现语言是我国经济迅速发展的产物，也是我国绘画艺术发展到新时期的必然结果，因此极具本土面貌。它们紧扣时代脉搏，偶尔还会有丝丝缕缕的民族精神藏在画中；它们淡泊政治、历史、社会现实等沉重的话题。卡通式油画在这里仅仅是一个符号，它代表的是这一批具有卡通意味的油画作品。它的形成有它与生俱来的必要性，适应这个社会的发展需要，也是绘画艺术走到今天的必然产物，在它身上体现着时代特征和时尚趋势。

中国当代油画中的动物相关体裁创作研究，从人类与动物的关系寻找出当代油画表现动物的原因及其他社会思考。把有关动物创作的绘画分为四个大类别，即关注动物形态的本真状态，关注动物形态在新时代的生存命运，关注动物形态具有的社会批判性，关注动物形态的当代娱乐性。以作品为例，着重分析以之为代表的诸位艺术家作品，解读油画作品所具有的当代意义。为当代油画中的动物形象寓意作一个全面而深入的归纳梳理，并肯定动物在当代绘画中画龙点睛的作用。此后，针对这一新兴艺术的发展形势，对比国际国内当代艺术的发展现状，做出个人对动物题材当代油画艺术发展的远景前瞻，并提出几点意见和建议。在当代油画艺术迅猛发展的今天，动物与人、动物与社会、动物与动物似乎有着更加微妙的关系。从当代的眼光来解读作品，重构作品当今的意义。

一、动物形态在艺术作品中的社会批判性

比喻、象征的态度是更为客观公正的。它既不涉及经济价值，也不涉及探索欲望，而是把动物当做人格化了的概念。如果某种动物相貌凶残，它就会成为战争的象征；如果看起来笨拙可爱，它就可能成为儿童的象征。至于这种动物是否真是凶残或可爱，那是无关紧要的。这种对动物持象征的态度被称为"赋予人物性格的"态度。将动物看做是偶像、意象和象征之外，随时都有一些微妙的潜在压力，迫使我们把其他动物看做是人类自身的形象。它们是昨天的我们吗？它们可能是明天的我们吗？它们是否具备那些我们希望拥有的品质？它们是否掌握我们探求的答案？从事当代油画艺术研究的李季，其作品主要描绘的是女性与动物，确切地说应该是当代人的动物性，艺术家就把注意力放到都市女性和当代社会的关系上。《宠物系列》（见图1）画面中出现了宠物的形象，进一步将视角拉近，都市女郎的头部简略了，小宠物则处在更显眼的位置上。于是，忸怩作态的小宠物便与穿着时髦、充满性感、体态丰满的女主人构成了一种非常有意思的情态关系。从表面上看，小猫、小狗等是女主人的宠物，可事实上，画面却以比喻的方式表明，画中的女主人也

图1 《宠物系列》 李季

只不过是某位"大款"或"高官"的"二奶"、"性玩伴"、"宠物"。而她们之所以以小宠物为伴，即是在表述她们——宠物般的社会角色，以揭露社会现状和

生活状态。将宠物形象引入创作当中成为艺术家此后作品里的标志性因素。对于自己的创作，艺术家在艺术手记中写道："我绘画中一直以来充满了对年轻女性的比喻性描绘，以及对当今中国人的精神面貌的关注。"作品如《黄色的房间》、《有猴子的房间》中，画面的空间用强烈的纯色平涂分割，猴、狗等动物直接成为画面主体，慵懒的睡姿、伸出的舌头，狗并不在乎自己肥胖的身体和性器官暴露于天下，陶醉于自己的白日梦和柔软细腻的温床。旁边的女性内裤、香水、高跟鞋和女性杂志的延续隐喻与寄情则更加深刻而引人深思，女性身体和形象已经

退居画面，但各具特点的女性生活用品则有"送人玫瑰手留余香"之意。李季始终忠实于动物，"它们是那么漂亮，那么纯洁。它们甚至不需要衣服，而可以直接抵达本质"。艺术家喜欢动物，是因为动物能本能和自由地表达情感，这是人类丧失和隐藏的东西。在李季最新的作品中，如《宠物在上海》（见图2）以城市背景作为画面空间处理的前后两个

图2　《宠物在上海》　李季

关系，大面积的灰色和处于前景的动物形成鲜明对比。小猫狗穿上女性的内衣，被宠物化的倾向被加强了，默然与忧郁的眼神似乎并不是那么快乐地生活在大城市的某个角落，前景较窄的楼台仿佛暗喻一种危险的生活方式，一不小心失足则会落入身后滚滚江水，一去不复返。

从事当代油画艺术创作的张继生，他运用自己的方式给予猪纯粹的、不受人类左右的、自以为我的真正快乐，如作品《游泳的猪》（见图3）中大面积的水面和欢快游泳的猪给人以愉悦之情，于是在画面里就有了可爱的猪在化妆、美食、洗浴、恋爱、游泳、旅行……相对于人的世界而言，猪的世界要简单得多，也自然得多。它们不仅没有人类社会的尔虞我诈，也没有那么多的文化束

图3　《游泳的猪》　张继生

缚，更不会因为文化的差异而引起反目与纷争。正是这样一些不同，使张继生从猪的身上看到了好玩，看到了文明在某些时候的困境。艺术家总有一双发现的眼

睛，能从表面的形式中看出精神的内容。猪，作为一个并不怎么上相的动物，恰恰提供给了张继生一个看人的角度。通过这个角度，张继生不仅看出了好玩，而且也从好玩中得到了某种思想包袱的解脱。李季的《宠物在上海》和张继生的《游泳的猪》把猪作为一个旅游观光者的身份确立起来，一会儿去了纽约的曼哈顿，一会儿到了巴黎的埃菲尔铁塔，一会儿又回了北京的故宫，等等。诸如此类，无非都是以猪喻人，想借着猪的无拘无束来打破某种文化的障碍，摄取自由自在的心境，表达画家自己的精神理想——人类简单的自由快乐。作品以独特的构图方式立体多面地关注生存的原生态，从而改变习惯的视角，体察现代社会的真实。

二、动物形态在艺术作品中的当代娱乐性

当代社会"形象"的过量生产使人们的日常生活面临强大的视觉冲击，使人眼花缭乱，应接不暇。面对汹涌而来的视觉之流，主体根本不可能再以静观、冥想的方式去体悟对象。"韵味"被"震惊"、"奇特"、"幽默"的审美感受所替代，大量通俗浅白、娱乐性的视觉符号冲击的结果是人们对于艺术品从以往"凝神专注"式接受转向"消遣式"接受。这种选择更适合人们的承受能力和欣赏习惯，也是作者的钟爱与自娱，并能从中得到满足与快乐。

青年一代的画家，看着日本动画片和口袋书长大，对于卡通有着丝丝缕缕不解的情缘。"卡通一代"吸收漫画形象、语境、色彩和笔调进行漫画创作，绘画内容不再沉重和深刻，而是"娱乐性"。以动物卡通形象作为绘画题材的如高玛的作品《灰色记忆》（见图4），拟人化、叙事化、扁平化、夸张变形的视觉样式——卡通熊猫作为创作对象，熊猫可爱乐观的表情和状态，轻松愉快的笔调向大家展示出一只有中国元素象征的动物，熊猫这个动物形态对中国文化、

图4　《灰色记忆》　高玛

中国精神的反映及在世界范围内的影响是极其深远的。卡通文化提供给人们一个新的观看世界和表现世界的通道。

徐毛毛的作品介于卡通与现实之间，有许多油画的元素，逐渐形成了自己较为固定的风格。这是一位"70后"带有强烈自我意识和独立性的画家，徐毛毛想表达美好的事物，如《乱世佳人在跳舞》就是一幅有趣的视觉佳作，以"乱世佳人"——青蛙作为画面主角，短裙、丝袜和高跟鞋的打扮展现人性舞台，借用青蛙来借指社会中形形色色的个体所透露的无奈、迷茫、压力，一种沉重的压抑感弥漫开来，青蛙那拘谨的体态，严肃的表情，呆滞的眼神，奇异的植物和瓢虫，透露出一种幽默与魔幻。作品中这种心境的流露也是对一个时代的烙印和年轻一代面对快速发展的社会的思考。

李大朋则是选择猪这个动物形态作为画面信息的讲述者，他的作品《镀金年代》（见图5）从表面上看起来很简单，实际上他只是搬用了波普绘画的表面形式，在猪这个简单的形象中包含着他太多的人生感悟。撅起嘴的笑脸猪弥漫在各幅作品图中，猪穿着人的服饰，周围的事物全是金光闪闪的，在购物车内装满各种金色的城市模型，似乎在嘲笑这个"拜金主义"的年代，描摹当代娱乐性跃然画面。他的作品充满哲理，在调侃中透露着沉思，仕反讽中包含的冷峻，既是对他个人经验的剖析，也是

图5　《镀金年代》　李大朋

对社会的观察，在人们日益疏远思想的今天，他仍以个人的话语方式在陈述着思想。

唐志冈的系列作品《开会》则借用儿童的形象，并且让儿童穿上军装和西服，像过家家一样在进行严肃的"开会"仪式。造成了画面当中的年龄与身份、儿童游戏与严肃的社会政治生活强烈的对比和矛盾。显然画面具有调侃的语气和幽默的表达方式，细心品读后发现孩子们的朋友——小狗在画面中既是一个旁观者又是一个参与者，以敏锐的眼光环视着周围，似乎既是入世又是出世地观察着发生的一切。对政治的反讽与讥笑表现得淋漓尽致，当代娱乐性跃然画面。

三、动物形态在艺术作品中的本真状态

动物原本就居住在广阔的草原、高耸的山川、深邃的海洋和明朗的天空，若把这种自然状态描绘出来，则在境界上也是十分新颖而震撼人心的。兴许那些不被人注意到的风景却向我们展示大自然壮阔、奇幻和独特的美，也展示出万物生命与自然的和谐相处。

我国著名旅美油画家李自建先生采用自然主义的写实手法描绘了一个个清新自然的场景，对动物的描绘则是体现它们原始的生命状态。在作品《晨梦》（见图6）中，仿佛置身于早晨还未散去的薄雾中，耕牛早已在牧童的带领下来到耕地，勤劳憨厚的耕牛即将投入到一天的辛勤劳作中去。作品反映出艺术家对耕牛生命意义及状态的纯粹阐释——牛的自然存在，自然流露出人与动物关

图6 《晨梦》 李自建

系的真实情感。他的作品中还多次出现狗的形象，把动物与人的"人性与爱"体现得淋漓尽致。

黑龙江的崔德林以画虎为主，在美术界有"中国虎"之称。崔德林在艺术创作中为了体现自然与动物的灵性，体现虎的霸王之气、凶猛勇敢，为了寻找自己的语言与艺术的诠释，他每年都到中国北疆写生，多次到虎园去做老虎写生。在《双雄图》中克服了传统的程式套路，把两只虎放归草原山林，而不在动物园，广袤的草原才是它们居住的家。二虎紧紧依偎在一起，一只悠闲地打着哈欠，没有人与虎的斗争与紧张，仿佛整个世界都属于这两只虎。画家以自己独特的感悟、观察与理解赋予了老虎以自然化、诗情化、情绪化的特点，表现的是情感，流露的是期待，是画家的心灵，给大家带来了纯粹的艺术享受。作品既可与往昔情怀接通，又能与今日情感交流，自然、朴实的自然主义情怀，表现虎在野外自由觅食生存的原本状态，体现了作者朴实的情感及对艺术的热爱与追求。

马光被称为"狗王"，以画不同品种的狗，并一直以来坚持画狗而著称。作品《卫士》（见图7）以高超的特写将狗的忠诚、单纯、自然和清新跃然画面，他对狗有独特的认识，有来自灵魂深处的爱。画家描绘的只是自然中的一个点

——发现美术美感瞬间状态，一个眼神、一个动态、一个回头、母子情深、人兽感情得以表达。正是情感的自然流露，供观者品味关照生命的情态，重拾人兽之间的情意。世界名画中，"狗"的形象也屡屡出现。勃鲁盖尔的《雪地猎人》、弗洛伊德的《双肖像》、华托的《开往西苔岛》、印象派修拉的《大碗岛上的星期天》等。无独有偶，当代绘画大师弗洛伊德的《双肖像》也同样表达着此类情感。

图7 《卫士》 马光

王恤珠的《密林双牛》、《村景》，向大家展示了一个一片平和、宁静与美好的景象，阳光透过树林，散漫林间小路，牛儿在悠闲地吃草。在那里阳光是温和的，空气是清新透明的，无论是海水还是河水都散发出柔顺的微光，而生长和生活在大自然怀抱中的动物和植物，悠闲自得地生活着，拥有一个自由和慢悠悠的世界。也许这才是动物本来应该有的生活状态，反映艺术家对大自然和动物的热爱和向往，对动物本该拥有的生活状态的期待。

当代法国著名艺术家古尔·阿出先生画笔下的《大草原》（见图8）是人类共同向往的，人与自然的和谐，像自然生命那样"诗意地栖居"（海德格尔），中国古语"天人合一"的境界，是身处现代社会的人们特别强烈的心理追求。加拿大著名艺术家阿里克斯·科尔维尔的《狗与主人》表达了深邃、悠远、永恒的存在感，与"宁静致远"一脉相承。

图8 《大草原》 吉尔·阿由

这只狗虽然能看家护院，但主人更愿把它当成自己的朋友，把它当成家庭的一员，把它养得相当强壮，为它准备了自己的屋子。表现动物、自然、人和谐相处的场面，多表现为一种怡然、自足的状态，与自然环境和人保持协调。人与动物的友谊比以前任何时候都好，互相信任使他们超出种的差异，建立起真正的默契。

四、动物形态在艺术作品中于新时代下的生存与命运

如今无论想象中的动物、野生状态的动物还是与人们生活息息相关的畜兽都已离我们远去。鸡、鸭、猪等因大量的人工饲料喂养，以求快速成长。它们也许从未接受阳光雨露，从未接触过泥土，从出生到死亡瞬间消失。生活中马、牛、驴等也已不再像过去与人们的生活紧密联系。传统意义上的对于这些畜兽类的描绘也已没有了存在的空间，所以一种新的表达方式已经出炉，动物在新时代下的命运被众多艺术家敏锐地摄取，环境污染、城市孤独、情感依靠、创想未来等新型问题成为当代油画创作的主题。许多人都意识到当代社会的发展违背了我们祖先天地人和的古朴而伟大的思想，违背了自然的限度，因此，它的危险日益彰显。试图描述我们时代精神的共同境遇，就是我们的艺术最基本的出发点。著名旅德画家张奇开的早期作品《时差》（见图 9）以虚构空间，有光，一尘不染，并置入一个动物的方式，突兀地出现凶猛的老虎、豹、狼或温顺的马等动物，以此展现人类文明和自然的冲突，这是他在那一时期的惯用手法。著名学者刘小枫称在他的这一系列作品中体会到了"冷漠、荒凉、被弃、孤单的感觉"，诗

图 9 《时差》 张奇开

人北岛也说"他把野兽关在人的住所中，暗示着一种现代困境"，并认为这是艺术家自身生活的映照。张开奇认为西方的工业文明带来了世界的繁荣，同时也促使人类开始了一场有可能自我毁灭的竞争。西方文化所提倡的人类对自然的侵占与统治，给人类带来危机。比如物种的灭绝就很惊人。人类的所作所为加速了物种的灭绝。当代艺术的精神就是对当下文化提出质疑，用视觉呈现方式对我们的时代进行警示。张奇开近期的一幅油画叫做《重返大气层》，讲述了一只熊猫因为地球环境恶劣，逃亡外太空，发现外太空也被污染了，于是不得不回到地球的场景，不过这时的地球已经变成了一个地球仪。张奇开说："这幅作品是想传达这样的寓意：如果四周的环境都很糟糕的时候，逃避不是解决问题的唯一办法，面对它、改造它才是可行之路。"他的作品反映的是开放的全球化时代所出现的

问题，那么对国际关系的探讨就不可避免，《隐藏在20世纪的一场恋情》是这一系列的代表作。画面中，巨大的熊猫手握自由女神像，它们的状态就像近百年来的中西方一样，相互吸引，但突兀相遇时又不知所措。随着时代的变迁，艺术家却没有放弃对动物形象的追求，随着艺术家的成熟，动物形态成为体现关注不同的社会热点问题的"代言人"，视觉从单一变为多元，从关注自身发展到关注全人类。

张小涛的创作指向是直接从其现实生存处境所引起和汲取的，这个特点既有他对边缘、游离状态的自由选择，也有对现实的质疑与忧患。他自觉地与时代的喧嚣保持一定的疏离位置，以及对社会现实反思的态度，通过他创作中对现实问题意识的介入和不同图像的处理、媒介的利用，表现出他的一种追求上的焦虑，一种来自自身处境和状态的切近与逼仄的视觉张力，从而在作品中体现的是一种悲情的力量。自1998年开始，张小涛就用那些美好的、历史的、生物的和动物的形象或者符号编织"快乐的时光"。将"快乐"、"美丽"、"欲望"、"痕迹"、"道具"这些词汇与他选择的内容结合起来，不过是想表达一种关于危机与问题的叙事。事实上，很快，我们就能够看到危机的进一步暴露和问题的泛滥。作品《红色大堂》（见图10）中一只红色的青蛙把头探出，享受着平静。说到青蛙定会想到童年时代夏天傍晚的荷塘、溪流中的蛙鸣，蛙声阵阵伴着荷香和泥土气息迎面而来，令人心旷神怡。但在这件作品中我们看到的可能是被污染侵蚀而皮肤变色的红青蛙。青蛙对这一切

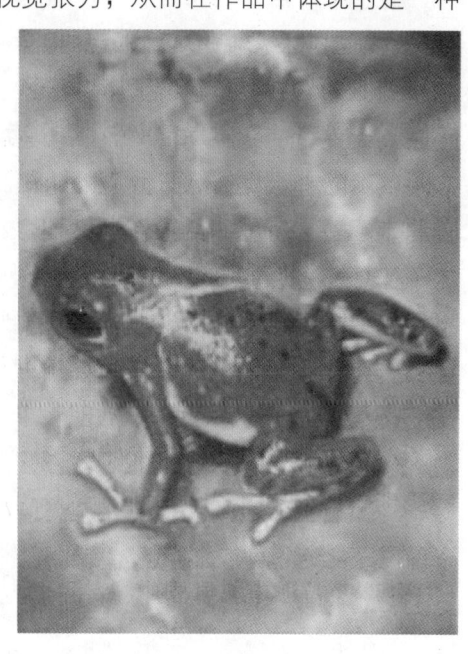

图10 《红色天堂》 张小涛

生活环境的变化是无知的，它们依然浮在水面发呆，不知道自己的处境。张小涛以这种带有乌红血迹似的大红斑的表现青蛙的作品取名为"红色天堂"，这无疑是对动物的人道主义的悲悯与人类对动物生长环境的破坏的残酷现实的反讽——我们人类与其他动物生长在同一个环境中，其实人类是在破坏自己的生存环境。

率先踏上国际艺术舞台、当代新表现绘画的最重要的代表画家周春芽，熟悉他的人首先会想起那条浑身鲜绿的德国狼狗"黑根"。也就是他最负盛名的代表

作《绿狗》（见图11）。1994年，朋友送给周春芽一条叫做"黑根"的德国牧羊犬，这条狗不久就成了他生活中最重要的伴侣。一向主张反自然方式色彩运用的周春芽，决定把"黑根"画成绿色。十余年间，周春芽不知疲倦地创作了几十幅《绿狗》系列作品，被刻画的狗拥有各种各样的情绪和姿势，影射了一种淋漓彻底的暴力和色情。"'绿狗'是一个符号，一种象征，暗示了现在人的孤独，和人与人之间的危险。"其实，"绿狗"在某种程度象征着画家自己，也在扩大化地表现着当代人的生活状况。周春芽一直用自己独特的色彩观念颠覆着中国当下的油画绘画理念。艺术家们喜

图11　《绿狗》　周春芽

爱动物，将它们作为人类生活的一部分或者附属，于是人与动物之间特殊的情感纽带就此联结。

叶永青《画鸟》系列，使人回到原生态的非物质精神空间，体味无中生有的幸福快感。陌生就此远去，烦恼就此远去，伤害就此远去。在一个由科技文明带来的物欲为王的浮躁世界里，守望一份清纯，耕耘一方自在，比起那些为权、利、名、欲而争得你死我活的"过客"们，少了一分累心，多了一分安逸。

当代著名女性艺术家夏俊娜在作品中倾注了一种梦幻般的美好向往。她常常将清纯美丽的少女放置在一个虚幻、迷离的超现实的场景之中，《少女与猫》中就连普通的花、水果和小动物也被一种柔和、奇异的光所笼罩。从她作品表达的情绪看，有着现代都市有闲阶级对繁花似锦的现代生活的沉迷和享乐心态，但也表达隐约的生存危机，浮华下的颓废与挣扎，一面感怀和迷恋着旧时的贵族雅致的生活方式，姿态闲适，一面又处于莫名惊恐、疑惑与不安的情绪之中，她画各种各样的女孩，其实表达的都是自己的一种理想状态的再现，动物则是这种都市贵族生活中的一个道具。

中国台湾艺术家连建兴的作品表现了一种人类神秘的失落感和深层次的哲理性思考。其作品《再生乐园》中刻画了一个废墟式的城堡。城堡中有宁静的海洋和美丽的海鸟，人与动物在其中友好和谐地生存。从城堡的窗口可以见到外面

城市的嘈杂纷乱。外面一只黑色的鸟正飞向窗口，或许它想飞进城堡逃离外面那非人的人类世界。这件作品对人类文明发展做出了深刻的思考，认为人类如不适时对自己的行为做出反思，人类也将和那些灭绝了的动物一样走上绝路，而这一切又是人类自己造成的。

图 12　《宠物系列》　王建中

王建中的《宠物系列》（见图 12）把一只鹤置身于水泥钢筋的现在社会，那种孤独、无助、冷漠的孤寂油然而生。动物的家在哪里？难道动物的未来就是人类的未来？没有草地、树木和森林的家园，暗喻人类的明天将是这样，画面展现一个引人反思的大自然保护问题。

王媛的《猪》系列，则是反自然色彩的运用，大面积的平涂体现年轻一代艺术家的卡通图片情结。猪生活在铁栏杆内，没有自由、没有快乐，仿佛一具行尸走肉，从动物的眼神中却能看到对现状的沮丧，对未来美好生活的期盼，但谁也改变不了猪在这个时代下的囚徒般的生存命运。

结　语

在当代油画艺术中，动物形态在艺术作品中具有的社会批判性、当代娱乐性、动物的本真状态、在新时代的生存与命运，四种动物油画的分类已经在上文中分门别类地进行过讨论。对当代油画动物体裁进行分解归类，作品怎样利用隐含的观念来引导、阐释、升华动物形态的审美价值以及对于观者的启发作用。通过对具体作品的分析，当代社会中人与动物的关系已经被敏锐的艺术家挖掘出来，人与动物之间相互充当彼此的伪亲密者、代语者、情感寄托等。大部分作品肯定是具有批判性和反思性的，解构无疑就是文化批判、审美批判或意识形态批判，一种具有语言控制力的批判，显得更有力度，更富有学术先锋精神。

参考文献：

［1］程昕东 . 李季［M］. 北京：程昕东出版公司，2007.

［2］蒋大可 . 沉思的图像——科尔维尔艺术［M］. 上海：上海书画出版社，2000.

［3］刘淳 . 中国油画名作100讲［M］. 天津：百花文艺出版社，2006.

［4］李季 . 时髦的身体［M］. 北京：程昕东出版公司，2006.

［5］高氏兄弟 . 艺术生态报告［M］. 长沙：湖南美术出版社，2003.

［6］张石森 . 西方现实主义艺术［M］. 呼和浩特：远方出版社，2006.

［7］曹晖 . 视觉形式的美学研究［M］. 北京：人民出版社，2009.

［8］李四达 . 迪斯尼动画艺术史［M］. 北京：清华大学出版社，2009.

（窦宇，见习，主要从事美术学研究）

文学和文艺学

20 "诗意地栖居" 与 "逍遥游"

——海德格尔与庄子的诗学比较

吴婉婷

摘　要： "人，诗意地栖居在大地上"是海德格尔的一个重要的哲学命题，其中蕴涵着诗的意味。庄子的哲学中同样洋溢着浓厚的诗性，他提倡人要摆脱物欲的束缚，逍遥地遨游于天地之间。基于海德格尔与庄子哲学，尤其是诗学中存在的相似之处。文中试将海德格尔与庄子诗学进行对比研究。

关键词： "诗意地栖居"　　"逍遥游"　　无蔽　　虚无

在西方，海德格尔是一位天才的哲学家，也是颇受争议的哲学家。远在千年之前、千里之外的东方中国，同样有一位哲学家，海德格尔的思想和他的思想有很多相通之处，他就是庄子。确切地，我们可以这么说，海德格尔曾受到过庄子思想深深的影响。1930 年，海德格尔在不来梅作《论真理的本质》的讲演之后，第二天又在凯尔纳家中举行了学术讨论会，当讨论到"一个人是否能够将自己置于另一个人地位上去"的时候，遇到了困难。于是，海德格尔向主人索取德文版的《庄子》，主人凯尔纳从书房为海德格尔取来了马丁·布伯翻译的《庄子》。于是海德格尔读了其中关于鱼之乐的故事，它证明了海德格尔的观点，吸引了所有在场者。由此可知，当海德格尔作《论真理的本质》讲演时，他已经十分熟悉庄子的思想了。

有趣的是，他们两人在外在气质上也十分接近。海德格尔生活十分简朴，他是农民出身，所以在他的身上有着对土地的深深依恋。S. 斯克曼斯基在《生存与存在》中说道："从表面上看，海德格尔教授矮小瘦弱，浓密乌黑的头发中夹杂着白发。当他从山上的滑雪小屋中出来欢迎我时，穿着地道的斯瓦比亚农民装，他在弗赖堡大学任校长时也常穿这种衣服。他足蹬一双厚重的方头滑雪鞋，这正强烈地突出了他与土地的关系。"庄子，也是一生贫寒，常穿着打补丁的衣服，用带子绑着破烂的鞋子，住在狭窄的巷子里，靠编织草鞋维持生计。他们两人虽然同样生活在艰苦的环境中，但是一直关注着人类的生存，不懈地进行着哲学思考。

海德格尔与庄子在哲学上是如此的相近，本文中，笔者从诗学角度对两者进行简单比较。

一

在诗学中，海德格尔与庄子的相近之处最集中地表现在，他们两人一样都密切地关注着人类的生存现状，追寻着人类生存的最高精神境界。海德格尔把他认为的人类生存的最高境界叫做"诗意地栖居"，庄子则称为"逍遥游"。无论是"诗意地栖居"还是"逍遥游"，其实它们的精神旨趣是相通的，都是希望人的生存是充满诗意的。

我们先来看海德格尔的"诗意地栖居"。"人，诗意地栖居"是源于荷尔德林的诗：

> 如果生活纯属劳累，
> 人还能举目仰望说
> 我也甘于存在？是的！
> 只要善良、纯真尚与人心同在，
> 人就不无欣喜
> 以神性度量自身。
> 神莫测而不可知？
> 神如苍天昭然显明？
> 我宁愿信奉后者。
> 神本是人之尺度。
> 充满劳绩，然而人诗意地栖居在大地上。我要说
> 星光璀璨的夜色
> 也难与人的纯洁相匹。
> 人乃神性之形象。

大地上可有尺度？绝无。①

　　海德格尔在阐释这句诗的时候，已经不是从文学的角度，而是把它赋予了哲学的含义。对于诗歌，海德格尔没有像柏拉图那样全面地否定，更不仅仅理解为一种技艺，一种技术，一种文字游戏，他把诗当做生存的状态，人之存在在根基上就是"诗意的"。他说："诗唱出了与喧闹的可感现实相对立的非真实的梦幻景观，我们相信自己在此景观中是在家的。诗人说其是的东西，诗人把握为存在的东西，正是在此颠倒的状态中成了真的。因此，庞泰以朋友知音的身份谈到'恩佩多克勒斯，他本已所为是的存在就是生活，而我们只是它的梦幻'。"② 海德格尔认为诗人梦幻中深藏着"真"，而常人之生存才是真正的梦幻。

　　"诗意地栖居"中的"诗意"意味着本真生存在根基上是诗性的，而诗的本真就得从"诗意地栖居"中去寻找，这一特点决定了"诗意"是不可回避的，诗不仅仅是诗人的，也是人类的。我们也许不是一位诗人，但我们却逃脱不了诗意。我们在生活中感到的无聊贫乏，不为别的，乃是因为生活无诗，没有诗意，对生活诗意的渴望，证明诗是人类的根本属性，正像我们口渴的时候想喝水，因为水是我们生命的元素，否则我们便没有喝水的愿望了。这说明我们日常生活的基本测度是诗意的，尤其是我们对日常生活的非诗意评价与感受。当我们说我们的生活毫无诗意时，其实是对生活提出了诗意的要求，当我们感到无诗的麻木寂寞时，事实上也是诗意的渴求正压迫着我们，因为我们的本性是诗意的。海德格尔说："栖居之所以可能是无诗意的，乃因为栖居本质上是诗意的。"③ 人有视力，才会有盲者。决不能因为有盲者而否定人有视力。人本质上是要"作诗"的。

　　海德格尔的"诗意地栖居"在庄子那里成了摆脱一切物质限制的精神的"逍遥游"。逍遥游表达的是对自由和理想人格的向往与追求。所以"逍遥游"的基本含义是精神的绝对自由。在《庄子·逍遥游》中多次描绘了逍遥游的人生境界：

　　　　若夫乘天地之正，而御六气之辩，以游无穷者，彼且恶乎待哉！故曰：至人无己，神人无功，圣人无名。

---

① 孙周兴：《说不可说之神秘》，生活·读书·新知三联书店 1994 年版，第 193 页。

② 余虹：《思与诗的对话》，中国社会科学出版社 1991 年版，第 137 页。

③ 海德格尔：《演讲与论文集》，生活·读书·新知三联书店 2009 年版，第 197 页。

今子有大树，患其无用，何不树之于无何有之乡，广莫之野，彷徨乎无为其侧，逍遥乎寝卧其下。

至人神矣！大泽焚而不能热，河江沍而不能寒，疾雷破山，飘风振海不能惊，若然者，乘云气，骑日月，而游乎四海之外，死生无变于己，而况利害之端乎！

庄子的"逍遥游"大致可分为两个层次，第一层是有待逍遥，也就是相对的自由。天下万物都是大自然的子孙，人的一切都是天地的附属物，生命也是它赋予的，所以一切顺乎自然之性，就会免去许多负累和痛苦，获得自由。而每个个体即使是顺乎本性，也都要受自身或外在条件的限制，即"有待"，这就是庄子的有待逍遥。庄子在《逍遥游》中曾讲了一个大鹏和小鸟的故事来说明有待逍遥。两只鸟的能力不同，大鹏能飞九万里，小鸟只能从这棵树飞到那棵树。它们都是有待的，可是它们都做了它们能做的，爱做的，它们都同样地自由。我们不必嘲笑小鸟，也不必羡慕大鹏，万物的自然本性不同，自然能力也各不相同，可是有一点是共同的，就是它们充分而自由地发挥其自然本性、自然能力的时候，它们就是在不同的表现方式中获得了同等的自由。

第二层是无待自由，这是庄子追求的最高境界，即不受任何条件束缚的绝对自由，它是通过对事物的自然本性的更高一层理解而得到的。获得了这种自由的人，就是至人、神人、圣人。对于无待自由，庄子是这样描述的："若夫乘道德而浮游……一龙一蛇，与时俱化而无肯专为，一上一下，以和为量，浮游乎万物之祖，物物而不物于物，则胡可得而累邪。"在这里，心灵是无待、无畏，无悲、无累的逍遥，精神上的遨游，并非是常人所能及的。逍遥是没有时间、没有空间、没有欢乐、没有悲哀，一切是任性适意的"诗意"。

由此我们可以看到，无论是"诗意地栖居"还是"逍遥游"，都是希望人摆脱纷纷扰扰的外界的束缚、干扰，使人的心得到解放，回归到自由的状态中。

二

海德格尔和庄子在精神上是追寻人类心灵上的自由，究其根源，"诗意地栖居"与"逍遥游"的基础还是不同的。"诗意地栖居"是建立在海德格尔的"无蔽"，或者说是"解蔽"的基础上，"逍遥游"则是建立在庄子"虚无"的基础之上。

　　首先，我们来看"诗意地栖居"的基础——"无蔽"。海德格尔提出无蔽，就是希望能去形而上学之蔽，形而上学在根本上造成了存在的遮蔽与遗忘，这样就使存在是非真的、非自然的，因此，海德格尔一直呼吁让物进入敞开状态。海德格尔认为真理的含义不应该是"正确"的范围内，而应当是无蔽，是澄明。如果人们是靠思与理念去达到真理，那么往往是一种遮蔽，而"真"是去蔽的。他说："给物一个自由的领域，让其直接展示它的物性。凡在我们理解和谈论物时可能成为物我间障碍的东西，都必须首先清除，只有这样，我们才得以与物的无蔽状态照面。"① 如果我们期望能达到诗意地栖居，我们就应该在天空与大地的真正体认中去感受，这就是无蔽。

　　海德格尔认为艺术活动就是无蔽的。伟大艺术的呈现总是事物回到自身的状态。在《艺术作品的本源》一文中，海德格尔就以一双农鞋来说明无蔽的问题。在海德格尔看来鞋子不是静止的摆设，"只有在其使用中鞋子才是其所是"。一个农妇在她的劳作中对鞋子想得越少，看得越少，鞋子才越能真正发挥它们的作用。海德格尔举出了凡·高的名画《农鞋》，在这幅画里农鞋只是单独地放在那里，没有任何依托。我们似乎不知道这双鞋是用来做什么的。但是再仔细地欣赏这幅画，从鞋磨损了的、敞开着的黑洞中，可以看出劳动者艰辛的步履，在鞋之粗壮的坚实中，透射出在冷峭的风中通过广阔与单调的田野时步履的凝重与坚韧。鞋上有泥土的湿润与丰厚。当暮色降临的时候，田间小道的孤寂与鞋底悄悄滑行。在这双鞋里，回响着大地之无声的召唤，呈现出大地的成熟、谷物宁静的馈赠以及大地在冬日田野之农闲的荒芜中神秘的冬眠。这器具浸透着对面包之必然需求的无怨无艾的忧虑，浸透着克服贫困之后的无言的喜悦，临产前痛苦的颤抖以及死亡临头时的战栗。这器具归属于大地，它在农妇的世界得到了保护。正是在这被保护的归属之中，器具本身才得以栖居于自身之中。在这幅画中我们注意到了农妇在使用农鞋之外的、有关这双鞋的一切，这双鞋的有用性体现在它的丰盈的可靠性中。

　　这一幅画很好地揭示出真理的呈现，存在的澄明。在《农鞋》中，天空、大地、农妇、鞋构成了一幅诗意的景观。这就是存在者在其存在中的开启，就是澄明，就是本体的诗化。人生在世通过艺术诗意般地彰显了出来。艺术把我们带入无蔽的澄明的境界，人的生存被诗意化。所以海德格尔说，"人，诗意地栖居"，这就是用诗来检验人的生存，只有充满诗意的人生这才是人生存的本真

---

① 　何芳：《相逢于道路》，载于《北方论丛》1997 年第 6 期。

所在。

其次，我们来看庄子，海德格尔所说的"无蔽"，在庄子的语言中是叫"虚无"。"无"是逍遥人格的哲学基础，在"无"的境界中，实现了对现实的诗意的超越。但是庄子的虚无并不是超自然的，而是一切有形的生于无形，一切有形的自然生于无形的自然。庄子说"至人无己，神人无功，圣人无名"，这些至人、神人、圣人超越了"功"、"名"、"己"的枷锁，把天下万事的存亡得失、国家社会的治乱兴衰都从心中排除，他们神游天宇，或如白云之缥缈，或如鲲鹏之排空，优哉游哉，无牵无挂，完全超越生死之外，生命鲜活，心灵灵动。庄子认为，如果人一味地追逐名利，求名好胜，就会和别人发生矛盾，在相互争斗，就会陷入不自由的境地，产生无穷的烦恼。所以只有做到"无"，人的精神才能从世事的困扰中得到解脱。

如何才能达到虚无的境界，庄子说首先要做到恬淡无欲。无欲对于一个人的精神生活，乃至于一个人的整个生活都是极其重要的。去除嗜欲，才有心境的宁静，才能有无待、无累、无患的精神境界。我们应该对必然性采取顺应、承诺的态度，顺应自然，这样我们就能拥有宁静的心态，将牢锁人心的物欲化开。

其次我们应该去知去故。在庄子看来，人的智巧与作为都会对最高的、完满的道的本然状态带来破坏，从而也给自己本来自然纯粹的心境带来纷扰不宁。

再次，我们要体道，这是庄子精神修养中的最高阶段。"道"是"不可闻"、"不可见"、"不可言"，"视之无形，听之无声"，只能默默地体道，而只有体道，才能合于大道，合于自然的生活，从而获得绝对的自由。

所以说"逍遥游"是以"无"为基础的诗意的人生观，渗透着庄子的人生理想和返归原始的本真诗意。

三

西方的海德格尔与古老东方的庄子在哲学的道路上相遇了，海德格尔在老庄哲学的启发下，晚年的哲学诗化的倾向愈加明显。无论是海德格尔还是庄子，他们都在哲学之路上探寻着一条解放人类心灵的道路。海德格尔是热情地赞颂荷尔德林的诗句，庄子则是超越了生死、时空。通过他们两人诗学的比较，我们找到了中西文化对话与交流的途径。

参考文献：

［1］海德格尔．林中路［M］．上海：上海译文出版社，2004.

［2］海德格尔．荷尔德林诗的阐释［M］．北京：商务印书馆，2007.

［3］庄子．庄子今译今注［M］．陈鼓应注译．北京：中华书局，2007.

［4］孙周兴．说不可说之神秘［M］．上海：生活·读书·新知三联书店，1994.

［5］余虹．思与诗的对话［M］．北京：中国社会科学出版社，1991.

（吴婉婷，讲师，主要从事艺术哲学及艺术传播学研究）

21 当代"官场小说"的价值取向与阅读心理

谢轶群

摘　要：追溯"官场小说"的发展流变，其价值取向在中国当代文学的六十余年中先后呈现了四种类型：传统革命现实主义的价值取向，"改革开放"的价值取向，"反腐倡廉"的价值取向和商业社会的价值取向。政治、经济和社会心态的嬗变在这一题材的小说中得到了明显表现。从传统价值观和现实社会两方面观照"官场小说"热潮背后的阅读心理，可以看出其对建设政治文明和现代公民意识的负面作用是相当明显的。

关键词：官场小说　价值取向　阅读心理

"官场小说"从 20 世纪 90 年代繁荣至今，据称 1998 年出版的湖南作家王跃文的长篇小说《国画》最先掀起了这股创作和阅读热潮；随后，《中国制造》（周梅森）、《抉择》（张平）、《省委书记》（陆天明）、《沧浪之水》（阎真）、《驻京办主任》（王晓方）、《秘书长》（洪放）等持续热销，描写当下政界生态的"官场小说"遍布书店、书摊和机场，成为一个醒目的社会文化现象。

所谓"官场小说"，按照传统上现实主义小说"工业题材"、"农业题材"、"军事题材"等的划分和命名，更书面一些的叫法应是"机关题材"；"官场小说"的名称，和"玄幻小说"、"穿越小说"、"盗墓小说"等一样，是市场、书商、媒体的命名，它是一种畅销书类型。对待畅销文学读物进行写作上的价值取向与阅读上的社会心理研究，比进行艺术审美批评更切合作品内涵的实际。

一、"官场小说"的历史扫描

如果略微离开"以现实主义手法描绘当下政界生态和官员工作、生活状况"

这一"官场小说"定义，而投注更广的视野，官场文学可回溯至以《史记》、《战国策》为代表的先秦至两汉史传文献。中国历史学传统上以政治史为核心，所描述的历史事件、历史人物大多属于"官场"范畴。这些作品以记录历史为内质，以文学笔法为表述方式，可看成最早的官场文学。《鸿门宴》中生死攸关的权力争斗（《史记》），《冯谖客孟尝君》中幕僚的底层崛起与官场谋略（《战国策》），以及更晚一些的《赵武灵王胡服骑射》中君主推进改革的行政技巧（《资治通鉴》），都在历代读者心中留下了深刻印象。这些对官场争逐和权力运作的历史事实的绘声绘色描写，成为后世"官场小说"的滥觞。

到文学与历史逐渐分离的时代，中国古典文学中描绘"官场"的题材是叙事文学的一大宗。四大古典名著中的三部——《三国演义》、《水浒传》和《红楼梦》都有相当篇幅的官场内容。其中《三国演义》是讲述此类"政治智慧"、"权谋"、"韬略"的集大成者，后世乐此不疲地对官场权力与利益纠葛、争斗的描写多以此为母本。此时期官场内容叙写大多停留于"讲故事"的精彩，除去一定程度的对封建官场污浊的抨击外，于人性、人生等未见有深度的挖掘，对历史兴衰和人物沉浮的抽象感慨覆盖了本应更为浓烈的人文关怀。

清末时期"谴责小说"流行，揭露官场黑幕、谴责官场黑暗成为一时风气。这类小说以《官场现形记》为代表，描绘了封建社会末期官场的末日景象，表达了民众对统治阶层的怨愤以及文人群体对污浊官场的鄙夷。这类小说艺术成就不高，"辞气浮露，笔无藏锋"（鲁迅《中国小说史略》），但留下了历史影像和当时真实的社会心理氛围。

总体看来，现当代以前的官场小说总体上体现出作者对官场、权力、争斗的暧昧态度："治国平天下"是中国传统的儒家价值观，"学而优则仕"是传统文人的理想人生路径。因此，作家们对官场表现出天然的向往和亲和；同时，民间立场又让他们对官场多一分犹疑和批判，官场阴暗和污浊的一面令饱读圣贤书的文人们奋起谴责，而官场斗争的丰富刺激却又让远离权力、生活平淡的文人们津津乐道。这些写作心态和价值取向都成为后世官场小说的传统。

值得一提的是，现代文学（1917—1949）中官场题材的作品相对匮乏，有分量的官员形象相对少见。现代文学的名家名作中，描绘乡土社会的有鲁迅、沈从文，描绘市民社会的有老舍、张爱玲；描绘工商界的有《子夜》，描绘教育界的有《围城》，但很难迅即举出有分量的官场题材和官员形象作品，除张天翼的短篇小说《华威先生》和陈白尘的剧本《升官图》等寥寥几部外，现代文学似乎在这一题材上显得苍白。究其原因，民国前期发生的新文化运动是不可忽视的。

在新文化运动中，文人作家站到了历史的最前列，是时代和社会的英雄，获得了高度的自尊；因现代文化产业的成熟和现代文教机制的建立，作家们也具备了一定的独立人格，而能对官场采取前所未有的平视乃至漠视态度，再加上新文化运动致力于传统文化批判和价值重估，探索国民性更新，现实官场暂时不居于文学话语中心。另外，民国时期政权和官场的不稳定、不集中掌握社会资源也是构成这一题材相对贫乏的因由。

二、当代"官场小说"的价值取向类型

所谓价值取向，即作品中体现出来的评判现实的标准、态度和理想追求。因为时代变迁，同一题材在作家的叙述和文本建构中，或明或暗隐于其中的价值追求会打上历史烙印，呈现出不同乃至迥异的样貌。同为描述政界生态和官员形象，当代"官场小说"按照时间顺序，有着下列四种价值取向类型。

（一）革命现实主义价值取向

这种价值取向上可追溯至延安时期，向下基本以"文革"结束为终结。尽管那时"官场"、"官员"是典型的封建词汇和封建思想意识，是革命的对象，但从有权力运行就有"官场"来看，其实今天对此已不必忌讳，表现"革命队伍"和"革命事业"中干部们的工作和生活也可归入广义的"官场文学"中，如欧阳山的短篇小说《高干大》，以及丁玲的《太阳照在桑干河上》、周立波的《暴风骤雨》中的部分内容，都叙写了解放区基层官场，刻画了解放区基层官员。

此类"官场文学"进行的是革命的宏大叙事，传统上权力场上的尔虞我诈等被尽力淡化，而致力于表现在共产党的领导下革命队伍的进步和革命事业的推进。官场斗争体现为应对混入内部的阶级敌人的破坏、革除落后的不符合无产阶级革命的思想意识和工作方式等，它们一般不承认革命队伍中可能存在的权力斗争和利益博弈，以革命事业、同志关系、共产主义理想高于一切来消弭官场上总会存在的复杂、阴暗。在这种价值取向下，相关作品营建了一个符合革命需要的理想化的官场生态和一群"楷模"式的官员，歌颂成为作家态度的基调，同时也带来了情节设计、人物塑造上的模式化和主题立意的单调政治化。

王蒙发表于20世纪50年代的《组织部来了个年轻人》堪称其中异类。这篇小说中营构的党政机关氛围和人物形象尽管也略有简单化倾向，但相对于同期其他作品，其在现实生活质感的表现上是非常突出的，有着一定的直面权力机关和

干部职场关系复杂性的态度。当然，其价值取向也未脱离革命现实主义，基本立意依然是"革除弊端，更好地做好领导工作"。

（二）"改革开放"的价值取向，集中体现于 20 世纪 80 年代中前期

这类作品以柯云路《新星》、蒋子龙《乔厂长上任记》、张贤亮《龙种》等作家作品为代表，表现改革的艰难。"改革家"和保守落后人物的较量构成此类官场小说的主要内容，以破除"左"倾禁锢、推进改革开放事业、顺应时代潮流、服务民众需求为价值取向。这一时期的官场小说中，作家既不是如上一阶段演绎政治理念，也不是如以后用冷眼打量官场，而是以热心热肠投入人物塑造和故事构建，期望作品在推动改革开放上发挥文学感染、思想支持和舆论引导的作用。

这一类作品有鲜明的体制内色彩，表现官场斗争控制在一定的原则范围内，作品中人物不少延续了概念先行的创作方式，让人物首先成为"改革"、"保守"等现象、势力和思维习惯的载体，然后再赋予一定的"个性"；作家笔下的官场也多有流于社会生活表面，未触及现实和官场幽微层面的弊病。柯云路的《新星》、《夜与昼》、《耿耿难眠》等作品的社会历史内容在今天看来尤显稚拙。

（三）"反腐倡廉"的价值取向

产生于市场经济体制建立之后，集中出现于 20 世纪最后几年，以陆天明《大雪无痕》、周梅森《中国制造》、张平《抉择》等为代表，通常意义上的当代"官场小说"，即从这一时期开始。

这一时期的多数"官场小说"直面市场经济建立过程中较大规模的腐败现象，描述正面力量对腐败现象的打击和清肃，极具故事性的与腐败分子的较量，以及贪腐必败的心理抚慰构成作品的魅力。相对于此前表现官场阴暗面的作品，这一类"官场小说"大大扩张了表现尺度，对官场贪腐的描绘少了很多禁忌，高案值、重罪行屡见不鲜，副省级官员都可作为反面人物。但同时，作家依然秉持主流为好、上级正派、反腐倡廉前景光明的态度，在相对真实地描述官场腐败现象中依然自觉地讲政治、讲正气，不损害执政党的形象，灌注的思考也不挑衅意识形态。

因为文学市场化程度的提高，此种价值取向的"官场小说"已有较为鲜明的商业色彩：一是主要作品绝大多数为适应当下读者阅读习惯，也适合影视改编的长篇；二是此前"谴责小说"、"黑幕小说"等已被证明为对书市来说行之有

效的方式复苏并被广为采用；三是多数官场小说借鉴了悬疑、警匪乃至言情等通俗小说模式。呼应现实又注重市场，"官场小说"的流行热潮由此形成。

（四）商业社会的价值取向，即 21 世纪以来和当下正在发生的以经济利益为主导的价值取向

在盛行于 21 世纪的部分"官场小说"中，"革命理想"被消解，"为人民服务"被搁置，"人民内部矛盾"、"敌我关系"等概念被淡化。在流行了几十年的政治话语淡出的同时，邪不压正的基本理念和愤恨贪腐的基本态度也在部分作家心中丧失，一些作品兴味盎然地描绘赤裸裸的权力、利益斗争，呈现出一种复杂、卑琐、污浊、残酷的官场生态，公仆为国为民、领导干部高风亮节的传统模式和习惯立意不复存在。作品的意识形态色彩越发苍白，多采取人性视角，描述人性被官场和权力、利益扭曲。这固然有一定的批判意识的流露，但正面意义的价值取向相当程度上变得模糊、涣散，而停留于对官场阴暗面的集中展现。

这种价值取向拒绝崇高，逃避道德，搁置匡扶正义的社会责任，甚至无意判明是非，根植于社会转型期的精神迷茫、观念错乱和物质崇拜，以较为纯粹的市场化写作捕捉书市兴奋点，追求销售业绩，取得了商业上的相当成功。

三、当代"官场小说"的阅读心理

在文学萧条的今天，国人却对官场小说依旧如此青睐，以至让其发展为一大畅销书类型，首先在于"官"在社会生活与人们心中的重要地位。在权力占有、统摄一切资源的传统中国，官员是最威风、最体面、最能体现人生价值的职业，是各行各业、各色人等的共同追求，所谓"人上人"是也；一个人如一生从未担任公职，则都属低一等级人群，中性一些叫"布衣"，卑下一些则叫"草民"，甚或"屁民"。由于推崇权力、权力也的确能带来广泛利益的价值指向和心理皈依，形成了国人根深蒂固的"官本位"思想。人人"崇官"、"念官"、"求官"的官本位思想，是官场小说流行的传统心理基础。

到 21 世纪的今天，尽管很多思想观念有所变化，但人们对官场的向往与关注并无多大改观，这有历史的惯性，也有现实的依据。在公共管理机构越发强势的情况下，20 世纪末以来兴起了一股越来越汹涌的"公务员热"，工作稳定、待遇优厚、前途看好的公务员职业让年轻人趋之若鹜。以"官场"为理想职业归属，以当官为人生追求，描述官场生态与故事的"官场小说"自然就有了"职场参考书"的价值,让人通过文学作品先目睹了这个领域的林林总总,于是一部分本对小说和文学并无兴趣的人也加入了阅读队伍。阎真的《沧浪之水》等官场小说即以"公务员必读"、"官场指南"的噱头长销不衰。

不可忽视的还有中国官场自古以来因不透明而产生的神秘感。戒备森严的高墙深院里权力的运作,复杂、微妙而刺激的人际关系,以及冠冕堂皇、端然肃然背后的阴暗与龌龊,都能撩拨起仰视官场的人们的好奇心。因为"官"与"民"之间看不见而又现实存在的距离,读者在阅读官场小说中,了解了平时不能呈现在他们面前的那一幕幕活剧,官员身份与权力威仪褪去后那个不为外人所知的隐秘世界,充分满足了人们对官场的窥探欲望。"仰视"加"窥视",就是民众对官场的两个主要视角。经过市场经济洗礼而已经精于把握读者心理的作家对利益争斗、权钱交易等熟练地津津乐道,甚或以权力和情色交织为卖点,《女市委书记的男秘书》、《市委大院里的女人们》、《副省长夫人》、《机关红颜》……不断满足着读者对官场的仰视和窥视欲望,扩大着"官场小说"的市场。

四、"官场小说"的社会影响

一些官场小说也有一定的批判精神,但这种批判多数停留在晚清时期以《官场现形记》等为代表的"谴责小说"和"黑幕小说"的高度上。它们固然能满足民众的情绪宣泄,引起对现实不满的读者的共鸣,但因当代作家思想深度和精神空间的普遍不足,并不能为读者注入现代思想意识。文学艺术净化人心、改良国民劣根性的功能在当下的官场小说中无从发挥。

离开内容和思想,从艺术审美着眼,我们也能看到官场小说的单一与局限。这些小说清一色的传统现实主义形式,紧扣人物、情节、环境三要素,追求的是故事的"逼真"和叙述的饱满,而并无提升读者文学审美水准的艺术探索意识。其实这也是畅销书写作的特点和要求所在——赢得读者,必须依托和迎合社会阅读心理,尽量减少读者的阅读障碍,文学探索不会在畅销书领域发生,艺术追求难以被文化市场兼容。

官场小说的流行对社会心理产生的影响主要是负面的。如前所述,这些小说的立意与境界多数并不算开阔超迈,较有艺术与思想品质的作品也只触及人在权力场域中的性情与尊严磨损,寄托作者一定的人文关怀;倒是权谋斗争的手段和利益争夺的策略等,会在读者心中留下深刻印记。古人常说"少不读《水浒》,老不读《三国》",就在于《三国演义》这样细致讲述权谋的小说往往会坏人心术,让人失去健康情趣、明朗心态和磊落追求。大批读者，尤其是青年读者深受官场小说的濡染，只会让心灵蒙上阴影，并让社会人际关系越发复杂。官场，也就是对国家和社会有枢纽般重要性的政界，在"官场小说"的铺叙渲染下，如果被普遍认为就该是一个阴暗、龌龊、充满倾轧乃至罪恶之所，让人丧失改良的信心和变革的意愿，这对建设政治文明和公民意识的负面作用是相当明显的。

（谢轶群，讲师，主要从事文化批评）

22 论提升生命境界的艺术批评

毕晓峰

摘　要：从发生学的意义上看，批评是为艺术作品而存在的，批评是"他为"的。没有作品，没有艺术现象，没有艺术思潮，艺术批评就丧失了对象，就不可能有艺术批评。艺术批评的目的是向人们普及伟大的艺术作品，通过伟大的艺术品以提高人们的审美水平，使人们不仅成为更有艺术修养的主体，也使人生更接近艺术，或者说更进一步向艺术境界转化，提升艺术活动中各要素的生命境界。

关键词：艺术批评　生命境界　艺术作品　艺术家

从发生学的意义上看，批评是为艺术作品而存在的，批评是"他为"的。没有作品，没有艺术现象，没有艺术思潮，艺术批评就丧失了对象，就不可能有艺术批评。在艺术活动中，艺术批评是紧随艺术创作而存在的。艺术批评从艺术家手中拿到"接力棒"——艺术作品，它的实践活动就开始了。艺术批评在艺术家与欣赏者、艺术作品与客观现实之间建立起一座桥梁，最终完成了艺术实践活动的循环过程。正如匈牙利学者阿诺德·豪泽尔所言："在艺术家和他的消费公众之间建立桥梁的中介者中最重要的就是以中介为职业的批评家了。"① 艺术批评"肩负推进人类社会发展和提升民族精神水准的重要职责"②。现今艺术繁荣的时代，艺术批评的重要性就越发的重要。艺术创作形式的多样化，艺术传播方式的多形式化，面对这种情况，认识并思考艺术批评的性质、功能、方法、与理论的关系、批评的策略等，就显得十分必要。但其中对艺术批评目的的全面认识和把握将有利于推动艺术家的创作，满足欣赏者的审美需求，实现艺术作品的

---

① ［匈］阿诺德·豪泽尔：《艺术社会学》，学林出版社 1987 年版，第 157 页。
② 田川流：《关于艺术批评标准的当代思考》，载于《文艺报》2008 年 6 月 17 日，第 2 版。

审美价值。

艺术批评是艺术批评家在艺术欣赏的基础上，运用一定的理论观点的批评标准，对艺术现象所作的科学分析和评价。艺术批评的对象包括一切艺术现象，诸如艺术作品、艺术运动、艺术思潮、艺术流派、艺术风格、艺术家的创作以及艺术批评本身。艺术批评主要贯穿于艺术家、艺术作品、艺术欣赏者三者之间，提升了艺术所要体现和传达的生命境界。

艺术批评的目的是向人们普及伟大的艺术，通过伟大的艺术品以提高人们的审美水平，使人们不仅成为更有艺术修养的主体，也使人生更接近艺术，或者说更进一步向艺术境界转化。批评的对象具有多重性。优秀的艺术批评其指向往往是多方面的，关系到艺术欣赏者、艺术家和艺术作品等方面。马克思主义美学认为，艺术是人类把握世界的一种方式。建立在艺术感受基础之上的批评，从现实出发，联系艺术对于现实的把握，展现批评的目的：一方面是为人类主体创造更高的艺术客体，使艺术能为人生提供更高的美的规范，使艺术更有化为人生的价值。另一方面，艺术批评也要为艺术客体培养更高的艺术主体，尤其是培养更有艺术修养的接受主体。"合而言之，人生为艺术提供原料，艺术为人生提供规范，而两者的相互渗透与结合，有待于艺术批评的中介和催化。因此，艺术批评的目的，近而言之，小而言之，是艺术的繁荣，极而言之，大而言之，则是艺术的解放（突破艺术自身限制，向生活转化）和人生解放（突破自身限制，向艺术转化），是促进这两种解放结合的自觉性。"①

一、生命的艺术

"生命的本质是生存、繁衍与进化。人生在世的一切努力其最终目的都是生存，或是个体生存，或是群体生存。几十亿年的进化过程中，一切有悖于生存的机制都被进化所淘汰，一切有利于生存的机制都被进化所保留。"② 生命不会把多余的能量浪费在与生存无关、无益的活动上。人类的一切活动都不外乎生命活动。人类所进行的艺术活动则是把人类有限的生命进行了无限地释放。"一切艺术都是人类摆脱奴隶地位而达到'自我意识'的产物。""因此，艺术也可以称

---

① 刘文孝：《艺术批评管见》，载于《云南民族学院学报》1990 年第 1 期，第 76 页。
② 张国芳：《生命标准：艺术批评的核心标准》，载于《艺术百家》2008 年第 7 期，第 21 页。

为生命本身的反射。"①

生命美学认为："人所有的审美活动，是于人的生命存在必不可少的。它所产生的情感体验，与人的其他活动所产生的心理体验一样是于人的生命存在有意义的。它对于生命行为的抉择具有决定性的作用。因此，美感的本质，与人生的其他活动体验到的情感没有质的不同。它的情感特色取决于人的生命与客观对象的利害关系。"……"只要是引起我们愉悦的对象，一定是符合或满足生命某一方面需求的对象，反之，引起我们痛苦的对象，则是否定或反抗我们的生命需要的对象。"②

"一切艺术始于情归于情，离开情感不可能有真正的艺术。"③ 艺术家的生命境界赋予了艺术创造力以无尽的源泉。有了生命境界的体验，艺术家才能在艺术创作过程中描绘出多彩的图画，弹奏出华丽、动人的乐章，留下瑰丽的生命足迹。而欣赏者在观照艺术作品的过程中又获得了生命境界的提升。艺术批评对艺术的研究与发展起着至关重要的作用。在艺术活动中，艺术创作与艺术欣赏是艺术批评的衣食父母。离开艺术家的创作与人们的艺术欣赏，艺术批评将成为无的之矢和无源之水。艺术的繁荣，无论是创作的兴盛，还是鉴赏水平的提高，都离不开艺术批评。"艺术批评的目的，一言以蔽之，应该是繁荣艺术，而不是号令艺术，更不是扼杀艺术。"④ 在面对生命的艺术，艺术批评要挖掘和体现艺术的生命境界，这将有益于人的生命生存，对个体而言，艺术批评满足了个体精神需求，使个体精神轻松、快乐；对社会而言，艺术批评有利于文化发展与传承。

二、艺术批评提升欣赏者的生命境界

苏联著名作家阿·托尔斯泰认为："批评家应该是广大读者群众在艺术上的成长、要求和创造热情的一个最理想的表达者。"⑤ 在艺术批评中，作为一个艺术批评家其具有高度的鉴赏力和判断力，"并且在鉴赏的基础上对艺术作品进行了科学的、认真的、全面的分析和研究，能够从人们未曾注意的地方发现作品的审美价值，能够更加正确、更加深刻地理解艺术作品和艺术现象，从而给人们的

---

① 滕守尧：《审美心理描述》，四川人民出版社 2001 年版，第 295 页。

② 封孝伦：《人类生命系统中的美学》，安徽教育出版社 1999 年版，第 156 页。

③ 唐玉琴、徐进：《艺术导论》，上海教育出版社 2009 年版，第 110 页。

④ 刘文孝：《艺术批评管见》，载于《云南民族学院学报》1990 年第 1 期，第 76 页。

⑤ ［苏］阿·托尔斯泰：《论文学》，人民文学出版社 1980 年版，第 48 页。

艺术鉴赏以有益的指导、帮助和启发"①。从而提升欣赏者对艺术作品深层意蕴的领悟。

大众对艺术的欣赏，一般处于感性层面，即使有部分欣赏者上升到理性认识，其概括、抓住的精髓也是凤毛麟角。"如果得到好的艺术批评文章的帮助，就可能拓展他们的视野，提高他们的素质，进而将艺术欣赏水平提升到一个新的高度。"② 正因为如此，优秀的艺术批评对艺术语言的特色、艺术形象的塑造、艺术意蕴的体悟都会作出深入的、相当切实的评议和判断，更是能够从一般欣赏者所忽视的地方发现作品的审美价值。如果不是专业画家，初看毕加索的《格尔尼卡》，会给人一种抽象、杂乱的感觉，各种图形零乱、无规则，也许有人会问"这是一幅画吗？""这是著名画家的作品吗？""它想告诉我们什么？"……当观者为此疑惑时，就需要艺术批评来为之解答。这样，欣赏者从抽象、零乱中走出，体会到作品所反映的"反法西斯"的主题精神，再进一步升华主题，要求人们反对战争，热爱和平，热爱生命。艺术批评使欣赏者在观赏的过程中认识到了人类自身的生命存在。

理论是批评的依据，如果一个批评家没有自己的艺术观点，没有自己的审美价值尺度，那么他就不可能对艺术进行有效的批评。一个对古典文学全然不知的人，很难欣赏和理解汉赋、唐诗和宋词；一个没有经过音乐训练的人，也很难去欣赏音乐剧、音乐会。对于一个对艺术一无所知的人来说，首先要解决的是了解艺术的发展规律和创作规律的问题，而不是在手足无措的情况下对自己陌生的东西妄加评论。作为一个艺术欣赏的主体，需要在其艺术修养的基础上对艺术作品进行审美创造。这期间欣赏者的生活经历、文化教养、个性特点和审美经验等都是不同的，审美创造会出现"一千个读者有一千个哈姆雷特"。艺术批评会把"一千个读者"引向正确的方向。

王国维先生在《人间词话》中说："诗人对于宇宙人生，须入乎其内，又须出乎其外。入乎其内，故能写之；出乎其外，故能观之。入乎其内，故有生气；出乎其外，故有高致。"这句话道出了艺术的创作规律，也道出了艺术的欣赏规律，还道出了人类认识和生命实践的规律。

艺术欣赏过程也是这样，当我们欣赏美的作品时，常说看得"出神"。"'出神'是说'神'（欣赏意识）脱离躯体进入作品所设置的意境之中，与之水乳交

---

① 彭吉象：《艺术学概论》，北京大学出版社 2006 年版，第 392 页。
② 丁涛：《艺术概论》，辽宁美术出版社 2001 年版，第 216 页。

融，难解难分，这正是'入乎其内'；经过一番感染之后，再'出乎其外'：情感得到净化，性情受到陶冶，心灵得到升华，艺术也就实现了它的功能。"① 在艺术批评中，欣赏者的生命境界要得到升华，需要我们把"入乎其内"与"出乎其外"进行有机结合，让欣赏者与艺术家的心灵状态彼此融合在一起。颜真卿的《祭侄文稿》是书法家通过自己手中的笔在祭奠自己的侄子，这件作品原不是作为书法作品来写的，由于心情极度悲愤，情绪难以平静，错误之处增多，时有涂抹，但正因为如此，此幅字写得凝重峻涩而又神采飞动，笔势圆润雄奇，姿态横生，纯以神写，得自然之妙。面对《祭侄文稿》，欣赏者在审美经验的基础上了解到颜真卿是唐代楷书大家，其书法有大家的风范。在初见颜真卿的《祭侄文稿》时，会被书法作品表面的杂乱所惊吓，章法不整齐，涂抹过多，也许使人很失望。艺术批评不是只停留在表层，还需进一步深入。"当局者迷，旁观者清"，欣赏者应站在局外来审视。在批评的指导下，欣赏者了解到颜真卿创作的历史背景，真正体会到了"贼臣不救，孤城围逼，父陷子死，巢倾卵覆"这种悲愤交加的情感。《祭侄文稿》用血与泪凝聚，用生命和情感浇筑，艺术家在"忘情"的状态下诉说着内心的悲愤，表达了自己对生命的祭奠与珍惜。艺术批评家帮助欣赏者体验这一生命情感，使欣赏者对生命境界的理解更进一层。

三、艺术批评提升艺术家的生命境界

"艺术批评对于艺术家的重要意义集中体现为：明确得失而促进创作。"艺术批评"一方面，通过对于艺术创作及时的探讨分析，形成富有说服力的理论阐释，给予艺术家以有益的启迪，使其认清得失，积极调节；另一方面，批评家能够以自己的见识与学理为艺术家提供更多的参照，以导引其不断拓宽视野，超越自我"②。进而使艺术家在超越自我的过程中，实现自己的生命价值。

艺术家是艺术创作的主体，可以说，没有艺术家，就没有艺术作品。艺术批评最终是通过对艺术作品的评价，形成对艺术家创作的反馈。艺术创作是一种复杂的精神生产，艺术家需要广大读者、观众、听众和批评家的帮助，才能深刻地

---

① 姑苏老马：天涯读书《入乎其内出乎其外》，http://www.tianya.cn/techforum/content/390/12071.shtml，2011-2-12。

② 宋生贵：《艺术批评的基本形态及批评模式的当代转化》，载于《广播电视大学学报（哲学社会科学版）》2004年第3期，第90页。

认识自己，不断地提高自己。中国古代四大名著之一——《红楼梦》的写作过程中，曹雪芹边听取批评的意见和点评，边写作修改提高，其"披阅十载，增删五次"，尤其是脂砚斋的点评给曹雪芹的创作以有力的意见，以致使后来的红学研究者离不开研究脂砚斋的评点。

正如狄德罗所说："不管一个戏剧作家具备多大的天才，他总是需要一个批评者的……假使他能遇到一个名副其实的比他更有天才的批评者，他是何等幸福呵！"这表明，即使再有才能的艺术家，也还需要批评的帮助。艺术家在创作的过程中，是一个从人生的角度对自然和社会的观照，使艺术家自己的生命融入其作品中。艺术批评反而从另一个方向对作品进行鉴赏和批评。艺术家是基于一种生命体验来创作作品的，而批评家则是基于作品之于社会的、人生的意义、作用来评价作品的。如果说艺术家的生命体现是人生——社会——自然的话，那么艺术批评将是自然——社会——人生，逐层深入地探讨和挖掘艺术家所要表达的人生意义和生命价值。

艺术批评家不一定需要具备艺术家的技能，但必须具备艺术家的激情。艺术批评只有进行丰富的精神层面的交流，对艺术家、艺术品有深度的感应交流，才能在批评分析中把艺术家的生命情感升华。李白的诗歌《独坐敬亭山》："众鸟高飞尽，孤云独去闲。相看两不厌，唯有敬亭山。""长期的漂泊生活，使李白饱尝了人间辛酸滋味，看透了世态炎凉，从而加深了对现实的不满，增添了孤寂之感，然而傲岸倔强的性格仍一如既往。这期间，他写了大量的借游仙、饮酒的方式排遣苦闷的诗，也写了许多寄情山水、倾诉内心情感的诗。此诗写独坐敬亭山时的情趣，正是诗人带着怀才不遇而产生的孤独与寂寞的感情，到大自然怀抱中寻求安慰的生活写照。"① 诗人李白把自己人生的孤寂和苦闷，通过对自然中景物的描写，表现诗人自己的精神世界。艺术批评家从李白诗歌描写的景物入手，以一种清澈澄明的情感为基础，一层一层剥开，在景物组成的场景中，把山水物色和特定的情绪渗透、交融在一起，在"景"的形势和"情"的特征之间有着"同构互感"的呼应，达到了"山中有我，我中有山"的生命境界。批评家阅读作品，目的不全在领悟作品的意义，还有一种使命就是进行审美评价，把艺术家蕴涵在作品中的生命意义挖掘出来。

---

① 《独坐敬亭山》赏析，http://xy.eywedu.com/Ancient/3/mydoc005.htm，2011-9-2。

四、艺术批评提升艺术作品所蕴涵的生命境界

美国美学家劳德认为："艺术批评可以分作两类，一类是所谓的'初级批评'，它直接与作品打交道，从某种意义上说是作品的一种延伸；另一类是所谓'高级批评'，它从其他方面来考察作品，着力探讨那些作品之外却与作品有关的因素。"① 艺术批评是和艺术创作相伴而生的审美现象。创作了艺术作品，就会引起相应的艺术欣赏，在这个过程中，将形成理论见之于作品的评价性话语行为，形成艺术批评，将对批评对象进行阐释和判断。

"艺术作品是艺术家呈现他的思想、观念、情感、价值的中介，是艺术价值的载体，艺术作品不是一个常规的现实存在物，也不是知识的对象，而是物态化了的审美意识，是艺术美集中体现的载体，是艺术家的创造性行为的过程或结果。"② "艺术作品之所以有魅力，就在于它们内部充实着生命的活力。"③ 艺术创作离不开艺术家个体的生命历练。艺术作品是艺术家的创造物，是艺术家生命的体现。艺术批评家在面对作品的同时，也正间接地面对着艺术家。和艺术家不同的是，艺术作品不会自己说话。艺术批评要用批评家个人学识、人生体验和艺术感知能力来让艺术作品"说话"。"阐明作品的意义，并不是一件简单的事情，但它却是批评家的最基本的任务。"④ 但是，在大多数艺术作品中，作者的意图往往并不是十分鲜明。有时，艺术家可能根本没有想到，他自己在描写什么；但是批评家之所以存在，就是为了说明隐藏在艺术家创作内部的意义。这时，批评家的任务似乎就是向接受者阐明作者、作品的意图和目的。显然，这是艺术批评的重要功能的显现。

一部优秀的艺术作品，往往给人们提供了无与伦比的艺术享受。"当一位批评家深刻地领会了作品的意义，享受了作品的美感。作为批评家的使命就是将自己的正确（接近于正确的）判断和切身体会传达给其他更广泛的社会成员。"⑤艺术批评对艺术作品所体现的生命情感的传达，需要从艺术作品的语言、形象、意蕴三个层次来体会。艺术批评从艺术语言入手，把艺术语言所塑造的艺术形象

---

① 潘红：《艺术概论》，云南大学出版社 2002 年版，第 140 页。
② 唐玉琴、徐进：《艺术导论》，上海教育出版社 2009 年版，第 73 页。
③ 徐子方：《艺术魅力：真实生命之充实》，载于《文艺理论研究》2003 年第 1 期，第 28 页。
④ 孙伟科：《艺术批评漫议》，载于《云南艺术学院学报》2002 年第 3 期，第 41 页。
⑤ 孙伟科：《艺术批评漫议》，载于《云南艺术学院学报》2002 年第 3 期，第 42 页。

呈现出来，通过对形象的深入理解，再去体会"象外之象，景外之景"，深刻领悟艺术意蕴。"艺术作品中的语言和形象都具有文化意义，直接具体的形象只有显现出内在的生气、情感、灵魂、风骨和精神，才有了真正的生命。"①

艺术批评在面对艺术作品的同时，也正面对着艺术家。艺术批评通过对艺术作品的批评来影响艺术家的创作，进而影响作品的生命内涵。"一个有生命的艺术作品必然具有感性魅力。美在于生命，充满血肉。内涵生命的艺术作品是美的。生命之美如同魔怪能摄人心魄，使人动心忘情。这是艺术作品内涵的生命之美所特有的魅力。"② 著名舞蹈艺术家杨丽萍，她是用生命在舞蹈。欣赏过杨丽萍的舞蹈《两棵树》、《雀之灵》、《月光》等，可以使人感到她的舞蹈是从天地交合、阴阳协调中获取灵性，致使她对于生命、爱情与死亡具有一种本能而浪漫的意识，从而使她的舞蹈艺术独辟蹊径，自成风格。特别是她的大型原生态歌舞姊妹篇《云南映象》和《云南的响声》，从原生态的角度出发，来歌唱着、舞蹈着人类原始的生命。这里的"原生态"不是原始之态，而是生命之态，是艺术批评家透过原始之态的歌舞看到了人类的生命之态。因此，杨丽萍可以被称为真正的艺术家、创作者、实践者，真正独一无二至情至性的舞者。艺术作品生命境界的提升，直接的提升者是艺术家的创作，最终的推动者应该是批评家的批评。

各门类艺术的实践活动有着其独特的"言说"表现方式，艺术作品不能道尽所有一切，艺术欣赏者也不能全部理解艺术家的意绪，对此，艺术批评为我们一次又一次地追问艺术创作中让人无法穷尽的生命意义，并随时间的推移使艺术作品不断闪现出新的意义内涵。同时，批评家在批评中与创作者有共鸣，也有阻隔，有合作，也有分歧。在这分与合的交流对话中，最终艺术批评使艺术的生命境界得以提升。

参考文献：

[1] 滕守尧. 审美心理描述 [M]. 成都：四川人民出版社，2001.

[2] [匈] 阿诺德·豪泽尔. 艺术社会学 [M]. 上海：学林出版社，1987.

[3] 彭吉象. 艺术学概论 [M]. 北京：北京大学出版社，2006.

[4] 田川流. 关于艺术批评标准的当代思考 [J]. 文艺报，2008（2）.

[5] 张国芳. 生命标准：艺术批评的核心标准 [J]. 艺术百家，2008（7）.

---

① 唐玉琴、徐进：《艺术导论》，上海教育出版社2009年版，第82页。

② 马国雄：《艺术作品的感性魅力及其构成因素》，载于《扬州师院学报》（社会科学版）1992年第1期，第60页。

［6］徐子方. 艺术魅力：真实生命之充实［J］. 文艺理论研究，2003（1）：28.

［7］宋生贵. 艺术批评的基本形态及批评模式的当代转化［J］. 广播电视大学学报（哲学社会科学版），2004（3）.

（毕晓峰，助教，主要从事艺术理论及艺术美学研究）

23 李白的悲剧政治人生路

严石彪

摘 要： 盛唐的李白以其诗文名垂千古，彪炳史册。我们知道，李白一生都在执著地追求惊世骇俗的功业，却备受挫折，在政治上一无所成，成为中国文人的千古遗憾。桀骜的个性以及政治才能的匮乏使李白生活在虚幻的政治理想中。

关键词： 李白 政治 悲剧

李白，作为一位伟大的诗人，其造诣非一般人所能企及，然而他并不满足自己的诗歌成就。或许是他"无心插柳柳成荫"。李白内心在政治上的追求，终生未灭。正是他政治上的追求、苦闷、失意，成就了他的别样人生。

盛唐时期国势的空前强盛和政治的相对开明，使广大知识分子处于积极用世的进取心态之中。李白生逢其时，岂甘寂寞，他从青年时代就开始了对功名的热衷追逐。他的毕生宏愿乃是布衣直取卿相，"济苍生"、"安社稷"，然后功成身退，乘一叶扁舟云游四海，他一生都在为实现自己的政治理想而奋斗。然而，李白既未能自布衣直取卿相，兼济天下，也未能从宦途从容隐退，独善一身，而是凄凄惶惶，终生与失意和挫折为伍。

李白在仕途上备受挫折，困顿终生，在政治上一无所成，李白始终也没弄明白，自己的政治宏愿何以不能实现？他对此深感痛苦和悲愤。李白的"怀才不遇"，似乎已成为中国文人的千古遗憾。历代文人因叹服李白的旷世诗才，习惯于从纯客观的角度解释李白的坎坷遭遇。如果抛开对李白诗歌成就的崇敬之情，冷静地审视历史事实，就不难发现，李白的政治悲剧除了政治黑暗和各种不利的客观因素的制约外，更为重要的恐怕还在于李白自身政治素质和政治才能的匮乏，也是与他不切实际的人生设计联系在一起的。

在中国古代，大凡自布衣直取卿相且在政坛上颇有建树者，在其从政以前均十分关注社会和人生，对国运时局了如指掌，具有高人一等的政治见解和主张。

如管仲施政、商鞅变法、范蠡灭吴、张良兴汉、诸葛亮治蜀等，无一不是未雨绸缪，成竹在胸。李白尽管也常以历史上这些名臣贤相自励，但实际上在政治方面却是比较幼稚的。从李白现存诗文看，除了"十五好剑术，便干诸侯；三十成文章，历抵卿相"之类的高谈阔论之外，实在看不出李白有何成熟的政治见解及主张可言。唐代社会是很注重务实的，应该说李白强烈的用世精神在某种程度上有可能获得满足。但是，李白自始至终都没能明白，唐代社会需要的实用人才是极具体的，并不需要像姜太公那样的帝王之师。再者，唐代实行考试取士的科举制，科举与入仕成为士子实现其自我价值和社会价值的唯一出路。从有关资料看，唐代文人几乎没人从一开始就放弃科举而入仕途的。如杜甫进士不第，后于天宝十三载在太清宫献赋，受到皇帝赏识，但依旧逃脱不了应试的命运："使待诏集贤院，命宰相试文章。"但李白求仕的方式还停留在苏秦、张仪式的纵横家时代，梦想通过"遍干诸侯"取卿相之尊，较之其同时代的张九龄、高适等封侯拜相的务实文人，其不谙世事可见一斑。李白一生热衷于政治，却始终不考科举，不求小官，而是期望以谋臣策士身份出仕。这样的从政道路，在先秦曾经是能实现的，在张良、诸葛亮、谢安的时代也还是现实的，但到了天下早已统一，封建官僚体制（包括科举制）也早已牢固的唐代，就变得很不现实了。李白的政治抱负却始终和这样一条不现实的道路纠缠在一起，他一辈子都在做不醒的策士梦。

中国历代成功的政治人物都有一个共同特点，即善于捕捉其从政生涯中的每一个发展机遇，及时施展自己的政治才能，构筑自己的千秋伟业。如苏秦、张仪的合纵连横，范蠡扶越，张良兴汉，诸葛亮治蜀，无一不是夙兴夜寐，孜孜以求。李白尽管满脑子的青史留名和奇思异想，但却从来不善于把握自己的人生机遇。开元十三年（725 年），25 岁的李白出蜀辞亲远游，寻找施展才华的机会。开元十四年（726 年），李白在安陆与故相许圉师之孙女成亲后，因留恋小家庭生活，抱负、誓言全忘，蹉跎 10 年。而这 10 年恰恰是唐玄宗执政期间较为开明的时期，李白也正是风华正茂之时，与李白年龄相当的张九龄、贺知章、高适等文人，都是在这段时间内步入盛唐政治舞台的。到开元二十四年（736 年），李白如梦初醒，终于首次进入长安谋职，向唐玄宗献《长扬赋》，虽未得到唐玄宗赏识和召见，但已结识玉真公主、崔宗之等要人，仍不乏入仕机会，但李白竟因此心灰意冷，一筹莫展，为寻求解闷而沉沦于斗鸡赌博之中，如此游戏人生，何能成大器！

中国历代成功的政治人物的又一特点，是具有恒定的奋斗目标和稳定的品性情操。贫贱不夺其志，富贵不迷其途，喜怒不形于色，雷霆不动其形。在中国封建时代，由于君主专制政体的制约，政治斗争错综复杂，故行方智圆是中国古代政治家成功的重要素质。历代著名的政治家诸如管仲、张良、诸葛亮等人，都能恪守封建礼教，善于适应政治环境，巧于应付各种复杂的人际关系，乃至不惜取退为进、以屈求伸，最终获取成功。李白虽以一代"诗仙"名动天下，饮誉后世，但对封建礼教和从政谋略却茫然无知，而是一任自己的傲骨，狂放不羁，致使自己一生均处于物议和诽谤之中。天宝元年，承玉真公主、道士吴筠等友人推荐，唐玄宗诏征李白进京。李白大喜过望，赋诗相庆："……会稽愚妇轻买臣，余亦辞家西入秦。仰天大笑出门去，我辈岂是蓬蒿人。"李白得意忘形的狂态毕现。李白入京后为翰林供奉，但其言行仍未有丝毫检点，依然恣意妄行："……李白斗酒诗百篇，长安市上酒家眠。天子呼来不上船，自称臣是酒中仙。"（杜甫《饮中八仙歌》）李白供奉翰林，是其一生最得意的时期，但就因其狂放的性格和行为触怒了朝中权贵，招致宫廷诋毁，玄宗疏远，不到 3 年即以"赐金放还"之名被迫离开长安。李白毕生仅有的从政机遇也就此葬送，且了无回旋余地。

李白志行的游移不定与情绪的瞬间多变，更显然有悖于政治家所应具备的精神素质。在李白的一生中，由于理想屡遭挫折，所以总是交织着自信与绝望、追求与颓放、崇高与庸俗等思想感情的复杂矛盾。他既有"长风破浪会有时，直挂云帆济沧海"的进取精神，也有"人生在世不得意，明朝散发弄扁舟"的颓唐潦倒。李白因过于高傲自负，过于理想化，失败打击接踵而至，常使他陷于悲愤、不平、失望之中。李白在人生道路上一旦遭受挫折，往往是借酒浇愁，以极度狂放潦倒的方式毁损自己的生命意志，葬送自己的政治前程。李白的"百年三万六千日，一日须倾三百杯"，"千金骏马换小妾，笑坐雕鞍歌落梅"即为其人生行状的自我写照。在封建礼教已深入人心的盛唐社会，李白的这种狂放不羁又何能见容于当世，见用于社会！李白的至交杜甫，很是理解和怜惜李白的怀才不遇："不见李生久，佯狂真可哀。世人皆欲杀，我意独怜才。"（《近无李白消息》）杜甫对李白的自暴自弃也深感惋惜："秋来相顾尚飘蓬，未就丹砂愧葛洪。痛饮狂歌空度日，飞扬跋扈为谁雄?"（《赠李白》）李白的情绪多变与放浪形骸，早已注定了他在政治上碌碌无为、含恨而终的必然命运。

纵观李白的一生，他始终在寻找施展才能、匡时济世的机会。即使病逝前一年，当听到李光弼率军讨伐安史余孽时，他不顾年老体衰请缨报国，终因年老多病中途折回，未能如愿。李白终其一生，均沉醉在拜相封侯、匡时济世的梦想之中，他的夙愿不仅始终未能实现，反而弄得在复杂的政治斗争中屡遭失败。李白于政治的热心，对从政的热心，达到了华夏文化史上空前的程度。李白的这种极大极远的政治理想，只是一种诗文中的政治，是诗意的政治理想，是诗人主体世界的政治理想，并且可以进一步说，是虚幻的政治理想。就现实的世界来说，李白并不是一个政治家。李白终其一生，都没有表现出他的政治才干，也就是说，他终生生活在一个虚幻的世界里，一个虚幻的空前远大的政治理想里，像是庄子笔下那大而无用的"瓠"。

李白的思想性格注定了他政治悲剧的命运，李白对包括皇帝在内的最高统治阶级的藐视与傲岸，以及狂放不羁的性格，是导致他在政治上失败的一个重要原因。李白藐视权贵的性格，在等级森严的封建社会，恐为统治阶级所不容。因此，李白成了中国古代文坛上一个典型的政治悲剧人物。李白虽然在政治方面屡遭失败，却在文学领域获得了巨大的成功，成为中国古代诗歌史上的一颗巨星。李白的人生价值，最终以他始料未及的方式得到了充分体现。

参考文献：

［1］李白研究论文集［M］.北京：中华书局，1964.

［2］赵昌平.李白诗选评［M］.上海：上海古籍出版社，2002.

［3］复旦大学古典文学教研.李白诗选［M］.北京：人民文学出版社，2002.

［4］葛景春.李白思想艺术探骊［M］.郑州：中州古籍出版社，1991.

［5］杨海波.李白思想研究［M］.上海：学林出版社，1997.

［6］傅璇琮.唐代科举与文学［M］.西安：陕西人民出版社，1986.

（严石彪，讲师，主要从事大学语文教学工作）

24 一蓑烟雨任平生
——从《定风波》一词观苏轼人生态度
严石彪

摘　要：苏轼是北宋杰出的文学家，又是一个政治家。他一生积极进取，虽历尽坎坷，但面对人生的磨难始终能保持一种豁达、乐观的心境。

关键词：苏轼　态度　旷达

苏轼的一生，仕途坎坷，人事艰难，大家本以为愁苦会进入到他的生命，哀叹会成为他生活的主题。可事实上他始终微笑，优雅地生活、诗意地栖居。我们自然有疑问：他究竟是如何化解苦难的？

苏轼可谓人生跌宕：得意时名动京师，称誉朝野；失意时贬居流放，困窘不堪。大起大落使得苏轼咀嚼尽了人生的种种滋味。而苏轼之异在于他在遭受了无数的政治风波与人生挫折之后，既没有悲愤嫉世，也没有消极遁世，反而熔炼出了一种旷达敦厚的性格，并以这种精神在他飘摇不安的际遇中坚守了内心的信念，超越种种是非、荣辱、得失，从而获得内心的平衡与安适。我们从其诗文可窥一斑："生前富贵草头露，身后风流陌上花"（《陌上花三首》），将生前富贵和身后风流都看得很平淡，不再为名利劳心费神；"聚散交游如梦寐，升沉闲事莫思量"（《浣溪沙》），不把人生的离合聚散、升沉荣辱放在心上，随顺自然，表现了达观的人生态度；"休对故人思故国，且将新火试新茶，诗酒趁年华"（《望江南》），表达了忘却人生之不如意，而把注意力放在目前生活的美好上，获得一份心灵的愉悦。

"乌台诗案"是苏轼人生的重大转折点，政治上虽失意，诗词创作却达到高峰。《定风波》（莫听穿林打叶声）即是苏轼被贬谪时期的代表作。这首词充分体现了苏轼在身处逆境时旷达与洒脱的人生态度，不同于道家归隐田园式的自命清高、沽名钓誉；也不同于儒家落魄潦倒时不得已而为之的局促。它是一种安时处顺、任其自然的人生经历，是一种脱离世俗功利和肉体痛苦的生命活动。

定风波

三月七日沙湖道中遇雨。雨具先去，同行皆狼狈，余独不觉。已而遂晴，故作此。

莫听穿林打叶声，何妨吟啸且徐行。竹杖芒鞋轻胜马，谁怕？一蓑烟雨任平生。料峭春风吹酒醒，微冷，山头斜照却相迎。回首向来萧瑟处，归去，也无风雨也无晴。

词作记叙了他去沙湖相田时一次遇雨的情况。但细读起来，这不是一般的即景之作，而是一次对心灵本体进行体认的过程。小序交代了遇雨的背景"雨具先去"。没有"雨具"的庇护，人被放逐在荒野的风雨中，人生的困境被无情地暴露出来，一种强烈的悲剧感油然而生。于是有人因此"狼狈"，而苏轼却说"余独不觉"。他的所谓"不觉"并非逃避人生困境，而是要摒除世事束缚。抒写词人被贬黄州，备受打击后胸怀旷达、淡泊人生的心情，表现了词人在内心世界寻求解脱的人生态度。

词的开篇突兀而起，"莫听穿林打叶声"，作者没有正面写雨，而是写雨打在树叶上的声音，一个"打"字，证明雨下得很大，首句就给读者营构了一个突然而至的不利环境。"莫听"二字凸显出东坡的性情：说"莫听"，就有不为外物所累之意，同时照应小序"同行皆狼狈，余独不觉"。外在的雨声隐去，而对心灵的观照凸显出来。可以说，本词一开始就对生命进行内向度的体认。

"何妨吟啸且徐行"，是首句的延伸，在"同行皆狼狈"的映衬下，作者的"吟啸徐行"显得那么从容自得。词人连用了两个表动作的词语"吟啸"、"徐行"，不仅照常舒徐行步，还要吟啸抒怀。

第三句"竹杖芒鞋轻胜马"乃心灵境界的进一步升华。泥泞路之难走，可想而知，作者却说"轻胜马"，为什么呢？通常都将此句解作"心情轻松"，但笔者以为"心情轻松"和"马"关联不大，此处的"轻"应与"徐行"相对，解作"轻快"。当然，这种"轻快"不是一种实质性的步履轻快，而是因为作者忘却了泥泞，去掉了主观意识，超越了形体行走的艰难，而在心灵上达到"列子御风而行，泠然善也"的境界。东坡在这里将"竹杖芒鞋"与"马"对比，暗含的是对两种生活方式的比较。远放江湖，安步当车实在是胜过奔走官场啊。这个"轻"字恐怕正是宦海风波后词人最强烈的人生体会。此时的苏轼虽说名为团练副使，实际无权过问政事，他既无官场之累，还有什么可畏惧的？自然引出"谁怕，一蓑烟雨任平生"。"谁怕"道出了苏轼漠然自定的生活态度。在人生的旅途中，纵使漫天风雨，一袭蓑衣的"我"也要前行在崎岖的路程上。词人用了一个"任"字，任其自然，任烟雨弥漫，任乱云飞渡，"任"突显了抒情主人公的形象：即一位直面疾风骤雨盖顶而来的词人，一位不惧穿林打叶声声在耳的词人，一位在人生道路上履险如夷、泰然自若的词人，随着这一幅山中风雨图浮出了水面。

"料峭春风吹酒醒，微冷，山头斜照却相迎。"这句话描绘了雨后风光，也寄寓了作者的人生体验：一边是料峭春寒，一边是阳光温暖。人生大抵如此，逆境中有希望，忧患中有喜悦。"迎"是点睛之笔，由写眼前景过渡到抒心中情。料峭微冷的雨后，词人感到的并不仅是冷，而是山头夕阳送来些许暖意，好像特意迎接他一般。"迎"显示出词人能在逆境中看到曙光的旷达。

"回首向来萧瑟处，归去，也无风雨也无晴。"回顾来程中的风雨，自有一番感触：自然界阴晴圆缺的循环，早已司空见惯，宦途中风雨的袭击，却很难料定何时能转圜。在苏轼看来，风雨、微冷不会让他愁眉苦脸，阳光、温暖也不会让他欣喜若狂，只要处之泰然，世上的一切现象对自己来说都是无差别的，人生道路上的忧患和喜悦，官场上的得意与失意又有什么不同？所以词人才写道："也无风雨也无晴。"骤然间，一个在人生道路上履险如夷、泰然自若的形象，栩栩如生地呈现出来。

摆脱了功名利禄的束缚，悟透了穷达祸福，苏轼的心灵获得了极大的自由，构筑了一种闲适而从容的态度去观照生活。"春有百花秋有月，夏有凉风冬有雪。若无闲事挂心头，便是人间好时节。""闲事"就是生活中会妨碍平常心的事。心若能于一切境地保持宁静安详，什么时候不是好时节呢？般若空观的态度使得苏轼站在一个更高的哲理层面思考人生的意义和价值，从而达到了任性、自适、旷达、通脱的人生境地。所以，尽管现实生活的喧哗、斗争、纷扰总是使人不得安宁，文人大多追寻一种彼岸的洒脱，苏轼却在禅宗的照耀下于俗世中发现了自己的快乐，感悟人生的轻松和潇洒，做到"此心安处是吾乡"。

在大雨磅礴之中，同行之人个个狼狈不堪，只有苏轼拄着竹杖从容前行，无论晴雨，诗人始终泰然自若，处变不惊。这里所写的是诗人经历风雨的真切感受，又何尝不是他对自己经历的一切政治风云的内心体验与反省？"于六尘中，无染无杂，来去自由，通用无滞，即是般若三昧"（《坛经》），只要内心安适，任它外界风吹雨打奈何自己不得。纵观整个中国漫长的封建时代，我们常常听到那些拥有独立精神和反抗意识的个体在强大势力压迫下的沉重叹息，可这首《定风波》却能让人看到厄运下的苏轼仍保持着旷达随缘的微笑，就像灿烂的阳光穿透层层厚重的阴霾，永恒地温暖着其他士大夫的心。苏轼旷达，故在遭受打击惊吓之后，能以通脱超然之态度对待逆境，有时不妨解嘲和调侃。如在贬谪黄州时，居然还有"先生食饱无一事，散步逍遥自扪腹"（《寓居定惠院之东》）的悠闲；能够有"逐客不妨员外置，诗人例作水曹郎"（《初到黄州》）的自我宽慰。苏轼用自己的生命体验践履着《定风波》里的境界追求，最后渐至平淡。在61岁时苏轼曾写过一首《雨夜宿净行院》："芒鞋不踏利名场，一叶轻舟寄淼茫。林下对床听夜雨，静无灯火照凄凉。"依旧是苏式的豁达超脱，而且很多《定风波》中的元素再次复现：芒鞋、雨、林、轻舟……对现实世界便以一种闲适旷达的心情处之。他不以放逐生活为苦，不消沉，不抱怨，而把它看做是"造物"的安排，是感悟人生的天赐良机。他以海棠自喻，高唱道："也知造物有深意，故遣佳人在空谷。"（《海棠》）表现了他乐观旷达、姿放向上的情怀。苏轼热爱生活、热爱大自然，不论自己的遭遇多么不幸，环境多么恶劣，他都能看到生活的光明和美好事物的存在。他住的黄州东坡，贫瘠而荒凉，但他却深深地爱着这个地方的清静，并自号"东坡居士"。"雨洗东坡月色清，市人行尽野人行。莫嫌荦确东坡路，自爱铿然曳杖声。"雨后初晴的夜晚，诗人曳杖散步于东坡上，独享着那份清朗的月光，这是怎样一种怡然自适的情怀啊。

苏轼就是这样，一生历经磨难而保持对国家的忠爱，身处逆境而从容乐观，以坦荡襟怀傲视忧患，在困顿中寻求适意，在变动中把握永恒，在深思中获得安宁，在淡泊中达到超然。胸怀广阔，光明磊落，藐视苦难，超越自我，保持心境的平和与处变不惊的大节，这就是他释放出的激情飞扬的生命境界。王水照先生曾指出："千百年来，他的性格魅力倾倒过无数的中国文人，人们不仅歆羡他在事业世界中的刚直不屈的风节，更景仰其心灵世界中洒脱飘逸的气度，睿智的理性风范，笑对人间厄运的超旷。中国文人的内心里大都有属于自己的精神绿洲，正是苏轼的后一方面，使他与一代又一代的读者建立了异乎寻常的亲切动人的关系。"

参考文献：

［1］王国维. 人间词话［M］. 北京：中国人民大学出版社，2011.

［2］苏轼. 苏轼全集［M］. 上海：上海古籍出版社，2000.

［3］田猛. 旷达非豪放，别眼看东坡［J］. 齐齐哈尔大学学报，2009（4）.

［4］赵爱梅. 旷达与乐观——苏轼人生态度［J］. 青海社会科学，2005（4）.

（严石彪，讲师，主要从事大学语文教学工作）

25 谈《江村经济——中国农民的生活》对中国社会的深入解读

刘 彤

摘 要：本文是读了费孝通的《江村经济——中国农民的生活》以后的感想。《江村经济——中国农民的生活》是一本写于 20 世纪 30 年代的民族学专著，这本书不但不会给人过时的感觉，反而具有现实的作用，能增加我们对中国现存的现象和问题的理解。这本书清晰的语言、客观超脱的研究态度、细致科学的研究方法非常值得我们借鉴学习。

关键词：江村经济 中国社会生活 人类学研究

费孝通的《江村经济——中国农民的生活》最早是用英文写成，出版于 1939 年，在 1986 年由戴可景译为中文出版，它是现代研究和学习民族学必读的一本经典著作。书中费孝通通过对吴江县庙港乡开弦弓村的实地调查，以小见大，描述了中国东部农民的"消费、生产、分配和交易等体系"，并且探讨了中国的社会变迁问题。读了这本书我感受最深的是作者对中国社会生活的深入细致的了解；描述真实，不带偏见；语言清晰易懂。另外，这本书虽然是写于 20 世纪 30 年代的民族学专著，却能增加我们对中国现在存在的现象和问题的理解，不但没有过时的感觉，反而具有现实的作用。

一、对中国社会生活的了解深入细致

读《江村经济——中国农民的生活》感受最深的是作者对中国社会生活的细致入微的了解，包括对传统的中国家庭关系的了解，对亲属关系、财产所有权、社会团体、劳动生活以及土地问题的了解。每一方面都是生动和细致的。

中国社会关系中最基本的就是家庭关系。读了《江村经济——中国农民的生活》我才理解了在传统的中国家庭中，父母与子女的关系比夫与妻的关系更为重要。因为结婚似乎与男女之间的爱情无关，夫与妻在结婚以前是陌生的，即使结了婚，在生育孩子之前夫妻间的关系都是冷淡的，结婚的目的就是直接为了传宗接代和"绵续香火"，也就是偿还父母的抚育之恩、祀奉祖先和"养儿防老"。而且子女在家庭关系中也因为实际价值而重要，子女长大后可以赡养老人，小的时候可以亲密夫妻间的关系，调和家庭矛盾，甚至为家庭福利作贡献。这种家庭关系是实际功利的，它来源于现实的经济需要。

对中国传统观念中的男女不平等，我也是在读《江村经济——中国农民的生活》之后才有了较深的认识。男女不平等最根本的原因就是家庭财产继承权的不平等。父母的财产由儿子继承，女儿只能在出嫁时得到一份嫁妆。这种财产继承制度使女人在经济基础上必须依赖附属于男人，从而失去了自己独立的权利。因此，如书中所言："她的前途，即使是一个安定的生活，也只有通过她的婚姻才能得到。"① 在这种制度下，女人的生活注定是悲惨的。她留在自己父母家中的时间不能过长，必须出嫁，出嫁前她不认识她的丈夫，但她必须在完全陌生的丈夫家中同一群完全陌生的人朝夕相对，生活在一起。她必须在婆婆的管教下从事家务劳动，经常受到责骂还必须服从，她与丈夫没有感情基础，却要依靠他才能生存，所以必须对他非常恭顺。她无权离婚，只能选择离家出走甚至自杀。妇女只有生了孩子后才能被丈夫的家接受，才有了社会地位。书中还提到"小媳妇"② 从小就由婆婆领养，以至于习惯了婆婆的虐待。妇女地位的低下和生活的悲惨导致了大量溺死女婴的行为。男女不平等的观念影响深远，直到今天仍然有人遗弃女婴，虐待妻子，仍然遗留着书中描述的很多制度和观念。

从《江村经济——中国农民的生活》这本书中，我对亲属关系、社会团体、传统的宗教娱乐活动也获得了一些认识。五代以内的父系亲属属于一个族，它是一个礼仪群体，它具有控制婚姻的功能，保证实行外婚制。母系亲属与孩子的关系很亲密，舅舅通常充当孩子的保护人。名义上的收养的意义在于建立社会关系以获得较好的经济和社会地位。邻居是住在一起需要相互合作的人们。一种常见的宗教活动是祭祀灶王爷，从《江村经济——中国农民的生活》这本书中，我才了解到灶王爷的由来：他是一位起监察作用的神。"他的职责是视察这一家人

---

① 费孝通：《江村经济——中国农民的生活》，商务印书馆 2005 年版，第 52 页。
② 费孝通：《江村经济——中国农民的生活》，商务印书馆 2005 年版，第 62 页。

的日常生活并在每年年底向上天作出报告。"① 他的这种职责能起到控制人们日常行为的作用，人们由于害怕灶王爷向上天报告自己的不好的行为，所以在一年中就不会违犯禁忌，尽量遵守各种行为规范。我小时候也有类似的经历，每年过年前妈妈都会让我们全家把房屋打扫干净，并说如果不打扫干净，灶王爷会向上天报告，我们在新的一年中就不会有好运气。而且也听长辈说只要灶王爷吃了糯米团子，他的嘴就会被黏住，他就没法向玉皇大帝报告不好的事情了。我是云南人，祭祀灶王爷的习俗却和书中江南农村一样。可见《江村经济——中国农民的生活》这本书中所记述的开弦弓村的很多情况确实能以小见大，代表中国的普遍情况。

书中对农村劳动生活的了解也是相当深入细致的。与中国的其他农村一样，开弦弓村的基本职业是农业。农田安排取决于种植的作物和水利管理措施，靠水车供水、排水，一片田地为一个灌溉单位，书中还清楚地画了农田安排地图。然后是种稻的整个过程，包括育秧、移秧前的准备、插秧、除草、施肥，直到收割、打谷、碾米。每一过程的方方面面都了解得非常细致。开弦弓村的主要副业是蚕丝业。"这是太湖一带农民的特点。"② 作者对农村蚕丝业的发展变迁了解得尤为深入具体。变迁的原因是：由于现代制丝生产技术引进日本和中国，还有世界经济萧条，致使中国农村传统的蚕丝手工业开始衰退，直至破产。农民为了恢复原有的经济水平，就需要改进技术。就由江苏女子蚕业学校提供技术，推动并指导了这次蚕丝业的变革。在这本书里，作者详细地记录和分析了变迁的整个过程，蚕业学校首先向村民提供灭菌蚕种，再把幼蚕集中起来进行"稚蚕公育"③，同时学校向村民推广养蚕知识，等到蚕第三次蜕皮以后就由各户自己喂养，生产蚕茧。然后就进入缫丝的过程，由于要让丝的质量达到出口水平，就必须建立应用现代生产技术的工厂，所以蚕业学校在村里开办了合作丝厂。蚕丝业的改革碰到了困难，也给开弦弓村带来了深刻的影响。改革的困难是改革者不能控制市场和价格，虽然改进了产品质量，却不能提高村民的收入；合作丝厂资金短缺，不能保持分红，得不到村民的理解。因此改革的成果不理想。但改革带来了很多方面的影响，机械化缫丝节约了劳动力，但是造成许多妇女失业，从而又造成村中的妇女向城镇移动；由于合作丝厂的开办，使农村中产生了挣工资的阶层，其中

---

① 费孝通：《江村经济——中国农民的生活》，商务印书馆 2005 年版，第 96 页。
② 费孝通：《江村经济——中国农民的生活》，商务印书馆 2005 年版，第 172 页。
③ 费孝通：《江村经济——中国农民的生活》，商务印书馆 2005 年版，第 185 页。

多半是女工，因而使村中妇女的社会地位发生了变化。从这些细节的分析和描述中我们就可以看出书中对农村劳动生活的细致入微的了解。

《江村经济——中国农民的生活》正是通过对开弦弓村农民生活的细致、全面、深入的了解，把这个村庄以至中国的农村生活生动鲜活地呈现出来。读后使我对很多习以为常的人际关系、生活方式有了新的认识，对一些习惯的社会关系的形成和变化，由于了解了它们的来龙去脉，而加深了对它们的理解。

二、提出了人类学研究的创造性观点

首先，在《江村经济——中国农民的生活》这本书中，费孝通开拓了人类学研究的领域。把对"野蛮人"的研究转向了对有悠久历史和较先进文化的民族的研究。人类学在 20 世纪 30 年代以前的传统是研究那些被欧洲人称为"野蛮人"的民族，如"塔斯马尼亚人、澳洲土著居民、美拉尼西亚的特罗布里恩德群岛人、霹雳的俾格米人"①。第二次世界大战以前，对欧美民族学界影响很大的是英国的功能主义学派。而功能主义学派产生的历史背景是维护殖民统治，主张民族学研究为现实服务，具有实用价值。随着殖民主义的逐渐瓦解，英国功能主义学派的创始人马林诺夫斯基和布朗都意识到了民族学不应只研究后进民族，也要研究文化较高的民族。费孝通是马林诺夫斯基的学生，是中国功能学派的代表人物，他的《江村经济——中国农民的生活》这本书"最早将社会人类学的方法用于研究现代农村"②，所以很受马林诺夫斯基欣赏，马林诺夫斯基在为《江村经济——中国农民的生活》写的序言中说："研究人的科学必须首先离开对所谓未开化状态的研究，而应该进入对世界上为数众多的、在经济上和政治上占重要地位的民族的较先进文化的研究。"③ 其次，《江村经济——中国农民的生活》把人类学从对"异域"的研究，转向对本民族的研究。马林诺夫斯基为这本书写的序言的第一段中就写道："本书的内容包含着一个公民对自己的人民进行观察的结果。这是一个土生土长的人在本乡人民中间进行工作的成果。如果说人贵有自知之明的话，那么，一个民族研究自己民族的人类学当然是最艰巨的，

---

① 费孝通：《江村经济——中国农民的生活》，商务印书馆 2005 年版，第 308 页。

② 杨群：《民族学概论》，上海社会科学出版社 1998 年版，第 455 页。

③ 费孝通：《江村经济——中国农民的生活》，商务印书馆 2005 年版，第 15 页。

同样，这也是一个实地调查工作者的最珍贵的成就。"① 然而，有一些人类学家认为人类学不宜研究本土文化。书中提到英国功能主义学派的另一位代表人物利奇认为："当人类学者研究他自己社会的一鳞一爪时，他们的视野似乎已被从公众的甚于私人的经验得来的成见所扭曲了。"② 针对利奇的观点，费孝通在《重读〈江村经济·序言〉》一文中是这样谈的："社会人类学田野作业的对象，以我以上的思路来说，实质上并没有'本文化'和'异文化'的区别。这里只有田野作业者怎样充分利用自己的或别人的经验作为参考体系，在新的田野里去取得新经验的问题……如果要以研究者自己不同的文化出生来比较在工作上哪里方便？根据我的经验，只以传媒手段的语言来说，本土人研究本土文化似乎占胜一些，当然还得看研究者掌握当地语言的能力。"③ 所以马林诺夫斯基在《序言》中引用 E. 丹尼森·罗斯爵士的话："没有其他作品能够如此深入地理解并以第一手材料描述了中国乡村社区的全部生活。"④

另外，《江村经济——中国农民的生活》还创造性地提出了恢复和发展乡土工业是解决中国农村和土地问题的中心环节的观点。《江村经济——中国农民的生活》中反映出中国的传统经济结构不是单纯的农业经济，而是一种农业和乡村手工业混合的经济。农民单靠农业无法维持最低生活水准，必须依靠乡土工业的补充。近代中国，由于西方工业扩张进入中国，乡土工业无力与之竞争，从而导致了中国乡土工业的崩溃，激化了中国社会中的各种潜在矛盾，其中最突出的就是土地问题。然而，通过土改，平均地权并不能从根本上提高农民的生活水准，最终解决中国土地问题的根本办法在于恢复发展乡土工业，使之能从传统落后的乡村手工业转化为乡土性的现代工业。中国乡土工业向现代工业的转化涉及的不仅是技术改进的问题，更是一个"社会重组"的过程。这个过程不能模仿西方资本主义工业化的方式，它不是高度集中化的大生产方式，它应该建立在农民们"合作"的原则和基础上，使经济发展惠及最普通的广大农民，而非集中在少数资产者手中。因此，中国的社会变迁过程，中国走向工业化和现代化的道路可能不同于西方的普遍发展道路，不是高度集中的社会化大生产，而是可以走一条分散化工业发展的道路。

----

① 费孝通：《江村经济——中国农民的生活》，商务印书馆 2005 年版，第 13 页。
② 费孝通：《江村经济——中国农民的生活》，商务印书馆 2005 年版，第 321 页。
③ 费孝通：《江村经济——中国农民的生活》，商务印书馆 2005 年版，第 324 页。
④ 费孝通：《江村经济——中国农民的生活》，商务印书馆 2005 年版，第 17 页。

正是由于《江村经济——中国农民的生活》提出并讨论了许多杰出的创造性的观点，所以马林诺夫斯基在《序言》中把它誉为"人类学实地调查和理论工作发展中的一个里程碑"①。

三、描述客观真实

马林诺夫斯基在为《江村经济——中国农民的生活》写的《序言》中说道："如果说人贵有自知之明的话，那么，一个民族研究自己民族的人类学当然是最艰巨的。"② 因为一个民族研究自己的民族经常会受主观偏见的影响。然而，读了这本书，我的感受正如马林诺夫斯基在《序言》中所说的："作者的一切观察所具有的特征是，态度尊严、超脱、没有偏见。"③ 这种客观超脱的态度在对土地制度和高利贷的分析中给我的感受最深。作者首先分析了土地所有权。村里的土地可以分为两层：田面和田底。既拥有田底所有权又拥有田面所有权的人是土地的完全所有者。田底所有者是持有土地所有权的人，即地主。只占有田面而没有田底所有权的人就叫佃户。田底所有者可以要求耕种田面的佃户交地租。地主的形成则是由于农村经济萧条，农民没有生产资金，急需用钱的农民只有向放债者借钱。"一定时期之后，如果借款者无力偿还本金及利息，他就被迫把土地所有权（限于田底所有权）转交给放债者。"④ 城里的地主就从放债者手中买到了土地所有权。"田底所有权的这一变化实际上意味着城镇资本对乡村进行投资。"⑤ 然后，作者又分析了地主与佃户的关系。地主占有田底所有权，佃户保留着他的田面所有权，佃户的责任就是交租。"田底所有权仅仅表明对地租的一种权利，这种所有权可以像买卖债券和股票那样在市场上出售。"⑥ 地租是通过收租局收取的，收租局属于一个半政治机构，它雇佣一些代理人来收租。"贫农必须卖米换钱交租……租米和租款的双重作用更加加重了交租者的负担。"⑦ "如果佃户拒不交租，代理人有权利把他抓起来关到县政府的监狱里去。但如果佃户

---

① 费孝通：《江村经济——中国农民的生活》，商务印书馆 2005 年版，第 13 页。
② 费孝通：《江村经济——中国农民的生活》，商务印书馆 2005 年版，第 13 页。
③ 费孝通：《江村经济——中国农民的生活》，商务印书馆 2005 年版，第 18 页。
④ 费孝通：《江村经济——中国农民的生活》，商务印书馆 2005 年版，第 161 页。
⑤ 费孝通：《江村经济——中国农民的生活》，商务印书馆 2005 年版，第 163 页。
⑥ 费孝通：《江村经济——中国农民的生活》，商务印书馆 2005 年版，第 164 页。
⑦ 费孝通：《江村经济——中国农民的生活》，商务印书馆 2005 年版，第 165 页。

真的没有能力交租的话，就会在年底得到释放。"① 接着分析了农民对交租的看法。由于借钱而失去田底所有权的农民感觉从每年交付利息改变为每年交付租金没有什么区别，而且"偿还高利比交付定租还要难以忍受"②。习惯的看法认为交租是道义上的责任，"佃户不交租是由于遇到了饥荒、疾病等灾难，佃户对这些是没有责任的"③。但是近代中国，由于农村经济萧条，使地租成为贫农的沉重负担，而且新思想的传播使贫农感到不交租是正当的，地主就必须采取强硬措施来收租，"结果是佃户与地主间的冲突加剧，乡村经济发生金融危机"④。作者在地主和佃户的问题上，没有受一般观念的影响，简单地把地主判断为邪恶的，而是客观地分析了前因后果，让读者得到清晰的了解。

对高利贷的分析也一样。作者分析了高利贷产生的原因："高利贷的存在是由于城镇和农村之间缺乏一个较好的金融组织。"⑤ 当农村急需资金的时候，城镇里就出现了一种职业放债者。"职业放债者以很高的利息借钱给农民。这种传统制度，我们可称之为高利贷。"⑥ 如果一个农民 10 月份向高利贷者借 7 元钱，到第二年 4 月就必须还 30 元，每月的利息是 65%，如果借债人偿还不起，可以续借，到了第二年 10 月，要还 48 元，利息是每月 53%。"借债人如果仍无力还清债务便不允许再延长借期。借债人必须把手中合法的土地所有权交给债权人……从此以后，他再也不是一个借债人而是一个永佃农。他每年须付地租而不是利息。""通过高利贷者，田底所有权从耕种者手中转移到不在地主手中。"⑦ 高利贷是非法的，所以高利贷者雇佣收款人使用暴力迫使借债人还债。作者在书中写道："在现在这个研究中，我试图说明单纯地谴责土地所有者或即使是高利贷者为邪恶的人是不够的。当农民需要外界的钱来供给他们生产资金时，除非有一个较好的信贷系统可供农民借贷，否则地主和高利贷是自然会产生的。如果没有他们，情况可能更坏。"⑧ 在这很容易带上个人偏见的主题中最能感受到作者态度的客观和超脱。

---

① 费孝通:《江村经济——中国农民的生活》，商务印书馆 2005 年版，第 165 页。
② 费孝通:《江村经济——中国农民的生活》，商务印书馆 2005 年版，第 161 页。
③ 费孝通:《江村经济——中国农民的生活》，商务印书馆 2005 年版，第 166 页。
④ 费孝通:《江村经济——中国农民的生活》，商务印书馆 2005 年版，第 167 页。
⑤ 费孝通:《江村经济——中国农民的生活》，商务印书馆 2005 年版，第 234 页。
⑥ 费孝通:《江村经济——中国农民的生活》，商务印书馆 2005 年版，第 231 页。
⑦ 费孝通:《江村经济——中国农民的生活》，商务印书馆 2005 年版，第 232~233 页。
⑧ 费孝通:《江村经济——中国农民的生活》，商务印书馆 2005 年版，第 237 页。

四、语言清晰易懂

《江村经济——中国农民的生活》这本书还有一个显著的优点就是它的语言清晰明白，容易理解。这本书的章节、段落结构十分清楚，每一章、每一段的含义和观点理解起来都不会有困难。整本书基本没有十分复杂的句子，极少使用难懂的专业术语。费孝通在这本书中把最专业的思考都能解说得让普通大众明白，并且还充满趣味、引人入胜。与阅读其他许多社会科学专著不同，读这本书能使人感觉亲切、轻松、容易理解。

另外，从这本书中，我们还可以学习到一些民族学的研究方法。如例实地调查的方法，又叫"田野作业"，是英国功能学派马林诺夫斯基主张使用的民族学研究中的一种理论结合实际的研究方法。数据统计法，书中说明村庄土地面积、人口职业状况、姓氏分布、村民消费情况和生活开支情况时常常使用这种方法，它有助于把事情说明得客观、清楚。图表说明法，书中使用了很多图表，开弦弓村的环境位置图、地形图、村民的住房结构图、节气日程表、农田安排图、土地所有制表、亲属称谓表，等等，图表能把问题表述得直观，易于理解。三栏对比法，书中用这种方法分析了蚕丝业变迁改革的可行性和困难，这是一种分析问题、解决问题的好方法。这些方法可以在我们工作、学习、研究中作为借鉴。

《江村经济——中国农民的生活》是我读的第一本民族学著作。这本书清晰的语言、客观超脱的研究态度、细致科学的研究方法非常值得我们借鉴学习，而书中作者对中国社会生活的深刻理解又令人深深地为之感动、钦佩。作为一本社会人类学专著，它却可以让普通读者阅读并理解；作为一本 20 世纪 30 年代的书，它却让今天的读者丝毫感觉不到陈旧过时。而且，书中使用西方的研究方法来分析中国传统的社会生活，完美地把东西方的文化结合在一起，互相补充。《江村经济——中国农民的生活》的确是一本值得我们认真阅读学习的好书。

参考文献：

［1］费孝通著. 江村经济——中国农民的生活［M］. 北京：商务印书馆，2005.

［2］杨群. 民族学概论［M］. 上海：上海社会科学院出版社，1998.

［3］甘阳. 江村经济再认识［EB/OL］. http：//anthrop. vip. sina. com.

（刘彤，讲师，主要从事英语教学及美术史论研究）

26 浅析小说改编电影的叙事

——以小说《盗官记》到电影《让子弹飞》为例

冯晶 苏丽君

摘　要： 电影《让子弹飞》改编于马识途的《夜谭十记》中的《盗官记》，自首映以来，不到三天时间突破一亿的票房，给华语电影创下了历史新高，而且观众口碑好，这是 2010 年在票房和观众口碑双丰收的典型。导演及主角姜文将正统与非主流因素充分融合，同时始终保持影片的质量与口碑。不仅如此，良好的商业眼光和市场把握又使得姜文的作品做到了艺术追求和市场回报的平衡。如此巨大的成功与姜文的改编有着十分重大的关系，整部电影在细节的把握以及影像符号的设置，在叙事视角和方式以及结构上都处理得很好。

关键词： 改编　细节　叙事视角　叙事结构

文学是众多艺术形式发展的母体，而影视艺术自诞生之日起就与文学缔结了不解之缘。正是文学源源不断地给予影视丰富的艺术滋养，才使它日益发展壮大。小说则是电影创作的一个重要来源，很多优秀的电影都是由小说改编而成。例如：电影《大红灯笼高高挂》改编于苏童的小说《妻妾成群》；电影《乱世佳人》改编于小说《飘》；电影《半生缘》改编于张爱玲的小说《十八春》；《赵氏孤儿》改编于元杂剧《冤报冤赵氏孤儿》；《画皮》、《画壁》都改编自《聊斋志异》中的故事……电影《让子弹飞》也不例外，它改编于小说《盗官记》，而它之所以取得那么大的成功，大部分归功于其完美编剧及电影所提供的演员形象。关于小说和电影两种艺术之间的异同，乔治·布鲁斯东早就给它们下了一个明确而清晰的定义："小说与电影像两条相交叉的直线，在某一点上会合，然后向不同的方向延伸。在相交叉的那一点上，小说和电影剧本几乎没有什么的改编。"电影叙事学在文学叙事学的基础上发展成为一种电影理论。《电影艺术词典》对电影叙事作过简明扼要的解释，认为电影叙事学是"依据文学叙事学或符号学原理研究影片表达元素和结构的理论"。"主要研究故事的情节安排，行动动机，人物性格和审美特性，关注电影剧作的技巧层次。20 世纪 70 年代，建立在结构主义和符号学基础上的电影叙事学，突破了传统电影叙事研究的界限，力求在影片的一般技巧元素中抽象出电影叙事的量化系统模型，为文本分析奠定了基础。"

一、《盗官记》改编成电影《让子弹飞》

所谓"改编"，意味着从一种媒介转变为另一种媒介。它是通过变化和调整使之更为合适的一种能力，也就是把某些事情加以变更，从而在结构、功能和形式上造成变化，以便调整得更为恰当一些。小说和电影剧本是两种不同的载体。文学作品在原则上都是未完成的，只是一个具有各种未定点以及尚需对无数定点予以充分确定的图式化结构，因而读者需要把它具体化。而这种未完成性通过阻滞文本的连贯性，将自身转化为对想象活动的刺激。这就是为什么每一个读者心中都有属于自己的哈姆雷特。而电影和小说原作不同的关键之一在于提供了真实的场面感。因为有必然的摄影机的存在，电影的叙述主体并不站在故事和场面之外来叙述，它就在场面中，感受场面并揭示场面，电影提供的是一个可以产生切身体验、富有场面感的世界。而在电影的世界里哈姆雷特只有区别。可是当两条线分开以后，它们就不仅仅能彼此转换，而且失去了一切相似之处。在相距最远时，小说与电影，像一切供观赏的艺术一样，在一个特定的读者（观众）所能理解的程式范围内，最大限度地利用它们的素材。在这相距最远的地方，最电影化的东西和最小说化的东西，除非各自遭到彻底的毁坏，否则是不可能彼此转换的。①

改编可有各种手法，可完全忠实，依原著画皮绘骨，亦可部分还原，舍其形画其骨，也有二度创作，令其脱胎换骨。罗伯特·沃伦就认为："把一部小说改编成一部影片时，小说只是素材而已，而影片则是一部新的创作，是毁是誉，都与小说作者全无干系。"② 巴拉兹曾言："一个真正名副其实的影片制作者在着手改编一部小说时，就会把原著仅仅当成是未经加工的素材，从自己的艺术形式的特殊角度来对这段未经加工的现实生活进行观察，而根本不注意素材所已具有的

---

① ［美］J. H. 劳逊：《戏剧与电影剧作理论技巧》，中国电影出版社 1999 年版。
② ［美］爱德华. 茂莱：《电影化的想象——作家和电影》，中国电影出版社 1989 年版，第 226 页。

形式。"① 改编剧本应该看成是独立创作的电影剧本。它只不过是以小说为起点，所有材料来源只是起点而已。随时代变迁，社会的生活、文化、审美都会发生变化，作为需要紧密贴合当下审美的影视艺术，迎合当代观众的品位，在作品中注入现代意识，也实属必要。

在美国，行内有一种说法："两条路，你可以选择毁掉原著拍部好电影，或是忠于原著拍部烂片。"② 小说中的原始素材是材料的来源，把它变成电影剧本，就要靠编剧和导演，不是照抄小说到电影，而要把它变成视觉的、由画面讲述的故事，姜文所做的就是忠实于原材料的整体性，将已有的原始素材编制到自己能够认可的价值观中，重新创造出属于自己的艺术作品。

小说是以语言文字为媒介，创造思想形象，能够传达抽象的概念，而电影是以画面和声音作为语言媒介，创造视听的形象，能够直接展现具象。在它们各自的系统中，都有着完整的字、词、语法等一套完整的语言系统。比如小说可以通过文字系统来表达情感，而电影则可以通过"面相"来传达内心直接细微的个人体验。"有视觉文化的人打手势并不是为了表达那些可以用言语来表达的概念，而是为了表达那些即使千言万语也难以说清的内心体验和莫名的感情。"③ 因此，姜文在处理这些语言的时候，其台词会给人一种意想不到的效果，而对于场景和细节的描写则更是精益求精。在电影《让子弹飞》中，姜文用其沉着、稳重以及内敛的表演风格将张牧之演得更为贴切。

也正是这些改编让整部电影的细节、叙事视角和叙事结构不同于原作，给这部电影增色不少。

二、细　节

有人说细节决定一切，其实不无道理。一部电影的寓意程度如何，往往要从其细节入手。很多细节可以传达出编剧的很多思想，观众也可从中去体会其中的意味。而在电影中，细节往往与场景、道具、台词以及演员的表演动作密切联系，优秀的导演都很注重细节，姜文也不例外。

① ［匈］贝拉·巴拉兹：《电影美学》，中国电影出版社 1979 年版，第 280 页。
② 梁千赖：《李安谈〈卧虎藏龙〉》，网易文化频道 2005 年 11 月，http：//culture.163.com/05/1116/09/22LvV2JD00280003.html。
③ ［匈］贝拉·巴拉兹：《电影美学》，中国电影出版社 1979 年版，第 28 页。

首先，在开场时，马邦德和汤师爷坐着火车行驶在青山绿水中，而守候在车厢里的还有一群全副武装的保安人员，与其形成鲜明对比的是张牧之六人，他们靠着几发子弹拦路劫财。而台词"让子弹飞一会儿"首次出现在这里，子弹作为武器的一个重要组成部分，成为权势的象征，这个赤裸裸的具有象征性意味的叙事元素，直观、现实、不可抗拒地摆在观众眼前，造成无法回避的视觉强迫。"人物命运与之联系，构筑了一个表现与再现相结合的影像世界"①。预示了火车上人的命运，短短的七个字传达出来的寓意如此深刻。使人不能不佩服编剧对细节的高要求。

其次，更为精湛的场景是张牧之去赴黄四郎的宴请，他对黄四郎的恨意却在其饱含笑意的脸上忽闪忽现，令人佩服其演技的同时，也惊叹编剧的洞察能力。"我认为，最适合拍电影的小说，不是描写动作的小说，相反，而是那些以表现人物内心活动为主的小说。它会给改编者一只绝对准确的罗盘，指明角色在故事中任何时刻的思想和感情内容。由此改编者可以编造出与小说的心理内容客观关联的动作，同时含蓄不露地准确将这个动作戏剧化，而不必让演员用言词来表达它的含义。"② 在此张牧之的内心情感，观众可以暗暗体会到。

另一个值得关注的细节是，张牧之他们遇上另一帮麻匪时，他并没有弃汤师爷于不顾，而是让兄弟好好保护，这里可以明显地感受到他的义气和冷静，说明他并不仅仅是个认钱不认人的普通麻匪，同时展现出他内心深处最真实的一面。用口哨作为他们之间的暗号，这也是导演和编剧的高明之处。通过口哨这种只有内部成员知道的交际工具，使得他们可以在保密的同时，再解码得到自己想要的信息。这个细节让人在原有了解麻匪通信的基础上更加容易理解和产生共鸣。

这样的细节在整部电影中出现很多，让人对编剧和导演刮目相看，也使得电影的亮点更显眼。

三、叙事视角与叙事结构

罗兰·巴特阐释："叙事出现在所有的时间，所有的地方，所有的社会之中；叙事伴随着人类历史的开始而出现；任何地方都没有也从未有过没有叙事的民族；所有的阶级和所有的人类团体都有自己的叙事……叙事是国际性的，它跨越

---

① 倪祥保：《电影叙事符号的美学分析》，《苏州大学学报》（哲学社会科学版）2005 年第 3 期。
② 斯坦利·库布里克：《好莱坞大师谈艺录：文字和电影》，中国电影出版社 1998 年版，第 456 页。

历史，跨越文化，它像生活一样，它就在那儿。"① 叙事没有离开人类社会，更是在于小说和电影中。

"确定从何种视角叙述故事是小说家创作中最重要的抉择了，因为它直接影响到读者对小说人物及其行为的反应，无论这反应是情感方面的还是道德观念方面的。"② 叙事视觉和叙事结构对于一部电影来说，也有着十分重要的影响，它直接同观众的理解挂钩。

"叙述人称从表面上看是解决指代的问题，而在实质上是叙事视角的选定。从叙述称代上选定视角，有你、我、他的人称视点；从叙述方位上选定视角，有仰视、俯视和平视；从叙述的层次上选定视角，有表层叙述（行为叙述）和深层叙述（心理叙述）。"③

首先，在人物分量上发生了悄然的变化。原作是以第三人称的口吻去讲述以张牧之为主角的反抗阶级剥削的故事，对于反面人物黄四郎的笔墨则很少。而电影《让子弹飞》初看也是以第三人称去叙述，其中间还穿插了很多第一人称的叙述，使得整个叙事视觉在人称上有着变化。黄四郎作为主角之一，其戏量的加重，对于他们之间的斗智斗勇更加有利。

其次，在电影《让子弹飞》中，姜文一反原作的以直叙的线性结构，他将仰视、俯视与平式通过镜头一一展现开来，这点比小说更具有视觉感。

最后，在电影中，张牧之同黄四郎的对抗，大多数选用的是表层叙述，他们使用武力，使用计谋，使用一切可以达到目的的手段和工具。而对于深层叙述，电影中的笔墨仍然比原作中多，面对黄四郎的宴请，面对剿匪共商大计，面对被揭穿身份后的场景……所有的这些都通过演员的面部或多或少的表情、动作以及之后的对话可以看出，给人一种如临其境的真实感。但原作只是用表层叙述来展现他们的智慧和惊险。

郦苏元的《中国早期电影的叙事模式》概括："中国早期电影的叙事模式，由时序性叙述、单线条结构、外视点角度以及大团圆结局四个方面构成。"④ 在从小说到电影的过程中，对于叙事结构的改编，《让子弹飞》采用的是三幕剧式电影结构。所谓三幕，指的是从建置、发展到结局，是一系列互为关联的事变、

---

① ［法］罗兰·巴特：《符号学的挑战》，转引自阿瑟·阿萨·伯格的《通俗文化，媒介和日常生活中的叙事》，南京大学出版社 2002 年版，第 20 页。
② 戴维洛奇：《小说的艺术》，作家出版社 1998 年版。
③ 毛克强、袁平：《当代小说叙述新探》，载于《当代文坛》1997 年第 5 期。
④ 郦苏元：《中国早期电影的叙事模式》，载于《当代电影》1993 年第 3 期。

情节和事件按线性安排，最后导致戏剧性的结局。这是主流电影中居于主导地位的一种结构，每一幕都达到一个危机或者戏剧张力的高点，称为转折点，或者是情节点；转折点务必紧扣戏剧动作，把故事引到别的方向。三幕式结构强调戏剧性冲突、情节发展的因果关系以及一环扣一环的线性叙事链条。

《盗官记》中采用的是倒叙的手法、直叙的线性结构，回味过去的一段故事，客观叙述和人物主观感受相交融，用直白的语言将整个故事娓娓道来，中间加进了一些紧张情节。而电影则打破原著的叙事顺序，将这些倒叙情节通过前面的几个场景拼贴起来，最终揭开谜团。例如：原著中对于张牧之如何被迫当麻匪的情节——道来，而电影采用的是省略式，通过后面矛盾的激化来揭开张牧之的身份，且是一笔带过。对于两个阶级如何抗争，原作做了很详细的交代，是因为黄四郎逼得张牧之家破人亡，他决定复仇，这样就没有矛盾慢慢激化的过程，显得稀松平常。而电影中，略去张牧之反抗黄四郎的原因，慢慢地将他们之间的明争暗斗呈现出来，给人一个个小高潮后，最终取得胜利。尽管这个胜利让观众带着迷惑：黄四郎真的死了吗？为什么又出现在驶向上海的火车上呢？但总体上却让观众有扬有抑，有欢笑有紧张，相比于小说更有趣味。

四、小　结

如同戴维·波德威尔、克里琴·汤姆森措辞谨慎的推论："也许叙事就是人类理解世界的一种基本方式。"① 不管是在小说还是在电影当中，根据需要会青睐不同的叙事内容和形式。改编就如同是在旧的东西里加入新的元素，创作出了更加符合欣赏群体的文化需求。伽达默尔曾经说："旧的东西和新的东西在这里总是不断地结合成某种更富有生气的有效的东西。"②

从叙事角度看，小说和电影都是讲述故事的艺术，而故事是由情节讲述出来的。但是电影一两个小时的长度决定了电影改编必须对小说的故事情节精挑细选，这即如菲尔德所提示的："要精心地挑选那些事件，从而使它们能通过最好的视觉能力与戏剧性成分来描绘你的故事，使它们趣味盎然……原始素材毕竟只

---

① ［美］戴维·波德威尔、克里琴·汤姆森：《电影艺术导论》，史正、陈梅译，上海文艺出版社 1992 年版，第 121 页。

② ［德］伽达默尔：《真理与方法》（上卷），上海译文出版社 1999 年版，第 393 页。

是原始素材，它只是个起点，而不是终点。"① 同时也要处理好叙事的结构，不然就正如京剧表演艺术家程砚秋先生所说的"学我者生，似我者死"。这句话用在对文学作品的电影改编上，也同样具有警醒作用。改编的过程是"学"，但是影片的创作过程却绝不能"似"，一定要有独立的风骨和创新。

（冯晶，见习，主要从事英语文学研究；苏丽君，云南师范大学文新学院研究生）

---

① 悉德·菲尔德：《电影剧本写作基础》，中国文联出版公司 1985 年版，第 144、154 页。

教育教学

27 新形势下高等艺术院校学生党建工作的对策研究

赵继华

摘　要：在高校学生党建工作中，艺术院校学生的党建工作是一个独具特色的组成部分。与其重要性极不相称的是有关的理论研究与实践探索屈指可数，为此，从艺术院校学生党建工作存在的问题及成因入手，在深入剖析其重要性和特殊性的基础上，以"党要始终代表先进文化的前进方向"为理论背景，以"科学发展观"为指针，用"社会主义核心价值体系"为引领，提出能开创艺术院校学生党建工作新局面的对策和构想。

关键词：新形势　艺术院校　学生党建工作　对策研究

在第二十次全国高校党建工作会议上，教育部党组书记、部长袁贵仁强调："高校党建工作要紧密结合新形势，坚持以社会主义核心价值体系为统领，以创先争优为民服务为抓手，以迎接和学习贯彻党的十八大为主题，认真落实高校党建工作新任务。"① 在学习科学发展观、创先争优、学习型党组织建设的新形势下，高校学生党建工作面临着新的挑战和新的任务，需要走出一条适合新形势下的高校学生党建之路。

高校学生党建工作是高校以改革创新精神推进党的建设的重要举措。在全国高校党的建设工作会议上，李源潮同志强调："要继续加强学生党支部建设和在大学生中发展党员工作。充分发挥大学生党员在学习生活、班级活动、学生社团中的先锋模范作用，高度重视发挥大学生党员在网络虚拟群体等新型大学生组织

---

① 第二十次全国高校党建工作会议闭幕，袁贵仁出席会议并作总结讲话，教育部，http://www.moe.edu.cn/publicfiles/business/htmlfiles/moe/moe_838/201201/129117.html。

中的积极作用。"① 要保持党的先进性，保障党的事业长远发展，必须加强学生的党建工作，创新工作路径，在学生中培养和造就一大批坚定的马克思主义者，更好地促进学生党建工作的开展。"艺术院校学生的党建工作有其自身特色，具有极大的挖掘潜力。"② 因此，面对当前艺术院校学生党建的新情况、新要求，结合艺术院校学生党建工作的实际，突破传统思维定式，建立适合艺术特色、更具活力、更贴近实际的艺术院校学生党建工作的有效路径，以便更好地促进艺术院校学生党建工作的开展。

一、加强艺术院校学生党建工作的必要性和重要性

改革开放三十多年以来，在面对新形势、进行新改革的过程中，"我国艺术院校学生党建工作在继承和发扬优良传统的同时，不断开拓创新，探索和积累了大量的宝贵经验，较好地实现了高级艺术人才培养'灵魂'工程的目标"③。在成绩面前，我们必须清醒地认识到实际工作中艺术院校学生党建工作存在的困难和问题。新形势下，对高等艺术院校学生党建工作的对策研究是十分必要的，也是十分重要的。

第一，适应新形势下培养德艺双馨的专门艺术人才的需要。

改革开放三十多年的时间里，我国艺术院校学生党建工作较好地实现了高级艺术人才培养"灵魂"工程的目标。新世纪近十几年的时间里，国际局势虽总体趋于缓和，但多种社会思潮的冲击和西方势力的立体渗透始终没有减弱，恐怖分子和分裂势力始终没有停息，边境和领土争端时有发生。同时，随着近几年来的高校扩招，给艺术院校的教育管理增加了难度，就业形势日益严峻，维护安全、稳定的工作压力增强。因此，在新的国际国内形势下，思考和探寻高等艺术院校学生党建工作的思路与对策是党建工作与时俱进的需要，也是党建工作改革创新的体现，更是培养德艺双馨艺术人才的必然要求。

第二，实现党始终代表先进文化前进方向目标的必然要求。

---

① 《以改革创新精神推进高校党的建设》——李源潮同志在第十六次全国高校党的建设工作会议上的讲话，http: //jgdw. seu. edu. cn/s/9/t/26/0e/b0/info3760. htm。

② 朱锦秀：《论艺术院校大学生党建工作创新的有效路径》，载于《思想理论教育导刊》2011 年第 2 期，第 111 页。

③ 朱锦秀：《论艺术院校大学生党建工作创新的有效路径》，载于《思想理论教育导刊》2011 年第 2 期，第 111 页。

"文化是滋生艺术的土壤，文化的倾向性可以通过艺术表现出来。"① 艺术院校作为培养中国特色社会主义艺术专门人才的"桥头堡"，是艺术的阵地，也是文化建设的前沿。艺术院校担负着继承传统文化和发扬民族艺术的重任，因此，学生党建工作要坚持"有中国特色的社会主义文化"的价值核心原则，努力把艺术人才培养和文化建设结合起来，使艺术人才成为体现时代精神和满足社会发展需要的人。

第三，体现了坚持科学发展观，深刻领会基层组织建设的重要性和可持续性。

科学发展观第一要义是发展，核心是以人为本，基本要求是全面协调可持续性，根本方法是统筹兼顾。加强高校学生党建工作，为社会的发展培养思想和素质都过硬的人才，为中国特色社会主义的精神文明建设培养坚实的后备力量。在创先争优活动的带动下，结合科学发展观开展学生党建工作，培养有创新精神和具备可持续发展的高级艺术人才，是艺术院校学生党建工作的必然趋势。

第四，高校建设社会主义核心价值体系，建立大学生正确价值取向的客观要求。

"建设社会主义核心价值体系，是我们党在思想文化建设上的重大理论创新和重大战略任务。"② 党的十六届六中全会通过的《中共中央关于构建社会主义和谐社会若干重大问题的决定》指出：建设社会主义核心价值体系，形成全民族奋发向上的精神力量和团结和睦的精神纽带。中共十七大报告也指出：建设社会主义核心价值体系，增强社会主义意识形态的吸引力和凝聚力。面对文化多样化、价值多元化的社会现实，结合艺术院校大学生的特殊性，探索和加强大学生党建工作是认真理解和掌握社会主义核心价值体系的科学内涵和精神实质的基础，也是使大学生成为践行社会主义核心价值体系的先锋和模范的重要保障。

二、高等艺术院校学生党建工作出现的新情况、新问题

当前艺术院校学生党建工作总体良好，学生党员的主流积极向上，思想观念端正健康，学生党支部工作得力，各项组织活动有序开展，党组织在学生中的影

---

① 朱锦秀：《论艺术院校大学生党建工作创新的有效路径》，载于《思想理论教育导刊》2011 年第 2 期，第 112 页。

② 中共云南省委宣传部：《当代大学生核心价值观读本》，云南科技出版社 2011 年版，前言。

响和威信日益提高，学生党员的规模和质量都有显著提升，学生党建成果喜人。但是，我们也要清醒地认识到艺术院校学生党建工作中存在着不适应改革开放和市场经济形势的要求和做法，一些问题值得注意。

（一）艺术院校大学生的特点分析

按培养学生内容的不同，高校主要分为综合类、师范类和艺术类等。与其他院校大学生不同，艺术类大学生由于专业学习的特殊性，有其自身的鲜明特点，这也对该群体产生了"双刃剑"的效应。

1. 非功利的感性追求，艺术思维活跃敏感，但缺乏理性思考，理想信念稳定性差

艺术类大学生情感丰富细腻，好恶分明，对喜好事物呈现出非功利化追求的倾向，崇尚艺术自由。但同时他们思维活跃，缺乏深度和稳定性，为艺术自由而放荡不羁，对外界刺激较敏感，易受环境干扰和情绪影响，容易偏激也容易受挫。

2. 自我意识强烈，艺术创造性强，但集体主义观念不强，缺乏纪律的约束性

艺术专业教学通常采用单元制教学，一般无固定教材，创造性和随意性较大，且考核标准无绝对的统一。艺术作品是个人灵感、创意的自由体现，创作过程是独立完成。这样的教学模式与创作习惯使学生性格更趋独立，培养了学生的自主能力和创造性，但也导致了学生以自我为中心，追求"为艺术而艺术"，也导致了他们集体观念、团队合作意识相对淡薄，组织纪律、自我约束能力较差，缺乏全局意识。

3. 注重专业学习，艺术专业能力凸显，但文化基础薄弱，综合素质相对薄弱

艺术类学生对专业学习的兴趣浓厚。具有较强的艺术技能，这方面特长大多是从小培养。由于艺术学习牵扯的时间和精力颇多，他们往往忽略对文化课的学习和综合素养的培养，造成艺术类大学生偏科严重，为此，知识面窄，文化功底薄，考虑问题缺乏思想深度，思辨性弱。

（二）艺术院校大学生党建工作的新情况、新问题

在党建工作的新形势下，结合艺术院校学生的特殊性，其党建工作面临着新情况和新问题。

1. 基层党组织主动意识不足、重视程度不够，学生党建工作缺乏深入性和系统性

艺术院校与其他综合类大学有同样的一点，就是重教学科研和学习成绩指标，轻思想政治工作和思想政治指标，在一定程度上和一定范围内存在教学与思想"失衡"的现象。在此环境下，部分学生党组织党建工作只在完成上级党组织规定的形式和内容要求，不愿主动从学生党建工作实践中提炼经验、总结不足，不能积极创新学生党建工作的形式和内容，不善于统筹安排学生党建教育工作和学生党组织活动，不能有效改善学生党建中长期存在的重组织发展、轻党员培养，致使党建教育效果难以有效提升、学生党组织缺乏活力、学生党员模范作用不明显等问题。

目前，艺术院校学生党建工作基本上是实行由各二级学院（系）分管学生工作的党总支书记具体负责，党员、辅导员参与的院系和班级一条线的工作体系。而在实际工作中，"二级学院（系）的党总支书记忙于日常事务，无法将学生党建工作力量和思想政治工作力量统一协调起来，形成合力，也无法将学生党建工作和学生思想政治工作进行通盘考虑和安排，把工作做细做扎实"。基层党组织对学生党建缺乏指导和帮助①，安排党员教师担任的学生入党联系人，由于种种原因，也难以落到实处。

2. 活动形式创新不足、组织生活单一，学生党组织缺乏凝聚力和影响力

学生党组织活动普遍缺乏创新，活动局限于党员发展会议、组织生活会、内部理论学习、简单的实践活动等形式；活动成员相对封闭、形式较为单一、内容比较单调，导致学生党组织缺乏凝聚力和影响力。"部分学生党员参加组织生活像走过场，只参与不组织、只参加不发言、只记录不思考，能力得不到提升、情感得不到交流、思想得不到升华，对其他党员也只认识不了解，对党组织没有归属感。"② 很多普通同学不了解学生党组织开展了哪些活动以及活动的意义，"只在此山中，云深不知处"，感觉不到学生党组织应有的位置和模范作用。艺术院校学生工作系统每年组织的文艺类活动数量较多，而面向全体学生的学生党建主题活动却较少，导致党建工作缺乏吸引普通学生主动了解、深入思考和参与实践

---

① 刁元斌：《构建高等院校学生党建工作长效机制初探》，载于《武汉职业技术学院学报》2004 年第 4 期，第 12 页。

② 陈殿青：《高校学生党建工作的问题分析和对策建议》，载于《出国与就业》（就业版）2011 年第 20 期，第 190 页。

的兴趣点。

学生党员的组织生活会大多集中在新党员的发展和预备党员的转正工作上，较少涉及学生党员自身的教育和管理，致使部分学生党员的使命感强烈，而具体责任感淡化。因此，"艺术院校的学生在学习上往往表现出组织观念不强，在生活中表现出散漫的特征。由于党组织生活形式的单一、枯燥、效果不理想，再加上专业学习的特点，他们对党的组织生活表现出不满情绪，甚至是逃避"①。

3. 部分大学生党员的党性观念不强、觉悟不高，不能充分体现共产党员的先进性

由于受到诸如"艺术远离政治"、"艺术是非功利性的"、"艺术是自由的"等传统艺术观的影响，以及重学术功能、轻政治功能的文化氛围的熏陶，艺术院校大学生普遍存在不关心政治，甚至厌烦政治的心理。此外，由于批判性的思维和较为敏感的洞察力，多数艺术生对社会不良现象的反应过于剧烈，对思想政治教育有较强的逆反情绪，甚至认为思想政治课根本不需要上，有不少学生党员只注重专业的学习，而忽视政治理论水平的提高。

因此，很多艺术院校学生党员的马克思主义理论素养还不够。"有的大学生党员政治敏锐性与鉴别力不够强，容易受社会上不良思想的冲击而动摇共产主义理想信念，在是非之间容易摇摆不定，在关键时刻立场不够坚定，政治信仰尚未形成坚韧性和稳定性；有的道德观念向自我倾斜，单纯注重自我价值的实现，缺乏奉献精神，违背党的宗旨；有的进取心和责任感不强，缺乏艰苦奋斗精神和勤俭节约作风，在日常的学习和生活中，缺乏带动和团结广大同学的能力，难以在大学生中发挥应有的先锋模范作用。"②

4. 学分制和宿舍公寓化，制约学生党员的思想交流和模范作用

"高校学生党建工作面临两大方面的挑战，即逐步实行完全的学分制，学生宿舍公寓化。这两大变化给高校学生党建工作提出的最大难题是原有党建工作的组织载体——行政班级淡化，学生以班为单位的荣誉感消失，以班级为主体的教学、实践、文体活动相应减少。"③ 这就导致学生之间的接触交流将更多地在宿舍中进行，甚至许多相邻的学生宿舍呈现"老死不相往来"的趋势。在这种情

① 吴爱邦：《艺术院校学生党建工作探讨》，载于《学理论》2009年第2期，第106页。
② 李志琴、肖芳：《浅议新形势下高校学生党建工作的有效途径》，载于《当代教育论坛》（管理研究）2010年第11期，第67页。
③ 李志琴、肖芳：《浅议新形势下高校学生党建工作的有效途径》，载于《当代教育论坛》（管理研究）2010年第11期，第67页。

况下，艺术院校学生党员忙于校内外的展演活动，学生党员个体之间交流就更少，先锋模范作用在班集体中体现得就不够明显。

5. 在党员发展上，艺术院校党员发展规模和质量受到发展制度的制约

首先，党员的年级构成不合理。主要是高年级党员多、低年级党员少；预备党员多、正式党员少；一、二年级发展慢，三、四年级发展快。这不能够适应学生的进步和学校党的事业发展。其次，发展党员的标准偏重于专业学习能力，忽视了发展对象的政治能力——政治觉悟、政治方向、政治立场等方面。这主要表现在发展党员往往看重学生的学习成绩和专业能力，导致党员专业素质较高而社会主义、共产主义理想信念淡薄，结果漏掉了一大批专业成绩不理想，却一心想为党的事业作贡献的学生。最后，入党介绍人的制度不够规范严肃，影响党员发展的质量。有的党支部对于入党介绍人选择的随意性较大，入党介绍人与发展对象的日常联系不够密切，对发展对象的教育力度不够，不少发展对象在党支部会议上才知道自己的介绍人，最终使入党介绍人成为一个"摆设"、"聋子的耳朵"。

三、艺术院校大学生党建工作的对策

（一）加强新生入党知识教育和理想信念教育，激发入党的积极性

利用好新生入学教育这一阶段，抓好艺术类学生入党教育工作。一方面，对新生进行入党知识教育和入党程序说明，由院系主要党政领导集中给新生进行党建和思想政治教育工作的教育，同时请优秀党员、优秀毕业生讲自己的成长过程和对新生的希望。由学生支部书记讲解入党程序和发展党员的基本要求，如"如何写入党申请书"、"为什么要入党"、"如何端正入党动机"等。另一方面，加强艺术院校学生理想信念、社会主义核心价值观教育，由辅导员和班主任及时指导开展各项班级活动，带领学生进行拓展训练，增强学生的集体荣誉感和集体主义观念，矫正学生盲目的个人主义思想和自私自利的品行。通过这些让学生能够在活动中、在教育中培养入党的积极性，引导大学新生积极向党组织靠拢。

（二）重视入党积极分子的培养，创新方法，做好入党动机教育

入党动机是一个人要求入党的出发点和落脚点，是支配一个人在要求入党过程中思想和行为的内在动力。重视入党积极分子的培养，要以入党动机教育为切

入点，通过教育和制度来端正入党积极分子的入党动机。对于递交入党申请书，确定为入党积极分子的同学，要及时送党校学习，利用党校课程和专题讲座让学生加深对党的认识，帮助入党积极分子从思想上端正入党动机。同时，在实践上，要组织入党积极分子承担班级、院校和社会等方面的工作，通过承担各方面的工作、开展各种形式的服务活动等，在活动中锻炼他们、考验他们，培养和增强他们的社会责任感，让入党积极分子在大学的学习和生活中践行"全心全意为人民服务"的宗旨和体现"社会主义核心价值体系"的思想，让入党积极分子从思想和行动上都感受到作为一名党员是光荣而神圣的，逐步达到思想和行动都入党。

（三）坚持走群众路线和民主原则，严格规范党员发展程序

抓好源头，是发展大学生党员的关键。一是按照《党章》的要求，严格执行党员标准。结合艺术类大学生的实际，制定定性和定量相结合、思想品德与学业成绩并重的新党员发展细则，从入党动机、思想品德、学业成绩、社会工作、先锋模范作用等方面综合考核；二是要规范党员发展程序，发展党员要坚持走群众路线。党员的发展采用"两上两下"和"一公示"的方法。"两上"就是确定入党积极分子考察对象由团支部推荐，确定重点发展对象由团支部民主评议；"两下"就是入党积极分子的名单向师生公布，重点发展对象向班集体、党内外师生征求意见；"一公示"就是坚持公示制度。在发展新党员前广泛征求党内外群众的意见，向全体师生公示。党员的发展坚持走群众路线，发展程序规范化，会有力地保障大学生党员队伍的质量。

（四）充分重视学生入党后的教育工作，确保党员队伍的纯洁性

认真做好学生入党后的继续教育工作，保证党员队伍的纯洁性。第一，要切实抓好组织生活。定期进行有质量的组织生活，定期召开组织生活会，通过开展党的理论知识学习、《党章》学习小组活动、十分钟"党课"学习、座谈会、撰写思想汇报等思想教育、主题实践活动等形式，及时掌握学生党员的思想动态，提高学生党支部战斗力的基本保证。第二，要在学生党员中树立良好的党风。开展批评和自我批评，有针对性地对学生党员给予引导和帮助，加强党员对自己的要求。第三，要接受群众的监督。把学生党员身份亮出来，让党员时刻接受群众监督，不断强化党员意识，时刻牢记党员身份，使其在学习、生活、工作等方面真正起到模范带头作用，确保党员队伍的纯洁。

（五）做好大学生党员的管理，建立学生党建工作的长效机制

《中共中央关于加强和改进新形势下党的建设若干重大问题的决定》告诫全党必须牢记："党的先进性和党的执政地位从来都不是一劳永逸、一成不变的，过去先进不等于现在先进，现在先进不等于永远先进。"① 所以要做好大学生党建工作的长效机制，让学生党员践行自己的入党誓言，发挥先锋模范作用，实践全心全意为人民服务的宗旨，成为大学生思想政治教育和构建和谐校园的生力军。

1. 落实"三会一课"制度

通过最基本也是最重要的——"三会一课"健全党的组织生活，增强党员的组织观念，加强大学生党组织建设。教育和引导学生党员要以理性的思维清醒认识世情、国情、党情和民情，做好思想政治教育工作，从而使他们对党的认识系统化、理论化、深刻化，将共产主义信念自觉转化为实际行动，加强对自身的要求。

2. 实行大学生党员亮身份制度

在大学生党员活动室、大学生公寓等场所开辟学生党员公示栏，接受全体师生的监督。开展大学生党员一年一度的"三评议"活动：一是学生党员的自我评议，二是学生党员所在宿舍、班级同学的评议，三是支部党员的民主评议，并按照3:3:4的比例形成党员的年度民主评议分数，使大学生党员养成乐于接受监督、严于律己、模范带头的良好习惯，促进大学生党员成长成才。

3. 实行"一帮一"活动，增强学生党员的责任感和服务意识

一名学生党员与一间宿舍的同学或与一名困难学生建立"一帮一"关系，使大学生党员广泛联系群众，开展宿舍文化建设，力所能及地帮助困难同学，协助支部培养入党积极分子，同时积极传播党的主张，主动用党的先进文化占领大学生的思想阵地，在大学生中构建起一个强大稳固的党群关系网。

四、结　语

高校是培养高素质人才和中国特色社会主义事业接班人的重要阵地，强化新

---

① 《中共中央关于加强和改进新形势下党的建设若干重大问题的决定》，http：//www.bcu.edu.cn/adt/view.asp？link=/news/20101222/7953.xml&style=view。

形势下高等艺术院校党组织对学生党建工作的领导既是历史重任，也是组织发展的必然要求。胡锦涛同志在"七一"重要讲话中指出，我们党目前面临着"执政考验、改革开放考验、市场经济考验、外部环境考验"四大考验，同时还面临着"精神懈怠的危险，能力不足的危险，脱离群众的危险，消极腐败的危险"四大危险。因此，我们应充分认识新时期加强高校学生党建工作的重要意义，面对新形势给艺术院校学生党建工作提出的新要求，要勇于探索和创新，不断总结新的经验，立足以人为本，树立科学的发展观，建设社会主义核心价值体系，努力开拓高校学生党建工作的新思路、新途径，通过切实可行的措施和办法，更有效地做好学生党建工作，不断增强党的生机和活力，提高党建工作的科学化水平，为社会主义事业培养出更多的建设者和接班人。

参考文献：

［1］中共云南省委宣传部．当代大学生核心价值观读本［M］．昆明：云南科技出版社，2011．

［2］陈殿青．高校学生党建工作的问题分析和对策建议［J］．出国与就业（就业版），2011（20）．

［3］朱锦秀．论艺术院校大学生党建工作创新的有效路径［J］．思想理论教育导刊，2011（2）．

［4］李志琴，肖芳．浅议新形势下高校学生党建工作的有效途径［J］．当代教育论坛（管理研究），2010（11）．

［5］刁元斌．构建高等院校学生党建工作长效机制初探［J］．武汉职业技术学院学报，2004（4）．

（赵继华，副研究员，艺术文化学院党总支书记，主要从事高校党务工作和学生思想政治教育工作）

28 寸树声乡村教育实践中的"整体教育思想"探析①

李豫凤 邵维庆

摘　要：寸树声是云南近现代教育史上著名的教育家，20 世纪 40 年代他在腾冲和顺乡开展了卓有成效的乡村教育实践活动，"整体教育思想"贯穿了他整个乡村教育实践的全过程。文章分析了其"整体教育思想"的内涵，并阐述了具体表现：教育对象及育人目标的整体观；兴办教育的整体观；教育管理的整体观；教学内容的整体观；学校教育与乡村改造同构的整体观。

关键词：寸树声　乡村教育　整体教育思想

寸树声（1896—1978），字雨洲，云南腾冲和顺人。近代著名爱国民主人士、教育家。1940 年，他在云南腾冲县和顺乡创办了著名的华侨学校——益群中学，并于 1940 年至 1942 年 5 月和 1944 年至 1949 年开展了卓有成效的乡村教育实践活动，极大地促进了和顺乡的经济、文化和社会的发展，在云南近现代教育史上具有重大的意义和影响力。

在寸树声的乡村教育实践中，"整体教育思想"贯穿了他整个乡村教育实践活动的全过程。

一、乡村教育与教育思想

乡村教育也称农村教育。广义上的乡村教育是指对"城市以外广大农村普通

---

① 本文为云南省教育厅科学研究基金项目"寸树声乡村教育思想与云南边疆农村教育问题研究"成果之一，编号 090303。

农民受教育的权利、地位、作用的一种教育价值观或心理趋向"①。狭义的乡村教育指 20 世纪二三十年代的乡村建设运动，它"以农民为教育主体，以整个农村为教育场所或舞台，以民族再造与乡村建设为教育目标，以适应实际生活、改良实际生活、创造实际生活为教育内容，以家庭、学校、社会合一之综合方式为施教方式，组织运用导生制②办法完成综合活动，实现乡村建设，进而实现整个社会的改造和重建。其实质是在我国一步步沦为半殖民地半封建社会后，在帝国主义、封建主义和官僚资本主义三座大山的压迫下，农村自给自足的自然经济逐渐遭到破坏，民族危亡日益严重的背景下，中国的知识领袖和知识精英们为了实现中国农村的现代化而设计出种种改造中国农村的方案"③。本文研究的是狭义的乡村教育，即指民国时期的近代乡村教育。

教育思想是指人们对人类特有的教育活动现象的一种理解和认识，这种理解和认识常常以某种方式加以组织并表达出来，其主旨是对教育实践产生影响。教育思想具有实践性和多样性、历史性和社会性、继承性和可借鉴性，以及预见性和前瞻性的特征。④

综合分析寸树声先生在 20 世纪 40 年代腾冲和顺乡村教育实践的诸多具体内容，可以从许多具有内在联系的个别事例中归纳出它们所共同的特性，从而得出一个一般性的原理——寸树声乡村教育实践中的"整体教育思想"。正如毛泽东同志在《矛盾论》一文中指出的："我们承认总的历史发展中是物质的东西决定精神的东西，是社会的存在决定社会的意识；但是同时又承认而且必须承认精神的东西的反作用，社会意识对社会存在的反作用，上层建筑对于经济基础的反作用。"因此，"整体教育思想"作为寸树声先生的教育哲学，从其乡村教育的具体实践中来，体现着寸树声乡村教育实践具体内容的根本规律，体现着其乡村教育实践活动的共性，又对其乡村教育实践活动具有指导意义，并且始终贯穿于其整个乡村教育实践的全过程。

---

① 苗春德：《中国近代乡村教育史》，人民教育出版社 2004 年版，第 42 页。
② 笔者注："导生制"指的是选拔思想政治素质好，学习成绩优秀，有较强工作能力的学生义务协助班主任对低年级学生在思想、学习、生活等方面进行引导帮助和组织管理。
③ 苗春德：《中国近代乡村教育史》，人民教育出版社 2004 年版，第 42 页。
④ http://baike.baidu.com/view/1608192.htm。

二、寸树声乡村教育实践中"整体教育思想"的内涵

第一，"整体教育思想"是寸树声乡村教育实践的教育哲学。整体是与部分相对的，它是指由若干对象组成的具有对象在分离孤立状态时所没有的新质的统一体。整体从紧密到松散，有不同的类型，组成整体的各部分之间不同的联系状况，对整体类型的形成有重要的影响。系统整体是整体的理想类型。系统整体所具有的质不同于系统各要素具有的质，整体大于它的各部分的总和。"就教育哲学来说，它应该从整体的角度来全面地规定教育生活的基本价值与活动形式。它必须对某种生活方式加以批判，为新的生活方式的合理性与合法性进行辩护与阐释。"① 之所以把寸树声先生乡村教育实践的哲学思想归纳为"整体教育思想"，是因为"整体教育"是其乡村教育活动的基本价值观。"整体观"在寸树声先生制定益群中学的教育目标、乡民"全民办校"的兴办学校策略、学校教育管理中的资源整合、教学活动中的"一体化"制度等方面都有充分体现。同时"整体教育"的观念始终规定着其乡村教育实践活动的各个方面。由于学校和社会是一个整体，寸树声乡村教育实践中特别强调学校教育、社会进步、公共事业、经济发展、环境保护、改进乡风、革除陋习之间的统一性；由于教育和生活是一个整体，寸树声乡村教育实践中又特别突出教育的实践特色；由于学校内部是一个整体，寸树声乡村教育实践中还特别注重教育管理体制机制的合理化改进以及教学内容的有机配置。

第二，"整体教育思想"是寸树声乡村教育实践的指导思想。寸树声先生坚持乡村教育的整体观，体现在他始终坚持乡村教育的系统观和效益观，使腾冲和顺乡村教育形成一个良好的系统，不断提高乡村教育的成效。寸树声出任益群中学校长后，想方设法充分协调多种资源，扩大多方面的教育影响，调动多方面的积极性，使和顺乡村教育形成一个有机的系统，使校内外、乡内外、国内外各种因素发挥整体的影响，以提高益群中学教育教学的成效，有效地促进学生健康成长和全面发展。

第三，"整体教育思想"是寸树声乡村教育实践的具体行动。整体观不仅是一种观点，也是行动。有整体观，又要经由行动达到整体才是至仁至爱。换句话说，整体观首先是指从全局考虑问题的观念，同时又是指观察事物、解决问题能

---

① 周浩波：《教育哲学》，人民教育出版社 2000 年版，第 9 页。

着眼于全局的一种心理能力和行为能力。

　　寸树声先生一直致力于使和顺乡村教育真正具有整体性。他不仅有系统、整体的思想，形成了乡村教育的整体观，并努力实践这些观念：学生的发展是整体的、全面的，学校教育应注重整体性和全面性；学生日常教育中的各项活动都对学生发展有重要的价值，应有机地整合各项活动，努力提高各项活动的整体成效；乡村教学课程的内容可以相对地划分为一些领域，应充分挖掘和利用各领域的内在联系，对课程内容进行合理的、有效的整合；益群中学、村民家庭及和顺乡都有丰富的教育资源，应充分发挥各种教育资源的整体性影响；乡村教学的方法、形式及手段丰富多样，应有机、综合地利用这些方法、形式和手段。

三、寸树声乡村教育实践中"整体教育思想"的内容

　　综观寸树声先生两年半的腾冲和顺乡村教育实践，其"整体教育思想"体现在教育方针、教育目标、办学思路、教育管理、教学内容以及学校教育与乡村改造同构等几个方面。具体来说，寸树声乡村教育"整体教育思想"的内容包括以下五个方面：

　　第一，教育对象及育人目标的整体观。在受教育对象方面，寸树声先生强调教育的公平性，期望所有的受教育者都有学习的机会，并为此采取了多种措施。"采取通学制度，则除书籍文具之外，很少有其他耗费，每年小学毕业的男女学生几乎都有升学的机会"①，"创建益群中学的主要目的，既使本乡小学生有全部升学的机会，又便利旅缅华侨子弟及邻近乡村学生的入学，所以我们第一，把入学试验（注：考试）的标准尽量降低，将月考考试逐渐加紧的严格举行；第二，将学费金额，降到最低限度，将免费、半费，奖学金的范围尽量扩大，希望在不久的将来，使这学校成为完全的公费学校，至少成为除富裕者外不收学费的学校"②。在育人目标方面，寸树声先生主张乡村学校教育的目的应该是培养"优秀的知识的学习者和优秀的生产者"新型人才，突出了人才培养既重视知识教育又重视能力锻炼的整体性育人观念。

　　第二，兴办教育的整体观。腾冲和顺乡有举全乡之力兴办学校的传统。益群中学的创办建立在早年和顺乡旅缅华侨"崇新会"开办的乡村教育基础上，是

---

① 见寸树声《两年半的乡村工作》。

② 见寸树声《两年半的乡村工作》。

一所私立学校，它的基金是募捐而来的。寸树声出任该校校长后，继承了和顺民间办学的传统，并将之发扬光大。除了"崇新会"组织会员上交助学费用外，为筹措更多的办学经费，寸树声先生还亲自在 1941 年利用暑假前往缅甸募捐。同时，在兴办教育的全过程中，寸树声先生非常重视从全国范围内吸引和招聘高水平教师前往益群中学担任教员，努力为学生提供良好的师资。举全社会之力办学、从海内外筹措经费、面向全国招聘教师，这些举措都是其办学思路整体观的具体表现形式。

第三，教育管理的整体观。在教育管理体制方面，益群中学于 1940 年 3 月成立后，寸树声便着手取消了原来的小学校务、图书馆务两个委员会，撤销了原有的"委员会"制领导机构，将小学、中学、女子师范、图书馆四位一体，归并了不同种类的教育班次，建立"集约型"乡村学校。这不仅整合了各类学校的师资及图书等教学资源，便于学校实行集约化管理，有利于降低办学成本，使创办的新学校立足于更好的办学条件基础之上，还统筹了与"崇新会"投资举办的各类相关办学场所，有效地顺应了当地乡绅和村民的兴办教育愿望，为益群中学未来的管理体制创新奠定了坚实的组织基础。

在学制方面，寸树声先生根据和顺乡实际，倡导并实施了中小学一体化的"通学制度"，即中小学一贯制。小学生参加中学的一切课外活动，在品德、学业、纪律上都可以较早适应中学生活，为将来的中学学习打下扎实基础。小学生成绩优秀者可以跳级，也可以免试入初中。

通学制度首先减轻了村民一定的负担，有助于普及中学入学率。"采取通学制度，则除书籍、文具以外，很少其他耗费，每年小学毕业的男女学生几乎全部有升学的机会。"[1] "中学制服的颜色，是采用和小学制服同样的灰色，这是为使连缝制土布制服都感困难的学生，只要在他们原有的小学制服上配上一枚胸章，就可以符合学校的规定。我们不使学生的家庭为子女升入中学而须支出一笔制备衣履的费用。"[2] 其次，利于集中资源改善教学条件，保证教学质量，对学生的管理有明显效果。"对于小学课程和中学课程，即小学生的学力操行与中学生的学力操行的联系衔接上也有巨大的便利。对小学生我们告诉他们升入中学应有的操行上和学业上的准备，对于中学生我们要他们在操行上学业上做小学生的

---

① 见寸树声《两年半的乡村工作》。
② 见寸树声《两年半的乡村工作》。

模范。"①

第四，教学内容的整体观。寸树声乡村教育实践最显著的一个特点就是教学内容涉猎广泛，用立体式、综合化的知识结构熏陶和培育学生成才。寸树声先生深知德、智、体、美、劳全面发展对学生的重要性。在他的乡村教育实践中，他始终着力将学校建设为一个"智慧的果园"，培养学生良好的道德品质、深厚的学识、健全的体魄、高雅的情趣，努力使学生成为对社会有用的人，使学生"属于一定的国家一定的民族"。寸树声在益群中学时，高度重视对学生开展爱国主义教育，并时时引导学生在日常行为中培养爱国主义情怀。益群中学还开设"公民"课程，联系政治时事和新闻内容开展教育工作，寸树声先生亲自主讲该门课程，以培养学生良好的思想品行、社会公德心和社会责任感。此外，在国民政府规定的课程如国文、文法、算术、几何、代数、三角、英语、中国历史、外国历史、中国地理、世界地理、动物、植物、生理卫生、公民、图画、音乐、体育之外，为适应和顺乡旅缅经商实际需要，以及为国家储备外语人才，益群中学还开设了缅语、英语会话课。到1940年，益群中学不仅是当时全国中学首创，而且是唯一一家开设缅语课的学校。

第五，学校教育与乡村改造同构的整体观。寸树声始终把教育和社会看做一体，他的最终目的是要通过教育的影响达到社会的改造。学校教育与和顺乡乡村改造同构并同步进行是寸树声先生乡村教育实践的又一显著特征。办学之初，寸树声即确立了办学方针："乡村的学校应与社会打成一片，存在于社会内成为人民所爱护的指导中心，不应该使学校成为象牙之塔的存在，使学生成为高塔的与社会及生产脱离的特殊人物。"② 乡村教育的目的应该是养成在教室里和在图书馆里是优秀的知识的学习者，出了教室和图书馆又是优秀的生产者——一种新型的人才。在具体的办学实践中，寸树声提倡男女平等、重视女子教育，倡导开风化俗，引导村民更新观念；循序渐进、破旧立新，建设乡村新生活；在乡里组织学生上演现代话剧，丰富乡民精神生活；倡导读书，提高乡民的思想文化素质；重视和顺图书馆建设，为其成为全国最大的乡村图书馆奠定了重要基础；引领乡民破除迷信，革除积弊，培养乡民新思想，建设乡村新生活；恢复农林委员会，组织师生与村民一起疏通河道，兴修水利，修建桥梁，植树造林，发展渔业，亲自带领农民在和顺开创冬耕先河，带领乡民大力发展农业生产，促进乡村经济。

---

① 见寸树声《两年半的乡村工作》。
② 见寸树声《两年半的乡村工作》。

寸树声在和顺乡开展的一系列改良运动，对活跃农民思想、提高生产积极性起了巨大的作用，学生也在学校教育和乡村改造的互动中得到了锻炼和提高。

四、结　语

中国近代乡村教育运动是中国教育史上重要的一页。作为一位教育实践家和教育改革者，寸树声以高度的责任心，大胆的探索改革精神，致力于边疆农村的教育发展。在其整体教育思想中，他将乡村改造、乡村建设纳入到乡村教育中，提出许多合理的主张。在农村办学体制、运行机制、教育结构和教学内容与方法等方面进行改革探索，极大地调动了学生和农民参与农村社会生活的积极性，推动了和顺乡经济、文化和社会的发展。"从办学延续时间而言，有的乡村实验学校早已不复存在，寸树声创办的益群中学享誉海内外，已走过六十八年灿烂辉煌的历程，如今正在生气勃勃地发展壮大，万余名学生服务于人类社会的文明与进步事业……经过漫长历史的检验，证明寸树声先生的教育思想和教育实践是先进的，赶得上新时代潮流的。"[1]

（李豫凤，副教授，艺术学教研室主任，主要从事中国文学史及中国教育史研究；邵维庆，副教授，昆明医科大学人文学院党委书记，主要从事思想政治教育和少数民族婚姻家庭研究）

---

[1]　见尹文和《业绩卓著教泽流长》。

29 艺术教育在青少年健全人格塑造中的作用探析

熊 焰 朱旋旋

摘 要： 健全的人格是我国全面发展的教育中的重要内容，是青少年健康成长的必备因素，对青少年健全人格的培养是艺术教育中的重要内容，艺术教育能够提高青少年的审美和认知功能，陶冶其艺术情操与艺术审美能力，可以培养青少年的正确信念，增强其社会责任感，树立诚信意识，建立自信心。人格教育是一项长期的社会工程，各方面的实践都证明了艺术教育对人格素养提升有巨大的作用。

关键词： 艺术教育 青少年 健全人格 人格塑造

艺术教育是美育的主要形式，美育是我国全面发展的教育的组成部分之一。"美育的功能就在于引导受教育者的审美活动，满足他们的审美需要，促进他们的心灵美、语言美、行为美、形体美，增进他们的审美意识、审美能力，使他们为维护和创造美好的事物而做出不懈的努力。"[1] 而艺术教育作为美育中的重要形式，长期以来，人们都认为艺术教育的目的和意义就是提高青少年对美的感受能力和理解能力，培养对艺术的表现力和创造力，而忽略了艺术教育在青少年人格成长中具有特殊的功能，特别是目前我国青少年人格发展现状令人担忧。如何找到更多更好符合青少年心理需求的行之有效的方式，成为教育工作者不可回避的课题，本文就艺术教育与人格发展的关系、我国艺术教育和青少年人格现状作了概要性分析，并着重阐述了艺术教育如何发挥其特有的功能，在青少年人格成长中发挥其应有的作用。

---

① 王道俊、王汉澜：《教育学》，人民教育出版社 2004 年版，第 415 页。

一、人　格

（一）人格的概念

"人格"一词源自拉丁文"persona"。《中国大百科全书》（教育卷）一书中，它对人格的界定是："个人的心理面貌或心理格局，即个人的一些意识倾向与各种稳定而独特的心理特征的总和。"由此可见，人格是一种具有自我意识与自我控制能力，具有感觉、情感、意志等机能的主体。人格可以脱离肉体，离开人所处的物质生活条件而独立存在，人格是人所具有的同他人区别开来的独特而稳定的思维方式和行为风格。与人格相关的心理特征主要包括动机、情绪、态度、价值观、自我意愿等。从这个角度来看，通常人们会把人格视作性格的同义词，如欧洲的心理学家通常就喜欢用"character"（性格）一词来表示人格。从人格所具有的丰富内容我们能够得知，人格是个体成长的重要组成部分，对一个人的发展与完善具有重要的作用和影响。

社会生活的进步与信息时代的飞速发展，促进了世界各地文化的碰撞与交流，不断涌现的新事物、新思想、新观念等对人们的价值观、世界观产生了较大的影响，在传统和现代之间，在理想与现实面前，青少年往往会陷入内心冲突、思想矛盾的困境。特别是近几年，屡屡见诸报端的青少年学生自残自杀、杀父弑母、残害同学及动物的案件，几乎都能从当事人身上看到病态人格的特征。社会各方面都在为此而做出相应的努力，健全人格的塑造，既是个人身心健康成长的需要，也关系到现在和未来的劳动者素质的优化和社会的和谐发展。社会各方面都在为此而做出相应的努力，使青少年自身具备较高的人格特质、认知水平将成为非常重要的、有时甚至是人格成长的决定性因素。

但是我国青少年的人格发展状况还没能够完全适应时代发展的需要，在如何做好人格教育，如何利用行之有效的、最优的方式、手段和形式塑造青少年健全人格等问题方面，还有待更加深入的研究和积极的探索。

（二）人格是教育的结果

人格发展受家庭环境、生理因素、学校教育等诸多因素的影响，主要是后天社会各因素共同作用的结果。但是，人格主要还是教育的产物，并且是全面教育的产物。因此，我们在人格培养过程中，不仅要看到个体生物遗传的影响，还需要看到社会文化的决定作用，重视教育对人格发展的影响作用，这就离不开对人格的教育培养。就心理学角度而言，人格教育的意义是培养一个能够适应人际环境和社会环境的人。从整体上看，目前较大多数的青少年具备较高的人格素养，能够积极乐观地面对现实，追求自己的理想，但是处于青少年时期的个体，其思想、行为、观念等各方面都还不成熟，还不能形成准确的判断力和稳定的思维能力，因此，青少年的人格还需要不断地完善，需要通过教育手段提高其人格素养。

学校教育是青少年获取人格基本知识的主要途径，通过教育能够促使青少年掌握科学的理论，形成较为理性的思维，具备明确的动机和方向感，不断增强自身人格发展的能力和潜力。而艺术教育方式可以形象生动、科学多元地使青少年掌握这些知识并认识到人格的重要性。

二、青少年人格发展具有特殊性

青少年是祖国的希望，是新世纪的接班人，但是青少年作为特殊的群体，青春期作为特殊的人生阶段，青少年的价值观、人生观、世界观还不够成熟，思想观念、行为能力、思维方式等各方面的发展还很不稳定；面对时代和社会的变化，青少年在学习、就业以及情感等方面存在巨大压力，缺乏正确的判断和处理方式，还不能够树立积极健康的人生观、价值观和世界观。具体说来，青少年人格发展的特殊性主要表现在以下方面：

其一，青少年伴随自身生理上的逐渐成熟，心理也渐趋成熟，内心渴望摆脱成人的束缚，希望独立自主；其二，青少年开始进入自我关注阶段，关心自己和他人的内心世界，并能够从行动的动机和人格特征等方面来评价自己与他人的行为；其三，随着青少年价值观的不断变化，他们开始接纳更多更细致的行为规范、价值标准，也逐渐对自身的角色有了定位和认同，并开始喜欢独立思考和解决问题。由于青少年所处的特殊生理和心理成长时期，以最科学、最合理的方式塑造青少年的人格便成为教育中重要的一环，正确有效的人格教育是塑造青少年健全人格的有效途径。同时，在现代教育理念中，通过全面教学来塑造健全的人格既是教育的起点，也是教育的归宿。因此，作为全面发展的教育的组成部分，艺术教育是塑造健全人格的教育，这是艺术教育本身的宗旨所在，而且艺术本身所具备的性质与特点也决定了艺术教育在人格发展过程中的独特价值。

三、艺术教育与人格发展的关系

（一）青少年人格教育的现状

青少年关系着一个国家和民族的未来，关系着国家富强和民族复兴，关系着未来社会的建设和发展。伴随着社会发展和时代变革，社会中的许多不良因素渗透到青少年的日常生活和学习中，加上青少年的心理特点，很容易受到影响，尽管学校一直进行着思想政治教育工作，但单一的方式、方法、手段已显示出青少年的人格教育现状并不容乐观。

目前我国青少年的人格主要通过思想品德教育来完成，通过专门开设思想品德课程或定期举办道德讲座等形式，以理论形式灌输给青少年对健全人格重要性的认识，但枯燥的理论灌输对青少年人格素养的提高并未体现出较好的效果。另一方面，艺术已经渗入人类生活的各方各面，并开始成为人类生活和生存必不可少的一部分，通过艺术教育的手段来塑造青少年健全的人格也逐渐成为人格教育的一种方式，对社会大众，尤其是青少年进行艺术教育便具备了逻辑的合理性与必然性。学校大多都开设有音乐、绘画、舞蹈等艺术类课程，但这种依靠简单的技艺与能力培养的方式来完善青少年的人格发展，并没有充分发挥艺术教育的作用。而且，因为中国教育的"应试教育"特色，艺术教育未受到应有的重视，家长与社会普遍认为具备较高的科学文化水平才是一个合格的人才，因此，开展人格教育急需从青少年的实际需要出发，把艺术教育提高到理论和实践应用的高度，应当力求增强人格教育的实效性。

（二）艺术教育对人格发展的影响

艺术教育也具有广义和狭义之分。广义的艺术教育，指的是日常生活中，一切因为接触艺术作品、参与艺术活动而产生的艺术兴趣，从而获得艺术能力、提高艺术修养的活动。狭义的艺术教育，则是指"按照一定的社会要求，对受教育者所施加的一种有目的、有计划、有系统的艺术影响，学校是其主要的实施场所"[①]。我们通常所说的艺术教育指的是狭义的艺术教育。

早在我国的春秋时期，孔子就把诗、乐和礼并列为修身三要素。"兴于诗，

---

① 魏传义：《艺术教育学》，重庆出版社 1990 年版。

立于礼，成于乐。"（《论语·泰伯》）所谓"成于乐"指的是通过"乐"的"美"和"善"的感化作用，陶冶人的性情，从而教育人们成为"成人"，也就是成为具备健全人格的人。

我国近代著名教育家蔡元培先生十分重视美育，认为美育绝对不可忽视："按我国古时的礼乐二艺，有严肃优美的好处。西洋教育，亦很注重美感的。为要特别警醒社会起见，所以把美育特提出来，与体智德并为四育。"[①] 于是他大声疾呼，倡导美育，竭力主张把美育纳入教育方针。蔡元培认为教育的宗旨是养成"健全的人格"。

我国著名科学家钱学森就认为，音乐艺术不仅丰富了他的生活，而且使他的科研活动受益匪浅。

1995年6月，李岚清副总理在致"全国省市教委主任美育培训班"的信中指出："为了贯彻《中国教育改革与发展纲要》，全面贯彻教育方针，培养面向21世纪的优秀建设人才，就必须重视和加强学校美育与艺术教育，将艺术教育作为应试教育向素质教育转轨的途径之一。"

艺术教育对人格发展的影响主要体现在以下方面：

1. 艺术教育有助于提高人格认知

艺术作品的感性特征能够充分体现自然和人类生命、生活的关联性，艺术教育借助艺术作品，运用丰富的艺术形式帮助青少年认识自然、认识自我、认识社会，调动其学习兴趣与对周围事物的关注，提高青少年对自然、生活、社会的认知。例如通过绘画实践可以调动青少年丰富的想象力和联想能力，提高其对周围事物的观察能力与分析能力，不断提高其人格认知水平，提高自己的审美能力，陶冶艺术情操，以及对大自然、对生活、对人的热爱之情。

2. 艺术教育有利于完善人格特征

艺术活动有利于个体对右脑的开发，舞蹈、音乐、影视等艺术活动通过视觉、听觉、触觉等，调动右脑的积极性，通过具体生动的艺术形象，使青少年获取感性的认知，并潜移默化完善个性特征。例如通过舞蹈实践可以帮助青少年激发多种感知和思维，凭借这种直接的感性经验，用肢体语言、情绪感知、思维想象等架构起语言和非语言之间的桥梁，从而优化青少年个体的人格素养。通过个人的感悟、理解和鉴别，在接受艺术教育的过程中获得审美愉悦，受到真善美的熏陶与感染，得到思想启迪。在潜移默化中使青少年的感情、思想、理想与追求

---

① 《蔡元培美学文选》，北京大学出版社，第109页。

发生深刻变化，促进青少年道德的完善和智力的开发，有益于发展其感知、理解和创造能力，从而引导他们树立正确的人生观和价值观，培养具备完善人格特征的全面发展的人。

3. 艺术教育有益于激励人格发展

在青少年成长的过程中，由于理想和现实的冲突，自身心智的局限，难免会产生失望、沮丧、痛苦等消极情绪，从而阻碍其人格的发展。艺术活动有助于抒发个体的情绪与情怀，在艺术活动过程中，青少年通过亲自参与、思考、实践，把获取的知识养分充分吸收，促进和提高其思维能力，从而使青少年自省自励，推动其欣赏美、创造美的水平的提高，形成良好的个性品质。例如音乐实践，能够培养青少年对美的鉴赏能力，协调其审美感知和分析理解能力等心理功能，有益于排泄情感上的压抑感和束缚感，从而激励自己，获得生命和心灵的自由，获取更强的自信心。又例如很多影视作品对年轻人具有激励的作用，可以通过影视作品中塑造的正面、积极的人物形象感化、触动、提升青少年的内心情感和思想情操，推动青少年人格的积极健康发展。

4. 艺术教育有益于促进青少年的本性和情感的社会化

良好人格品质的形成，不能忽视情感、意志这些把认知转化为行动的中间环节的培养，这也是当前我国人格教育工作与德育工作的任务。在社会学中，"社会化"指的是个体在和社会的互动过程中，逐渐养成独特的个性与人格，从自然人转变为社会人，并通过社会文化的内化和角色学习，逐渐适应并融入社会生活，从而履行社会角色的过程。而良好的人格品质是个体社会化的结果，是知、情、意、行等要素的和谐发展与统一。

现代的青少年过分依赖科技手段，特别是互联网，在为教育对象提供良好机遇的同时，也对青少年产生了不良的消极影响，比如对现实生活缺乏必要的眷恋和关心，交往能力下降，导致他们疏离人际，情感也滞留在虚拟世界，网游成瘾，产生孤独、冷漠等心理和社会方面的问题，致使道德行为失范和对传统文化的冷漠，甚至诱发违法犯罪行为，影响健全人格的形成。艺术活动是感性活动，能使青少年在审美欣赏的过程中思考和反思，将自己经历的生活世界与内心世界转化为艺术世界，艺术活动能够呈现社会生活的深度和广度，有利于青少年把感性认知提升为社会化的理性经验，使个体将自身的自然属性与社会属性融合，从而具备本性和情感的社会化特征。

健康的社会环境是青少年本性和情感社会化的基础，对青少年健全人格的塑造会产生潜移默化的影响。我们在弘扬中华民族传统文化的同时，要加强对青少年的艺术教育,"古人能由《诗经》振奋兴起,能学礼以立身,能以音乐涵养其耳目,有舞蹈涵养其血气,所以古人成就人才容易"①。教育青少年面向现实和回归生活,培养自然明净的生活情趣和健康向上的审美观念,已成为当务之急。运用良好的艺术资源,采用新颖灵活的教育手段增强艺术教育的吸引力,提高艺术教育对青少年的价值引导力和人格影响力。

四、目前我国艺术教育的现状

(一)中小学学校艺术教育课程设置不完善

伴随 21 世纪经济全球化时代的到来,艺术教育在学校教育中推行并逐步发展起来,但是学校对青少年的艺术教育尚待系统化和不断完善,课程设置及教学方式多停留于单纯的技能训练。一些课程设置及课时安排的随意性比较大,并没有完全发挥艺术教育对健全人格塑造的功能。甚至在一些县级以下的学校,艺术教育课程形同虚设,无法上升到对青少年健全人格的塑造。

(二)家长对艺术教育的认知不准确

绝大部分家长认为学习科学文化知识是重要的,艺术教育只是为了培养艺术技能、业余爱好,有的家长甚至认为艺术活动是一种纯粹娱乐的消遣,是浪费时间。但是,艺术教育对青少年学生一生的人格成长具有积极作用,让青少年仅仅停留在科学文化知识的学习中,虽能够取得优秀的学习成绩,但会使其精神生活范围狭小,思路也有所局限,不能最优地发挥其潜能。健全的人格塑造需要活跃的思维、健康的心理,而"创造人格,是艺术的特长,一个受过崇高的艺术熏陶的人,人格亦随之高尚"②。

(三)社会对艺术教育的重视不足

社会上对艺术、艺术教育的重视普遍不足,即便对从事艺术教育、艺术表演的人而言,他们也是把艺术与人格、思想品德隔离开的。人们认为艺术教育是为了塑造高水平的艺术人才,即培养歌手、舞蹈家、画家等等,并不认为艺术教育

---

① 朱熹:《近思录》,宗教文化出版社,第 163 页。
② 俞玉滋、张媛:《中国近现代美育论文选》,上海教育出版社 1999 年版,第 271 页。

与人格塑造之间存在必然联系。也有人认为艺术教育只是针对对艺术感兴趣的人而进行的教育，并不是必须接受的教育。社会对艺术教育的重视不足，在一定程度上也使得艺术教育的推进滞后于艺术教育本该应有的功能及其发展。

五、重视艺术教育，全面塑造青少年健全人格

艺术作品生动形象，艺术活动于青少年喜闻乐见，艺术教育贴近青少年的现实，具有其他课程不可比拟的可操作性、实用性与显而易见的实效性，它对人格塑造具有显著的促进、提升和完善作用。而青少年优良人格的塑造和养成，是一个长期而复杂的系统工程，如何借助艺术教育的方式塑造青少年健全的人格？显而易见，这需要社会、学校、家庭与个体的全面配合、努力，并在以下四个方面作深入的思考和探索。

（一）改变观念，将艺术教育作为长期的健全人格培养的重要形式

1. 注重调动青少年自我发展的积极性

人具备自我选择和调整的能力，激发青少年的自主意识，调动其自我人格教育的主动性，"自我教育是一切教育的起点和条件，没有自我教育作基础，再好的他人教育也是外部因素，缺乏转变个人认同的内在条件"①。青少年具备一定的独立自主意识，家庭与学校可以通过书籍、影像等媒介的影响，通过名人事迹、校园宣传栏以及校园标语等，促使青少年调动自我的主动性和积极性，关注人格塑造，从优秀的思想观念中汲取影响，使其受到熏陶，激发青少年自我人格建设的主观意愿，调动其自我发展的积极性，主动地树立良好的人生观和价值观，并将之内化为自己的观念和思想。

2. 全社会应当把艺术教育列为青少年素质提升的重要举措

艺术教育是以人为中心的教育，它的目的是培养和提高人的素质，艺术教育对人类社会的影响是多元的，因此，通过艺术教育的审美功能可以提高审美能力，陶冶、提升人生境界，完善人性与文化心理结构；通过艺术教育的非审美功能，可以有效提高认知水平，寓教于乐，有助于提升青少年的素质，引导社会的文明和进步，全社会应当将之作为提升青少年素质的重要内容。通过各种艺术教育形式丰富青少年的精神生活，潜移默化，将对青少年人格的培养、素质的提升

---

① 苏霍姆林斯基：《给教师的建议》，教育科学出版社 1984 年版，第 298 页。

渗透于艺术教育之中。社会不能把艺术教育理解为娱乐式的吹拉弹唱，艺术教育是学校素质教育的重要形式，通过组织艺术活动，如红歌大赛、歌咏比赛、朗诵比赛以及其他节日艺术活动等，可以增强青少年对传统文化的认同感和自豪感，提高其文化鉴赏能力与文化素质。所以全社会应当把艺术教育列为青少年素质提升的重要举措，将对艺术教育的认识上升到有益于健全人格塑造的认知高度上来。

（二）完善制度，重视艺术教育课程设置

1. 从小抓起，将艺术教育渗透于基础教育

艺术教育以素质教育为最终目的，它并不以艺术活动作为谋生手段，而是为了净化青少年的心灵，提高其全面素质，使其在艺术活动中享受美好的人生。俄罗斯美学家尤·鲍列夫曾指出："如果说社会意识的其他形式的教育具有局部性质的话（例如，道德形成的是道德规范，政治形成的是政治观点，哲学形成的是世界观，科学把人造就成专家），那么艺术则对智慧和心灵产生综合性的影响，艺术的影响可以触及人的精神的任何一个角落，艺术造就完整的个性。"① 因此，应当在基础教育阶段加大艺术教育的力度，增加艺术教育的课时，用形象生动的形式，让青少年从小得到健全人格最基础的培养与塑造。

2. 大学艺术教育提倡优化学习环境

艺术教育是一项塑造青少年健全人格的长期工程，并非只有专业的艺术院校才有必要开设艺术教育课程，普通类高校也应当重视艺术教育，应当充分发挥学校文化艺术教育和人文教育的重要作用。第一，要改进学校的教学内容，提高教师的人格水平，发挥经典艺术作品的人格感染作用，歌德曾说："在艺术和诗里，人格确实就是一切。"② 教师是学生的榜样，目前，提高教师的人格素养，潜移默化地影响青少年一代是最有影响力的方式之一。第二，不拘泥于一种艺术教育形式，采取多元化的艺术教育手段。一方面，学校组织的诸如戏剧表演、音乐会、书法绘画大赛、诗歌朗诵等丰富多样的艺术活动，有利于增强青少年的艺术修养，培养青少年对艺术的热爱，促进其人格的和谐发展。另一方面，知名艺术家的讲座、著名艺术表演团的演出、高校之间联谊交流等诸多方式，既能够丰富青少年的艺术文化生活，还有益于推动青少年审美人格的发展。第三，加强艺术

---

① 北京大学哲学系美学教研室：《西方美学家论美和美感》，商务印书馆 1981 年版，第 44 页。

② 艾克曼：《歌德谈话录》，朱光潜译，人民文学出版社 1978 年版，第 16 页。

特有的影响力，比如音乐会、剧院、美术馆等媒介为艺术教育提供了广阔的空间和渠道，以多样化的途径将理论学习与实践结合起来，不断优化青少年的艺术教育环境，提高其人格教育的发展水平。

（三）加强协调青少年人格教育的政策环境

国家教育主管部门与地方教育机构等是推动青少年人格教育的重要部门，也是重要的保障。一方面，相关部门应当注重对人格教育的宏观引导，增强政策和制度上的重视与支持，通过有效的工作机制、推动课程改革等方式来落实学校的人格教育实施。另一方面，进一步增加在青少年人格教育、学校艺术教育等方面的各项投入，引进国内外优秀的人格教育理论，在师资、财力与物质上给予艺术教育一定的支持和政策倾向。

（四）呼吁社会增强对艺术教育的关注

健康的社会环境是青少年本性和情感社会化的基础，对青少年人格的塑造会产生潜移默化的影响。社会在强调科学文化知识教育的同时，还应当增强对艺术教育的关注度，加大对艺术教育的支持。因此，我们在弘扬中华民族传统文化的同时，要加强对青少年的艺术教育，"古人能由《诗经》振奋兴起，能学礼以立身，能以音乐涵养其耳目，有舞蹈涵养其血气，所以古人成就人才容易"[①]。运用良好的艺术资源，采用新颖灵活的教育手段增强艺术教育的吸引力，提高艺术教育对青少年的价值引导力和人格影响力。

总之，人格的塑造和培养是个体身心健康发展的需要，青少年是中国特色社会主义建设的接班人，对青少年健全人格的塑造关系着中国改革的顺利推进，有助于青少年适应急剧变化的社会并有效地为社会服务。艺术教育是提高青少年人格素养的重要渠道，通过艺术教育可以培养青少年人格完善的自我意识，艺术教育借助其本身的艺术作品能够影响、教育青少年，培养青少年的艺术审美能力，树立健全人格塑造的自信心，使其在人格的自我完善过程中不断成长，最终成为人格健全和完善的个体，成为新世纪的合格接班人。

参考文献：

［1］魏传义. 艺术教育学［M］. 重庆：重庆出版社，1990.

① 朱熹：《近思录》，宗教文化出版社，第 163 页。

［2］张进辅 . 青少年价值观的特点构想与分析［M］. 北京：新华出版社，2006.

［3］曾天德 . 大学生健康人格塑造导论［M］. 北京：中国社会科学出版社，2008.

［4］王少华 . 论人格教育［J］. 教学与管理，2002.

［5］王北生 . 教学艺术论［M］. 开封：河南大学出版社，2002.

［6］程春云 . 艺术教育概论［M］. 昆明：云南大学出版社，2009.

（熊焰，副教授，艺术管理教研室主任，主要从事艺术教育、艺术管理研究；朱旋旋，云南艺术学院艺术管理专业研究生）

30 新媒体视野下的国内艺术教育变革

吴婉婷

摘　要： 新媒体作为当下一种崭新的传播方式，为国内艺术教育带来了深刻的变革，在教育观念、教学方式和教学内容等方面产生了重要影响。在面临由新媒体带来的艺术教育发展契机的同时，我们更应重视随之而来的艺术教育地区差异化。

关键词： 新媒体　国内艺术教育　教育变革

随着工业社会的发展，当代艺术与科技结合日益密切，表现形式更加多元化。新媒体进入创作领域后，艺术表达媒介和传播媒介的改变，影响和改变了艺术家们的创作观念、创作技法，同时更为当代艺术教育提出了新的课题，带来了新的挑战。

相对于西方 20 世纪七八十年代就逐渐将新媒体引入艺术教育，国内相关艺术院校虽已认识到新媒体在艺术教育中扮演的重要角色，但较少对这一课题进行深入研究，教学过程中的教育理念、课程设置、教学方式等方面依旧在延续传统，并未充分意识到新媒体对艺术教育带来的深刻变革。

本文旨在探讨新媒体为国内综合性艺术院校的艺术教育带来的影响和思考，在多元文化背景下充分发展艺术教育的同时，也应正视伴随新媒体而来的艺术教育的地区差异化。

一、新媒体内涵

对于新媒体的界定，当下学界众说纷纭，我们有必要先将"新媒体"与一些易混淆的概念加以区分。首先，新媒体不同于传统传播载体和平台，它具有高度的交互性。其次，新媒体已走出 web1.0 的网络阶段，进入了 web2.0 的时代。

这意味着新媒体不是简单地局限于下载、搜索和浏览,更多的是上传、分享和建造链接关系。在新媒体视野下,学生不仅是艺术教育的接受者,也可以成为艺术教育活动的参与者。

"新媒体"可以这样认识:首先,"新媒体"的"新"是一个相对概念,是相对于一定的时间阶段、一定的技术发展程度的"新",并非静止而固定。其次,新媒体是以计算机技术中的数字技术作为基础,所传播的信息可以实现无限复制。再次,新媒体打破了传统的单向传播模式,学生可自主直接进入艺术教育过程中进行选择、加工、修改和反馈。

简言之,"新媒体"指"基于数字基础的非线性传播的能够实现交互具有互联传播特性的传播方式和交互传播的组织机构"。

新媒体的以下特点对当代国内艺术教育产生了深远影响:

第一,表现形态多样性:通过新媒体开展的艺术教育,其作品成果不仅以平面化静态形式呈现,更具有多媒体化的特征,利用新媒体应用技术将文字、图形、声音、视频等多种媒介形态综合为一体,形成整体的艺术产品。在新媒体背景下开展的艺术教育,要求设置的课程更具有综合性,培养的学生素质更加全面。

第二,传播过程互动性:互动性是新媒体传播最重要的特征之一。今天的学生不再满足于自上而下的信息灌输,新媒体传播的出现动摇了教师的权威性,使学生和教师站到了平等的地位。学生不再是单向而被动地接受信息,可以自由地通过新媒体进行多向选择、阅读不同信息、及时反馈自己的意见,成为教学过程中不可或缺的重要因素。

第三,表达内容开放性:一个学校的图书馆收藏的书籍是有限的,但新媒体可容纳的信息却是无限的。流动的信息在网络上形成了巨大的信息资料库,通过强大的搜索引擎,学生们可以轻松地利用新媒体获取资料,为艺术教育打开了一扇方便之门。

第四,艺术传播便捷性:艺术教育的成果通过新媒体强大的传播速度,可以在第一时间把学生们的作品发向全世界,在一定程度上可以调动学生学习的积极性。

二、新媒体视野下的国内艺术教育变革

（一）教育观念变革

新媒体基于 web2.0 的传播技术，打破了传统信息传播的单向性，具有高度的共享性和互动性。在新媒体环境中开展的艺术教育，教师和学生站到了平等的地位，艺术院校教师的角色将从传统的学术权威转化为学术互动活动中的导师。新媒体的出现使学生们不再是单向而被动地接受知识，学生们不再满足于自上而下的知识灌输，可以自由地通过新媒体进行多向选择、接受不同知识、及时反馈自己的意见，成为教学活动中不可或缺的重要因素。

学生们无须被强制地笼罩在权威的光环之下，可以对权威僵化的艺术教育形式进行批判，质疑精神将得到发扬。艺术教育的根本目的在于教师带领学生进行艺术体验的过程中，享受美的艺术，唤醒学生的主体自觉性，从而领会人类的道德内涵和精神感悟，进行自我反思，而非强硬地进行知识的灌输。在新媒体视野下开展的艺术教育，学生们的主体自觉性将得到充分挖掘，自主学习精神将得到强化。

（二）教学方式变革

为适应新媒体时代艺术教育的互动性和民主性，艺术院校的教师们不妨走下讲台这座神坛，放弃以教师讲授为主的传统教学方式，采取一种民主自由的方式引领学生进行有效的理论研讨和创作实践，同时，允许学生提出质疑和批判。师生的平等对话在一定程度上对教师提出了更高的要求，但更能激发学生自主思考和体悟的能力，有助于培养学生形成对未来创作道路发展的各类有利因素，如艺术思想、艺术理论、世界观、人生观等，并将其融入主体的独立人格中。

教室将不再是开展教学活动的唯一场所，新媒体借助 web2.0 网络技术进行传播的方式使网络成为学生们的第二课堂。学生们可以通过网络图书馆、虚拟艺术馆、网络互动艺术课堂进行课后的自主学习，同时及时反馈学习效果。新媒体寓教于乐的学习方式能够达到艺术教育效果的最优化。

随着开放式教学方式的变革，教学氛围将变得更加轻松和民主，艺术教育能够真正实现寓教于乐，教学与社会发展同步。

（三）教育内容变革

集表现方式多媒体化、传播信息个性化、传播过程互动性于一体的新媒体，在艺术教育领域掀起了一场"哥白尼式的变革"。毫无疑问，传统的教学内容已不能适应新媒体时代的艺术教育，课程改革势在必行。

首先，制定个性化的学习方案。新媒体具有传播信息个性化的特点，传统传播媒体按照时间顺序进行传播，呈线性传播结构，只能向受众提供标准化的信息产品，个体需求的差异难以满足。新媒体环境下的艺术教育呈非线性结构，主要的教学内容不再集中于传统课堂之中，人们可以借助新媒体更有效地"量身定制"自己所需信息。

在新媒体时代，艺术院校的课程设置应呈现多元化和个性化，这样的教学内容可以帮助学生们拓展视野，更加注重培养学生的创造性思维方式，不局限于专项的学科中，不局限于技能技巧的训练中。法国国立艺术学院的课程设置非常值得参考：学生们在开学注册时可以进行课程的自主选择，搭配最适合自己的课程。"学校教务部门将暑期早已准备好的新的一学年的数十门课程简介、课程要求、课时、学分、主讲人等信息摆放大厅的展示台上，任由学生们自由选择。展示台上的诸多课程介绍中既有专业所需的必修课程；更有作为通识的经典研讨；抑或是旁门学科的涉猎。"①

其次，增开选修课程。新媒体时代的艺术表达是多元化的，门类界限日趋模糊，复合型艺术人才成为社会的需求。若美术专业学生仅仅进行单项的人物写生或色彩训练等专业课程，若音乐专业学生仅仅掌握熟练的发声技巧，若摄影专业学生仅仅开设感光材料、照相机运用等专业技术课程，并不足以培养学生的创造性思维。选修课程的开设变得十分重要，它能提高学生的学习兴趣，能让学生在其所学方向的基础上掌握另一方向的基本能力。在新媒体环境中，选修课的设置一方面应该注意其通识性；另一方面选修课应该加大其多样性和实用性，以打造实用型、复合型及创新型人才适应社会发展的需要。

再次，在高年级增加实践课程。就业是艺术院校高年级学生面临的重要课题之一，在这个时间段增加实践课程，为学生提供了最好的锻炼机会。实践课程是各种课程中提高学生综合能力最好最快的课程，可以让学生了解所学技能在社会应用中的呈现方式，更快地掌握现代文化的新视角，在实践中发现问题和不足，

---

① 邓国源、王爱君、陈红汗、刘殊铭：《媒体艺术时代的艺术教育观初探》，载于《美术研究》第86期。

也可以让学生锻炼与他人或工作单位的交往和协调能力，这些都是在课堂上难以得到的，普通艺术院校的毕业生就业率也会在原有基础上得到相应提高。

三、新媒体对当代艺术教育引发的思考

新媒体是一种与科技紧密结合的传播方式，在新媒体视野下开展的艺术教育势必对最新科技产生巨大的依赖性。科技与经济本密不可分，不同地区享有不同的媒介资源，艺术教育发展水平也各不一致，突显了教育的地区差异化。

根据最新研究视野的媒介地理学研究显示："当下人与人之间的竞争已不局限于出生地域、成长环境、身体素质和知识水平，还表现在传播技术、传播能力和工作环境上。"[①] 新媒介的发展受到其所在地区的区位、面积和经济等因素制约，我国当代媒介地理版图的形势是东高西低，这意味着相对于经济落后的西部省份，东部沿海发达地区拥有更加丰富、先进的媒介资源，在艺术教育中占据明显优势，进一步加大了东西部之间的教育不公平。当新媒体正成为东部地区学生生活和文化中密不可分的一部分时，西部地区的学生还视其为奢侈品。迫于新媒体为艺术教育带来的压力，西部各省的孩子们将面临的局面是刻苦努力读书不一定能改变生活际遇了，他们将输在教育的起跑线上。

新媒体在艺术教育中扮演的重要角色，为教育公平性提出了严峻的考验。教师们能否克服地区差异，利用新媒体为边远地区的孩子们打开一扇了解世界的窗户，同时也让外界对他们有更多的理解，这将是新媒体视野下西部地区教师们面临的重要课题之一。

四、结 语

随着新媒体对艺术教育影响的扩大，站在艺术教育第一线的教师们在积极调整适应变革、充分运用新媒体开展艺术教育的同时，更应展现教师高度的责任心，正视新媒体带来的艺术教育地区差异化，充分发挥新媒体在艺术教育中的积极作用，避免艺术教育的地区差异。

---

① 邵培仁：《作为最新研究视野的媒介地理学》，载于《媒介方法》2006 年第 1 期。

参考文献：

［1］利江. 对艺术院校设计专业教学中加强中国传统艺术教育的思考［J］. 大家，2010（10）.

［2］邵培仁. 电脑与网络：媒介地理学的颠覆者［J］. 浙江广播电视专科学校学报，2002（3）.

［3］邵培仁. 作为最新研究视野的媒介地理学［J］. 广告大观，2006（1）.

［4］魏羽. 新媒体资源与大学英语教学［J］. 新闻知识，2010（10）.

［5］邵培仁，潘祥辉. 论媒介地理学的发展历程与学科建构［J］. 徐州师范大学学报，2006（1）.

［6］陈敏南. 中国艺术美学视角下的新媒体艺术审美［J］. 求索，2010（8）.

［7］姜列思. 浅谈新媒体艺术与艺术改革［J］. 艺术研究，2003（1）.

［8］柳斌杰. 新媒体现状与趋势［J］. 青年记者，2004（3～4）.

（吴婉婷，讲师，主要从事艺术哲学及艺术传播学研究）

31 大学校园文化建设的探索

刘 林

摘 要：高校校园文化对大学生的思想观念、价值取向和行为方式通过潜移默化的作用而实现育人的功能。要充分发挥校园文化的育人功能，就必须认清校园文化建设的立足点、目标和建设方式。本文主要探讨高校校园文化建设及其育人功能。

关键词：校园文化 育人功能

校园文化是社会主义先进文化的重要组成部分。加强校园文化建设对于推进高等教育改革发展，加强和改进大学生思想政治教育，全面提高大学生综合素质，具有十分重要的意义。大学是继承和传播民族优秀文化的重要场所，是交流借鉴世界进步文化的窗口，是新知识、新思想、新理论的摇篮，大学校园文化是学生情感熏陶、心灵塑造、人格提升的主要力量。

校园文化建设是学校的历史传统、精神风貌、目标和理想、信念与追求的集中展示，是全面贯彻办学方针、推进学校素质教育改革发展、加强和改进师生思想品德教育、全面提高师生综合素质的主要途径。因此，校园文化建设对加强和改进大学生思想政治教育具有重要的功能。

校园文化作为一种教育力量，对学生的健康成长有着巨大的影响。校园文化建设的目标就在于通过营造积极健康的氛围，陶冶学生情操，构建学生健康人格，提高学生素质。

一、找准校园文化建设的立足点

校园文化建设关系到"培养什么样的人"，因此，以邓小平理论和"三个代表"重要思想为指导，坚持科学发展观，坚持以人为本、育人优先的原则，紧紧围绕学校的发展战略，系统规划、整体推进，注重科学与人文并重，内容丰富多彩，格调健康向上，既充满生机活力又有深厚底蕴和鲜明特色的校园文化是大学校园文化建设的基本立足点。

二、明确校园文化建设的目标

校园文化建设必须坚持社会主义先进文化的发展方向，遵循文化发展规律，借鉴吸收人类文明的有益成果，以实施素质教育为基础，以建设优良的校风、教风、学风为核心，以优化校园文化环境为重点，以树立正确的世界观、人生观、价值观为导向，弘扬主旋律，突出高品位，努力建设体现社会主义特点、时代特征和学校特色的校园文化，为培养社会主义合格建设者和可靠接班人提供强大的精神动力。营造优美的育人环境和良好的文化氛围，最大限度地发挥校园文化的培育功能、导向功能、激励功能、凝聚功能、整合创新功能，全面提升人才的综合素质和学校的核心竞争力。

三、校园文化建设的基本原则

（一）坚持科学与人文互通

以实施学术创新、文化素质教育为基础，把崇尚科学、探索规律、追求真理的科学精神与以人为本、关怀人性、明德求善的人文精神结合起来，不断提升师生的人格、气质、修养等内在品质，提升尊重人、关爱人、服务人的层次和水平，积极营造科学、严谨、自由的学术氛围。

（二）坚持学校文化特殊性与大学文化普遍性的统一

充分挖掘学校历史传统宝贵资源，结合学校发展战略和规划，根据学校办学思想和理念，大力营造具有特色的良好校园风气，开创一条有自己特色的大学校园文化建设的道路。

（三）坚持民族文化和国际文化的统一

夯实民族文化基础，要有计划地在校园中重点传播中华历史文化，以民族精神和民族文化滋养校园，同时积极借鉴有特色的国际文化，把中华民族的优秀文化传统和宝贵精神同人类一切先进思想和优秀文化成果结合起来，扩大交流，博采众长。

（四）坚持红色文化与时代文化相统一

在校园文化建设过程中，要经常宣传革命红色文化，夯实大学生爱党、爱国、爱社会主义的思想基础，要让大学生珍惜改革开放和社会主义建设的成果。在快速发展的时代背景下，校园文化建设要善于吸收有益的时代精神，要注重将年轻人乐于接受的时代文化现象和符号借鉴到红色文化传播的途径中来。

四、校园文化育人功能的多方式释放

校园文化的育人功能总体上应该以理想信念教育为核心，帮助师生树立正确的世界观、人生观和价值观；以爱国主义教育为重点，弘扬和培育民族精神；以基本道德规范为基础，加强公民道德素质；以大学生全面发展为目标，创新素质教育。

（一）理念的育人功能

开展理想信念教育活动，提高学生的思想道德素质。将新时期对学生的政治立场、社会道德和学术规范要求纳入教育的内容。发挥思想政治教育队伍在育人过程中的作用，鼓励和支持辅导员经常性地开展思想品德教育的教学和科学研究，帮助学生在思想观念、价值取向、行为方式等方面受到教育，提高学生追求真、善、美和鉴别假、恶、丑的能力。

利用形势政策教育的机会，帮助师生了解国家改革开放的成就，增强师生的使命意识、责任意识和民族自豪感。辅导员要在学生中经常开展中华历史文化教育，增强师生的民族认同感和民族凝聚力。

大力开展校史与学校传统教育，进一步增强学校的凝聚力。结合开学和毕业典礼、学位授予仪式、校庆等庆典，开展特色鲜明、吸引力强的主题宣传教育活动，组织学生参与编撰校史工作，要求学生参观校史展，记校训、唱校歌、戴校徽、用校标，引导和激励学生热爱学校、热爱集体的热情。

（二）道德规范的育人功能

制定完善的大学生行为规范，并在日常管理中严格执行，通过行为养成教育，努力形成勤于学习、奋发向上、诚实守信、敢于创新的良好学风。形成对教职工具有凝聚作用、对学生具有陶冶作用、对社会具有示范作用的优良校风，这是道德规范育人功能的主要表现。

深入开展"创建文明校园、文明班级、文明宿舍"的道德实践活动和社区文化建设，把思想道德教育的要求和任务融入大学生的学习、生活之中，引导大学生从具体事情抓起，从一言一行做起，养成文明习惯，培养良好的道德情操。

制度建设和落实是释放道德规范育人功能的重要保障。建立完善的、行之有效的日常行为规范是前提，要结合实际，针对当代大学生最迫切需要强化和改进的方面，制定行为守则。在过程管理中要坚决地予以执行，从小事抓起，从最容易犯错的薄弱环节抓起。经过坚持不懈的努力，培育学生良好习惯的养成。

（三）文化活动的育人功能

精心设计和组织开展内容丰富、形式新颖、吸引力强的思想政治、学术科技、文娱体育和社会实践等校园文化活动，把德育、智育、体育、美育渗透到校园文化活动之中。充分利用重大节日和纪念日开展主题教育活动，唱响爱国主义、集体主义、社会主义主旋律。把思想道德教育的要求和任务融入大学生的学习生活之中。

重视学术文化建设，充分利用教师资源开展丰富多彩的学术讲座、报告会、学术沙龙以及学术研讨会。树立以人为本的观念，关心学生的成长成才。加强不同层次、不同类型的学生之间以及师生之间的交流。经常设计适合各类学生共同参与的学术文化活动，引导学生之间相互学习、博采众长、拓展认识视野。

重视学生社团建设。鼓励学术、科技和创新型社团的发展，引导兴趣爱好型社团和社会公益型社团的建设，整合娱乐性社团，促进学生的全面发展。

（四）文化环境的育人功能

重视人文环境建设。充分利用校史、校史陈列室，通过资料记载和实物展示，生动形象地反映学校办学历程，激励大学生继承和弘扬学校优良传统，鼓励大学生立志成才，报效祖国。

重视校内文化设施建设。完善教学设施，优化学习环境，满足大学生学习成才的需要。完善大学生文艺、体育、科技活动等校园文化活动设施。加强校园规划和建设，用优美的校园景观激发大学生的爱校热情，陶冶大学生关爱自然、关爱社会、关爱他人的美好情操。利用具有丰富内涵的雕塑、书画等文化作品，营造高尚健康的人文景观氛围，创造良好的育人氛围和人文环境。

重视校园治安环境。安全的环境是所有建设的保障，加强学校内部安全管理和安全保卫工作，及时处理侵害大学生合法权益、身心健康的事件和影响学校、社会稳定的事端，维护学校正常教学、工作、生活秩序。

（五）网络环境的育人功能

信息时代中，大学生对网络的需要以及网络对大学生的影响已经日益显现。创建绿色、健康、向上的网络环境是校园文化建设的重要工作。充分发挥网络在校园文化建设中的重要作用，建设好融思想性、知识性、趣味性、服务性于一体的校园网站，使网络成为校园文化建设的新阵地。充分发挥网络虚拟群体在校园文化建设中的作用，加强有效引导，确保校园文化的正确发展方向。

校园文化建设又是一项长期系统的工程，不可能一蹴而就，需要常抓不懈才能见效，才能长效。校园文化建设是学校育人工作中的一项重要工作，需要部门间的紧密配合，需要教师和学生的良性互动。在建设中，要充分发挥辅导员、班主任的指导、督导和引导作用，充分发挥学生党员和班团学生干部的模范带头作用，充分发挥广大学生自我教育、自我管理、自我服务的积极性和主动性，从自己做起，从现在做起，形成"文化中有我、我能体现文化"的良好氛围。

人都在一定的环境中生存发展，环境影响人，人也创造环境。文化环境是相对于物质环境而言的，它是无形的，但对人的影响却是有力的。辅导员是校园文化建设的长期参与者和现实指导者，是校园精神文化的倡导者，是校园制度文化的建设者和落实者，是校园物质文化的维护者，是校园行为文化的示范者。辅导员要进一步探索新形势下文化育人的新途径、新方法，为培养中国特色社会主义事业的合格建设者和可靠接班人贡献更大力量！

参考文献：

［1］孙家学. 正确分析高校校园文化特点　积极加强高校校园文化建设［J］. 东北大学学报（社会科学版），2005（5）.

［2］王代言. 大学校园文化建设的思考与对策［J］. 山东省青年管理干部学院学报，2006（5）.

［3］李亚希. 加强高校校园文化建设　构建高校和谐校园［J］. 宿州学院学报，2008（2）.

（刘林，助教，主要从事民族学和思想政治教育研究）

32 论艺术院校班主任的工作艺术

毕晓峰

摘　要： 大学时期是一个人自觉性和幼稚性、独立性和依赖性错综复杂交织在一起的矛盾时期。艺术类大学生既有一般高校学生的共同点，又有自身鲜明的个性特征。在高校教育中，班主任不仅是知识的传播者，还是班集体的管理者和组织者，是沟通学校、家庭和社会教育的桥梁。作为艺术院校的班主任，面对艺术类大学生的特殊性，要在辩证关系中运用艺术的工作方法来对学生进行积极有效的引导，为社会培养合格的艺术人才奠定良好的基础。总之，艺术院校班主任工作是一项丰富多彩而意味深远的艺术活动。

关键词： 班主任　特殊性　艺术性　工作艺术

大学时期是一个人自觉性和幼稚性、独立性和依赖性错综复杂交织在　起的矛盾时期。面对大学生即将成熟又未完全成熟、即将独立而又不能完全独立的生理"革命"和心理"断乳"，高校班主任工作特别要讲究辩证的艺术。教育是一门科学，也是一门艺术。班主任工作是教育百花园中的一株奇葩，只要你肯用心血去浇灌，一定会开出绚丽多彩的艺术之花。高校班主任工作是一项相当重要的工作，它担负着对学生进行管理、教育、服务三种职能。作为高校班主任，特别是艺术院校的班主任，工作更要讲究艺术。

一、艺术院校班主任的重要性

班级是大学进行教学活动的基本单位，班主任是班集体的组织者和领导者，是大学中贯彻教育方针，促进学生全面发展的骨干力量。"做好高校班主任工作，是一件不容忽视的大事，它直接关系到大学生的整体素质和未来发展方向，关系到学校的整体形象。"① 目前，我国高等院校坚持开展教书育人、管理育人、服务育人的活动，已初步形成了有效的管理机制。学校的教师、党政干部、班主任以及学校的一般管理人员和后勤服务人员组成了这支齐抓共管的工作队伍。因此，班主任是高等学校学生教育和管理工作的一线组织者，班主任工作是必不可少的重要环节。

班主任工作既是一门育人的科学，更是一种育人的艺术，是一门值得学习和探索的学问。班主任是一个班级的主要教育者和组织者，是学校进行教育工作的得力助手和骨干力量。在高校教育中，班主任不仅是知识的传播者，而且是班集体的管理者和组织者，是沟通学校、家庭和社会教育的桥梁。班主任工作涉及方方面面，艰巨并且复杂。"班主任面临的每一件事单独看来都是微不足道的，可是每一件事都可能成为学生变化的十字路口：处理得好，一件琐碎的工作可能成为支撑学生成功的基石，学生脚踏这一块基石一步步向前，在人生的某一时刻登上自己事业的顶峰；处理不好，一件小事可能成为下滑的斜坡，学生可能由此而跌入人生的泥坑。"②

班主任工作艺术是班主任教育思想、教育能力、教育素养、教育风格和教育机制等方面素质的综合反映与体现。艺术院校大学生与其他普通高校大学生相比有着其自身的特殊性，如追求独特与个性、情绪不稳定、随意性大、纪律观念淡薄、自我意识强、抗挫折能力弱等，这就要求艺术院校的班主任老师必须加强业务学习，更新观念，讲求艺术，全身心地投入才能把工作做好。在工作中更应注重工作方法，充分运用工作艺术。因此，在艺术院校对学生的教育与管理中，班主任身处学生工作第一线，作为艺术院校大学生从学校到社会过渡的直接启蒙者和导航人，其重要性是不可忽视的。

尤其是当今"社会对'90后'艺术类大学生提出新的挑战，他们终将面对许多不可知的困难，如就业选择、环境变化、职场竞争、创业艰辛等等，大学阶段则是他们完成自我品质塑造、情感独立、自我规划等能力的重要时期"，艺术院校班主任应"充分了解他们的群体特征和个性特点，创新学生管理的方式方法，引导他们树立正确的世界观、人生观、价值观和爱情观，激发责任意识"③，

---

① 花军：《高校班主任工作之我见》，载于《扬州职业大学学报》2010年第2期，第59页。

② 于妍、沈红娜、石占祥：《浅谈高职院校班主任的工作艺术》，载于《保定职业技术学院学报》2007年第1期，第13页。

③ 任红印：《结合"90后"艺术类大学生的特点开展学生管理工作》，载于《中州大学学报》2010年第3期，第105页。

这是艺术院校班主任义不容辞的责任。

二、艺术院校大学生的特殊性

"艺术人才是社会的特殊人才，艺术类大学生既有一般高校学生的共同点，又有自身鲜明的个性特征。"[①] 近年来，随着高校扩招，艺术类高等教育也逐渐呈现大众化趋势。"由于艺术类教学的独特性，使得高校艺术类学生群体有着自身的独特性，个性张扬，情感细腻丰富；他们崇尚自由、纪律观念淡薄，自律性较差；他们重视专业课学习，轻视文化课学习。"[②] 同时，近两年以来艺术院校大学生中"90后"成为主体，年龄普遍较小、基础较差且多为独生子女，使得艺术院校大学生又出现了一些新的特点。

（一）个性鲜明，情感丰富，爱表现，易冲动

长期进行专业训练和艺术教学的特殊性，艺术院校的大学生形成了鲜明独特的个性。他们喜欢张扬个性，表现自我的欲望强。生活中，艺术院校大学生的穿着打扮比较个性化，奇装异服成为时尚，甚至有的男生留长发，佩戴耳环，有的女生走男性化的装束路线等；行为上，他们桀骜不驯，比较容易冲动，喜欢自我表现、感情用事；思维上，感性思维比较活跃，对问题思考不够深刻。鲜明的个性与丰富的情感，艺术院校的大学生容易与他人交流和沟通，同时也容易受到利益的诱惑和社会上不良因素的影响，片面地追求物质利益，缺乏远大的理想，或者理想境界不高，对国家大政方针和新闻时事很少关心。

（二）崇尚自由，追求自我，纪律观念淡薄

特别是近几年艺术院校大学生以"90后"的独生子女为主力军，他们在追求艺术自由的同时，更喜欢天马行空、独来独往的个人自由。在日常生活行为中，他们有的喜欢以自我为中心，不合群，不顾及他人感受，集体主义观念淡薄；有的穿着随意，不修边幅，自我外形设计追求艺术个性化；有的不讲究个人卫生和公共卫生，把"邋遢"当做艺术灵感产生的重要因素；有的上课随意迟

① 沈履平：《高校艺术类大学生的个性特征及教育管理思考》，载于《绍兴文理学院学报》2007年第11期，第10页。
② 戴先福：《新形势下艺术类大学生的特点及管理浅析》，载于《文教资料》2010年上旬刊，第229页。

到、早退、旷课，时间观念和纪律性较差。

（三）重视专业课，轻视文化课

　　艺术院校大学生高考录取的分数线明显低于其他普通高校，同时由于许多高中阶段文化课成绩不好的学生转学艺术，艺术院校的扩招使艺术类大学生整体水平较低，入学后艺术院校大学生误认为只要学好专业就行，因此，大多数学生只注重专业课学习，轻视甚至漠视文化课的学习。例如：他们对大学英语、大学语文、思想政治课和其他文化理论课缺乏学习兴趣和动力，学习积极性不高，课堂学习纪律较差，甚至出现逃课等现象。对专业的学习，他们却是十分重视，态度认真，把大部分时间和精力都放在了专业的学习上。这样对专业的热情，对文化课的冷漠，就像是失衡的天平，势必影响艺术院校大学生的整体文化素质的提高，进而影响他们对艺术的领悟和创作，也造成了他们在各种综合类考试中处于劣势局面。

（四）缺乏坚强的毅力，自律性差，抗挫折能力弱

　　艺术院校大学生大多缺乏吃苦耐劳的精神品质，多数喜欢享受生活，误认为这就是艺术家的特性。他们也有远大的理想和奋斗的目标，但是没有为之奋斗的精神和毅力。做事往往只凭一时的爱好和热情，"三分钟的热血"不能坚持到底，结果往往是半途而废。例如：有的学生有报考研究生的愿望，开始还是满腔热血，但是在吃苦和困难面前不能坚持到底，自我约束能力较差，也表现出他们在学习和生活上惰性较大。现今艺术院校大学生以"90后"独生子女为主，遇到挫折和困难时容易灰心丧气，甚至萎靡不振，在行动上易于冲动，缺乏理性思考，自律性差，自我调节能力较弱。

　　面对当前艺术院校大学生的特殊性，这也是艺术院校班主任所面对的新情况。作为艺术院校大学生的直接管理者——班主任，必须改进自己的工作方法，采用灵活多样的措施，提高自己的管理艺术水平，"应以艺术类人才培养为目标，以学生的全面发展为中心，采取与之相适应的行之有效的措施，通过教育和管理，培养出合格的艺术类人才"①。

---

① 戴先福：《新形势下艺术类大学生的特点及管理浅析》，载于《文教资料》2010 年上旬刊，第 230 页。

三、艺术院校班主任工作的艺术性

班主任是班级管理的主要实施者，班主任工作带动了班级面貌，是一项非常重要的工作。"班主任工作是一门理论与实践结合紧密的工作，而理论与实践相结合的最好的体现就是班主任工作艺术。"① 提高班主任的工作艺术，可以有效提高班主任对大学生教育与管理的工作效率。

艺术院校的班主任工作既不同于综合类普通院校班主任工作，也不同于师范类院校。"班主任工作作为一种艺术，他把未来作为创造的蓝本，把学生的心灵作为雕塑的对象，班主任工作虽然琐碎，每一件事表面看来似乎微不足道，其实每一件小事的处置都是一种艺术，都可能成为学生成长变化的十字路口。"② 同样一件事，不同的班主任有着自己不同的处置方式和方法，得到的效果可能殊途同归，也可能背道而驰，究其原因就在于班主任工作艺术的运用。现今艺术院校班主任工作更是面临着新的环境和对象，针对艺术院校大学生在个性特征、生活风格、精神面貌等方面所具有的特殊性，艺术院校班主任工作不能像普通高校一样，只集中在一般性地引导学生这一点上，而应该深入到学生学习、生活的各个方面，尤其在管理艺术上，应当在遵循教育规律的前提下，探索和尝试不同的工作艺术，以期收到事半功倍的成效。

（一）方与圆的艺术

班主任是学校对学生进行教育的最基层的实施者，在实际工作中，班主任既要执行学校的规章制度，又要让学生接受学校的管理，对此就要讲究一点"方"与"圆"的艺术。所谓"方"，指班主任工作的准则和原则；所谓"圆"，指班主任工作的策略和技巧。艺术创造中就有"感之于心，发乎于情"，艺术类大学生的情感具有丰富性和细腻性，如果班主任过于求"方"、从"严"，一味地按照学校的规章制度行事，虽给人一种公正无私的感觉，但其中也违背了"感人心者，莫先乎情"的道理，结果可能是学生会敬而远之，甚至疏远班主任。反之，

---

① 杨宇红：《探讨新时期医学院校班主任的工作艺术》，载于《中国医药导报》2009 年第 36 期，第 130 页。

② 孙立峰：《班主任工作艺术形成的基础及特征》，载于《陇东学院学报》（哲学社会科学版）2003 年第 36 期，第 101 页。

过于地求"圆",班主任做"好好先生",虽迎合了学生的愿望,赢得了学生的好感,皆大欢喜,但破坏了学校原则的坚持和制度的执行,不能真正落实学校教书育人的任务,这样的班主任也不能算是一个称职的班主任。"学校工作和班级工作应最大限度地依靠民主管理和制度管理,少一些人治,少一些无效劳动。"①艺术院校班主任应当在实际工作中灵活处理方与圆的关系,力争做到方中有圆,圆中有方,达到方圆的统一,才能在坚持原则的前提下,正确处理好自身与学校、学生之间的关系,做学生的朋友和家人。在此,班主任才能得到学校的肯定和学生的认可,班主任才能顺利开展班级工作和落实学校的教育任务。

(二)管与放的艺术

班级管理的对象是有主观能动性的、自我意识正趋于成熟的活生生的人。实际工作中,班主任要管的方面很多,小到学生的生活细节、学习习惯,大到学生的思想情感、前途命运。班主任要有耐心和责任心,并适时地去处理这些纷繁复杂的事情。艺术院校的学生喜欢艺术的自由,喜欢无拘无束,"过于注重自我和标榜个性,沉浸于主观世界中"②,有时可能会给他们的艺术创作带来灵感。但是,如果班主任在班级管理中事无巨细,事必躬亲,管得过严、过细、过全,就容易造成学生的责任心弱、依赖性强、创造性差的后果。不但妨碍了学生自我教育、自我管理能力的形成,也容易使班主任陷于杂务中而不能解脱,于自身发展与班级建设都不利。如果班主任进行"放任自流",那么艺术类学生容易迷失自我,在缺乏纪律约束的情况下容易违规违纪,造成严重的后果。

魏书生曾说:"管是为了不管。"这也就是注重在班级管理中,要讲究一点"管"与"放"的艺术。"管"是手段,"不管"才是目的,但"不管"绝不是意味着班主任对班级发展听之任之,相反,班主任的"不管"是以培养全体学生的"共管"为前提,是以追求班级管理的"自治"和学生能力的全面提升为目的的。因此,要想真正做到"管"与"不管"的最佳配合,班主任必须掌握好"火候"。

(三)冷与热的艺术

所谓"冷",就是"冷处理","热"就是"热加工"。铁匠在铸造过程中,

---

① 魏书生:《班主任工作漫谈》,漓江出版社 2002 年版,第 383 页。

② 任红印:《结合"90 后"艺术类大学生的特点开展学生管理工作》,载于《中山大学学报》2010 年第 3 期,第 104 页。

一般分为两种方法：一种是"热加工"，在铁被烧红时直接锤打，能使铁件欲直则直，欲曲则曲，很容易得到所要的形状；另一种是"冷处理"，在铁被烧红时，先冷却降温再锤打，能提高铁件的硬度和强度，增强其耐磨性能。在班主任工作中，前者是"趁热打铁"，及时解决问题；后者是"冷却降温"，延缓时间，再找准时机予以处理。

在实际工作中，冷与热的对比是十分明显的，也是最容易被学生感觉到的。班主任在管理时应该需要"灵感"或"灵活劲儿"。艺术院校大学生情感丰富细腻，个性张扬偏激，"他们重视个人价值实现和独立自主的生活方式，然而他们的心理有不成熟性和易变性，个体心理特征不稳定，感性体验强于理性约束"[1]。因而，在追求个性的过程中容易感情冲动，走向偏激。班主任当面对应"冷处理"的事情而"热加工"，在对学生进行了一番暴风骤雨般的批评之后，表面看问题似乎已经彻底解决了，但学生内心是不服气的，会产生抵触情绪，甚至会和班主任对立起来，不利于班主任威信的建立和今后工作的开展。相反，如果班主任对"热加工"的事情进行了"冷处理"，拖拖拉拉，时过境迁，学生会在期待中逐渐失去对班主任的信任，最终导致班级人心涣散、失去凝聚力等后果。特别是情绪比较激动的学生，过多地"冷处理"容易损伤他们的积极性，甚至造成其向着反方向发展、自暴自弃或是想不开。因此，在实际工作中，班主任应用智慧、爱心和责任心，不失时机地选择合适的方法去面对学生中随时可能出现的情况。

（四）堵与疏的艺术

"堵者禁也，禁而止之。止之不止，为害尤烈；疏者理也，疏而散之，化于无形。"上古时九州洪水泛滥，大禹用亲身实践告诉我们，疏比堵好。治理洪水用疏导的方法达到了很好的效果，同此推理，班主任的学生管理工作要适当运用"堵与疏"的方法，堵与疏相辅相成，只有合理处理二者之关系，正确运用于解决实际问题，才称得上实事求是、尊重客观事实的明确做法。因此，解决艺术院校班主任的学生管理问题要堵，更要疏。

在实际管理工作中，由于受到多种因素的影响，班主任需要在某些方面采取"堵"的方式来制止学生的不良行为，如严禁学生酗酒、禁止学生赌博等。采取

---

[1] 沈履平：《高校艺术类大学生的个性特征及教育管理思考》，载于《绍兴文理学院学报》2007年第11期，第11页。

"堵"的方式，在一定程度上减小了学生犯各种错误的可能性，在一定的环境和条件下是必要的、有利的，有助于在学生中形成良好的风气，有利于健康良好的生活习惯的形成。

在实际的工作中，班主任仅仅靠"堵"的方式还是不行的，容易造成隐患性的问题。这将给班级管理工作带来许多不利：一是容易使学生成为工作的"对立面"，增加教育管理的阻力；二是从长远来看，不利于学生的身心健康发展与社会适应能力的增强。由于艺术院校学生的自我约束力弱，有些班主任仅仅以"不出事"为工作目标，采取"紧盯、施压、严惩"等强制性方式管理班级，表面上看班级一切安然无事，实际上潜藏着很多隐患问题。大禹治水的故事告诉我们，一味地"堵"，最终堵哪儿，哪儿就有灾害。因此，在"堵"的同时还需要疏导，这样才能把学生引向知识的海洋、学习的天堂和人生的目标。

面对艺术院校学生的特殊性，班主任应从"堵"与"疏"入手，可以采取"能疏不堵"、"先堵后疏"、"先疏后堵"、"边堵边疏"等方法，在实际工作中，多一些民主，少一些专制；多一些鼓励，少一些批评；多一些引导，少一些说教；多一些情感，少一些烦躁。这样才能把"堵"和"疏"结合起来，从而让学生增强明辨是非与自我教育的能力。

四、结 语

艺术院校大学生的教育管理是一项长期而艰巨的任务，它需要社会、学校、学生和家庭多方面的积极配合和共同努力，要不断探索和总结艺术类大学生教育管理的工作经验和工作思路，这样才能培养出素质全面的艺术专门人才。艺术院校班主任工作的性质和对象决定了其工作内容的丰富多彩性，工作方法的灵活多样性，工作形式的生动活泼性。因此，"班主任应有剧作家的头脑，以丰富的想象去捕捉生活的闪光点；应有画家的眼睛，以敏锐的观察去发现美的神韵；应有音乐家的美感，以奔放的激情奏出时代的乐章；应有导演的天才，以非凡的技艺去挖掘生活中的真、善、美，创造一条愉快的育人之路"①。总之，艺术院校班主任工作是一项丰富多彩而意味深远的艺术活动。

---

① 李芳：《班主任的工作艺术探微》，载于《泰安师专学报》2009 年第 2 期，第 83 页。

参考文献：

［1］魏书生.班主任工作漫谈［M］.桂林：漓江出版社，2002.

［2］戴先福.新形势下艺术类大学生的特点及管理浅析［J］.文教资料，2010（1）.

［3］花军.高校班主任工作之我见［J］.扬州职业大学学报，2010（2）.

［4］任红印.结合"90后"艺术类大学生的特点开展学生管理工作［J］.中州大学学报，2010（3）.

［5］沈履平.高校艺术类大学生的个性特征及教育管理思考［J］.绍兴文理学院学报，2007（11）.

［6］李芳.班主任的工作艺术探微［J］.泰安师专学报，2009（2）.

（毕晓峰，助教，主要从事艺术理论及艺术美学研究）

33 浅谈音乐治疗在高校的运用

李 舒

摘 要： 音乐本是一门艺术，但其在心理健康中的治疗作用不可忽视。本文阐述了音乐治疗的定义，论述了音乐治疗对大学生心理健康的作用。重点探讨了音乐治疗在高校心理健康教育与心理咨询中的应用。

关键词： 大学生 音乐治疗 心理健康

一、问题的提出

改革开放以来，我国经济和科技的发展日新月异，大学生也面临着前所未有的新挑战，面对就业压力、人际关系、情感处理等方面的问题开始出现不同程度的心理问题。有报告表明，20 世纪 80 年代中期 23% 的大学生有心理问题，90 年代上升到 25%，近年来已经达到 30% 左右。另据有关调查显示，全国大学生中因精神疾病而退学的人数占退学总人数的 54.4%。诸多的数据和事实表明，大学生已成为心理健康的弱势群体。① 解决高校学生的心理健康问题刻不容缓，在高校发挥音乐的治疗功能对学生进行心理疏导能够起到事半功倍的效果。

大学生正处于人生观、价值观形成的关键时期，奠定一个良好的身心基础，对大学生今后智商和情商的发展都有至关重要的作用；学会利用音乐来调节自己的情绪，消除心理问题，对他们的人格完善也有一定的积极作用。

---

① 孙红梅：《大学生心理健康分析》，载于《长春大学学报》2007 年第 1 期，第 108～109 页。

二、什么是音乐治疗

（一）音乐治疗的定义

世界音乐联盟（The World Federation of Music Therapy）对音乐治疗作出了如下定义：音乐治疗是指具有资格的音乐治疗师使用音乐和音乐元素（声音、节奏、旋律与和弦），通过一个有计划的过程推动和促进交流、联系、学习、迁移、表达、组织及其他相关的治疗目标，从而满足来访者或团体在躯体、情绪、心理、社会和认知方面的需要。音乐治疗的目的是发展个体潜能和复原能力，从而达到更好的自我整合与人际关系整合，并经由预防、康复、治疗获得更好的生活质量。

（二）音乐治疗与心理治疗的异同

心理治疗旨在治疗情绪和行为障碍，它的特点在于治疗师与患者建立积极的医患关系。以消除减轻或控制患者的症状，纠正他们紊乱的行为模式，并促进他们积极人格的成长和发展。音乐治疗与一般的心理治疗有着同样的特点，音乐治疗师与患者建立积极的医患关系，使患者的情绪和行为障碍得到治疗。应当说明的是，这里所说的患者或病人，实际上也包括仅有轻微的情绪障碍或行为障碍的普通人或正常人，他们也是音乐治疗的对象。

当然，音乐治疗也有自己的特点，它与一般的心理治疗的不同之处，明显地表现在治疗手段上的不同，同时也反映在对大脑活动的影响差异上。一般的心理治疗的手段是语言，主要是通过谈话进行治疗，而音乐治疗的手段是音乐，主要是通过音乐活动（听和表演等）进行治疗。音乐刺激的内在机制是物理性的，音乐是通过音响来影响人体的生理功能。音乐产生的美妙音响通过听觉神经传入体内，声音信号是有听觉器官的神经纤维传导至丘脑和大脑的皮层系统的，音乐中的音高、力度、音色这些基本成分能够直接通过大脑丘脑等皮层下结构使机体产生自主反应，而不需要通过大脑皮层的加工。美学家玛克思认为这是一种近乎生理的物理作用，称之为"审美反射"。例如：A大调易于表现希望和悦耳真挚的情感，小二度音程能渲染悲伤、焦躁、疑虑的气氛，基本音 DO 具有强有力坚定的特性等，"审美反射"在某种意义上是一种浅层次的自动情绪宣泄。

三、音乐治疗对大学生心理健康的作用

尽管各高校对大学生心理健康问题的应对措施主要还是以言语的交流和引导为主，音乐治疗这种独特的心理治疗方法还没有引起高校的关注。但近几年，已经有些音乐教育者及从事音乐治疗的工作人员，在高校开始对大学生实施音乐治疗，探索音乐治疗对大学生心理健康教育的可行性以及实行的具体方式。总结相关文章得出，利用音乐对大学生进行心理辅导所起的效用有以下几个方面：

第一，通过音乐治疗改善人际关系。刚步入大学校园的大学生，进入到新的环境中，将开始新的人际交往活动。大多数当代大学生是家中的独生子女，他们缺乏与人交往、沟通的能力。在力图尽快融入新的环境的同时，如何与人交往成为一道门槛。

2007 年中央音乐学院音乐治疗专业研究生胡涛对音乐治疗能否影响大学新生社会交往能力进行了研究。通过团体即兴音乐治疗对 18 名实验组成员进行干预。实验结束后测试前后数据表明，团体即兴音乐治疗对提高容纳他人程度、降低社交回避水平都有显著的改善。[1] 在王小露的《音乐疗法对大学生社交焦虑的干预研究》中也表明，音乐疗法可以降低社会交往焦虑水平。由此可见，音乐治疗作为一种特殊形式的社会活动，对提高人际交往能力起到意想不到的效果。[2]

第二，通过音乐治疗调整情绪，培养积极健康情感。在大学生活中，大学生们会遇到各种各样的问题，如何调整心态，以积极的处世态度面对困难是大学生在学习期间的一门必修课。从音乐在我们日常生活中，最基本、最常见的功能是帮助人放松身心可以看出，音乐治疗对于调整大学生情绪也有重要作用。有关研究表明，低频的音乐可以使脑电波中的 β 波转换为 α 波，从而达到放松身心、舒缓紧张情绪的作用。[3] 在雷薇、王巧等人的研究中，也证实了音乐治疗对大学生调整紧张学习生活情绪，培养健康情感具有有效作用。

2006 年，徐志斌对浙江省的温州大学、中国美术学院艺术设计学院、浙江工商大学等多所大学进行问卷调查，共发放 260 份问卷，其中 55% 的大学生听音

---

[1] 胡涛：《团体即兴音乐治疗对大学新生社会交往状况的影响》，中央音乐学院硕士毕业论文 2007 年。

[2] 王小露：《音乐疗法对大学生社会焦虑的干预研究》，河海大学硕士毕业论文 2007 年。

[3] 雷薇：《音乐治疗在大学心理健康教育中的发展作用及实施》，载于《企业家天地下半月刊》，第 92 ~ 93 页。

乐为心情愉悦，36%的大学生听音乐为情绪释放。虽然大部分大学生希望在聆听音乐中满足心理情绪是个需求，但大部分大学生音乐审美价值还是在追求感官刺激，获取感官愉悦享受层面上。在音乐能够治疗身心疾病，以及音乐能够缓解、解除不良情绪的认识方面有待提高。大学生多对带有歌词的流行歌曲感兴趣，在音乐审美中，主要关注歌词是否可以打动他们。40%的大学生在听音乐过程中主要关注音乐音效变化，36%的大学生关注音乐音响悦耳程度，对音乐内涵的感悟、音乐情感体验以及音乐产生联想想象关注缺少。虽然大学生对音乐审美的需求强烈，几乎每天都花一定时间在音乐活动上，但是68%的同学听音乐只是为了追求听觉愉悦和消遣时间。①

王玲以41名大学生为被试，分为实验组成员21名，对照组成员20名。其中，对实验组成员进行接受式音乐治疗的团体干预。在实验干预前后，41名被试者均填写症状自评量表及应对方式量表，检验两个组的前、后测的组间差异。研究结果发现，接受式音乐治疗能够有效地降低身体、心理不适症状的产生，亦能控制由心理压力而产生的身心不适；接受式音乐治疗能提高积极应对的行为发生，并降低消极应对方式发生。②

四、音乐治疗的应用

音乐是大学生日常生活的一部分，在大学生这一群体中，音乐有着丰富的土壤和资源。2002年蒋聪在对大学生音乐素质教育研究中表明：大学生喜欢听音乐的为36%，认为为了调节心情而听音乐的人为79%，认为音乐可以调节人心情的为91%，听音乐过程中会产生联想的为87%，100%的被调查大学生认为音乐能引起心情变化。③ 从以上数据我们可以看出大学生对音乐的喜爱，这也是音乐治疗能够在大学生心理问题领域中应用的必要前提，研究也证实了音乐治疗对大学生具有放松心情、缓解压力的作用。

（一）调适不良情绪，培养健康情感

大学生的情绪具有不稳定性，如不及时调适，容易产生情绪困扰和心理问

---

① 徐志斌：《大学生音乐审美心理结构调查报告》，载于《艺海》2008年版，第111~112页。
② 王琳：《接受式音乐治疗对缓解大学生心理压力的干预研究》，内蒙古师范大学硕士论文2010年。
③ 王巧：《音乐治疗及其在大学生心理辅导中的作用》，蒋聪：《大学生素质教育应重视音乐心理教育与研究》，载于《河北广播电视大学学报》2002年第4期，第46~47页。

题，严重者可能导致心理障碍，更甚者可出现自杀甚至犯罪行为。现代神经生理学研究表明，音乐对神经结构，特别是对大脑皮层有直接影响。由于乐器及乐曲的旋律、速度和音调的不同，可产生使人镇静安定、轻松愉快、活跃兴奋等不同效果，从而达到调节情绪、镇痛、降压、催眠等效果。因此，在高校心理健康教育活动或心理咨询中，充分利用音乐疗法，对大学生进行情绪调适具有十分重要的实际意义。

第一，可通过"感受性音乐治疗"即根据学生的情绪状况，有针对性地选择与学生情绪状态相似或相反的曲目，让他们长期处于音乐的熏陶中，起到调适情绪、培养健康情感的作用。[①]

第二，可通过"参与式音乐治疗"即让被治疗者不仅倾听和欣赏，而且亲身参与各种音乐活动，让被治疗者投入到音乐艺术实践活动中，从而引发情绪和心理状态的改变。通常采用演奏演唱和音乐技能的学习两类形式，通过让被治疗者投身于表演、学习或创作过程，切身体验音乐艺术的感染力，并通过想象和联想等方式，使被治疗者心理、情绪状态在音乐活动过程中得到同化和感染，从而产生心理共鸣，以达到宣泄情绪、情感，恢复心理健康的目的。

应引起注意的是，在音乐治疗中，乐曲的选择至关重要，但也存在一定难度和复杂性。研究发现，不同的乐曲能导致大学生不同的情绪，相同情绪也有可能由不同的乐曲引起，同一乐曲对不同的人可能引发不同的情绪。[②] 一方面是由于被治疗者存在跨时间差异，即他们此时此地复杂而微妙的心理、情绪状态，会从基调上影响对乐曲的选择；另一方面是因为被治疗者自身固有的差异性，如年龄、性别、性格、经济水平、家庭背景、成长经历及音乐修养等也会在较大程度上影响曲目的选择。

（二）改善人际关系，增进社会交往

最近调查数据表明，存在人际交往问题的大学生越来越多。而音乐疗法可以有效降低大学生社交焦虑水平，调节情绪，降低孤独感。[③] 团体即兴音乐治疗干预能够提高大学新生容纳他人的程度，降低大学新生的社交回避及苦恼水平，明

---

① 宋春丽：《论音乐教育与大学生心理健康教育的培养》，载于《广西青年干部学院学报》2006 年第 16 期，第 36 页。

② 黄卫平：《经典音乐对大学生情绪影响的实证研究》，湖南师范大学硕士毕业论文 2007 年，第 31 页。

③ 王小露：《音乐疗法对大学生社交焦虑的干预研究》，河海大学硕士毕业论文 2007 年，第 38 页。

显改善社交回避及苦恼状况。① 音乐是一种社会性的、非语言交流的艺术形式，"乐通伦理"、"大乐与天地同和"，它能通过乐音和无形的力量调和人与人、社会、自然三者之间的关系。首先，音乐具有调节氛围、舒缓心理的功能，通过音乐能营造温馨和谐的氛围，可以缓解或消除人际交往中的焦虑、紧张等不安情绪，可以增强了解，促进沟通。如在迎接新生等晚会或班团活动中，利用灯光和音响效果，通过表演者与观众之间的互动，可营造出欢快、热烈、喜庆等氛围，能增强大学生心灵的沟通和交流。其次，音乐活动本身就是一种社会交往活动，是一种团体性活动，如在合唱、合奏及舞蹈表演等需要相互配合、相互协调的音乐活动中，大学生人际交往较为直接、随意，能更直接地交换彼此的意见和想法，从而促进相互理解，提高人际交往和与人合作等能力，增强大学集体生活及社会交往的适应能力。因此，对大学生进行音乐治疗，可达到减少心理相离，促进心理相容，改善人际关系，增进社会交往的目的。

（三）培养健康心理，塑造健全人格

健康心理的培养和健全人格的塑造对大学生人生发展起到非常关键的作用，而大学阶段是人心理不断成熟、人格不断完善发展的重要阶段。音乐艺术本身就是一种美育，而音乐治疗在培养健康心理、塑造健全人格方面可发挥重要作用。中国古代所提出的"六艺"教育就已经将音乐作为重要内容之一，认为"乐所以修内也，礼所以修外也"；孔子也非常重视音乐的作用，提出"兴于诗，立于礼，成于乐"。著名哲学家黑格尔认为"音乐是精神、是灵魂，它直接为自身发出声音，引起自身注意，从中感到满足"，并阐述了音乐与情绪、情感之间的关系："音乐是灵魂的语言，灵魂借声音抒发自身深邃的喜悦与悲哀，在抒发中取得慰藉，超越于自然感情。"② 音乐来源于现实生活，能淋漓尽致地表现人的情绪、情感，并使之得到提炼和升华。不同音乐作品通过不同内容、风格和形式，让人切身体验到音乐艺术的魅力和情绪的宣泄，能陶冶人的高尚情操，提高审美能力，也有利于塑造健全人格。因此，音乐不仅是促进心理健康的重要手段，也是塑造健全人格的有效方式。

---

① 胡涛：《团体即兴音乐治疗对大学新生社会交往状况的影响》，中央音乐学院硕士毕业论文2007年版，第4页。

② 李斯特：《李斯特论柏辽兹与舒曼》，人民音乐出版社2005年版，第26页。

五、如何在高校开展音乐治疗

（一）加强音乐治疗的宣传，树立正确观念

　　早在远古时代，人类的祖先就学会了运用人声或乐器来模仿自己所听到的声音，实际上是在周围环境中发现了自我的存在。在原始时代，巫医常常通过发出单调而无休止的音乐节奏来给病人施加影响，表现他们控制疾魔的威力和意志；而巫术中巫歌的运用，正是人类对自身实施心理暗示与音乐治疗的最早开端，至今我们仍然可以在民间及一些原始部落见到它们的影子。在这种古老的医疗仪式上，巫师通常使用一种特定的乐器（如手鼓等），嘴里哼唱着一些单调而神秘的曲调或咒语，伴随着一系列变化莫测的舞蹈动作，作为一种与无形世界取得联系的手段，以帮助病人营造一种有利于康复的氛围，从而达到治疗与康复的目的。中国音乐疗法同样萌生于原始社会中的巫医治病。现存最早的医学典籍《黄帝内经》对五音疗法的原理和方法进行了论述。自唐宋以来，音乐疗法开始应用于临床。明清时期，音乐疗法得到进一步发展。

　　在心理咨询这门学科出现以前，这些"巫师"就承担了部分心理健康与咨询的任务。他们也是主要借助音乐这种媒介的方式开展。虽然"巫师"并没有具备现代音乐的理论基础和操作乐器的相关技能，但是，在其族群中具有德高望重的地位，并且依旧能解决人们的部分心理问题。

　　目前心理咨询的方式中，采取谈话式心理咨询的方式为主导。建立起对音乐治疗的正确认识，加大对音乐治疗的宣传力度，强调音乐治疗并非音乐专业人士的专利，牢固树立音乐治疗是心理健康教育的重要内容和有效途径的观念。

（二）加强心理健康教育与心理咨询教师队伍培训工作

　　目前，云南省已经采取多种方式对高校心理健康与咨询的教师队伍进行多方面培训，利用各种征文、比赛等方式，加强了各大高校开展心理健康与咨询工作的交流。然而，目前缺乏高校对音乐治疗的使用和交流。

　　在开展的培训和交流中，应该尽量突破云南省这个固有的小圈子，能够请到一些国内外对音乐治疗有经验的专家进行培训，加强和提升心理健康教育与心理健康咨询教师队伍的专业能力和素质；能够和国内外一些已经成熟开展音乐治疗的学校合作、交流、学习，并且结合本土文化和学校实际情况，制定不同的音乐治疗方案，在不同高校皆可开展音乐治疗。

（三）在高校中灵活开展心理治疗

如果本校没有条件建立单独的音乐治疗室，可利用心理治疗室、团体辅导室为阵地，灵活运用音乐器材，开展音乐治疗。通常心理咨询室内设计干净明了、无噪音，墙壁和窗帘色彩柔和，图案搭配合理，适合音乐治疗的开展。

（四）多方式、多渠道开展音乐治疗

除了在个体心理咨询中运用音乐治疗以外，音乐治疗更能够使更多的学生受益。

利用校园广播这个传播媒体开展音乐治疗。针对学生不同时期，如考试前和考试后、新生入学时、毕业时等，选用与情绪状态一致或相反的音乐帮助学生调节情绪，缓解不良心理状态。（1）欢快、节奏明快、旋律流畅的音乐，能解除忧郁，使人摆脱冷落、寂寞的心境，达到精神开朗、心胸开阔、乐观向上的效果。（2）悠扬、舒畅、浪漫、柔情的音乐，速度与节奏一般较平缓，旋律轻悠、舒缓、清新，且起伏不大，调性平和，力度多偏弱而变化少，给人一种平静、安全的感受，具有镇静松弛的作用，令人心平气和、心情安定，沉静地对待一切。（3）低沉、忧伤的曲目，速度较慢，旋律低沉、压抑，调性暗淡，力度多为中等以下，可将内心的忧郁外泄，达到消除急躁、平和怒气、缓解紧张的作用。利用广播播放音乐进行潜隐教育，创建出不一样的校园气氛和良好的校园文化，对学生能起"润物细无声"的影响。

音乐治疗与绘画相结合。目前绘画治疗已逐渐进入高校心理咨询中，在个体治疗和团体治疗当中都取得了显著性的效果。通过音乐和绘画相结合治疗的方式，一方面，能更好地表达出来访者的心理意象，有助于咨询师能更好地了解来访者的心理问题，让来访者了解到自己存在的心理郁结；另一方面，在相对轻松的绘画过程中，能使来访者反思导致自己心理问题的原因，同时还能缓解来访者的心理压力。

音乐治疗与戏剧的结合。在来访者同意的前提下，可以将来访者的心理问题或是学生普遍存在的心理问题编写成剧本。可以让学生自编、自导、自演。在这一个过程中，参与心理剧的学生能不断反思导致这个心理问题存在的原因以及如何化解的方式。而对于观看心理剧的学生而言，能够从第三者的角度进行"观望"，能够让他们更加理性、客观、正确地发现自己存在的问题，寻求到自我解

决的方法。同时，编排音乐剧是一种团体性活动，需要相互配合、相互协调。能更直接地交换彼此的意见和想法，从而促进相互理解，提高人际交往和与人合作等能力，增强大学集体生活及社会交往的适应能力，有助于集体意识的建立。

音乐治疗与互联网的结合。充分利用互联网强大的辐射优势，以高校网页为依托，建立心理健康与音乐治疗网络教育体系，提供音乐治疗中常用音乐的下载和在线视听，构建健康文明的富有时代气息又能满足大学生需要的网络音乐文化。

音乐与舞蹈的结合。舞蹈治疗不是舞蹈表演，参与者无须任何舞蹈基础。舞蹈治疗的理论认为人的身体和大脑是相互联系的。人的心理和情感上的问题往往反映在身体上，比如肌肉的紧张和动作的受限和变形。反过来，肢体的状态会直接积极或消极地影响到人的态度和情绪。舞蹈治疗从多种方式来帮助学生，减轻疾患。通过群体动作，它帮助学生走出个人封闭，创造出强有力的社会和情感纽带，使之能感受到与他人在一起的快乐；通过有节奏的动作，可以帮助人们去除肌肉的紧张，减低焦虑，提高活力；通过自发性的动作，帮助学生认识自己，找到内心的"自我"，对自己的情感建立信心，并最终充分地接受自我；通过创造性的动作，激励个人化的表现，启发学生尝试新的思维方式和行为。

开展有关心理健康与音乐治疗的培训和讲座。在高校中普及音乐治疗的相关知识，特别是在有艺术类专业的学校开展，让学生在学习专业知识的同时，认识到音乐与艺术的结合能够治疗和缓解心理问题。让学生能够实现自助、助人的目的。

将音乐治疗带到高校中，并长期开展丰富多彩的音乐艺术活动，能够营造出更为良好、积极的校园氛围；缓解大学生的心理压力和不良情绪；使音乐课外活动的内容更加丰富多彩，形式更加多样化，从而促进大学生的身心健康，提高大的学生的心理素质。

（李舒，助教，主要从事心理健康与咨询研究）

34 马克思论人类本质的丰富性及其异化

陈细义

摘　要： 马克思在《1844 年经济学哲学手稿》中探讨了人的本质及其丰富性。在现代工业社会中，人不是作为人，而仅仅是作为工人存在的。因为人的本质的丰富性已经丧失掉了，工人的劳动变成异化劳动，不再是人的本质力量的体现。人之丰富性的丧失，根源乃是人的自由本质。而要想复归于丰富性的本质，恢复人的全面自由的发展，根源同样在于人的自由：通过对私有财产的异化之扬弃，通过共产主义社会来完成。

关键词： 马克思　人类本质　丰富性　异化

在《1844 年经济学哲学手稿》中，马克思对国民经济学的批判是一种前提批判，是对其非批判性的批判。国民经济学从事实出发、尊重事实，并对事实作出了概括和描述。基于这种认识方法，他们指出了工人的现状，乃是被当做商品、牲畜、工具或机器。马克思承认其结论的客观性，但是进一步指出：依此，他们所概括和描述的人，实际上不是作为人，而仅仅是作为工人而存在。而且，马克思还致力于通过异化劳动的概念，理清人沦为工人的必然性和全过程，最终探讨人如何通过扬弃异化而走向自由和全面的发展，实现自己的丰富性。

一、人类本质的丰富性

马克思强调人的感性存在及其感性实践活动，认为人的本质体现着人的主体性，人的本质就是对象化的活动，是感性的、自由自觉的活动。这种感性存在的人——作为个体、类存在整体、劳动者和产品所有者——具有其本质上极大的丰富性，也即"人的本质客观地展开的丰富性，主体的、人的感性的丰富性……"①而且，"正像人的本质规定和活动是多种多样的一样，人的现实也是多种多样的"②。

首先，人作为感性自身，有其丰富性。人的存在是肉体性和精神性的统一，有作为个体的丰富可能性；人既可以自由而实际地改造世界、建构这个世界，也可以同样自由并且理论化地想象和构想这同一个世界。这些个体的丰富可能性，乃是人作为类存在整体的丰富可能性在个体生命中的部分展现和现实化。其他动物只能被动地适应这个世界，而无法有意识地去改造和设想这个世界。

其次，人作为类存在，有其丰富性。人的存在是个体性和整体性的统一，故人既有作为个体的丰富可能性，也有作为类存在整体的丰富可能性。这一类存在整体的丰富可能性是所有个体可能性的总集合；此外，类存在整体的丰富性还不仅仅只是个体可能性的总集合，而且可以由个体的自我创造和拓展，进一步得到丰富；个体可能性的展现和拓展又必须基于类存在整体可能性的丰富性。当博尔特在100米短跑赛场上跑出9.58秒的世界纪录时，他同时也代表了人类整体达到这一速度的可能性，每个其他个体都共享了这种类存在意义上的可能性。

再次，人作为主体，他的对象具有丰富性。"在实践上，人的普遍性正是表现为这样一种普遍性，它把整个自然界……变成人的无机身体……所谓人的肉体生活和精神生活同自然界相联系，不外是说自然界同自身相联系，因为人是自然界的一部分。"③这样一种关系表明：人与自然是一体的，自然在本质上是人的身体的一部分，是人的本质的对象化。这种一体性，保证了人有将其对象纳入自身方面的丰富性。在人类的面前，自然界、人类社会、人类精神等所有领域的丰富性，都由于他们是人类主体的对象，而被纳入到人类本质的丰富性当中。人类不像其他动物那样只将这个丰富世界的某一部分作为它们生命的全部。

最后，人类作为劳动者，人类的劳动产品具有丰富性。人类通过劳动这种对象化活动来改造全世界，既改造自然界、人类社会，也改造人的心灵世界。劳动产品就是对象化产物，积极的对象化活动是人的本质的展示和实现，所以积极对象化活动的产物，也是人的本质力量的展示和实现。"劳动的对象是人的劳动的对象化：人不仅像在意识中那样在精神上使自己二重化，而且能动地、现实地使

---

① ［德］马克思：《1844年哲学经济学手稿》，人民出版社2000年版，第87页。

② ［德］马克思：《1844年哲学经济学手稿》，人民出版社2000年版，第85页。

③ ［德］马克思：《1844年经济学哲学手稿》，人民出版社2000年版，第54~55页。

自己二重化，从而在他所创造的世界中直观自身。"① 因此，劳动产品越丰富，人的本质力量就显得越强大，人的本质也就变得越丰富。

　　鉴于人所具有的本质上的四个方面的丰富性，因此，人的规定性，就多于现实中部分现实化了的具体人，比如工人。在此基础上，马克思才提出：工人不是作为人，而仅仅是作为工人存在。这样一个论断表明，马克思的概念学说，极大地不同于传统形式逻辑的概念理论。因为在后者看来，类与分子的关系在于概念，而概念的内涵和外延正好相反，外延越大，内涵就越小，也就越有丰富性，从而也就越具有具体性，越是个体性的；反之则越抽象，越不具有丰富性和具体性，所以在后者看来，"工人"的规定比"人"更多，故外延更大，应该更具有丰富性和具体性。马克思的概念学说所显示的却正好相反：类是个体的集合，"人"作为类概念，是所有"各种人"的总集合，具有更全面的可能性，也即规定更多；而"工人"只是"人"作为类整体丰富可能性的部分展现，故而规定比"人"少，外延更小，故而更抽象，故而人倒是全面的和具体的，而工人却是片面的和抽象的。

　　正是由于人的本质上的丰富性，所以人是可以全面和自由发展的，而这种全面和自由的发展，只能在其作为生命活动的感性实践活动，也即劳动中得以实现和展示。人具备成为任何领域从业者的丰富的可能性，因此，马克思才大胆预言：在共产主义社会，一个人可以早上作为工人在工厂劳动，下午却又成了一个艺术家，人可以完全自由地去实现、展示自己的丰富可能性。

二、人类本质丰富性的丧失

　　"工人"的丰富性少于"人"，不只是因为马克思特殊的概念学说，更因为在异化的劳动当中，人类本质上的丰富性丧失掉了。在《1844 年经济学哲学手稿》中马克思对此丧失的论述，相应的有四个方面，亦即人同自己的劳动产品、自己的生命活动、自己的类本质相异化，其结果就是人同人自身相异化。这种论述上的层次性反映了丰富性的丧失在逻辑上的针对性：由人之本质外围逐步向内，直至人类本质的核心；当人同自身对立的时候，人类本质的丰富性就丧失殆尽了。

　　首先，劳动的异化表现为劳动产品的异化。本来劳动的产品是固定在某个对

---

① ［德］马克思：《1844 年经济学哲学手稿》，人民出版社 2000 年版，第 58 页。

象中的、物化的劳动，这就是劳动的对象化，它是人的本质力量的体现，产品越丰富，人的本质也就越丰富。但是，"在国民经济学假定的状况中，劳动的这种现实化表现为工人的非现实化，对象化表现为对象的丧失和被对象奴役，占有表现为异化、外化"①。完整的表述如下："这一切后果包含在这样一个规定中：工人对自己的劳动的产品的关系就是对一个异己的对象的关系……工人在他的产品中的外化，不仅意味着他的劳动成为对象，成为外部的存在，而且意味着他的劳动作为一种与他相异的东西不依赖于他而在他之外存在，并成为同他相对立的独立力量；意味着他给予对象的生命是作为敌对和相异的东西同他相对立。"②

由此一个方面的完整论述可以知道，异化的表现有如下几个方面：与他相异存在；不再依赖于他而存在；在他之外存在；与他相对立存在；他被对象奴役。故而异化劳动中其他三个方面——生命活动、类本质和人自身——的表现有着与此相同的表述，但相对于劳动产品的异化，则层层深入，其异化更具有本质性。

这四个方面的异化，实际上就是人之丰富性——在其结构上由四个方面组成的自身——本质上的丧失。也即异化首先相当于丧失，其次意味着相异，再次意味着相对，最后意味着人的被役状态。所谓丧失，就是上面所讲的人的本质丰富性的丧失，而最终走向被役状态。这种"奴隶状态"（人的被役状态）的顶点是：他只作为工人才能维持自己作为肉体的主体，并且只有作为肉体的主体才能是工人。可见，所谓"奴役状态的顶点"，实际上就是人的丰富性本质已经丧失殆尽，反而是非本质的"肉体"存在及其需要成为"主体"，一个褊狭的、片面的和贫瘠的主体；他不是人的主体，而只是工人的主体。工人为了这个非本质性的"肉体"生命的维持，而被迫去参加奴役性质的劳动，这是异化劳动的核心。

同时，丧失并不意味着完全消失，劳动变成了仅仅是外在手段，而不再是目的。异化劳动的这种特征，使得工人把自己的生命活动、自己的本质变成仅仅维持自己生存的手段。而这种倒错，乃在于人的本质丰富性的丧失。人的发展不再是全面和自由的，而恰恰是极端片面、极端被役的。人已经不再作为人，而只是作为工人存在了。

---

① ［德］马克思：《1844 年经济学哲学手稿》，人民出版社 2000 年版，第 52 页。
② ［德］马克思：《1844 年经济学哲学手稿》，人民出版社 2000 年版，第 52～53 页。

三、人类本质丰富性的复归

马克思在《关于费尔巴哈的提纲》中明确指出："历史不是把人当作达到自己目的的工具来使用的某种特殊人格，历史只不过是追求着自己目的的人的活动而已。"① 可见，人不是奴属于某种外在于人的什么目的的工具，而是以自己丰富性本质的实现和展示为目的。因此，如何恢复人的本质的丰富性，如何把异化劳动复归到能够体现人类本质丰富性的劳动，成了一个必须要加以解决的问题。

在《1844 年经济学哲学手稿》中，马克思说："黑格尔的《现象学》及其最后成果——作为推动原则和创造原则的否定性的辩证法——的伟大之处首先在于，黑格尔把人的自我产生看作一个过程，把对象化看作失去对象，看作外化和这种外化的扬弃。"② 而在马克思看来：积极的扬弃是把外化收回到自身的、对象性的运动。

既然"人的自我产生是一个过程"，那么这样一个过程包括人的丰富性本质的肯定——人的丰富性本质的否定——人的丰富性本质的否定之否定三个必要环节。否定之否定环节，也即如何重新回到"具有人的本质的这种丰富性的人……"如何重新塑造"具有丰富性的全面而深刻的感觉的人"③。所以，人的异化的"积极的扬弃"，就是说，为了人并通过人而对人的本质与人的生命、对象性的人和人的作品的感性的占有。

由此可见，人的本质丰富性的重新占有有着相对应的四个方面。但是所有四个方面的核心却只有一个：主客体的统一，也即"真正的占有"，使"成为人的"；同时，也就意味着目的和手段的统一："为了人"并"通过人"；"感性的占有"，指的是这种占有的现实性、整体性和全面性，也即"人以一种全面的方式，就是说，作为一个总体的人，占有自己全面的本质"。这种感性的全面性，不但包括五官感觉，还包括了作为精神感觉的"直观、情感"，以及作为实践感觉的"愿望、活动、爱"，甚至包括与感性相对的"思维"，因为"人不仅通过思维，而且以全部感觉在对象世界中肯定自己"。可见，人的感觉的全面性和丰富性的重新发现，在整个异化扬弃中具有特别重要和优先的地位。但是，感觉的

---

① ［德］马克思、恩格斯：《马克思恩格斯全集》（第二卷），人民出版社 1957 年，第 118～119 页。

② ［德］马克思：《1844 年经济学哲学手稿》，人民出版社 2000 年版，第 101 页。

③ ［德］马克思：《1844 年经济学哲学手稿》，人民出版社 2000 年版，第 88 页。

形成却又来自于人的对象性活动所形成的"人对世界的任何一种人的关系"。"一句话,人的感觉、感觉的人性,都是由于它的对象的存在,由于人化的自然界,才产生出来的。"① 可见,扬弃异化的四个方面是相互关联的。

所以,首先要扬弃的就是私有财产,因为马克思把私有财产归结为人的感觉的异化,即人的全面丰富的感觉异化为单纯拥有(外物)的感觉。因此,这种扬弃,乃是要让人恢复全面的丰富的感觉能力,也即进行感性实践活动的能力,使人从一个工人,能够作为一个劳动者而生活。

其次,要使世界成为"人的"世界,也就是成为我的对象化,我的自由的和丰富性的本质的实现,最终成为我自身,实现主客体的统一。这样一个世界,包罗万象,但在我的感觉范围之内,应该整体性地使其成为人的,成为人的一部分。"成为他的对象,这就是说,成为他自身。"②

由此,通过感觉的人化和世界的人化,人的感觉(主体)和他的对象(客体)是在人的对象性活动、全部历史实践过程中一道形成的(并相统一的)。这就是马克思的主客同一论。既然人拥有了丰富的感性本质,甚至人就是这些感性本质,而且"人与物的关系变成人的关系,(那么)其结果正是人与人的关系"。人与人的关系那就是社会关系,它是对人的生命的一种占有方式,同他人的直接交往也能表现自己的生命,也是实现自我的一种方式。而且,这样一个社会是一个"自由人的联合体":"这样一个联合体,每个人的自由发展是一切人自由发展的条件。"③ 而这样一个社会,也就是共产主义的社会,也就是人的自我异化得以扬弃的社会形式,它产生于对私有财产的积极扬弃。

"共产主义是私有财产即人的自我异化的积极扬弃,因而是通过人并为了人而对人的本质的真正占有;因此,它是人向自身、向社会的即合乎人性的人的复归。这种复归是全面的,自觉的和在以往发展的全部财富的范围内生成的……它是人和自然界之间、人和人之间的矛盾的真正解决,是存在和本质、对象化和自我确证、自由和必然、个体和类之间的斗争的真正解决。它是历史之谜的解答,而且知道自己就是这种解答。"④

我们往往认为物质的极大丰富是实现共产主义的基本前提,但是从以上的分

① [德]马克思:《1844年经济学哲学手稿》,人民出版社2000年版,第87页。
② [德]马克思:《1844年经济学哲学手稿》,人民出版社2000年版,第86页。
③ 《共产党宣言》,见《马克思恩格斯选集》(第一卷),人民出版社1995年版,第294页。
④ [德]马克思:《1844年经济学哲学手稿》,人民出版社2000年版,第81页。

析我们可以看到：人类本质的极大丰富才是实现共产主义的基本前提。如果不是建立在人类本质的丰富性基础之上，而是建立在异化劳动的基础上，物质的极大丰富不但不能成为实现共产主义的前提，反而是一种阻碍。

四、结语：自由而全面的发展

马克思深刻地指出，人类本质丰富性的丧失的根源是人的自由本质。而人类本质的丰富性的回归，依靠的也是人的自由本质。基于此，异化的扬弃不是简单的抛弃，而是要认识到："自我异化和异化的扬弃走的是同一条道路。"① 人的本质自由的逐步展现和实现的道路，也就是"否定之否定"的辩证法之路。这条路自身就是人的感性的实践活动的整个历史，也是人的自由本质的全部实现和展现。通过异化，人实现并展现了自己本质的自由；但是为此丧失了自己本质的丰富性，滑入一种畸形的历史状态。必须通过异化的积极扬弃，运用同一种本质自由，复归于一种不但自由而且全面的历史发展状态之中。这样的理论观点对于解决现代人的生存状态问题具有指导意义。

参考文献：

[1]［德］马克思，恩格斯.马克思恩格斯全集［M］.北京：人民出版社，1995.

[2]［德］马克思.1844年经济学哲学手稿［M］.北京：人民出版社，2000.

[3]邓晓芒，赵林.西方哲学史［M］.北京：高等教育出版社，2005.

[4]吴向东.论马克思人的全面发展理论［J］.马克思主义研究，2005（01）.

[5]张玉能.人的本质力量与美［J］.青岛科技大学学报（社会科学版），2006（02）.

[6]迟成勇.评析《1844年经济学哲学手稿》中的异化劳动理论［J］.广西大学学报（哲学社会科学版），2007（05）.

（陈细义，助教，主要从事中西美学史、艺术美学和审美心理学研究）

① ［德］马克思：《1844年经济学哲学手稿》，人民出版社2000年版，第78页。

35 艺术学院大学语文教学研究与探索

李豫凤

摘　要：大学语文课程是高校非中文专业的一门基础文化课，它担负着培养大学生人文素养的重大责任。但是在艺术院校里，大学语文课程存在学生不重视、教学时数少、教学班级规模大、教师学养有待提高、教材针对性不强等问题。作者结合自身教学经历，对改进大学语文教学方法，提高教学质量提出了建议。

关键词：大学语文　现状　教学方法　人文素养

大学语文是高等学校非中文专业的一门基础文化课。1952 年，高校院系调整后，我国高校取消了大学语文课程。1978 年，南京大学校长匡亚明先生力主在高校恢复大学语文课程以提高大学生的人文素养，并率先在南京大学开设了大学语文。继南京大学之后，华东师范大学也恢复了这门课程。此后，全国一大批高校相继开设大学语文课程，对培养学生的人文素质起到了重要的作用。

一、艺术院校开设大学语文的意义

教育部高教司《大学语文教学大纲》（征求意见稿）指出："在全日制高校设置大学语文课程，其根本目的在于：充分发挥语文学科的人文性和基础性特点，适应当代人文科学与自然科学日益交叉渗透的发展趋势，为我国的社会主义现代化建设培养具有全面素质的高质量人才。"大学语文课程是人文社科类课程中综合性最强的课程，是提高大学生文化品位、审美情趣、人文素养不可或缺的重要载体。概括地说，艺术院校大学生学习大学语文能促进学生的艺术创造力，提高学生艺术的修养。

文学是艺术生活的主角，艺术的产生往往需要坚实的文学作为基础，因而大学语文和艺术专业知识的学习是紧密相连的。中国历史上诸多优秀的文学家往往也是优秀的艺术家，远之如李煜、王维、苏轼、李清照、唐寅等，近之如李叔同、鲁迅、闻一多、艾青等，他们均在诗、书、画乃至乐方面都造诣不凡。杰出的音乐教育家，著名小提琴教授林耀基先生生前曾说过："音乐天赋加文化，艺术素养与演奏的艺术境界成正比。只有天赋，缺乏文化艺术素养就不可能有高水平的艺术创造。"① 云南籍著名版画家王应天先生特别注重学习中国古典文学，他认为古典诗词对他的创作有深刻的影响。法国艺术史家艾黎·福尔也指出："有不知激情为何物的大学者，有不长于推理的大善人，但是，没有一个艺术大师由于其对艺术表达形式艰难而漫长的征服，不同时是一个学识渊博的巨匠，一个情感丰富的伟人。"② 所以说，一个有较好文学修养的人，对艺术创造定会有独特的见地，其艺术专业能力也会特别强，而一个合格的艺术家也一定是一个具有良好文学修养的人。

在大学语文的学习中，倘能让艺术专业的大学生用心去欣赏和感受每一篇经典课文中的优美语言与美好情感，使他们的性灵得到陶冶，情感得到升华，审美能力和鉴赏水平得到增强，则能进一步促进学生的艺术创作水平和创作能力，全面提高其艺术修养。

二、艺术院校大学语文教学现状

恢复大学语文课程二十多年来，总体的形势是好的，但也存在不少令人担忧的情况，以笔者所在学院为例，主要存在以下几方面的问题。

（一）学生对大学语文课程不重视

大学语文的教学对象是刚进大一的学生，他们中有从小就接受艺术技能训练的，还有小部分是中学文化成绩欠佳来突击艺术的，相当一部分学生的文化底子较薄弱，入学后他们只重视专业的学习，认为大学语文和专业课没有任何的联系，学好学坏无所谓。再加上大学语文不像英语过级考试那样是作为获取学位证的一个硬性条件，也没有英语学习那样的显性作用，对没有考试压力、没有及时回报性的大学语文来说，学生往往宁愿花时间和金钱去学习英语也不愿意学习语

① 潘虹:《艺术概论》，云南大学出版社 2004 年版，第 201 页。
② 艾黎·福尔:《世界艺术史》(上卷)，长江文艺出版社 2004 年版，第 14 页。

文。无形中，大学语文在学生的心目中变成了徒有虚名的一门课程。

（二）教学时数有限

大学语文的教学时数是一个学期 36 节课，而使用的大学语文教材，是按照文学史的时间顺序来编排的，内容较多，教师倘若要在有限的 36 个课时里系统地讲授大学语文，的确是一件很困难的事情。

（三）教学班级人数多，规模大

大学语文的教学班级一般都在 70 人以上，甚至多达 160 人。大班教学是目前许多高校在讲授大学语文课程时的做法，这样的教学班级一方面节约了教师资源，但是另一方面却让教师难以很好地兼顾学生的水平层次，对"因材施教"力不从心。在教学形式上，自由开放式的讨论形式不易组织，为了完成教学任务，基本是教师在满堂讲授，课堂形式单一。

（四）教师的学术涵养、教学能力亟待提高

1952 年以前，大学语文"在师资安排上，多是知识面最博的老师。比如当时的清华大学，是最有教学经验的朱自清、吕叔湘等来担任，很多人即使愿意，还上不了这门课"[1]。山东大学"上大学语文课的都是老舍、叶石荪、台静农这样的老师"[2]。现在的大学语文教师在学养和教学能力上都与这些前辈们相差太多，学生对我们的教师敬畏不足，导致对大学语文也较为轻视。

（五）缺乏针对性强的艺术院校使用的大学语文教材

如今大学语文教材的编写标准不一、内容不一，导致教材琳琅满目，显得多而杂。现在我院使用的大学语文教材在内容上分为"作品选读"和"语文概要"两部分，每部分又按照时间顺序将各种体裁的文本分成精读、泛读、拓展阅读三部分。这样的编排较为完整立体，对继续提高学生的语文应用能力有一定的作用。但是，结合艺术学院学生的实际情况，精读部分魏晋以前的散文篇目对不少学生来讲是比较吃力的，还有部分篇目与中学语文教材的内容重复，这就间接地削弱了学生的学习兴趣和热情。

---

① 见《南方周末》，载于《徐中玉：大学语文三十年》，http：//www. infzm. com/conten。
② 见《南方周末》，载于《徐中玉：大学语文三十年》，http：//www. infzm. com/conten。

三、改进大学语文教学现状的几点思考

（一）关注艺术类学生的特点，引导学生重视大学语文的学习

艺术院校的大学语文教师要注意到学生的心理特点与学习特性，充分尊重、理解学生。他们大多简单、善良、心机较少，对未来也有诸多热烈的梦想，但与其他综合性院校的大学生相比，又缺少一定的自律性和刻苦精神，同时还有一些自卑。部分学生因为文化底子薄弱的原因，在文化学习上有不少困难。教师要善于发现他们的闪光点，及时给予鼓励，对学生的不足和缺欠多一点包容，少一点挑剔，以此增强学生的学习自信心。同时，教师还要及时引导学生认识到学习大学语文的重要性，让他们改变轻视语文的心理，切实重视起大学语文的学习。

（二）积极钻研教学方法，在有限的课时内高质量地组织教学

不能过多责怨教学时数太少，因为每门课的内容和课时都是有限的。教师要高效利用每学期仅有的 36 个课时，高质量地完成教学任务。结合自己的教学，有如下思考：

1. 在课堂上引导学生重视对作品尤其是古典诗词的大声诵读

语文教育的老前辈、著名作家叶圣陶先生曾说过："吟咏的时候对于探究所得的不仅理智地理解，而且亲切地体会，不知不觉之间，内容与理法化而为读者自己的东西了，这是最可贵的一种境界。"

大声诵读中，一是口耳并用，能把无声文字化为声情并茂的语言，学生可以从名篇佳作的音韵美、节奏美中培养语感；二是通过大声诵读让学生把自身的感情、理解融入作品中，做到读、思结合，从整体上去体验作品的形象感、诗性美；三是诵读中积累的词汇有助于学生写作能力的提高。

遗憾的是现在的大学语文课堂上难以听到这琅琅的书声了。其实对学习播音、主持、表演、音乐教育的学生来说，诵读是他们擅长和喜欢的，教师可以结合学生的专业特点，在课堂上精心安排诵读环节，往往能起到事半功倍的效果。

2. 打破文学史和文学理论的束缚，在课堂上凸显作家作品的地位

长期以来，"在文学史与文学理论的密切合作中，作家作品始终是被解释的对象、被利用的材料，本身没有发言权。不断更新的文学史框架和文学理论体系术语淹没了作家作品的一小片国土，学生们要想涉足这片沦陷的土地，必须从其

势炎炎的文学史或文学理论的衙门里领取签证和入场券，而当他们终于走下飞机自以为脚踏实地之后，又会发现那片沦陷的土地原来早就像鲁迅笔下那位'过客'的所经之地，'没一处没有名目，没一处没有地主，没一处没有驱逐和牢笼'……他们根本无法推开各种现成的命名、通用地图、路标乃至活的向导，一上来就被剥夺了直接与作家作品对话的权力。在他们和作家作品之间，竟然横亘着那么多的屏障！"①

面对这样的现实，笔者认为大学语文教师不必在艺术院校的课堂上细致讲授文学史或文学理论，应更多地关注作品本身，把主要精力和时间还给作家作品，不必把学界研究的观点强加给学生。教师在提出自己对作品解读的基础上，让学生自己去对作者、作品发表看法，从不同的角度对作品进行解读。作品本身会感人，把作品讲好了，教学目的也就达到了。同时，教师在选择篇目时，应尽量选择自己最有体会的篇目，用发自内心的感受与热情，用充满激情的讲授，带领学生在经典的魅力中去体验人间最真诚、最炽热的情感，在内心深处与作者一起经历所有的美好和痛苦，帮助学生形成包容而开放的心胸。

3. 合理使用多媒体

多媒体的声、光、色、像很容易引起学生的学习兴趣，使大学语文的课堂增色不少，并且使教师节约了板书的时间，可以给学生传递更多的信息。但多媒体毕竟只是一个教学辅助的工具，教师不能过多依赖多媒体设备。曾经出现过有的教师在遇到停电时便不知怎样展开教学的情况，所以，不能让多媒体取代教师"教"的主体地位。在制作课件时，文字不能面面俱到，应该简明扼要，动画、声音等不能过多使用，否则会造成学生视觉、听觉上的疲劳。笔者主张将多媒体教学和传统教学结合起来，始终注意自己是课堂的设计者、组织者、引导者的角色，把控、调节好课堂节奏、课堂气氛，充分发挥学生的主体作用。

4. 针对不同专业的学生调整教学方法

艺术院校专业多，在大学语文教学中可以结合不同专业学生的性格特点来授课，根据学生的知识结构、接受能力等实际情况调整教学方法。通常，表演类的学生比较活跃，表现类的学生比较沉静，每类课堂都是同一种表述性的教学是不可取的。教师应当根据学生特点以及课堂实际情况做好启发教学和互动教学，并在教学中适当而准确地融入专业知识，这有助于提高学生的兴趣和课堂教学质量。

---

① 郜元宝：《谈谈我们时代的文学阅读与教学》，北大中文论坛，http://www.pkucn.com。

5. 注重培养学生的阅读能力

中学时，学生基本上是"伏案学习"，进入大学，学生应当抬起头来，"耳听四路、眼观八方"地学习，其中，教师要引导学生不能再固守教科书，而是要更多地阅读古今中外的优秀文学作品，开阔眼界。教师不一定非要让学生写读书笔记，只要学生有阅读的好习惯即可。课下教师可以和学生聊天式的交流一下阅读感受，对读有余力的学生再鼓励他们把心得写下来。阅读能力的培养和提高，有利于学生提高语言应用能力，更重要的是让学生在阅读中形成良好的思维品质，拓展心灵的宽度，提高人文素养。

（三）提高教师自身素质

不可否认，大学语文教师在艺术院校的地位比较边缘，但是，教师切不可因此而敷衍教学。徐中玉老先生曾说："现在的学生不喜欢语文，这个结果必须由老师来负责。大学语文这门课对老师要求很高，同样一本教材，有的人教得非常好，换个人就索然乏味。"① 大学语文教师是人文精神的传播者，其自身就应该有较高的人文修养，尤其要做到以下两方面：

教师首先要做到"三爱"——爱自己，不要把自己也当成是一个边缘人，要理直气壮地生活、教学，"激情工作"、"诗意生活"、"勤奋学习"；爱学生，在发自内心的爱中，使学生学会敬畏老师，敬畏知识；爱工作，感谢它是我们的衣食之源，珍惜它。

其次是教师要有独立的人格魅力，这体现在庄重大方的仪容仪表，得体适度的举止行为，渊博深厚的知识涵养，与时俱进的教学理念，宽以待人的仁爱之心，情感充沛的语言表达等方面，教师通过彰显自身的人格魅力，"随风潜入夜，润物细无声"地去感染学生，这样才能更好地激发他们学习大学语文的兴趣，让师生在课堂上的配合更为和谐。

（四）在现有教材的基础上，编写适合艺术院校使用的大学语文教材

在教材建设中，一方面要用心钻研中学语文教材，避免在大学语文教材中出现重复篇目。另一方面，要仔细探索如何使新编教材既有大学语文教材的共同特点，又有艺术院校自身的特点，既能照顾到学生的学习兴趣，又能提升学生的审美情趣。

---

① 见《南方周末》，载于《徐中玉：大学语文三十年》，http://www.infzm.com/content。

四、结　语

　　苏轼曰："胸藏文墨虚若谷，腹有诗书气自华。"巴金也说过："好作品能够帮助人，鼓舞人前进，激发人们身上美好的东西。作家写出的美好的感情，美好的形象，更是能够潜移默化地影响一代青年的心灵。所以，好作品，就是榜样，就是力量。"大学语文的学习对提高大学生的人文素养，增强学生的综合能力有着重要的意义。每一位大学语文教师都应积极探索大学语文的教学方法、教学理念，在教学中充分关注人的价值、人的精神，使大学语文成为学生在大学阶段的一门重要的人生课程。

（李豫凤，副教授，艺术学教研室主任，主要从事中国文学史及中国教育史研究）

36 英汉间接指令表现差异的中西人际关系原因

张明勤　李恒敏

　　摘　要： "指令"这一言语行为至少涉及了说话人、听话人和目标动作这三个要素。分别从这三个因素出发来考虑，可将间接指令分成以说话人为出发点、以听话人为出发点和以动作为出发点三种不同的类型。本文通过问卷调查，分析了在何种场合选用何种间接程度的言语形式时中西表现出的差别，并从直接原因与深层原因两个层面讨论了造成差异的原因，以对预防跨文化交际失误提供建议。

　　关键词： 间接指令　文化差异　语用参数

一、间接言语行为理论简述

　　间接言语行为指的是通过一种言外行为间接地完成另外一种言外行为的情况。也就是说，交际者在实施间接言语行为时往往不直接说出自己要说的话，而是凭借另外一种（常常是直接的）言语行为来间接地表达其用意。在间接言语行为中，说话人依赖他和听话人所共有的背景知识，包括语言的和非语言的背景知识以及听话人的推理能力向听话人传递他的言外之意。

　　塞尔（Searle）认为，间接语言现象实际上就是说话者同时实施了两个言外行为，并且是通过一个言外行为来间接实施另外一个言外行为。例如：某人说"It's raining"时，若他的意图只是陈述天在下雨，那他的语言是直接的，若他的真正意图是通过告诉听话人下雨了而发出指令"Bring your umbrella"，那他的语言是间接的。这时他就同时实施了两个言外行为：阐述和指令，并且后一言外行为是通过前一个言外行为而达成的。塞尔将其称为首要言外行为（Primary illocutionary act）和次要言外行为（secondary illocutionary act）。首要言外行为体现了说话人的真正意图，次要言外行为是说话人为了实施首要言外行为所实施的另一个言外行为；次要言外行为与句子的字面意义相吻合，首要言外行为则不局限于字面意义。

二、间接指令及其分类

塞尔把言外行为分成五个大类：

1）阐述类，如 It's raining.

2）指令类，如 Bring your umbrella.

3）承诺类，如 I vow to love you forever.

4）表达类，如 I apologize for my rudeness.

5）宣告类，如 You are fired.

在塞尔所分出的五大类言外行为中，人们最需要间接地施行的就是间接的指令这一类。我们在要求别人为我们做事情，或者对别人发出指令的时候，总是回避直截了当的祈使句（Open the door!），或者带有明显行事动词的句子（I order you to open the door!），否则显得生硬唐突，盛气凌人，使听话者反感而不愿合作。因此，大多数情况下为了讲究礼貌，人们会使用间接语言来完成指令。

从"指令"所涉及的几个因素出发来考虑，"指令"这一言语行为至少涉及了说话人、听话人和目标动作这三个因素。分别从这三个因素出发来考虑，也可以将间接指令分成不同的类型。（何兆熊，133）

1）A 型：以说话人为出发点，他可以陈述他要听话人做某事的愿望，如：I would like you to close the door.

2）B 型：以听话人为出发点，说话人可以陈述听话人做某事的能力或愿望，也可以对此提出询问。比如：You can pass me the salt. Can you pass me the salt?

3）C 型：以动作为出发点，说话人可以陈述做这件事的理由，也可以询问做这件事的理由。如：The soup is not salty enough. Wouldn't it be a good idea if we add some more salt to the soup?

显然，A 型指令的间接程度最低，接近于直接指令，C 型指令的间接程度最高，最为礼貌。在何种场合选用何种间接程度的言语形式，英汉表现出了差别。

三、问卷调查

为了研究中国人和西方人在使用间接指令时的异同，我们作了一个微型的调查。西方人主要请了北美洲的朋友，在之后的谈论中也将以美国文化作为现代西方文化的代表。

（一）调查对象

第一组：6个中国人，平均年龄23岁。

第二组：1个美国人，一个加拿大人，平均年龄22岁。

（二）问卷内容

1）过春节家里一起吃饭的时候，假设你需要表弟、表妹帮你拿双筷子（pass you the salt），你会怎么说？

2）过春节家里一起吃饭的时候，假设你需要外公、奶奶帮你拿双筷子（pass you the salt），你会怎么说？

3）公司聚会的时候，假设你需要你部门经理帮你拿双筷子（pass you the salt），你会怎么说？

4）公司聚会的时候，假设你需要同事帮你拿双筷子（pass you the salt），你会怎么说？

（三）调查结果（部分）

调查结果中基本同形的言语形式我们只选取一个代表。在调查中，中西反差较大的是当问到如何对上司提出指令时，所有被调查的中国人第一反应都表示宁肯自己起身拿筷子，也不愿意麻烦上司，被调查的西方人却没有这样的反应。

	中	西
对平辈	—去，拿双筷子来。 —给哥拿双筷子！	—Can I have the salt, please?
对长辈	—爷爷，我还要双筷子~！（撒娇状） —婆，能不能给我递下筷子？ —嗯？我这好像少双筷子。	—I'd like the salt please, grand-pa. —Can you pass me the salt, grandpa?
对同事	—我还要双筷子。 —能不能给我递双筷子？	—Could you pass me the salt?
对上司	—王经理，麻烦给我递双筷子，不好意思，呵呵。 —是不是少一双筷子？ —我的筷子走丢了，呵呵！	—Could you pass me the salt?

（四）调查结果统计

问　题	汉（6）	英（2）
1	6个直接指令	2个B型
2	1个A型，4个B型，1个C型	1个A型，1个B型
3	4个A型，2个B型	2个B型
4	4个B型，2个C型	2个B型

（五）调查结果分析

　　横向对比来看，中国人对平辈和同事发出指令时，要比西方人更直接，但在对长辈和上司说话时则比西方人更间接。纵向对比来看，中国人对家庭成员说话要比对家庭外成员说话要直接，但在西方人的指令言语中，这次调查看不出这类区别。在何种场合选用何种间接程度的言语形式，英汉表现出了差别。

四、直接原因：两种文化对语用参数（影响人们使用间接言语行为的因素）的不同解读

一个对语言掌握得比较好的人，在请求别人做一件事的时候会有多种不同的方式可选用，他应该根据什么来作出选择呢？这些不同的间接请求方式之间有什么区别呢？在这方面研究比较有名的是 Ervin – Tripp，S.（1976）。她根据不同的直接程度对指令作了分类，然后分析了支配说话人抉择的社会因素，如说话人和听话人之间的熟悉程度、社会地位上的差异等。可以说，任何社会支配间接言语行为的因素是基本相同的，它们可以大致归纳如下。

（一）权力关系

你对听话者拥有多大的权力？会话双方的权力差别越大，说话就可能越直接。

不同文化对会话双方的角色以及与言语事件有关的会话双方的相对权利和义务的看法也不同。

使用间接指令时，中国人比西方人更注意对象的权力大小和身份特征，从而确定行使指令的言语的间接程度。

在之前的调查中，请同辈人帮忙时，中国人使用了直接指令，西方人使用 B 型间接指令。而请长辈帮忙时，西方人仍然使用了 B 型指令，甚至还用了 A 型指令，A 型指令中国人没有考虑，而是考虑使用更加间接的 C 型指令，对于中国人，说"婆，能不能把筷子递给我"似乎还是显得欠缺礼数，对于中国人来说比较理想的是说："嗯，我的筷子呢？"然后用体态语（如环顾四周）表示自己缺一双筷子，需要外婆顺手递一双过来。只暗示帮忙的理由，其余信息完全由听话人猜测，所留给听话人的行事与否的余地更大，也就更为礼貌。这是由于中国人对于亲属中长次高低的等级关系比西方人更为敏感，表现在间接指令言语行为中也就有了差异。

再比如在中国，教师可以用 A 型指令让学生擦黑板，而在西方国家（如英、美）如果教师需要学生擦黑板，一般要用 B 型、C 型言语形式来指令。这是因为在西方文化中个人主义占主导地位，强调个体与个体之间的平等；而在中国文化中亲属关系带来的等级概念泛化到了社会生活中，交际者常常将对方的身份、地位、年龄与自己的情况相参照，等级高的人对等级低的人说话更为直接。

（二）社会距离

你对听话者的熟悉程度如何？你和听话者越熟悉，说话的方式就可能越直接；你与听话者的关系越密切，说话的方式也可能越直接。

影响人们言语行为选择的因素尽管在各种文化中具有普遍性，但不同的文化对这些因素的解释却各不相同。这些因素在言语交际的过程中是可以变化的，可以扩大，也可以缩小。但是不同的文化中人们对哪些因素应该首先缩小，哪些要扩大，以及如何扩大存在着差异。比如，美国文化中喜欢缩小"社会距离"。汉文化中则重视对方与自己在年龄、社会地位等方面的关系。对中国人来说社会距离不只是和交际对方的熟悉程度，还包括和对方的等级差，而等级是由年龄、身份、辈分、地位、职业、口碑等众多因素确定的，是比较稳定的。

（三）要求大小

你要求别人做的是小事还是大事？你向别人提的要求越高，你问话的方式就可能越间接。要求不一定是物质的，也可能是信息上的，比如很多国家中问"时间"可以用直接的方式，问别人的"收入"时则用非常间接的方式。

（四）权利与义务

会话双方的相对权利和义务如何？如果你要求别人做的事情是你的权利，那要比你请别人帮忙用的方式要直接。例如：你叫出租车送你去车站所用的说话方式要比叫你的邻居送你去更直接。

以上所列的影响语用选择的因素并非一成不变，不同文化间的差别则更大。

五、深层原因——中西人际关系上的差异

影响英汉间接指令表现差异的因素有很多，意识形态、人际关系等都会影响中西方人对言语形式的选择。本文集中讨论的是中西社会人际关系差异造成的影响。人际关系包括亲属关系，自我观念，群体内外的关系。人际关系是一个社会和文化区别于另一个社会和文化的一个最为突出的方面，是文化中最重要的方面之一，因为它代表着一个文化群体在群体成员之间组织关系的方式。（Ronald Scollon and Suzanne Wong Scollon）对许多学者而言，"文化"这个词与人际关系的概念几乎是相同的。

（一）亲属关系

1996 年，克林顿向华人发表的春节祝词中称赞中国人的价值观，赞扬华人把家庭价值观排在第一位。在中国人基本的家庭价值观念中，儿女应该不惜一切代价对父母尽孝心，同时要在行动上尊重服从父母的意志，尤其在古代，个人的自由和权利在父母权威面前是不存在的。现代社会中这一状况改变了很多，但中国人仍坚持从小教育孩子要注重不同辈分的等级关系，强调尊敬父母长辈，孝顺服从，养老送终，传宗接代。

但在西方社会，尤其是美国，受传统宗教思想的熏陶，尤其是新教的思想熏陶，加上自己独特的文化传统，既没有三四代同堂的家庭制度，也没有中国传统的孝顺思想，形成了一套不同的家庭价值观。

美国人家庭的根基比较浅薄，而且美国社会的各种力量鼓励个人从家庭及家庭传统中分离出来，以利于个人更好地发展。因此，美国人基本上没有祖先崇拜的思想，不讲孝道，家族门第概念薄弱，与此相关的亲属关系、家乡观念、同乡意识都比较淡薄。

举两个典型的例子：

在 1996 年的央视电视剧《咱爹，咱妈》中，父亲是位退休老工人，和老伴收入微薄，家境困难，将子女抚养成人后，积劳成疾，身患癌症住院。大儿子将照顾父亲的重任放在自己肩上，为了给父亲筹款治病，背着妻子和女儿把心爱的钢琴卖了。妻子为此和他大吵一架。之后夫妻间为给父亲治病筹款多次发生矛盾，最后不得不离婚。当父亲知道大儿子离婚时极其气愤，在老父看来离婚是丢人现眼的事，也是对父母的大逆不道。大儿子心里委屈，但是没有对父亲说过一句怨言。看到父亲为自己离婚如此伤心气愤，他同意和自己不爱的妻子复婚。

这一剧情反映了典型的中国人的家庭价值观：孩子对父母感恩戴德，为父母的生命可以牺牲一切；父母既含辛茹苦养育儿子，也对儿子的个人生活有所干涉，儿子也接受这种干涉。在中国很多类似的例子都显示出儒家亲属关系在文化中的力量，而在西方人们拥护的是个人主义和人人平等。

另外一个例子是美国电影 "Guess Who's Coming to Dinner" 所反映的美国家庭观。影片中，儿子是一位有名的黑人医生，要娶一位白人姑娘，遭到父母反对。儿子和父亲进行了一场严肃的谈话，典型地反映了美国儿女和父母的关系。

父：儿子，你该听我的……我并不试图告诉你如何生活，但你从来没有犯过眼前的错误。你现在头脑发热，你们恋爱发生得太快了，你要三思而行……你从来没有犯过错误，现在你已经出轨了，儿子。

子：这得由我自己决定，伙计，你闭嘴，让我……

父：你怎么可以这样和我说话！你没有权利对我这样讲话。你我都知道我是怎么待你的。是啊，我知道你现在当了医生，有了名气和成就，但你知道吗，为了让你得到这一切机会，我拼了老命为你挣钱。你知道我30年来当邮差扛着邮袋走了多少路吗？75 000多英里！每天天黑以后还要去给人家割草坪，免得你给人家打小工，以便让你集中精力读书……

子：你要说的都已经说了，现在你该听听我的。你说你不想告诉我应该如何生活，那你刚才讲那番话干吗？你对我说，我有什么权利或者没有什么权利，你为我做了什么，我欠你什么，我应该怎样感谢你。我可以告诉你，我什么也不欠你！如果说你扛着那个邮包走了100万英里，那是你应该做的，因为是你把我带到这个世界上来的。从我出世以来，你为我做的每一件事都是你应该做的，正如我有了儿子以后，我为他做的一切也是应该的一样。但你并不拥有我！你不能教训我什么时候什么地方出了轨，你不能强迫我按照你的准则去生活！

中国人看到这里一般都会觉得不舒服，觉得这个儿子可谓忘恩负义。按照中国人的家庭价值观，父亲当然有权教训儿子，儿子不但应该对父母的养育之恩感恩戴德，还应把自己的成就归功于父母。儿子更不应该顶撞父亲，说出"你闭嘴"，"我什么也不欠你"之类的话来。一个中国儿子和父亲这样说话是不可想象的，这个儿子会成为大家所谓的"白眼狼"。但美国人认为电影中儿子的言行很正常，尽管态度激烈但言辞有理。相反，如果美国人看《咱爹，咱妈》，他们肯定会认为大儿子的思想和行为是不可思议的，甚至是违反人的本性的。由此可见，中美两国家庭价值观是极其不同的。

中国人的家庭价值观注重不同辈分的等级关系，强调一家人相互依靠，孝顺服从。表现在言语行为中，中国人对长辈和晚辈所使用的指令形式在间接程度上落差明显。对晚辈提出请求时使用很直接的指令形式，有不分彼此的亲近意味，但对长辈提出请求时都十分尊敬礼貌，大多使用B型间接指令，而且多用"麻烦"、"请"等礼貌用语，还要解释原因，甚至可以使用C型指令，只进行暗示。

美国人家庭价值观突出个人的平等观念，独立发展，权利意识。其中最为突出的观念是家庭成员之间的独立平等。表现在言语行为中，美国人对长辈和晚辈所使用的指令形式基本同级。对晚辈不会太随便，对长辈不会太委婉。当对长辈提要求时，虽然也用 B 型间接指令，但不太会解释原因，而且用的是 Can，不是 Could。

亲属关系有泛化的效果。中国亲属关系从两方面影响了话语交易者：使话语交际者有了等级概念和集体概念。中国人从幼时起就学会用谨慎谦恭的语气和长辈交谈，在成长的过程中这种等级观念会泛化，人们开始期望所有关系都在某种程度上按等级区分：如果不是按辈分关系区分，也要按年龄、经验、受教育程度、性别等其他范畴在潜意识中排定等级，选择不同的话语形式来交际，体现各自的权利和义务，以维护交际者意识中的社会结构模式的稳定和平衡。亲属关系文化还使中国人有强烈的集体感，个体行为都处在有结构等级的各种关系中，任何个体行为要考虑到不能破坏集体关系的平衡稳固，包括言语行为。

（二）群体内外的关系

人际关系的第二个方面是群体内外的关系。"特定群体的成员身份趋于呈现出一种带有特殊话语形式的群体内特征，而正是这些话语特征维持着群体成员与非群体成员之间的界限。"（Ronald Scollon and Suzanne Wong Scollon，164）

在西方国家，群体的构成流动性比较大，因此，同群体外和群体内成员的对话方式比较相似，在中国群体的结构比较稳定，很多关系在交际者一生中基本不变。这是因为在划定属于自己的群体时，中国人和西方人，尤其是美国人所考虑的因素有很大不同。在普通社交中，美国人一般只会考虑对方与自己的熟悉程度，年长年幼不会带来任何特权。而中国人会考虑熟悉程度、年龄、辈分、职业、职位高低等诸多因素。在之前的调查中，中国人都表示在公司聚会中发出指令时，自己不光会考虑对方是同事还是上司，还会考虑对方与自己的熟悉程度，对方的年龄、资历等，例如：若对方是同事但是年纪很大，也会对对方使用很间接的指令语言，如果对方是上司但和自己很亲近熟悉，也会使用比较直接的语言。正是因为考虑的因素较多，中国人的群体相对比较稳定。

可以说，西方文化中人与人之间的社会距离流动性比较大，个体性更强，而中国文化中人与人之间的社会距离不会轻易改变，群体性更强。因此，中国人对交际对方是否与自己社会距离接近，属于同一群体更敏感，也表现得更清楚。表现在言语中，中国人对群体内成员发出的指令比西方人对群体内成员发出的指令更为直接，而对群体外成员发出的指令比西方人对群外成员所发出的指令更间接，中国人将群体与非群体分得更为清楚。这也是等级、集体观念泛化的结果。

（三）自我观念

之前讨论的亲属关系和群体内外关系，其实都涉及了两种文化中关于"自我"的观念。人际关系中所谓的自我观念，是个人或自我作为群体组织中的一个单位的概念。我们先来比较一下中国和美国的一些经典个人英雄。中国的有诸如雷锋、王进喜、焦裕禄……美国的有诸如华盛顿、富兰克林、林肯……比较这两组英雄模范，我们看到两种文化都强调发奋图强、奋不顾身、诚实可靠、助人为乐等优秀品质，但他们又有不同。中国的英雄模范事迹说明他们为公忘私、舍小家为大家的精神，当个人利益和集体利益发生冲突的时候，他们无一不是把集体利益置于个人利益之上。可以说他们成为个人英雄，正是因为他们维护了集体利益。而美国式的个人英雄则都属于白手起家，靠个人才干和努力获得成功的，他们对集体的概念并不太强调，而是强调个人意识的价值观。他们成为个人英雄是因为他们为自己挣得了财富和地位。Thomas Jefferson 的话可以概括美国人的想法："上帝创造人类时就决定个人利益高于他人利益。如果认为一个人的个人权利小于他人，小于集体，那是可笑的。"（转引自朱永涛，38）

可见，在自我观念上，中国人更多地意识到自己作为社会群体的成员与其他成员的关系，因而也会更多地注意他们的言语行为对其他成员的影响；而西方人，尤其是美国人则更加重视自己的独立性，关注自己的行为甚于关心自己和其他群体成员之间的关系。

中国人有强烈的集体感，个体行为都处在有结构等级的各种关系中。个人与其他人的关系总像在层级结构中，有明显的亲近疏远、上下平级之分。西方人，尤其是美国人以个人主义作为文化的核心，强调个人的需要，强调个体之间的平等。个人与其他人的关系像圆周与圆心，个人与其他人的距离是基本相同的。因此，在间接言语行为中，中国人会根据对象和场合变换使用 ABC 型的指令形式，西方人，尤其是美国人，相比之下则较少有这样的转换。

（四）对预防交际失误的建议

西方学生用汉语进行交际，常常给人"不懂礼数"的感觉。在请别人做事时不注意汉语中间接指令使用的艺术，就会使话语显得莽撞生硬。因此，在教学过程中我们要注意提示学生语言中的文化因素。讲文化光讲名胜古迹、风俗历史，实际只触到了文化的皮毛；文化更是渗透于语言中的种种形式表现，时刻影响交际者对语言形式的选择、理解。学生理解了中国文化在意识形态、社会机制等方面与西方社会的不同，就能逐步理解汉语在区分交际参与者权力分别、社会距离、要求大小方面的不同选择，从而更加灵活地进行交际。

六、小　结

本文主要讨论了英汉语在使用间接指令时的差异及其社会文化原因。间接指令是间接言语行为中的一种，又可按间接程度分为不同类型。间接指令的使用受到语用参数的限制，即权力分别、社会距离和要求大小。英汉语交际者在相同场合会选用不同间接程度的言语形式，就是因为在语用参数上有不同的解释。英汉对语用参数的解释不同，拥有着其内在的社会文化原因，尤其是在人际关系上的差异。中西社会文化在亲属关系、自我观念、群体内外的关系上都有本质差异，这些差异都相应地表现在了间接指令言语中。

参考文献：

［1］何兆雄. 新编语用学概要［M］. 上海：上海外语教育出版社，2000.

［2］Ronald Scollon and Suzanne Wong Scollon，1995 跨文化交际：话语分析法［M］. 施家炜译，北京：社会科学文献出版社，1995.

［3］赵永新. 汉外语言文化对比与对外汉语教学［M］. 北京：北京语言文化大学出版社，1997.

［4］邓炎昌，刘润清. 语言与文化——英汉语言文化对比「M］. 北京：外语教育与研究出版社，1989.

［5］姚舜霞，邱天河. 英汉请求言语行为策略类型对比初探［J］. 平顶山师专学报，2003（18）.

［6］姚舜霞，邱天河. 请求策略的选择与社会距离变化的互动关系［J］. 武汉理工大学学报（社会科学版），2006（16）.

［7］罗添娴. 从礼貌用语的语用差异谈跨文化交际［J］. 浙江青年专修学院学报，2006（3）.

［8］宋静. 论影响间接言语行为理解的社会文化心理因素［J］. 昆明大学学报（综合版），2004（2）.

［9］汪国军. 英汉文化、语言禁忌与语用问题［J］. 襄樊学院学报，2000（21）.

［10］王培浅. 谈跨文化交际中的语用负迁移［J］. 湖北职业技术学院学报，2006（9）.

［11］韩倩. 跨文化交际中的语用失误及其英语教学启示［J］. 沈阳农业大学学报（社会科学版），2006（8）.

［12］朱永涛. 美国价值观——一个中国学者的探讨［M］. 北京：外语教学与研究出版社，2002.

（张明勤，教授，外语教研室主任，主要从事英语教学及翻译研究；李恒敏，讲师，主要从事应用语言学研究）

37 艺术英语阅读 "交互作用" 教学研究

管丽华　森文

摘　要：艺术院校的英语课一直是教学中一个"尴尬"的地带，艺术专业英语就更加如此。如何有效地进行艺术英语教学，提高艺术类大学生在专业领域的英语应用能力是至关重要的。本文从艺术英语阅读环节进行教学方法的研究与探讨，力图找寻到艺术英语教学的有用方法和规律。

关键词：艺术英语　交互作用语言教学　教学方法　阅读

高校英语教学的目的，是培养学生的英语应用能力，即所谓的"学以致用"。如果说公共英语是培养学生的日常英语应用能力的话，专业英语则是培养学生的英语应用能力从日常到专业领域的一门转换与过渡的课程，不仅在英语的教学中是必不可少的一环，而且在专业理论教学中扮演着重要的角色。

高校多数专业开设专业英语已有较长的历史，而对于艺术类专业而言，开设专业英语（艺术英语）却还是件"新鲜事"。由于艺术类院校的特殊性和招生方式的特点，学生入学时的英语水平都比较低，提起艺术院校的学生，人们最容易联想到的是英语的"低分"和"低能"。如何有效地提高艺术专业学生的英语水平和能力，如何有效地进行艺术英语教学，一直是英语教育者非常关注但又总是觉得困惑的问题。

学习语言的目的是交流，而在交流中读懂所表达的意义是最为基础的。在艺术英语中，阅读是学生学习和训练的主要方法，培养学生阅读专业文献的能力也是最重要的环节之一。著名语言学家 Christine Nuttall 所提出的"交互作用语言教学"理论把写和读看做编码和解码的过程。写作就是作者把头脑中的概念、事件、观念、主义、情感等信息传达出去，等待他人理解和了解的过程，这个过程是使各种信息形成文字，即把概念、事件、观念、主义、情感等编码成文字，等待读者阅读的过程。而阅读理解则是一个解码的过程，既是读者解码语篇中所包含的信息的过程，也是读者了解作者所编码的内容的过程。虽然阅读只是对"编码"的结果（文本）的"解码"，但这个"解码"仍然是一个涉及作者、文本、读者三个要素的交互过程，影响"解码"（阅读）效果的因素显然就是阅读教学中所要关注的教学要素。"交互作用语言教学"理论提出的三个变量对我们研究艺术英语阅读教学很有启发和指导意义：读者变量、语篇变量和作者变量。下面我们分别从这三个方面来进行分析。

一、读者变量——课前的专业知识准备

读者变量（reader variables）是影响阅读的一个重要因素。实际上这个变量包含着两层含义：一是读者读解作者所写作的文章；二是读者读解作者文章以外的信息，即言外之意，包括文章的结构、作者的选词、作者写本篇文章所处的背景情况等。这两层含义是相辅相成的，如果读者具有该文本的相关知识，如写作时间、原因、作者生平等，则他们很容易理解作者所编码的信息，反之，读者是很难读懂文章的。根据交互式理论，读者读解文章的过程并不是被动的，对文章的理解是在读者与文字的互动中进行的。只有经过认真仔细的阅读，读者才能读懂文章，此外，相同的文本对于不同的读者难易程度是不同的，原因在于读者个人的知识结构的差异，这就是读者变量。就艺术英语的阅读教学而言，读者的知识结构包括两方面的内容：一是学生的艺术知识结构，这是以往依靠母语习得的；二是学生所具备的英语语言的知识，即二语的掌握情况。

长期以来，母语对二语学习的影响一直是人们所关注并予以热烈讨论的课题，理论界各门各派百家争鸣，都曾提出各自的观点和认识，大致有三类不同看法：第一类以对比分析（CA）和对比修辞（CR）为代表，认为母语对二语学习的负面影响要大于正面影响，母语文化思维和知识会影响到二语学习者写作语篇的组织方式；第二类则以创造性构件（CC）理论为代表，认为母语对二语学习的进程没有明显的影响，母语的作用可以不必理会；第三类是以"深层共享能力"假设（CUP）为代表，认为母语和二语能力在深层次上相互依存，能力共享，母语对二语的正面影响从整体上看远远大于负面影响。这三类理论各有各的不同，着眼点和出发点不同，因而结论也不同。

从艺术英语学习的特点来看，母语对它是有一定的负面影响的，由于两种语言本身的差异，语法结构的不同以及表达方式的不一致造成学生理解的障碍，另外，学生普遍缺乏用英语思考的习惯，不是直接看懂文章，而是先在心里经过一

道翻译的工序，也就是说学生在理解文章中所出现的每一句话时，并不是直接由阅到懂，而是经历了一个阅——译——懂的过程，大多数情况都是先在心中把文本由二语转换成母语之后才能完全理解。多一道"译"的工序自然影响阅读的速度，"译"的能力高低也直接影响阅读的准确性。

那么，究竟母语对二语学习有没有正面影响呢？以母语习得的艺术知识对艺术专业英语文章的阅读是否有帮助？为研究该问题，笔者曾做过一个对比实验，选择了三种不同专业的共 27 名学生（云南艺术学院 2005 级音乐、美术、设计专业学生）组成一个班，音乐专业（包括乐器专业、乐理专业、音乐表演专业），美术专业（包括电脑美术、雕塑专业等），设计专业（包括广告设计、环境艺术设计等）各 9 名，各专业学生按公共英语成绩的好、中、差分为三等，每一等级各有 3 人。阅读材料是一篇名为《土著美国人的编织工艺》的文章，共 355 字，生词为 16 个，符合 Laufer 所建议的阅读材料中最高生词率为 5%。经询问，学生对编织工艺非常了解和熟悉的有 6 人，一般了解的有 15 人，一点也不了解的有 6 人。结果，能读懂文章 50% 以上的有 13 人，分别为音乐专业 3 人，设计专业 6 人，美术专业 4 人；读懂文章 50% 以下的有 14 人，分别是音乐专业 6 人，设计专业 3 人，美术专业 5 人，如下表所示：

专业 读懂程度	音乐专业 9 人	设计专业 9 人	美术专业 9 人
读懂 50% 以上	3 人	6 人	4 人
读懂 50% 以下	6 人	3 人	5 人

由此可见，设计专业的学生更能读懂文章，也就是说，母语就已掌握艺术知识的学生更容易读懂及理解文章，母语艺术知识对二语艺术文章的理解具有正面影响，即母语对二语的"正迁移"作用。教师应重视母语对艺术英语学习的"正迁移"作用，在学生阅读文章之前，应引导学生学习和了解相关的专业知识，这样就能真正让阅读的效果事半功倍。笔者在艺术英语教学中，坚持采用引导学生主动学习的方法，要求学生在上课之前做相关的资料收集工作，对学生提出具体要求，让学生在阅读之前即掌握足够的专业知识，以便增加对文章所涉知识的了解，这就可以对读者变量这个因素进行控制。另外，艺术英语同时也肩负着教授艺术理论知识的作用，艺术院校学生普遍存在"重技能，轻理论"的倾向，对所学专业的理论书籍的阅读有限，相关专业的知识更加贫乏，这对于一名

准艺术家来说，对于其艺术修养的全面塑造是不利的，因而艺术英语阅读所选的文章还应有较强的知识性与学术性，这样不仅能提高学生的学习兴趣，同时也能使专业理论与英语应用形成一种双向的促进和互动。

二、语篇变量——合理选择阅读文章

语篇变量（text variables）是"交互作用语言教学"理论所关注的第二个因素。语篇变量是指句子的结构、长度、词汇密度（vocabulary intensity）、新概念的多寡、文章主题的难度和新颖度等。语篇变量对阅读理解的影响是非常大的，就一篇文章而言，语篇变量可以分成两个方面：一是语篇本身所具有的语言知识的变量，二是语篇本身所具有的专业知识的变量。

文章作者所掌握的语言知识和专业知识共同构成一篇文章，文章语篇所包含的知识量必然与读者所具有的知识量具有一定差异。如果把语篇所包含的知识与读者的既有知识看做两大知识的集合，那么这两个集合的重合关系就极大地影响着读者阅读的质量和兴趣，两者重合的部分越大，那么读者越容易读懂文本，反之，两者重合的部分越少，读者就越难读懂文本；同时，如果两者重合的过多，读者已经对文本有足够的了解和预测，那么将极大地影响读者的阅读兴趣；重合部分过少，读者完全没有能力理解文本，也将极大地影响阅读兴趣，这样都不能起到教学的作用。因此，艺术英语阅读语篇应从学生的既有知识和能力出发来选择，应该同时考虑到两个方面的语篇变量：首先，作为英语阅读本身，需要有一定量的新词汇，有一定的结构和语法上的难度，使学生在阅读过程中能够提高英语能力；其次，作为专业性的阅读，必须有一定的深度或者是新度，即要有一定的挑战性，有让学生通过阅读提高专业知识的空间。作为教师，必须因材施教，根据学生和作者两者的实际水平来选择语篇，既不能让所选择的语篇没有丝毫难度，通篇都是学生既有的知识，使学生没有一点提高的空间，又不能让难度过大，使学生缺乏必要的兴趣而读不下去。事实上，学生与作者所具有的知识重合部分的大小比例关系是一个非常值得研究的问题，学生所具有的知识如与作者重合的比例过小，甚至不重合，学生则会因为该语篇难度太大，挑战性过大，由于害怕而产生厌学情绪；如与作者重合的比例过大，则该语篇难度太小，对于学生而言缺乏应有的挑战，使学生出现审美疲劳而不愿读下去。那么，什么样的比例关系才能很好地适应彼此就是今后教学中值得去努力探究的问题。

艺术英语语篇的阅读既是英语教学的有益补充，同时也是专业理论教育的有益补充。一方面艺术英语的教学不可能取代公共英语的教学，因为公共英语的语篇教学更注重英语的语言结构、语法、句子的构成以及句子与句子、段落与段落之间甚至是句子、段落与整个语篇的关系等方面的综合语言技能的培养。而艺术英语的语篇教学中固然也在运用语言方面的知识，但同时也承担着艺术理论的教育这个重要而不可懈怠的任务，它是为了让学生了解本专业艺术理论原貌的重要步骤。曾经有人提出，用全英文的理论书甚至是原版的外国教材来进行教学，以替代原有的理论课和专业英语课。然而实践证明，这样的设想是不符合实际的，艺术院校的学生无论就英语语言的掌握情况还是对西方艺术理论的了解程度而言都没有能达到所谓的"全英文式教学"的条件，专业理论的教学仍然要以母语为主，公共英语也必不可少，而艺术英语教学是前面二者的必不可少的补充，也是学生运用英语进行专业理论实践的过渡环节。

三、作者变量——个性与共性的矛盾统一

作者变量（writer variables）是影响阅读过程的最后一个因素。其实，作者变量取决于作者和教师两个方面。每篇文章的作者可能来自于不同的国家，有自己国家语言使用的习惯和特点，有本国独特的语言环境，因而每个作者必然有自己写作的特点与风格。另外，每个作者有所掌握的知识以及所具备的能力的差异，有理论观念和艺术门派的不同，就其所写作的文章而言也有背景、情感、时代、主义、概念、观念等众多因素的不同。

而对教师来说，既要对不同的作者进行选择，又要对不同时代、不同价值、不同背景、不同观念、不同语言等的文章进行选择，从这个意义上讲，教师是可以对作者变量进行控制的。教师要根据学生的程度以及教学的要求对文章进行缩写、节选、改写甚至拼接的工作，以控制文章的长度和知识点的多寡，并在所有文章之后要编写练习题、整理生词，这个工作实际上是把文章中最重要和最具有知识点的部分抽取出来，这也必须是在对作者和学生有充分认识的基础上才可以完成。因此，教师某种程度上也是作者，学生的阅读文本是原作者的文本和教师的写作技巧、教学技巧的融合。当然，在实际的教学中教师要根据学生的实际情况调整教学方式，如讲解的节奏、讲解时间的长短以及讲解的方法等，要对这些因素进行多样的运用，才能获得一个良好的教学效果。

阅读是艺术英语教学的基础环节，也是需要长期训练、持之以恒的项目，需要有学生积极主动的配合，因此还要注重运用活泼、灵动的兴趣教学，调动学生

的积极性与自觉性。同时，英语教学也是一个开放和综合的系统，其他如翻译、写作、语法等方面的知识和技能也是极为重要的，并且要把各个环节融会贯通起来才能达到最好的教学效果。

参考文献：

[1] 陶文中. "建构式互动教学模式" 的理念 [J]. 教育科学研究, 1998 (6).

[2] 查有梁. "交流——互动" 教学模式建构（上）[J]. 课程 教材 教法, 2001 (4).

[3] 查有梁. "交流——互动" 教学模式建构（下）[J]. 课程 教材 教法, 2001 (5).

[4] Wilga M. Rivers. 交互性语言教学 [M]. 北京：人民教育出版社, 外语与教学研究出版社, 剑桥大学出版社, 2000.

[5] Vivian Cook. 第二语言学习与教学 [M]. 北京：外语教育与研究出版社, 爱德华阿诺德出版社, 2000.

（管丽华，副教授，主要从事英语教学及艺术设计理论研究；森文，副教授，云南艺术学院设计学院副院长，主要从事设计艺术学研究）

38 论云南艺术学院的外语个性教学

刘　彤

　　摘　要：本文以第二语言习得理论对学习者差异的研究为依据，分析云南艺术学院外语教学的现状和云南艺术学院学生外语学习的特点，论证了云南艺术学院的外语教学只有重视学生的特殊性和学校的实际情况，以学习者为中心，实施有针对性的个性教育才能走出困境，得到发展和提高。

　　关键词：外语教学　云南艺术学院　个性

　　中国自古就提倡"因材施教"。在文化观念多元化发展的今天，大学公共外语教学不应忽视差异，只有重视学生、教师、学校的个性特点，有针对性地研究教学方法，才能提出切实有效的教学改革措施，提高教学质量。

　　作为云南艺术学院的外语教师，我们长期工作在外语教学第一线，面对特殊的艺术专业的学生，他们由于长期专门的艺术专业训练耽搁了文化课学习，对学习外语缺乏信心和兴趣。但是，他们善于表达、有创造性，对他们的艺术专业知识兴趣浓厚。因此，我们常常需要根据学生的特殊性和学校的实际情况，对教学作出调整，尝试使用不同的教学方法。所以，在艺术学院的外语教学中，教师和教学管理者应该重视学生的个体差异，以学生学习的个性特点为基础来组织教学。

一、当代外语教学理论重视学习者的个体差异

　　外语教学的研究对象已经从教学法过渡到了学习者。近年来，对第二语言习得的研究改变了外语教学的视角，二语习得理论强调"以学习者为中心"，对学习的最终结果起决定作用的是学习者本人。"只有根据学习者的身心特点，根据

第二语言习得发生发展的规律进行教学，才能大面积大幅度地提高教学质量。"①
因此，造成学习者个体差异的主观因素和情感因素就成为外语教学中不可忽视的
问题。

影响外语教学的学习者个体差异主要表现在认知风格、学习策略、情感因素
三个方面。

（一）认知风格

认知风格（cognitive style），目前还没有确切的定义，"笼统地说，是人在信
息加工（包括接受、储存、转化、提取和使用）过程中表现出来的认知组织和
认知功能方面持久一贯的风格"②。认知风格包括学习者在知觉、记忆、思维等
方面的差异。对认知风格的研究，"为教师更好地认识学生的认知特点、人格特
点提供了理论指导，也为教师更好地因材施教提供了依据。作为外语教师，如果
能了解学习者不同认知风格结构模型的分类，针对不同的学习任务、不同的学习
环境，注意发挥其特长，并能相应地对学生的学习策略和认知风格加以引导，将
对学习者外语学习起到积极的促进作用"③。

当代二语习得理论中，有五种类型的认知风格最受重视："场依存—场独立
型、审慎—冲动型、聚合—发散型、整体—序列型、齐平—尖锐型。"④

1. 场依存—场独立型

场依存型风格的学习者的特点是，他们容易受到环境和他人的影响，需要依
靠外部参照系来处理学习到的信息，倾向于从整体上认识事物，社会交往能力
强。场独立型学习者的特点是，他们认识事物较少受到环境和他人的影响，以自
我为参照系统，倾向于以分析的方式看待事物，具有独立性，社会交往能力相对
较弱。研究发现，对应于他们的认知风格特点，场依存型学习者在自然语言环境
下学习外语更容易成功，而场独立型学习者在课堂教学环境中学习外语更占优
势。场依存型学习者擅长社交，能得到更多的语言输入，他们的学习容易受外来
因素的影响，对具有社会内容的学习材料表现积极，情绪波动大，需要教师及时
给予他们反馈信息。场独立型学习者分析能力强，能更好地掌握语法知识，不易

---

① 杨连瑞、张德禄：《二语习得研究与中国外语教学》，上海外语教育出版社 2007 年版，第 32 页。

② 杨连瑞、张德禄：《二语习得研究与中国外语教学》，上海外语教育出版社 2007 年版，第 141 页。

③ 杨连瑞、张德禄：《二语习得研究与中国外语教学》，上海外语教育出版社 2007 年版，第 142 页。

④ 杨连瑞、张德禄：《二语习得研究与中国外语教学》，上海外语教育出版社 2007 年版，第 145 页。

受外界因素干扰，能对事物作出独立判断，教师可以给他们留出自己学习的空间，不能把自己的方式强加给这样的学生，要注意尊重他们的个性。

2. 审慎—冲动型

审慎型学习者的特点是，他们在作出反应前要深思熟虑，仔细考虑所有的可能性；冲动型学习者的特点是，他们只作简单考察就迅速作出决定。研究表明，只有结合二者的长处，才能成为优秀的语言学习者。对于审慎型学习者，教师应发挥其思维细致、逻辑性强的优势，适当放慢教学节奏，多创造机会鼓励他们表达自己的观点；对于冲动型学习者，教师可以引导他们多思考，鼓励他们踊跃发言。

3. 聚合—发散型

聚合型思维者概括能力强，善于找规律，抓住事物的本质特征，他们英语议论文写得好，但是他们兴趣不广泛，生活面较窄；发散型思维者想象力丰富，有创造性，生活面广，但是思维较缺乏严密性。对于聚合型思维者，教师应该肯定他们擅长抽象概括的优势，同时要引导他们开阔视野，培养他们的激情；对于发散型思维者，教师可以创造富有情趣的教学环境，多多激发他们的兴趣和想象力。

4. 整体—序列型

整体型学习者倾向于高层次地从整体上把握学习内容，喜欢根据事物的联系作出假设类推；序列型学习者倾向于注意细节，常常难以获得对事物完整概貌的把握。在教学中，教师应该有针对性，帮助学生发挥自己的认知类型的优势，又要注意避免学生走极端。

5. 齐平—尖锐型

齐平型学习者常常会混淆相似的记忆对象，忽略差异，简化信息，性格上具有内向倾向；尖锐型学习者常常夸大记忆对象的差异，喜欢竞争和自我展示，属于外向型个体。在教学中，教师应该注意使齐平型认知风格的学生区分容易混淆的发音和词语，多鼓励他们，增强他们的信心。对于尖锐型认知风格的学生，教师应该对他们思维敏捷、学习主动的优点给予肯定，同时要求他们思考问题细致，不轻率。

当代外语教学理论对认知风格的研究开阔了我们的眼界，让我们对教学的中心——学习者，有了深入、细致的了解。不同的学习者有不同的认知风格，教师在教学中了解学生的认知风格，根据学生的认知风格调整教学策略，有利于提高学生的学习积极性，提高教学质量，建立良好的师生关系。

（二）学习策略

对语言学习策略，不同的研究者从不同的角度出发，给出了不同的定义。"根据 O'Malley 等人的定义，学习者策略指学习者为有效地获取、贮存、检索和使用信息所采用的各种计划、行为、步骤、程式等，即为学习和调节学习所采取的各种措施。"① 最先研究学习策略的语言学家是 Aaron Carton，1966 年，他首次提出不同的外语学习者运用不同的方法来学习外语，并且详细论述了外语学习者的推理策略。

1981 年，Rubin 提出了外语学习策略的分类标准："对外语学习者发生作用的直接程度。"② 根据这个标准，可以把学习策略分为两大类：直接影响外语学习过程的策略，间接影响外语学习过程的策略。

20 世纪 90 年代，O'Malley 和 Chamot 的二语学习理论把外语学习策略分为三类：元认知策略、认知策略和社会情感策略。

元认知策略用于监督和调节语言学习行为。认知策略是学习策略系统的核心，主要包括："重复、利用目标语资源、利用身体动作、翻译、归类、记笔记、演绎、重新组织、利用视觉形象、利用声音表象、利用关键词、利用上下文情景、拓展、迁移和推测等。"③ 元认知策略和认知策略属于对外语学习过程产生直接影响的学习策略。社会情感策略包括交际策略和社交策略，被认为是对外语学习过程产生间接影响的学习策略。

通过对学习者策略的研究，我们可以认识到在整个外语学习过程中，学习者是一个积极主动的参与者，是外语学习的主体。

（三）情感因素

情感因素是从教育心理学的角度来研究学习者的个体差异。"根据 Chomsky 的理论，如果所有的正常人具有先天的语言习得机制（LAD），那么，后天获得的触发输入（triggering input）就至关重要。如何获得这些输入与个人的动机、

---

① 束定芳、庄智象：《现代外语教学——理论、实践与方法》，上海外语教育出版社 2001 年版，第 71 页。

② 束定芳、庄智象：《现代外语教学——理论、实践与方法》，上海外语教育出版社 2001 年版，第 69 页。

③ 杨连瑞、张德禄：《二语习得研究与中国外语教学》，上海外语教育出版社 2007 年版，第 156 页。

焦虑、性格、态度等情感因素密切相关。"①

影响外语学习者的情感因素主要有：动机、态度和性格特征。

1. 动机

动机就是对某种活动有明确的目的，以及为达到该目的所做的努力。Gardner 和 Lambert 是研究外语学习动机的两位主要学者。他们把外语学习动机分为两大类：工具型动机（instrumental motivation）和综合型动机（integrative motivation）。工具型动机指学习者以外语为工具来达到某一实际目的，如通过某一考试。综合型动机指学习者对目标语文化兴趣浓厚，期望了解和融入其中。在外语学习中，有时综合型动机更有助于学习者的成功，有时工具型动机更能发挥作用，有时两种动机同时起作用。在我国，人们曾经对外族文化持一种消极排斥的态度，近年来这种态度逐渐转变，外语被看做是接触和学习国际先进科技文化的钥匙，大部分学习者对外语学习所持有的是工具型动机，很多中国学习者学英语的目的甚至就是通过考试，得到证书，很少考虑实际语言能力的培养。

在外语教学中，教师应该从不同的角度激发学生的学习动机，制定现实合理的学习目标，增强学生学习语言的信心，创造语言学习环境，让学生从"要我学"转变为"我要学"。

2. 态度

态度作为一种情感因素，对外语学习的实施和效果具有极为重要的影响。"Stern（1983）区分了外语学习中的三种基本态度：（1）对目的语社团和本族语者的态度；（2）对学习该语言的态度；（3）对语言和学习语言的一般态度。"②态度与动机密切相关，态度影响和决定动机，动机也会反作用于态度。对外语学习有积极态度的学生倾向于更投入、更认真地对待所学课程，他们更能从学习中得到鼓励，因此学得更好。

3. 性格特征

不同性格的学习者会运用不同的策略来处理学习任务，外向型性格和内向型性格没有好坏优劣之分。性格外向的学习者能主动参与学习活动，勇于用第二语言进行直接交流，但往往不十分注重语言的形式。性格内向的学习者更善于利用其沉静的性格对有限的语言输入进行深入细致的分析，在课堂学习中比较容易取

---

① 杨连瑞、张德禄：《二语习得研究与中国外语教学》，上海外语教育出版社 2007 年版，第 163 页。
② 束定芳、庄智象：《现代外语教学——理论、实践与方法》，上海外语教育出版社 2001 年版，第 46 ~ 47 页。

得好成绩。对于不同性格的学习者，教师可以使用"顺水推舟"的方法，发挥不同性格学生的长处，也可以促使学生适当地向相反的方向转变，以适应不同的学习环境和任务。

总之，学习者是教学活动的主体，学习者的认知风格、学习策略、情感因素对他们的学习过程和学习结果起着至关重要的作用。

二、云南艺术学院学生外语学习的特点

作为长期工作在云南艺术学院英语教学第一线的教师，笔者对学生的特殊性深有体会。

（一）艺术类大学生在外语学习上表现出的特殊性

艺术类大学生相对于其他学科的大学生在外语学习中表现出显著的个性特点。首先，大部分艺术类学生英语基础非常差。我国高等艺术院校招生的高考文化成绩一向低于其他高等学校，而英语成绩常常是各文化学科中要求最低的，在150分为满分的情况下，云南艺术学院多数学生的入学成绩仅仅在40分上下，高考英语成绩及格的学生寥寥无几。这种现状导致学生刚入学时就对外语学习缺乏信心，缺乏正确的学习策略和积极的学习态度。

其次，艺术类大学生普遍"重专业轻文化"，轻视外语学习。艺术类大学生对所学专业兴趣浓厚，他们在选择学校和专业时，大部分是以自己的兴趣爱好为基础，以自主选择为主体。因此，他们的学习动机以兴趣为主，他们对于既困难又不感兴趣的外语，通常不愿意多投入时间和精力。

再次，艺术类大学生在性格上具有敏感、热情、好幻想、个性强、有创造性的特点。他们在语言认知风格上多属于"场依赖型"的学习者，学习容易受外来因素的影响。

（二）云南艺术学院不同艺术专业学生在外语学习上的差异

在长期的教学工作中发现，不同艺术专业的学生表现出不同的外语学习类型特点。音乐、舞蹈、戏剧、影视专业的学生可以归为一个类型，他们的性格偏于外向，在语言认知风格上多半倾向于冲动型、发散思维型、序列型和尖锐型的学习者。他们反应快，喜欢表现自己，发言比较踊跃，活泼健谈，但是常常思维不够严谨，缺乏抽象概括能力和逻辑性。

美术、设计、摄影专业的学生可以归为另一个类型，他们的性格偏于内向，在语言认知风格上倾向于审慎型、聚合思维型、整体型和齐平型的学习者。他们思维比较细致，概括能力较强，但是课堂上较沉闷，回答问题较慢。

公共事业管理和文化产业管理专业的学生似乎是界于上面两种类型之间。他们既有一定的思维上的细致性，又在一定程度上勇于表现自己，课堂教学效果比较好。

（三）外语课堂学习中的个体差异

在外语课堂上，每个班不同的学生又都表现出语言学习类型的细微差异，有的比较认真细致，有的显得缺乏耐心；有的活泼健谈，有的安静沉稳；有的学生对外语学习感兴趣，有的学生好像是被迫在学习；有的学生学习目标明确，学习态度积极，而有的学生懒懒散散、得过且过，有的学生甚至厌学逃课。

对外语习得理论的了解，对学习者的研究，让笔者注意到也认识到不同学习者在外语学习中的各方面的差异。作为外语教师，应该以学生为主体，尊重学生的个性，针对不同的学习风格类型，针对不同的学习任务对学生加以引导，采用不同的教学方法，建立教学个性。

三、重视差异，因材施教

云南艺术学院的外语教学质量的提高，有赖于对学院外语教学实际状况的了解，对学生学习差异特点的分析，建立教学个性，有针对性地组织和开展教学。

（一）云南艺术学院外语教学的现状

云南艺术学院的外语课属于学院公共文化课中的一门学生必修课程，在大学一、二年级阶段开设，每周四个课时，大班制教学（一个标准班人数是 40 人），实际授课学生人数每个班级在七八十人左右。外语课按照国家统一制定的大学英语教学大纲的要求设置课程的教学目的和教学计划，有统一订购的教材，过去一直使用上海外语教育出版社出版的《大学英语》教材，包括精读、泛读、快速阅读、听力和语法，现在刚开始使用新教材，上海外语教育出版社出版的《新世纪大学英语系列教材》，包括综合教程、阅读教程、快速阅读和视听说教程。学院有专职英语教师十二人，每位教师通常要教授五个班的英语课，每周二十个课时的教学任务。学生每个学期完成课程学习后要参加英语课程期末考试。此外，每个学期还可以报名参加云南省和国家统一组织的大学英语三级考试和大学英语四、六级考试。

笔者对云南艺术学院外语课教学的体会可以用"费时低效"一词来概括。一方面，外语教师想尽一切办法来教学。教师们总是不计辛劳地仔细研究教材，每一课的难句、重点词语、语法点都是反复提炼出来，深入浅出一遍又一遍讲给学生听，甚至把阅读词汇一个个查出来，做成词汇表发给学生；教师们不断改进教学方法，互相听课学习，参加教学比赛，制作多媒体课件，想让课堂教学尽量生动一点；教师们不停地上课，下了课还要指导学生，回答学生疑问，休息时间也要用来备课、总结、研究教学课题，可谓兢兢业业、呕心沥血！另一方面，学生上课迟到、缺席、早退，人在心不在，课堂上打盹、休闲、嬉闹，无论教师多么精心备课，预期能产生多么生动的课堂效果，结果都只有一两个学生响应，满腔热情备受打击。期末考试，尽管出了复习提纲、划了重点，题目尽可能简单，还是有大量学生不及格。校园里从来见不到学生朗读英语，布置的作业只有少数学生认真完成。长久以来，这种状况几乎没什么改变，令人忧心忡忡。

造成这种状况的原因，不能归咎于学生，更不能责怪老师。外语教学中确实存在着种种矛盾。

1. 重视外语与投入低、负担重的矛盾

自从改革开放以来，全中国都重视对外语的学习，云南艺术学院也很重视外语学习。学校把外语课定为必修课，专业课不能挤占外语课的时间，每学期都组织大学英语三级和四、六级考试，要求学生在大学英语三级考试中必须达到一定成绩，否则就拿不到学位。但是，学校对外语教学的投入显然非常低，目前，外语教学没有任何专门的设施。外语教师只在十年前得到过一次国内进修的机会，就再没有在专业上进修学习过。然而，外语教师的工作负担却是极重的，每位老师都承担五个班、每周二十节课的严重超额工作量，一个外语老师要教近四百名学生。

2. 统一要求与学习差异大的矛盾

我们学校的外语课使用的是上海编的统一教材，教材的语言难度对于我们学校高考英语成绩不及格占大多数的学生来说，足以摧毁他们学习的信心；我们学校的外语教材的内容是统一的，教材中占很大比例的详细深奥的心理学内容，足以摧毁艺术类大学生对外语学习的兴趣；我们学校外语课有统一的进度要求，足以让外语老师每节课都忙于赶进度，而无暇他顾。

3. 课堂人数多与教学资源缺乏的矛盾

我们学校一个外语教师需要教近四百名学生，而且由于学生选课制的影响，每一学期都要变换不同的学生，各专业学生混杂在一起上课，教师根本无法熟悉了解学生的情况。对于外语教学设施，我们学校没有语言实验室、外语资料室，没有给学生用的外语多媒体自习室，没有练习口语的"英语角"。

这些矛盾确实给云南艺术学院的外语教学带来了很大的困难，限制了学院外语教学的发展。

（二）根据云南艺术学院的实际情况，组织有个性的外语教学

云南艺术学院外语教学发展的出路在于实施个性教学。当代外语教学理念重视"以学习者为中心"，强调学习者的个体差异与外语教学的联系，云南艺术学院的学生具有鲜明的特殊性，而且云南艺术学院的外语教学正面临多种困境，非常适合针对自身的特殊性建立有个性的外语教学。

在云南艺术学院的外语教学中实施个性教学可以从以下几个方面入手：

1. 突出艺术个性

对艺术类大学生的外语教学应该突出艺术个性。艺术类大学生从小就偏重音乐、舞蹈、绘画等艺术专业技能的学习，对所学专业兴趣浓厚，把外语学习的内容和艺术专业结合起来，能有效地激发他们的学习动机。笔者在这方面做过多次成功的尝试，用自编教材开设过一门英语选修课《后现代美术》，学生选修的积极性很高，原本只打算开一个班，没想到居然有将近两百个学生选课，不仅有美术、设计专业的学生来选修这门课，连音乐、舞蹈、戏剧专业的学生也感兴趣，只好临时改为两个班，而且上课时学生很专心，还主动发言讨论。后来，笔者与昆明诺地卡画廊联系，把学生带到一个加拿大当代艺术家的展览现场，听艺术家讲解，与艺术家讨论，学生的学习热情非常高，气氛热烈，这门课程效果特别好，课程结束时，很多学生意犹未尽，问今后是否还开这门课。给研究生上英语课时，每次课让学生分组，自选题材，做一个与他们专业相关的小演讲，学生的热情也是非常高，用英文讲了重金属摇滚、民族乐器、民间美术、手绘动画等各种艺术知识，戏剧专业的学生还自编自演了英文小品，学生说他们开始享受学习外语的过程了。

每次做这样的尝试，笔者都很感慨，成功的外语教学不能仅仅把外语作为语言来教，而是要作为语文来教，要考虑到学习者对语言和文化的双重要求。云南艺术学院的外语教学为何不能放弃"一刀切"的传统教学模式，让教师自编各门类艺术英语教材,让学生学习自己感兴趣的艺术英语呢?有艺术个性的外语教学,可以从文化艺术的角度感染学生,使他们能更有效地从整体情景中学习语言。

2. 突出学生的性格特性

云南艺术学院的外语教学在发展艺术个性的同时,还可以根据学生的性格特点建立个性。针对音乐、舞蹈、戏剧、影视专业的偏于外向型的学生,可以发挥他们活泼、健谈的优势,以排练英文短剧、英文歌曲、讨论英文影视作品的形式来学习英语,并引导他们多思考英语语言规则。针对美术、设计、摄影专业比较内向型的学生,可以多讨论美术、设计思潮,听英文艺术讲座,发挥他们思维细致的特点,并鼓励他们多发言,多用英语表达和交流思想。

3. 突出教师的教学个性

教师的个性贯穿于教学过程始终,能形成特定的学习氛围,对学生心理品质的形成和发展有潜移默化的作用。云南艺术学院的外语教学应该去除一些乏味的教材内容,僵化的进度规定,让外语教师在教学中能自由发挥,展现出教学中个性的魅力。

综上所述,云南艺术学院的外语教学要得到提高和发展,外语教师和教学管理人员应该熟悉了解外语习得的规律,重视个体差异,"因材施教",充分考虑各种影响语言教学的因素,才能设计出符合学生特点,体现现代外语教学理念的有个性的教学方法,消除现存弊病,提高教学质量。

参考文献:

[1] 杨连瑞等. 二语习得研究与中国外语教学 [M]. 上海:上海外语教育出版社,2007.

[2] 束定芳,庄智象. 现代外语教学:理论、实践与方法 [M]. 上海:上海外语教育出版社,2001.

[3] Jane Willis & Dave Willis. Challenge and Change in Language Teaching [M]. 上海:上海外语教育出版社,2002.

[4] Rod Ellis. Second Language Acquisition [M]. 上海:上海外语教育出版社,2000.

[5] H. H. Stern. Fundamental Concepts of Language Teaching [M]. 上海:上海外语教育出版社,1999.

(刘彤,讲师,主要从事英语教学及美术史论研究)

39 英语阅读能力与技能研究

刘容希

　　摘　要：英语阅读理解涉及语篇、段落、句子、词汇四个层次的理解问题。词汇是构成语言的基本元素，而句子则是表达意思的基本结构。语篇理解的关键在于真正读懂全文。其中，理解词法和句法结构是句子阅读理解的关键。而语法则是词汇构成语言的规则。掌握英语语法，并能把自己的英语语法知识熟练地应用到英语阅读实践中去，是提高阅读理解能力必须具备的基本功。只有在阅读实践中，有意识地学习、积累、应用阅读过程中所需要的英语词汇、语法知识，才能奠定、提高英语阅读理解的能力。

　　关键词：英语阅读能力　英语阅读技能

　　对大多数中国大学生来说，在听、说、读、写、译五项英语技能中，阅读无疑是重要的技能。以英语为工具，查阅英文资料，获取有关信息，通过阅读帮助自己的专业学习、研究和工作是大多数学生学习英语的主要目的。因此，无论是理工科或是文科本科，大学英语教学大纲都以培养学生具有较强的阅读能力作为首要的教学目的。阅读也是英语教学的主要手段，是学生获取英语语言知识和训练基本技能的主要途径。培养阅读技巧和提高理解准确率及阅读速度当然也只有通过阅读才能实现。

　　阅读能力是一种书面交际能力，是读者以英文文体为中介，从自己的文化背景、知识结构、兴趣目的和语言能力出发，对作者所传递的信息进行消化处理，并最终建构其语义和语用含义的能力。本文拟从语用学和篇章分析的角度考察英语阅读的过程、理解层次和能力构成，探讨创造性思维的过程，找出这一过程的模式和规律，对英语阅读教学工作，特别是对培养学生创造性思维有着重要的指导意义。

　　20 世纪 60 年代末 70 年代初，美国学者 K. S. 古得曼（Goodman）有句名言：

"阅读是心理语言学的猜谜游戏,包含思想和语言的互相作用过程。"这种阅读方式被称为是"自上而下"(top – down)的模式,它是选择最少的必要语言意思来进行猜测(Goodman,1976:489)。古得曼还认为:"阅读是一个复杂的过程。在此过程中,读者在一定程度上重构以文字编码的信息。"这种阅读方式被称为"自下而上"(bottom – up)的模式,这是一个字母、单词、词组、句子等语言单位的详细而精确的辨认过程,其得到的意思也是这些语言意思相加的总和(Goodman,1976:427)。这是迄今为止对外语阅读过程的本质属性所做的最精辟、最形象、最著名的表述,已被越来越多的语言教师所接受。这两种模式产生了两种不同的阅读教学方法。然而越来越多的人相信,阅读理解不是自始至终以一种模式独立进行的,阅读过程是"自上而下"和"自下而上"这两种过程的相互作用。根据古得曼的定义,我们可以看到,阅读作为一个心理过程,是指读者本人启动多种生理器官、知识结构以及技能技巧与文章的书面符号产生联系,并通过这种联系来解读符号从而重构为本族语的信息。也就是说,在外语阅读过程中,读者作为一个个体,利用文章的各种冗余语言现象所形成的刺激,有选择地捕捉最有意义的语言符号,进行一系列的体验(sampling)、预测(predic-ting)、验证(testing)和最终判断(final confirming)的思维活动。这些思维活动是读者本人的一种积极的能动刺激反应,其主题当然是读者本人,即在外语阅读这个思维和心理过程中,读者本人起主导的决定作用。另一方面,阅读作为一个语言过程,是指读者在上述一系列心理、思维活动中,需要使用语言知识来做工具和桥梁。如果读者对所读材料使用的语言知之甚少,那么,不管读者的头脑多么灵敏,这个阅读过程也是不可能顺利完成的。对此,古得曼作了进一步解释。他说,读者在阅读时常需要同时使用三种语言知识:书写及语音知识(graph – phonic information)、句法知识(syntactic information)和语义知识(se-mantic information)(Goodman 1976:498)。在使用这些知识获取意义时,读者究竟采取什么策略呢?古得曼认为:"阅读是心理语言学的猜谜游戏,包含思想和语言相互作用的过程。"(Goodman 1976:498)这就是说,读者不是缓慢地、精确地认读每字每句,而是边读边抓住主要的语言线索预料和猜测意义,并在阅读过程中不断验证和修改已作出的猜测,从而逐步扩大解码范围。

一、英语阅读理解能力的构成

上文已经提到,英语阅读实际上是一种书面语言交际活动。因此,阅读的目的不是为了分析语言结构，而是为了获取信息。这信息可能是一个故事，一种观点、情感或一些原则等，在理解其含义后，它们才被从作者的大脑移入读者的大脑中，使整个书面交际得以实现。但作为信息载体的文体并不是含义的"现成品"，其含义是读者积极阐释的结果。这种阐释在实际阅读中表现为读者与文体间一系列的相互作用过程，即读者在阅读中不断地预测、设问，从文体中得到的反馈可能是被验证或被否定。如果被验证，说明抓住了作者的思路，他会继续读下去，并开始下一个同样的过程；如果被否定，他会回过头来读，思考、回忆、分析、比较等，直到重建作者意图。通过这些过程，读者逐渐建立起了文体的语言形式与功能和语境与作者意图之间的联系，最终读者了解了文体的整体意义。这些过程能否顺利而有效地进行有赖于读者对书面交际的合作原则的掌握，这些原则从读者一方来说，主要包括：

第一，掌握作者所使用的语言或其他符号。

第二，能够辨认并积极满足作者对读者已有背景知识、文化心理等所作的事先假设。因为这些假设常常构成语境的一部分，使得文体不是将一切从头叙述起，而总是将有些意思隐含在字里行间。

第三，了解文体的有些固定模式，如小说、散文、报告等。因为在书面语言中，其思想内容和交际意图意义的展开逻辑是受这一因素制约的。比如同一个主题信息，如果以不同的文体（如小说和科技论文）来传递，其语言逻辑和思路都不一样，对读者的阐释技能也就有不同的要求。

第四，在把握上述过程、遵守上述原则上意味着建立英语书面交际所需要的知识结构，它包括：语言知识、背景知识、语境知识、书面语用知识，它们与读者的概括能力等一起构成了英语阅读理解能力的总和。

二、从何处培养英语阅读理解能力

英语阅读理解能力也就是社会语言学家海姆斯所说的"交际功能"（communicative competence）在英语阅读中的实现。

英语阅读理解能力与书面交际功能由语言用法能力、语言应用能力、文化背景知识和概括能力构成。其中，语言用法能力又由语言规则的掌握和运用组成。语言应用能力由文体知识、生词处理技能和篇章处理技能构成。

培养这一能力应着手什么呢？无疑对大学本科生和研究生来说，这一能力构成的后两项即文化背景知识和概括能力是他们已经基本具备的，需要探讨的是英语阅读教学应以第一项还是第二项为内容才能实现教学目的的问题。

多年来，英语教学都是以第一项为教学的核心内容，课堂阅读基本上是将阅读材料（课文）当做语言规则的运用的实例，而不是语言交际功能实现的实例来分析处理的。其目的是掌握用法，其次才是获取信息（如先分析讲解语言点，然后串讲大意）。所以书面语用知识很少讲解。教师们倾向于认为只要奠定了用法基础，阅读理解便是水到渠成的事。

这种观点是值得商榷的。因为用法的讲解和掌握总是以课文中的一个个句子为单位的，往往只考虑其结构意义和命题意义，忽略其在上下文中的交际功能意义，而阅读作为一种以获取信息为目的的书面交际必定是以篇章为单位的。篇章不是由单句的简单相加所构成的，而是由它们的相互关联所构成的。这使得每个进入篇章的句子都同时具有下列两层意义：

第一，言内之意（locution meaning），即句子的表述性意义。如：The ice is thick here. 陈述一个事实或描述了一种状态。

第二，言外之意（illocution meaning），即句子的交际功能意义。如：上述句子在表述的同时可能被用来告诫、解释、威胁、抗议等。

篇章中的句子在第一个层次上的连接构成了篇章的字面意义的展开，在第二层次上的相互关联构成了篇章内容的内在逻辑连贯，而正是这种内在逻辑连贯赋予篇章以整体意义和交际价值。如：

The committee decided to continue with its arrangements. More left London on the overnight train.

这两个有命题意义的句子只有在分别获得其在篇章中的功能值时，才赋予整个篇章以意义。那么，它们的功能可能是"让步——转折"或者"原因——结果"。

按目前英语精读课对学生的训练，只足以培养他们对第一个层次的理解能力，却不足以培养他们在第二层次或整体上建构含义的能力，这就是为什么学生在处理有些阅读材料时常常抱怨"每句话都懂，就是放在一起不知什么意思"，以及在课堂阅读后的口头或者笔头表述阶段倾向于复述而不善于归纳总结的原因。也就是说，上述情况的出现并不是由于学生不具备语言能力和概括能力，而是缺乏建构整体含义——即篇章处理的能力，因而制约了他们在阅读中有效地运用前两项技能。因此，对目前学习公共英语的学生来说，培养其篇章处理能力是提高他们阅读能力的关键，这就不仅需要在课堂上进行语言知识教学，还需要进行语用知识教学。

我们可以用语言学家 Widowson 举过的一个例子来说明这点：

A：That's the telephone.

B：I'm in the bath.

A：OK.

这是个对话体篇章，如果让学生运用语言知识从各句的结构意义和命题意义上去分析，他们就不可能理解其含义，所以必须传授会话合作原则这一语用知识，让他们从这段会话含义上去理解，这样他们才能理解各句的篇章功能值，把整段的内在逻辑连贯起来。即 A 句的话是通过违反"量原则"（信息不足）提出了一个间接的要求：That's the telephone. Would you please answer it? B 则通过违反量和关系原则（信息量不足，换话题）间接拒绝并给予解释：No. I can't, because I'm in the bath. 最后是 A 的承诺：Ok, I'll answer it.

对分会话体篇章的理解同样须使学生在理解其字面意义的基础上，找出各句的篇章值，如：

1. The renegade hates life itself.

2. He wants the death of life.

3. So these many "reformers" and "idealist" who glorify the savages in America.

4. They are death – birds life – haters.

5. Renegades.

这段的句 3 和句 5 单独理解几乎没有什么价值，它们的意义是建立在与上下文的联系之中的，而这种联系便是通过省略句的篇章纽带这一语用功能来实现的。只有教给学生这一知识，才能使他们达到对这段的整体理解。

正是由于语言这种在表义的同时实现交际意图的功能，使得社会语言学家海姆斯作出结论说："就语用原则来说，少了它们，语法原则便是无用的。"在阅读中，也和在任何情况下使用语言一样，需要综合掌握这两种原则。因此，公共英语教学必须在语言知识教学的基础上，实现语用知识教学，才能培养出学生真实的阅读理解能力。

三、篇章教学模式的建立

语言知识和语用知识的综合教学也就是英语教学界目前所提倡的篇章教学，它的实现关键在于建立篇章教学模式。否则这种教学只是盲目的，且不利于学生真正理解和掌握阅读的精髓所在。笔者在这里试提出一些设想。

　　根据阅读理解由浅入深的规律和考虑外语阅读中语言能力和交际能力培养的辩证关系原则，篇章教学的课堂阅读可分为积累性和理解性阅读两个层次，在第一个层次上以处理 text 为重点，在第二个层次上以 discourse 为重点。Text 在这儿指篇章的语义内容和黏合手段；discourse 指语用或交际内容（含义）以及它们按一定文体的思路模式所形成的逻辑连贯。第一个层次的讲解和操练旨在使学生积累可用于实际阅读的词句篇知识。第二个层次的讲与练则以训练学生将语言形式与交际功能和语境联系起来，建构整体含义的能力为目的。当然在实际的课堂阅读教学中，不可能将二者截然分开，但为了叙述的方便我们在这里分别列举具体做法。

　　第一，在 text 层次上所要处理的语义内容包括单词的概念意义、语法范畴的意义和单句的结构意义和命题意义，既然是以阅读能力的培养为目的，对上述内容的处理就应从其潜在的语用功能方面加以分类讲解。那么，对单词除解释概念意义外，还应包括如 life—existence，country—motherland 等的不同联想意义。对语法范畴类的词则可以从其意念功能入手。如：可将情态动词归类于不同程度的意志、义务或允许等进行讲解内化。对句型结构的分析讲解亦可以从两方面入手，即信息传递的有效性和篇章构成的合适性。在这两个前提下，对课文中所出现的类似下列的句型就不仅要从合法性上说明两句的相同之处，而更应从有效性和合适性上说明它们的不同之处。

1. The father beat the boy. —The boy is beaten by the father.

2. He gave me a dictionary. —He gave a dictionary to me.

3. This is the way we are going. —We are going this way.

4. He had never been there. —Never had he been there.

5. He dislikes smoking. —Smoking , he dislikes.

6. The party began soon after the guests arrived. —The guests arrived just before the party began.

　　如 1、2、3 句中新旧信息的安排是不同的，放在句尾的信息显然重要些，这是英语句子的句末重心原则决定的。而 4、5 句中的后两句打破了句子的正常次序，造成一种突出，因而比前两句更有力。6 句中的两句差异则在于主题信息的不同，前一句会引出谈论 party 的下文，后一句会引出谈 guests 的下文。

　　在 text 层次所要处理的黏合手段，一般文法作文书上均有详细讲解，这里就不再赘述。

　　第二，在 discourse 层次上需要处理的是词的语境意义和句子在篇章中的功能意义。词的语境意义涉及词的各种比喻意义，如隐喻、明喻和转喻等，在上下文中的象征意义，如 banana 象征地方文化和上下文关联意义，如 grasp，understanding，concept，vision，insight 在一定的上下文中都是"理解"的意思。

句子的功能意义可分为两类来处理，第一类是独立于上下文亦可理解的功能，如下定义：The X is a Y. 分类：There were three categories of cities. 命名：This is called an ax. 等等。第二类是需联系上下文才能理解的功能，如：Those from which we extract metals are called ores. Gold is an ore. 归纳：Discos make everyone cheerful. 解释：As extensions of the human brain，they are constructed with the same property of error. 等等。第二类功能意义是 discourse 层次处理的重点。因为这一类句子的功能意义与其字面意义不一定总是对等的。如：It is cold here. 在上下文中可能是请求关窗或者劝人多穿衣服。另外，语法书上的四种句型（陈述句、疑问句、祈使句和感叹句）在一定的上下文中不一定仅实现那四种功能，而实现那四种功能也不一定总用那四种句型。对这类功能意义，如果有信号词指明，则可提醒学生通过辨认信号词来理解这些功能；如果无信号词则需要从语境、主题、交际意图和文体的合适性等方面确定它们的功能值，以便达到对它们所构成的篇章逻辑连贯的掌握。

四、从何处培养英语阅读技能

阅读技能的培养在英语学习中占有重要的地位。通过阅读可以获取信息，也可以为了消遣而阅读。当今的社会是高度发达的信息社会，能直接阅读英语书籍、报纸、杂志，从中获取必要的信息，对实现我国现代化建设有着重要的作用。此外，我们掌握的语言材料越多，使用英语的能力提高得就越快。在目前我们缺乏直接听、说英语机会的情况下，通过阅读接触英语，吸收语言材料，获取信息是一种重要的学习英语的途径。通过阅读还可以获得一些关于英语国家的风土人情以及历史、地理等方面的知识，从而开阔视野，增长知识。所以阅读是重要的获取知识的手段。

对于将英语作为外语的中国人来说，英语阅读不仅是英语学习的目的，而且是英语学习的主要手段和途径。英语阅读技能不仅是最重要的语言技能之一，也是学生必须掌握的学习技能之一。英语阅读能力是发展其他语言技能的基础和前提。

阅读是一种言语活动。要具备这种阅读能力，还必须具备丰富的知识结构。

一个拥有社会、文化、风土人情、天文地理、历史等方面知识的人，在读有关内容的英文材料时，要比不具备这方面知识的人轻松得多，理解得也会透彻得多。他不仅能够理解文中所说的内容，而且还能够将文中所讲的内容与文中未讲的有关内容联系起来。如果不具备这些知识，他就不可能达到对文章的透彻理解。

要想进行有效的阅读，除了具备上述的能力外，还要具备篇章的知识。例如：要尽快知道报纸的大概内容，首先就要了解版面的内容，然后找到感兴趣的版面，先读标题，后确定要读的内容。我们要想了解全书的内容，首先要阅读内容提要，然后阅读目录和前言。所有这一切都清楚地表明，篇章知识是有效阅读必不可少的一个因素，是阅读能力的重要组成部分。

（一）导读（Preparation for reading）

导读是在阅读文章之前的准备。阅读材料涉及天文地理、历史人物、环境保护、自然灾害、工作生活、文学艺术、科学技术、体育卫生、人权、政治等各个领域。体裁有记叙、书信、日记、小品、戏剧、传记、诗歌、说明文等。在导读过程中，根据阅读材料的不同内容和不同体裁，适当地查阅一些与文章有关的背景知识，帮助了解阅读材料的内容，将大大激发对材料的兴趣，明显提高阅读的效果。

例如：在读题为 American English 一文时，可以利用收音机或录音机，有选择地转录 BBC 和 VOA 的英语节目，听原汁原味的英国英语和美国英语。听完之后判断并注意英美英语在发音、拼写和用词上的差异。然后把这些差异一一列出来进行比较。

1. 在词汇方面的差异

美国：gas，baggage，mail，movie

英国：petrol，luggage，post，film

2. 在拼写方面的差异

美国：check，jail，color，favor，center

英国：cheque，gaol，colour，favour，centre

3. 在发音方面的差异

美国：again [əˈgeɪn]，clerk [klɜːk]

英国：again [əˈgen]，clerk [klɑːk]

（二）略读（Skimming）

略读又称跳读（reading and skipping）或浏览（glancing），是一种专门的、非常实用的快速阅读技能。所谓略读，是指以尽可能快的速度阅读，如同从飞机上鸟瞰（bird's eye view）地面上的明显标志一样，迅速获取文章大意或中心思想。换句话说，略读是要求读者有选择地进行阅读，可跳过某些细节，以求抓住文章的大概，从而加快阅读速度。据统计，训练有素的略读者（skimmer）的阅读速度可以达到每分钟 3 000 ~ 4 000 个词。

阅读时，先把文章粗略地浏览一下，看看文章中是否有自己工作和学习需要的或自己感兴趣的资料和信息，然后确定这篇文章是否值得细读。在查找资料时，如果没有充分时间，而又不需要高度理解时，就可以运用略读技巧。"不需要高度理解"并非指略读时理解水平可以很低，而是说略低于一般阅读速度所取得的理解水平是允许的。

一般阅读的目标是在保持一般阅读速度的条件下，获得尽可能高的理解水平，通常达到70%或80%。略读时，理解水平略低一些是预料之中的事，平均理解率达50%或60%就可以了。

1. 略读的特点

（1）以极快的速度阅读大量材料，寻找字面上或事实上的主要信息和少量的阐述信息。

（2）可以跳过某个部分或某些部分不读。

（3）理解水平可以稍低一些，但也不能太低。

（4）根据文章的难易程度和达到的目的，不断灵活地调整阅读速度。

2. 略读的技巧

（1）要利用印刷细节（type graphical details），如书或文章的标题、副标题、小标题、斜体词、黑体词、脚注、标点符号等，对书和文章进行预测略读（preview skimming）。预测略读要了解作者的思路、文章方式（模式），以便把握大意、有关的细节及其相互关系。

（2）以一般阅读速度（200 ~ 250wpm）阅读文章开头的一、二段，力求抓住文章大意、背景情况、作者的文章风格、口吻或语气等。

（3）阅读段落的主题句和结论句。抓住主题句就掌握了段落大意，然后略去细节不读，以求得略读速度。

（4）注意转折词和序列词。转折词如 however，moreover，in addition 等；序

列词如 firstly，secondly 等。

（5）若无需要，不必阅读细节。

（三）寻读（Scanning）

寻读又称查读，同略读一样，寻读也是一种快速阅读技巧。熟练的读者善于运用寻读获得具体信息，以提高阅读效率。

寻读是一种从大量的资料中迅速查找某一项具体事实或某一项特定信息，如人物、事件、时间、地点、数字等，而对其他无关部分则略去不读的快速阅读方法。运用这种方法，读者就能在最短的时间内掠过尽可能多的印刷材料，找到所需要的信息。例如：在车站寻找某次列车或汽车的运行时刻，在机场寻找某次航班的飞行时刻，在图书馆查找书刊的目录，在文献中查找某一日期、名字、数字或号码等，都可以运用这种方法。

作为一种快速寻找信息的阅读技巧，寻读既要求速度，又要求寻读的准确性。具体地说，寻读带有明确的目的性，有针对性地选择问题的答案。因此，可以把整段整段的文字直接映入大脑，不必字字句句过目。视线在印刷材料上掠过时，一旦发现有关的内容，就要稍作停留，将它记住或摘下，既保证寻读的速度，又做到准确无误，所以寻读技巧也很有实用价值。寻读与略读不同。略读时，读者事先对材料一无所知，而寻读则是在读者对材料有所了解的情况下进行的。例如：寻读电话号码簿，读者知道受话人的姓名，还知道电话号码簿是按姓的字母顺序排列的。这样，在寻找 Jackson 的电话时，就可以利用书页上方的标识词，再按姓的字母顺序很快翻到以 J 开头的书页，从而找到 Jackson 名下的电话页码。

为了有效地进行寻读，读者应运用下列技巧：

1. 利用材料的编排形式

资料多半是按字母顺序排列的。如词典、索引、邮政编码簿、电话号码簿以及其他参考资料簿等。当然并非所有资料都是按字母顺序排列的。例如：电视节目是按日期和时间排列的，历史资料是按年代排列的，报纸上的体育版面是按比赛类别（足球、排球、网球）排列的，等等。不管资料来源怎样，它都是按照某种逻辑方法排列的。例如：要知道某事是何时发生的，要查日期；某事是谁做的，要查人名等。

2. 利用章节标题和说明

寻读之后，首先看看文章标题或章节标题，确定文章是否包含自己所需要的材料，或者哪一部分包含哪些材料，这样可以直接翻到那个部分进行寻找。

3. 抓提示词

读者找到包含所需信息的章节，准备寻读。这时，要留心与那个具体信息有关的提示词。例如：在报纸体育运动版上寻找某田径运动员的某项运动成绩，他的国名是提示词。在百科全书上寻找纽约市的人名，翻到 New York City 那一章后，population，census，inhabitants 等词就是提示词，找到提示词，就可以采用一般阅读速度，获得所需要的信息。

（四）猜词性阅读（Guess reading）

在课外阅读过程中，特别是在略读或检索读时，如果遇到不懂的词或句子，手头又没有辞典的情况下，怎么办？这时可利用上下文线索猜测词义。要培养高效的阅读能力就要学会利用生词的上下文去寻找猜词懂意的线索。后文的阅读往往能澄清整段的意思，对整段意思的理解又反过来为理解生词提供了整体背景，使猜测有了可寻的线索。猜词性阅读可以通过以下几种方法来进行。

1. 根据构词法理解词义

While early settlers had killed bison for food，now the killing became more widespread.

widespread 是一个合成词。把它分开成为 wide，spread 就可知其意。

2. 根据上下文理解

Now they could ride horse，it became easier to hunt the bison，a type of cattle which used to exist in huge number on the plains of America.

当不理解 bison 这个词时，可根据后面的解释来理解这是 a type of cattle.

3. 根据句子结构理解

Thus one simple fact，a change in the number of bison，had an effect on the whole wildlife chain of the platoons.

通过分析句子成分可知，a change... bison 是 fact 的同位语。主语是 fact，谓语是 had an effect on... 根据上文所述可理解此句。

（五）细读（Close reading）

扫清语言障碍是细读的首要任务，在经历了前面的略读和导读后，应该对阅读材料的大意和思想有了整体的理解，但是对于一些句子和单词的意思，也就是细节，还不是很清楚，这时就需要细读。

　　细读的过程包括理解生词词义、结构表达的意义及句子表达的语法意义。可以对句子的结构进行语法分析和判断。这样做可以扫清在阅读过程中的语言障碍。然后把文章的中心提出来，进行分析、总结和概括，并揭示各分论点之间的内在关系，深入到课文的内部结构中去理解文章，理解作者意图，掌握文章的中心思想。

　　综上所述，英语阅读能力和技能都是在大量阅读实践活动中培养的。因此，阅读能力与技能的培养需要各种形式。阅读能力和技能的全面发展要求系统化。大家需要养成良好的阅读习惯和好的阅读技能，并持之以恒，坚持不懈。培养英语阅读能力不仅要充分挖掘学生快速阅读能力的潜力，而且要注意提高阅读技能和消除阅读技能的障碍。只有熟练掌握英语阅读能力和技能的学生才能高效率地阅读。这样的阅读活动，不但可以激发阅读的兴趣和动机，满足学习英语的成就感；而且还可以培养发现问题、解决问题的能力和用英语思考、用英语交际的能力和自学英语的能力。

参考文献：

［1］Christine Nuttall. Teaching Reading Skills in a Foreign Language［M］. University Press，2005.

［2］Windowson H. G. Teaching Language as Communication［M］. Macmillan，1983.

［3］高瑞卿. 阅读学概论［M］. 长春：吉林教育出版社，1987.

［4］华惠芳. 阅读理解中的知识提取和信息加工［J］. 外语界，2001（01）.

（刘容希，讲师，主要从事英语教学研究）

40 模因论视角下的艺术院校英语教学

杨 媛

摘 要：模因是语言文化的传递单位，其核心是模仿。模因的生命周期可分化为同化、记忆、表达、传输四个阶段。根据对模因复制传播方式的分析，可发现语言模因对艺术院校大学英语教育提供了可供借阅的理论依据和方法，启示我们重新反思我们的外语教学。根据模因的复制过程，教师在教学过程中应注重模因的选择和输入。

关键词：模因 复制 艺术院校 英语教学

一、模因论概况

（一）起 源

牛津大学动物学家 Dawkins 在 1976 年出版的 "The Selfish Gene" 一书中首次提出了模因（meme）的概念，指一种与基因类似的复制因子，基因通过遗传繁殖，模因通过模仿传播，是"文化传播的单位"。任何一个信息，只要它能够通过广义上称为"模仿"的过程而被"复制"，它就可以称为模因了，如"音乐曲调、思想观念、标语、服装式样、陶器的制作方式或建筑模式"等都是不同形式的模因。模因一方面通过模仿以纵向的方式在代际传递，如父母教子女学说话，儿童模仿成年人的行为动作等，另一方面也通过同代人之间的相互模仿或借助媒体进行横向传播，如时髦用语、发型、投资方式等。模因在模仿的过程中不断复制，进入越来越多人的大脑，从而得以生存和传播。模因具有的变异性、选择性和保持性是使其成为复制因子的根本原因。模因的选择过程导致那些相处融洽、互利互惠的模因结合在一起，形成模因复合体（memeplex），共同存在于人们的大脑之中。模因复合体内部诸模因互相支持，但同时又一致对外地与相对的单个模因或模因复合体发生竞争关系。这是因为，构成模因复合体的模因成分，如能以某种方式与在特定条件下占支配地位的模因相结合，必将有利于它们的生存。

作为文化基因，模因依赖复制、传播而生存，语言是它的载体之一。模因有利于语言的发展，而模因本身则依靠语言得以复制和传播，可见模因与语言有着极其密切的关系。从模因论的角度看，语言模因揭示了话语流传和语言传播的规律。更进一步说，语言本身就是模因，它可以在字、词、句、段落乃至篇章层面上表现出来。任何字、词、短语、句、段落乃至篇章，只要通过模仿得到复制和传播，都可以成为模因。Blackmore 说过，我们还不能详细地了解模因是如何被储存和传递的，但我们已掌握了足够的线索，知道如何着手这方面的研究。模因的复制不是说词语的原件与复制件从内容到形式都完全一致。语言模因在复制、传播的过程中往往与不同的语境相结合，出现新的集合，组成新的模因复合体。从模因论的角度观察，语言模因的复制和传播有基因型的（内容相同形式各异）和表现型的（形式相同内容各异）两种方式。从模因论的角度观察，了解模因的复制、传播方式，对我们提高英语教学大有裨益。

（二）模因的特征

模因是一种信息单位，通过模仿而得以复制和传播。模因也是一种认知或行为模式，由一个人传输到另一个人，它的表现形式是词语、音乐、图像、服饰、格调甚至手势或面部表情。成功的复制因了有三个特点：（1）复制保真度（copying fidelity）。（2）语度。复制速度越快，模因散布越广。（3）长久性（longevity）。复制模式存在越久，复制数量越大。模因的生命周期可以划分为四个阶段：（1）同化（assimilation）。成功的模因必须感染新的个体，进入其记忆。同化有两个条件：第一，个体必须和模因载体有接触，通过思考，重组现存认知模因，独立发现模因；第二，所呈现出的模因必须分别受到注意，被宿主所理解和接受。（2）记忆（retention）。模因在宿主的大脑里停留的时间越长，传播和影响其他个体的可能性就越大。（3）表达（expression）。它指的是在其他个体交流时，模因必须从其记忆储存模因中出来，进入被他人感知的物质外形这一过程，最突出的表达手段就是话语。（4）传输（transmission）。自从大众媒体特别是互联网出现之后，传输阶段显得尤为重要。模因自上而下成功与否与其关系显得尤为重大。以上四个阶段，周而复始，形成了一个复制环路，选择在每个阶段都有，一些模因被选择从而得以流传至今，而有些模因在选择过程中被淘汰出局。

二、艺术类院校学生的特点

在近几年的英语教学实践中，笔者深刻感受到艺术院校本科生和普通高校本科生存在很大不同。艺术院校本科生学习基础相对较差，自律性较差，且英语水平参差不齐，学习方法欠佳，课堂上专注力不够，自主学习能力较差。在大力倡导素质教育和教学改革的今天，很多教师都提倡现代教学模式。本文以模因论为理论支撑，从语言本质出发，将传统教学模式和现代教学模式相结合，发展具有艺术院校特色的教学方式。

三、模因论与艺术院校英语教学

一个模因要成功复制，必须经历四个阶段：同化、记忆、表达和传播，这四个阶段周而复始形成一个复制的环路，选择在每一个阶段都有发生，只要其中的一个阶段失败，复制就会随之终止。

（一）同　化

在此过程中，模因必须被宿主注意、理解并接受。模因要足够突出，被宿主注意到，宿主把模因看成可以用已有的认知系统表现的东西，模因对宿主的已有认知结构发生联系，而接受则意味着宿主对已经理解的模因持认真态度，愿意携带，模因才能寄存在宿主大脑里。

因此，在课堂导入环节，教师要尽可能根据学生的水平及兴趣引入能够提高学生注意力的内容，积极运用多媒体，全方位地进行课堂导入，如果能结合学生所学具体专业则更好，如：在新世纪英语第二册"Three Days to See"一文，可以让播音专业同学试读之，给美术专业同学大量展示 Helen Keller 的照片，给音乐专业的同学播放盲人歌手的曲目让其猜课文作者。

（二）记　忆

根据模因论，模因必须在记忆中存留一段时间，否则便不能形成模因。记忆和同化一样经过了严格的筛选，它取决于模因对宿主的重要性以及被重复的频率。

如何加强学生对词汇的记忆，教师应引导学生对这些词汇进行复制性模仿，在授课过程中不断重复，当然背诵式记忆是完全性复制，要使材料在大脑中随时都有可能被激活，稳定的语言模因存储于大脑随时都有可能被激活，因此，使用造句或是现场交际也是复制激活模因的好办法。

（三）表　达

表达是宿主与其他个体发生交流的过程，模因从宿主的形式转换成可以被理解的物质形式。最典型的表达方式就是话语，其他表现形式还有文本、照片、行为动作等。

教师对于课堂上所传授的词汇、语法等内容进行模仿、重现，外语教学中对所学的新的语言形式进行再次使用就是表达的具体形式。在课堂上让学生通过所学词汇和语法进行自主的口语交际练习或是造句、情景对话都可以使模因得到表达。

（四）传　播

为了传递给另外的宿主，模因表达需要有形的具有一定稳定性的载体或者媒体以保证表达的传递不过于失真或是走形。这个载体或者媒体被称为模因的载体（meme media）。语言信息作为模因是由一个宿主（教师、教材或学习者）通过同化吸入传播到另一个宿主（学习者）的，双向教学显得尤为重要，教师应围绕科学探究过程的特点准备一系列问题，然后组织学生对文章进行分析、讨论，从而使学生对学习内容形成正确认识，发展学生的逻辑思维能力。模因的传播能否实现，归根到底还是以学生是否参与、怎样参与决定、艺术院校的学生存在着重技能专业轻基础课的思想，他们把精力更多地投放到专业训练上，课上不专注，课后不复习。为了避免模因的复制失败，采用与他人合作互动、协商活动、分组讨论、角色扮演等方式向同伴展示图片所表达的内容，让语言模因得以复制传播。

四、模因论对艺术院校英语教师的要求

在二语习得中，语言输入的质量是影响习得结果非常重要的因素，加之艺术院校学生自身的特点，英语教师的教学重点在于给学生创造出最佳语言输入。模因的选择标准当中，越是新颖、简单、有特点的就越容易引起学生注意，而与宿主已有模因相联系或相似的模因就越容易被接受和理解。因此，在艺术院校大学英语教学当中，教师可以做到以下几点：

（1）介绍并引导学生阅读与学习生活联系紧密的刊物，如"21st century"，"Beijing Weekly"，"Reader Digest"。对于美文好句要求其背诵。

（2）老师在授课的时候也应当充分考虑模因的热性和选择标准，不要把重点放在背诵词典上机械生硬的例句，鼓励学生尝试自己造句。

（3）教会学生用不同的语言形式表达同一语言信息，即让学生自我复制语言模因。

（4）明确学生对文化现象的兴奋点和兴趣点，在课堂上积极导入文化部分内容。

（5）课堂上的语言输入信息力求真实合理，并源于真实的社会交际需要，教师要密切关注英语词汇中的新鲜词汇以及语句。

（6）要挑选略高于学生自身水平的可理解性语言输入（comprehensive input），防止学生产生挫败感和情感焦虑。

（7）应用网络、多媒体辅助教学等，通过音频、视频全方位展现教学中所蕴涵的语言模因。

五、结　论

模因论在最近几年越来越受到语言学者们的关注，它为我们提供了一个重新看待和解释各个领域的新视角，启发我们的思维，鼓励我们用新理论来引导我们重新认识和了解语言的本质。利用模因论来指导我们的教学实践，尤其是艺术院校的大学英语教学，可从多个方面促进语言学习以及语言输入，可以在一定意义上帮助解决学习者产出能力落后的问题，外语教师也可根据模因复制的特点去优化整个教学过程，以达到更好的教学效果。

参考文献：

［1］Dawkins, R. The Selfish Gene［M］. New York：OUP, 1976.

［2］Blackmore, S. The Meme Machine［M］. Oxford：Oxford University Press, 1999.

［3］陈琳霞，何自然. 语言模因现象探析［J］. 外语教学与研究，2006（2）.

［4］郭熙. 中国社会语言学［M］. 南京：南京大学出版社，1999.

［5］何自然. 语言中的模因［J］. 语言科学，2005（6）.

［6］尹波. 基于模因论视角提高大学英语教学水平的思考［J］. 内蒙古农业大学学报，2009（3）.

（杨媛，助教，主要从事外国语言学与应用语言学及语用学研究）

41 浅析体育游戏在高校体育课程中的作用和价值

石　刚

摘　要： 本文通过对体育游戏的诠释进一步分析了体育游戏的特点和在高校体育教学中的作用、价值，指出体育游戏在当今体育课程教学中的重要性。所以要正确认识体育游戏的价值，明确体育游戏在体育课程中的地位，不断探索把运动技术与体育游戏相融合。

关键词： 体育游戏　体育课程　作用和价值

国家倡导快乐体育的教学模式是把体育游戏融入高校体育课程教学中。通过体育游戏的加入提高教学活动的效果，对培养学生的终身体育能力，提高心理素质、团队意识和社会适应能力，具有重要的作用。

一、体育游戏的概念

体育游戏融体力、智力、身心娱乐为一体，是以身体运动的方式进行的一种娱乐活动。它既是游戏的组成部分，又与体育运动有密切的关系，以促进身心健康、发展智力、提高基本活动能力、增强社会适应性、培养良好的思想品德和兴趣为目的，是一种特殊的锻炼身体的方法。

二、体育游戏的分类

通常我们所说的体育游戏可分为学校体育游戏和竞技性游戏两类。体育游戏不仅在中小学体育教学中，还在高校体育课程中被作为体育教学的重要手段。教师运用游戏的形式让学生学习体育动作技术，提高学生基本活动能力，引导学生参加其他各种体育活动，增强体质及协调能力、团队意识，通过游戏无形中培养学生的优良品质。

竞技性游戏是体育游戏发展的高级阶段，它将一些参加者感兴趣的民间体育游戏逐步以游戏的形式附属游戏的规则加以完善，以增加它的竞争性和趣味性，逐步得到社会的公认而形成的。

三、体育游戏的产生、发展以及特点

体育游戏作为一种人类社会活动，最早出现在原始社会，初期的体育游戏与动物的特征有本质的区别。随着生产力的不断提高，逐步发展为有意识的以满足人类心理和生理的社会需求。从原始社会后期《帝王世纪》记载的"击壤而歌"、《轩辕黄帝传》中的"蹴鞠"到近代体育的风筝、跳绳、拔河等，体育游戏经历了漫长的演变，进而发展成为今天被国家高度重视的体育课程教学的重要手段。可见体育游戏已适应了社会生活和现代体育教育事业的改革和需要，成为体育课程中的必需品。体育游戏是进行体育活动的手段之一，它对全面发展学生的身体素质、锻炼学生的心理品质、增强体质等有积极的作用。体育游戏是发展学生身体素质的重要手段，它具有竞争性、娱乐性、凝聚性、目的性、教育性、科学性、适应性、多样性等特点。

四、体育游戏在高校体育课程中的作用

（一）培养学生兴趣，提高锻炼的积极性

大家都知道游戏在体育教学中，以它丰富多彩的内容、生动活泼和有趣的组织形式深受广大学生欢迎。因为它不仅可以调动学生的学习积极性，同时能有效地促进学生的身心健康，能结合课程的主题使每一节体育课、每一个学生都能在愉快的气氛中掌握动作技术，锻炼身体，提高素质。

如果体育教师在教学中能调动学生学习锻炼的积极性，根据每次课程的主题，适当安排带有比赛性的游戏项目来配合教学，就可以活跃课堂气氛，提高学生练习动作的兴趣，使他们在紧张活跃的竞赛中增加练习次数，巩固技术动作，从而达到增强体质的目的。

娱乐性是体育游戏的一个显著特征，在游戏中，参与者可以不受任何压力，

全身心沉浸在游戏中，在情绪盎然中得到锻炼，在趣味中不知不觉地增强体质、发现自我，从而使原本单调枯燥的体育课因为体育游戏的融入而具有吸引力，达到显著的课堂效果。例如：在田径短跑教学过程中，用游戏"后排抓前排"的方式来练习短跑技术。

（二）提高竞争能力，培养学生的思维能力

竞争性在体育游戏中可以使弱者有获胜的可能，使强者具有挑战性，能够调动学生的上进心和进取心，是体力竞争和脑力竞争的合作，这样会对学生产生积极的作用。好的体育游戏不仅能够提高参加者的身体活动能力，还可以培养他们的创造能力、思维能力、应变能力。因此，运用体育游戏组织教学，对培养学生的思维和竞争能力都是很有帮助的，而这些能力对于当代学生来说也是亟待培养的。例如：在"运送弹药"的游戏中，如何才能搬得快，而又不丢失？在"架桥过河"的游戏中，怎样才能争时间、抢速度，而又不至于落水？等等。都需要通过积极的思维，选择或创造最有效的方法，而方法的选择和创造必须通过脑力和体力来完成。

在主教材方面，也要多想一些竞赛的游戏，结合主教材进行教学。因为大多数学生都认为体育课是以"玩"为主的，所以就对体育课有兴趣，但是由于主教材的教学形式都是单一的，因此，学生对体育课亦提不起兴趣，导致达不到增强体质的目的，所以教师就应该利用学生这个"玩"的心理结合主教材来进行游戏练习。这不仅能调动学生的积极性、活跃思维、培养兴趣，还可以锻炼意志、培养高尚的情操和集体主义精神。如：50 米快跑，过去就是一味强调练习次数，时间一长，学生觉得又累又讨厌。后来改变了方法，利用游戏和竞赛的方法，将学生分成四组，进行追逐跑、接力跑，以及利用体操棒或实心球进行跨步跑，这样不仅可以激发学生的兴趣，也可以提高学生的速度和步幅。

（三）培养团队精神，改善人际关系

体育游戏大多都是集体活动，凝聚性使参与者在游戏过程中扮演着不同的角色，各尽其能，这需要同学间的互相配合和共同协作来完成。它提倡的是人与人之间的协调配合和个人的成功在集体的成功之中，强调的是集体的力量。这些宗旨都有利于学生之间的团结，增加他们的集体意识，改善他们的人际关系，对于在以后的学习和社会生活中都是有效的磨炼途径。

（四）增强纪律性，培养道德情操

体育游戏具有一定的规则，在体育教学中运用集体性游戏能够最大限度地培养学生的自觉能力和自律行为，督促纪律性较差的学生能够养成遵守纪律的良好习惯。尤其在高校体育教育中，对于拖沓、懒散、纪律散漫的学生是一种很好的锻炼方式和教学手段。对部分学生而言，课堂上会不由自主地违反纪律，这主要是由于这些学生注意力难以长时间集中，所以上课时很容易被一些外界事物干扰，并吸引其注意力，同时他们的自控能力水平还处于一种较低的状态，不可能在 90 分钟内有意强制自己集中精力认真上好课。

所以教师就更应该利用游戏来结合主教材进行教学。如：在立定跳远的教学中，过去就是利用沙池，让学生排队练习，练习密度和成绩都很低。由于贯穿了游戏教学，使学生的成绩和练习密度都有较大的提高。这样，先提高学生的学习兴趣，再增强他们的好胜心理，最后再进行练习，使学生能主动进行练习，不觉得累和讨厌。但有些教材并不能全部都运用竞赛性的游戏，如：耐久跑教材（50×8 往返跑和 400 米跑）就可以运用"追打球"、"螺旋形跑"、"S 形跑"等游戏进行耐久跑的练习。既激发学生能积极进行锻炼，又能达到耐久跑的要求，使学生不觉得累和讨厌。以上的游戏完毕后进行便步走，走成圆圈，再进行一个"找伙伴"的游戏，再一次激发学生的学习兴趣。

（五）改善心态，提高心理素质

激烈的学习竞争使学生缺乏信心，意志消沉，心理素质差，承受能力低下，体育游戏通过丰富有趣的活动方式使学生在竞争中频繁出现胜负，降低对成败的重视度，以平常心对待学习成绩的上升和下降、同学间的交往、社会中的竞争。提高自信心，激发求生欲，鼓舞意志，达到改善心态的目的。

（六）消除疲劳，寓教于乐

体育课课程完成后，可采用放松性游戏，减轻或消除因疲劳引起的失落感、消极感。通过放松性游戏，减少负荷量，改善心理环境，调节各运动器官的生理机能，使学生愉快而轻松地完成，在游戏中不仅锻炼身体、增强体质，还得到放松，畅快心情。

五、体育游戏在高校体育课程中的价值

（一）教育价值

体育游戏是寓教于"动"的最佳方式，不是单纯的肢体运动，而是一种集体能、智能、技能和心理为一体的综合性活动。大部分体育游戏都包含教育因素，既要克服自然障碍和心理障碍，又要培养集体观念、团队意识和顽强意志。《全民健身计划纲要》提出对学生进行终身体育的概念，培养学生体育锻炼的意识，学校体育要为学生终身体育奠定基础。通过参与体育游戏活动掌握技能的运用，通过技能展现自己的优点和特长，增强竞争性，提高自信心，提高对体育课程的兴趣。

在参与游戏的同时，不但培养了学生遵守规则的自觉性，还加强了纪律性和集体感，意识到团体合作在集体生活中的重要性，不能因为自己的散漫影响集体的成绩。明白在大家庭、小家庭中凝聚力、向心力的重要性。在高校体育教学过程中适当采用体育游戏，不但能使学生将所学习到的技能运用到游戏中，而且还通过技能的使用展现了自我，激发了参与的积极性和主动性，增强学生学习的自信心，促进个体社会化价值的实现。

（二）健身娱乐价值

体育游戏本质上是一种参加自由、选择自主的身心娱乐活动。它不同于一般的智力游戏，而是一项综合性很强的运动。竞争者在竞争中娱乐，在娱乐中竞争，相辅相成。在高校生活中，紧张的学习氛围、就业的压力，使原本紧张的节奏得不到缓解，而通过体育游戏的加入，能使学生在游戏中扮演不同的角色，发挥他们的主观能动性，实现游戏目的的同时释放了压力，锻炼了身体，提高了素质。体育游戏的娱乐性符合高校学生的生理和心理需求，尤其是心理的解压，这种在体育课程中穿插的体育游戏活动不仅增加了娱乐性，还能使体育课堂的教学产生事半功倍的效果，增加体育教学的多样性和灵活性。

（三）审美价值

体育游戏的组织和选择对教师提出了更高的要求。在体育游戏课程的设计中，不仅要融合技能、心理、人文、美学等各学科的知识，还要求教师有较高的

综合技能。掌握和运用现代体育手段，采用创新的教学模式，以全新的视角审视并切实进行课堂教学改革，把体育游戏高效优质地运用到高校体育课程的教学中，使学生在上体育课的同时获得更多技能以外的知识，使课堂气氛更加活跃。

结 论

在高校体育教学中，由于体育游戏不受器材、人数和场地的限制，既可以在准备活动中发挥余热，也可以放松心情，激发学生在课堂上的积极性，故在普通高校体育课程教学中，也会受到越来越多的重视，对体育教学的效果具有一定的价值和意义。

参考文献：

［1］雷震.竞技体育与游戏［J］.安徽师范大学学报，2005（1）.

［2］李勇智，朱永波.体育游戏［M］.桂林：广西师范大学出版社，2005.

［3］陈连出.游戏［M］.北京：中央民族大学出版社，2000.

［4］王兵.高校体育教学中的游戏教学［J］.湖北体育科技，2008（2）.

（石刚，副教授，体育教研室主任，主要从事高校体育教学研究）

42 高校公共体育教学现状及改革研究

石 刚

摘　要：我国高校公共体育教学已经由以培养学生运动技术为中心的旧格局向以增强学生体质，培养学生终身体育意识为中心的新格局转变，但仍没有突破传统的模式。本文针对目前高校公共体育教学的现状和存在的问题，提出自己对体育教学的改革建议。

关键词：体育教学　现状　改革研究

高校体育教学改革是整个高等教育改革的重要组成部分，它既是体育教学思想、教学观念、教学手段更新的集中体现，也是高校贯彻党的教育方针，进一步落实教学培养目标的重要形式和途径。目前高校体育教学改革呈现教学内容多样化、教学目标显形化、教学结构辐射化、教学评价理性化等良好发展趋势。与此同时，也存在过分否定以往工作成绩、偏重学生兴趣、片面理解"快乐体育"和谈竞技体色变等几个值得注意的问题。因此，高校体育课程教学应摆正认知与行为的统一关系，理顺学习效果与学生兴趣的主次关系，坚持教材与教学内容多样性与基本性相结合。我们要结合高校公共体育教学实际，重视公共体育课程改革，使之更加适应现代教育的发展。

一、当前高校公共体育教学的现状

（一）教学内容设置陈旧

由于大部分高校受学校师资力量、场地设施条件等限制，仍以三大球、羽毛球、健美操等传统体育项目为主，极少数高校会选择开设那些趣味性较强、受到学生喜爱的新兴运动项目。教学内容上主要还是竞技运动项目的排列组合，教学的组织形式处于陈旧、呆板、封闭的状态，学生很少有选择的余地。教学的方法仍是以"注入式"、"填鸭式"为主，由老师"包打天下"，过分强调教学以教师为中心，忽视了体育本体和学生的主体作用，忽视了学生兴趣和能力的培养及个性的发展，从而抑制和挫伤了学生的积极性、创造性，使学生对体育不感兴趣，不利于学生的身心发展。

普通高等学校传统的公共体育教材内容已无法真正满足学生的需要，教师所能传授给学生的大多是常识性内容，不能够给学生传授系统的体育理论知识和实践技能，更不能较好地反映体育科学的新发展。加之课程的设置也不近合理，体育课开设仅限大一、大二学生，除体育专业学生外，高年级并没有开设体育课，缺乏教学延续性。

（二）学生学习缺乏主动性

现在的大学生，经过了中考、高考的重重考验后进入大学，由于空闲时间的增多和上课模式的改变，大学生活与中学时差距很大，许多学生失去了学习方向，部分学生上体育课只是为了修够必要的学分，还未真正认识体育课对人生的价值，没有真正认清高校体育教学的根本目的，这种被动学习很大程度上影响了高校公共体育课的教学质量和效果。所以作为体育教师，要充分利用校内、校外的一切资源，想方设法培养和提高学生对体育运动的兴趣，提高学生上体育课的积极性。

（三）教师教学能力与课程教学改革不相宜

大部分高校体育教师长期以来对公共体育教学的任务、目的认识上有一定偏差。当前，高校公共体育课教学只重视技术课教学，忽视体育理论知识和综合能力的培养。这种培养模式，往往会忽略学生体育观念的培养，尤其是终身体育意识的培养，忽视大学生身心健康的全面发展。部分教师不关注教学改革，仍然以多年来自己熟悉的、陈旧的思想和经验进行教学，仍沿用多年不变的教案。另外，教师随意更改个人专项的情况也较普遍。为了使自己开课或者满足工作量的需要，很多原本并不从事其他专项教学的教师在不具备能力的情况下，随意承担其他专项的教学任务，使教学质量得不到保证。

此外，近年来，高校大量引进硕士以上的高学历人才，而其中有一部分人并不具备公共体育教学能力，连正确的示范动作都做不好，实属误人子弟。

二、对高校公共体育教学进行改革的建议

（一）要根据社会的需要来调整体育教学的内容，提供更多学生选修的专项门类，提高学生学习的积极性

教师在选择教学内容时，对现有教学内容进行必要更新，教学应做到有计划、有针对性，合理安排与学生身心健康和终身体育目标相配套的实效性强、具有较高锻炼价值、突出技能的教材体系。运用多媒体教学手段，通过多媒体课件来给学生演示技术动作的细节，通过声音、图像、讲解等多重刺激，学生能很快抓住要点，进入状态。充分调动学生学习的积极性，使其从"要我学"转向"我要学"，使学生学得更有趣、更自觉，在快乐中掌握体育知识和技能。改革学制，从现有的大学一二年级开设体育课改为学生在校期间均开设公共体育课，从学制上保证学生在生长发育期间接受体育教育的时间。

（二）现代体育教学要改变旧的传统的教学观念

在体育教学过程中，要将自强能力与心理素质的培养提到首要的地位，把身体的强健和心理的健康发展紧密结合起来，营造大学生迈向社会所需要的积极向上的心理定向。要通过有效的教学内容、有效的教学方法，侧重发展学生的心理健康，培养学生的意志品质，让学生去吃苦，让学生在愉快的过程中学习，构建和谐的师生关系。要创设融洽的课堂气氛，有意识地在运动参与或运动技能学习课上，设计达成心理健康目标的具体方法和活动内容。

运用发现式教学模式进行教学。发现式教学模式是教师在体育技能教学中，在不加讲述的情况之下，只是给学生一些事实事例和问题，让学生自己积极思考，通过讨论，依靠自己去获取新知识、寻求解决问题方法的一种体育教学模式。体育发现式教学模式主要面向学习有困难的学生，主张让每个学生都能体验运动学习的乐趣，积累小的成功为体验大的成功，以形成学生从事体育运动的志向和学习的自信心。

（三）培养学生的体育兴趣，倡导快乐体育教学

在教学过程中，学生的身心是处于发展过程中的，主体性还是比较弱的，需要教师去唤醒、引导和培养，提高个体对学习的兴趣。在制订教学计划中要尊重学生的个体需求，了解学生对哪些体育项目感兴趣，并据此调整教学计划，使教

学内容尽量与学生兴趣接轨。

快乐体育重视学生对体育的兴趣，重视育人，它以怎样才能使学生乐于学习为出发点，尊重学生个性发展，尊重学生的独立性、自主性和创造性，使学生在整个学习锻炼中与同伴一起自主、自律，为今后积极参加体育锻炼奠定良好的心理基础。但是，体育比赛却总有失败者和失败的结局，胜利者皆大欢喜，而失败者品尝到的却是苦涩与沮丧，而且对学生人数和场地器材要求标准较高，采用快乐体育教学形式，也可能会对正常的系统教学带来一定的影响和冲击，在强调学生对体育目标内容、计划的自我选择权时，可能会制约体育知识、技能的系统掌握，如果体育教师把握不好，极有可能导致出现"放羊式"的教学局面。

（四）侧重培养学生的合作意识和交往能力

在教学中，尝试运用体育合作式模式进行教学，是指把学生自然分成若干个学习小组，在体育教师的指导下，教师与学生之间、同组学生与学生之间、小集团与小集团之间通过互动、切磋与观摩，从而提高教学效率的一种教学模式。试图通过体育教学中的集体因素和学生间交流的社会性作用，提高学习的质量，并达到对学生社会性培养的作用。这种教学模式是充分考虑了体育教学中的集体形成和人际交流的规律性来设计教学过程的。

合作意识是在点滴的活动中养成的。那么学生在体育活动中学到的合作意识就会迁移到生活的方方面面。这就体现了体育课的价值和意义，不仅在于使学生的体育技能、体能得到发展，身体机能状况得到改善，而且使学生自觉通过体育活动改善心理状态，建立良好的人际关系，养成积极乐观的生活态度，运用适宜的方法调节自己的情绪，在运动中体验运动的乐趣和成功的感觉，表现出良好的体育道德和合作精神。在教学中，通过系列的体育活动，让学生参与一些集体性的项目，既可以发展学生的体能和技能，又能培养学生的团队协作精神和交往能力，建立良好的人际关系。

三、结论与建议

第一，高校公共体育课是学校体育的最后阶段，它具有与社会生活衔接的特点，在一定意义上，成人体质健康程度和坚持锻炼身体的习惯与技能，取决于青少年时期的体质状况和接受体育教育的程度如何。所以，高校公共体育课教学必须更新观念，拓展思想，在形式上、内容上、方法上都应有所改革和创新。

第二，体育教学过程及其效果与教师、学生、教材、媒介手段、评估和环境因素密切相关。只有树立整体观念，促进各个因素同步发展与协调配合，从根本上增强体育教学过程的整体效率和效益，才能保证体育教学向着高质、高效的方向发展。

第三，教学中"以人为本"，彰显学生的主体地位。体育教学的主要任务是使学生掌握基本运动技能，并能灵活地运用与创新，运用到运动实践中。目的是增强体质，使其身心全面发展。应尊重学生的主体地位，突出以人为本，关注学生不同的兴趣爱好、不同的体质体能，注重因材施教，使所有学生在一堂体育课中各尽所能，相得益彰。

第四，学习活动以学生的个性需要为出发点，注重学生的主体性发挥。充分发挥学生的主体作用和教师的主导作用，尽量采用"互帮式"、"诱导式"、"启发式"等教学方法，多设立学生感兴趣的、能发挥学生特长的和具有实用性的学习项目，充分调动学生学习的主动性与积极性。

参考文献：

［1］教育部. 全国普通高等学校体育课程教学指导纲要［EB/OL］. http：//www2. gliet. edu. cn/tiyu-bu/guanl. iasp，2006 – 7 – 5.

［2］许定国，李国泰. 加强课余体育锻炼管理的意义［J］. 体育学刊，2002（2）.

［3］我国青少年体能连续 10 年整体下降［N］. 厦门晚报，2010 – 3 – 30（19）.

［4］陶战波. 学校体育文化发展特点及其前景展望［J］. 浙江体育科学，2004，26（3）.

［5］张军征. 对我国当前教学设计模式分类特点的思考［J］. 中国电化教育，2004（3）.

［6］向传坤. 浅议目前高校公共体育教学存在的问题［J］. 知识经济，2010（04）.

［7］郭立亚，赵东平. 对高校公共体育教学改革的思考［J］. 西南师范大学学报，2000（04）.

［8］程杰. 我国高校体育教学现状及改革设想［J］. 上海体育学院学报，1999（03）.

（石刚，副教授，体育教研室主任，主要从事高校体育教学研究）

43 对艺术院校体育教学的人文化探讨

李玉明

　　摘　要：根据艺术院校体育教学的现状和其特殊性，在对体育教学中所涉及的问题进行分析研究的基础上，建议在体育课教学中进行人文化体育教学，强调以人为本的宗旨，树立学生为主体，达到体育教学与学生身心健康的结合。

　　关键词：艺术院校　大学生　体育教学　人文环境　内涵　人性

引　言

　　人文环境是现代体育赖以生存和发展的前提，它以内化、同化和默化等多种形式制约着人们对体育价值的认识水平，这种认识水平制约着现代体育的发展规模和发展速度；相反，现代体育的发展又是人文环境优化和净化的重要途径和手段。体育教学人文化是现代体育教学改革的重要内容之一。近年来，国家和社会大力提倡体育教学人文化，体育教学也进行了相应调整，但是，其中更多的是形式方面的调整，内在的、实质性的改革却不多。因此，体育教学的人文化改革是一项长期漫长的系统工程，它不仅仅是停留在物质设施与内容上的改革，也应该是在制度上的改革，理论上的更新，并且能充分体现以大学生为本的人文关怀，并融入技能教育、体能教学、学生自身发展和社会适应性为一体的综合教学模式，为全面贯彻落实"健康第一"和"终身体育"的体育教学目标提供发展空间和保障，使艺术院校公共体育教学适应新世纪对我国艺术人才素质的要求，进一步确立人文化在体育教学中应有的地位。

一、体育课程人文化教学存在的问题

（一）传统体育教育目标、手段对艺术院校体育教学的影响

艺术院校学生体育运动受专业影响，不同于普通高校，有其自身特色，但长期以来单纯的注重技术的传授和单纯的增强学生体质两种极端的教学模式，忽视了学生身心的协调发展，更难以体现学生的个性，强调的是体质教育、运动意识，形成的是技能体育与形式体育，心理层面和社会层面的教学目标被忽略的现象比较普遍，展现在人们面前的高校体育更多的是生物体育、国家体育、政治体育，使实际的体育教学与素质教学的要求与"健康第一"的指导思想脱节。增强体质、提高运动技术水平成为学校体育的重要任务，于是教师更多关注的是学生的外在表现，关心的是身体素质的好坏、运动成绩的优劣，而学生的内心感受和课程所蕴涵的社会性却常常被忽视。教学中缺乏追求自我实现、完善人性、培养创新精神等现代人本教育思想，以技术水平的高低为主论，学生的成绩、体质的强弱成为评价学生身体状况的主要标准，重视一致性而忽视差异性，重视接受能力而忽视创新意识。这样就往往会使学生在学习上缺乏内驱力，而过多地关注生物学意义上的体质和技术的传授，使体育教学即时性地发展人的价值难以体现，导致了在构建体育课程形态中过多地强调理性支撑，而忽略了个人利益的要求，完全违背了以人为本的宗旨。这类禁欲式的体育教学往往是学生的选择权被剥夺，自主性、积极性被控制，创造潜能得不到发挥，唯教师意志论，强调的是意志磨炼、吃苦耐劳等，那么，厌倦、逃避体育课也就成为普遍现象。

（二）倡导传授知识思想在教育中的主导地位，忽略了人的主导作用

在体育教育思想中科学主义教育已经成为主流，把科学放在最重要的地位的同时，严重忽视、淡化了教育中的人文价值，致使教育教学中重物不重人，把学生变成掌握科学知识的"工具人"，认为科学素质、知识水平是衡量学生的唯一标准。为此，以科学知识为中心的理论被教育领域广泛接纳，课程内容过多地考虑知识的代表性和逻辑性，课程结构强调知识结构与智能结构，无论是确定体育教学内容还是选择教学方法、手段，都主要以认知理论为依据，使认知理论在一定程度上成为体育教育过程的决定理论，学生似乎生来就是认知的工具或机器，并且别无选择。对如何提高学生的运动能力和水平、体育教学科学化等的研究，

基本上都是为提高传授知识、掌握技能的效率而服务，忽略了课程内容的娱乐性、创新性、实用性、普及性。教师在课堂上着重强调运动负荷的控制和技术教学的精雕细刻，强调知识的灌输和能力的培养，忽视对学生的尊重和学生的价值体现，其结果是书越来越厚，分越来越高，而学生却成了书呆子，其人文精神越来越匮乏。于是，学生"身顺而心违"的现象大量存在，学生对这种过于只求身体操练的精确，而漠视个体价值和意义的体育课感到厌倦，与现代的人本主义教育思想理论背道而驰。

二、体育课教学的人文化建设

（一）重视加强体育教学的人文性

体育教学的人文性的内涵应该包括两个方面：其一，强调体育教学过程中对学生身和心两个方面的和谐发展，体育教学不仅要塑造学生强壮、匀称的体魄，优雅的姿态，还要培养学生健康的生理、心理和良好的品德，以及作为社会成员的责任感；体育教学通过身体的活动，来完成体质与健康心理、休闲与生活、安全与生存、生命与衰老等文化知识的传授，并不断向学生表达一种关爱和珍惜生命的信息，达到体育教学所追求的最高理想——"灵"与"肉"的完美发展。其二，强调在整个教学活动过程中对学生个体的人性、人生、人权、价值的尊重、认同与重视学生的需要，使其在身体活动中得到淋漓尽致的张扬和个性的自然表达，带给学生的是由身及心的愉悦与快乐，是一种人性的自然流露，一种感情的自由宣泄和尽情释放。

（二）体育课教学人文化符合体育教育的特点

中共中央国务院《关于深化教育改革全面推进素质教育的决定》明确提出，要"实施素质教育，就是全面贯彻党的教育方针，以提高全民素质为根本宗旨，以培养学生的创新精神和实践能力为重点，造就有理想、有道德、有文化、有纪律的德智体美等全面发展的社会主义事业建设者和接班人"。大学体育在艺术院校教学体系中占有重要而独特的作用。这种作用不仅表现在通常意义上的训练体育技能、培养体育习惯、塑造体育精神等方面，而且表现在有助于艺术院校学生在活泼开朗的性格、敏锐的感觉、执著的毅力等艺术家所应具备的艺术品质得以和谐地生成；表现在与艺术教育的有机结合上，有助于训练不同类别的艺术专业对学生身体素质的特殊要求。比如：对于舞蹈、影视、音乐等表演类专业特别强调学生身体的柔韧度和敏锐性；而对于雕塑、设计等专业又特别强调学生身体的承受力和耐力。也就是说，体育教学对于艺术院校的学生，不仅有一般意义上的教育价值，而且也有专业所需的特殊的教育作用。将体育教育融入人文教育体系之中，与其他人文学科融合补充，能不断增强学生的自主性、判断力和责任感，培养参与、合作精神与现代化意识；有效地提高大学生人文素养、人文素质，达到尊重与发展艺术院校大学生个性的体育课程教学的根本目标。

（三）艺术院校体育课程教学模式的人文化

人文化的体育课程教学模式，首先表现在它能够充分发挥学生的主体作用，在教学组织上，以"活泼、自由、愉快"为主调，主张严密的课堂纪律与生动活泼的教学氛围相结合，强调信息的多向交流与教学环境的优化。在教学方法上，强调趣味性、情景性相结合，变"厌学"为"乐学"。要达到这一目的，必须要求"授之有趣"，运用快乐体育教学模式、情景教学模式、发现式教学方法等，培养学生独立思考、学会学习的能力。

（四）积极切实贯彻"健康第一"的指导思想

为了尊重学生的生存权、生命权、发展权，"健康第一"作为教育指导思想理应在体育教学中得到彻底的贯彻。为使"健康第一"思想落到实处，学校和体育教师应积极了解学生对健康各方面的需要，尊重学生有关健康方面的合理要求。

（五）以学生为主体，促进学生自主发展

教学目标的制定、体育教学内容的选择、教学方法的运用、教学课堂结构的安排都必须尊重学生内在的需要，实现以教师为主导、学生为主体的教学过程。尽管社会需要与学生需要常常是矛盾的，但人文教育思想中满足个人需要来满足社会需要提供了解决这一矛盾的新思路。体育教学中，从"让我学"、"让我练"转变成"我要学"、"我要练"正是人文教育思想贯彻的具体表现，充分利用体育活动与艺术类课程紧密结合，共同完成体育教学目标。

（六）把全面发展与区别对待和重点培养结合起来

兴趣是人们从事活动的动力，人的兴趣是在需要的基础上，在活动中发展起

来的。体育课的内容安排不合理，也会影响学生的学习兴趣，特别是对艺术院校的大学生应考虑到学生的专业和特点，体育教学内容要根据教学的目标、院校的实际情况，从"以运动技术为中心"向"以体育方法、体育动机、体育活动、体育经验为中心"转移。但这并不是意味着对运动技术教学的否定，在选用课程内容中，必须考虑为学生打好三个基础：第一，打好身心健康成长的基础；第二，打好终身学习与锻炼的基础；第三，打好适应社会需要的基础。教材内容中以吸引全体学生主动参加体育学习和锻炼的项目为主，让学生体验运动的乐趣，满足学生个体、群体的需要。如开设篮球、足球、网球、羽毛球、乒乓等球类运动和健美操、太极拳、游戏、轮滑等学生喜欢的项目，学生每学期可根据自己喜欢的项目确定上体育课的内容。

（七）加强学生之间的互动，指导学生学会合作技巧

加强各种互动，增加学生之间的合作，会大大加强对自我的理解，使个体更真实、更独立，增强对他人的理解信任和接受程度。

综上所述，加强艺术院校体育课中的人文化，就必须确立科学的、与时俱进的、符合时代要求的教育观、人才观、教学观；不断深化教学体制的人文化改革，完善艺术院校体育教学的人文化，使体育教学真正成为培养时代需求的综合型艺术人才的一分子。

参考文献：

[1] 吕梅林. 艺术院校大学体育教学与人文精神的培养 [J]. 体育教学，2011（3）.

[2] 王秋娥. 论现代体育与人文环境的关系 [J]. 山东体育科技，2005（26）.

[3] 胡启定，余强. 学校体育人文化及规模参与的探索研究 [J]. 南京体育学院学报，2005（3）.

[4] 常永山. 艺术院校体育教学的特点及其改革 [J]. 科技资讯，2008（18）.

[5] 李松岩，许玉林，范亦农. 构建大学体育教学模式中的人文性思考 [J]. 上海理工大学学报，2004（4）.

（李玉明，副教授，主要从事高校体育教学、大众体育健康研究）

44 艺术院校体育课学生厌学原因与对策分析

曹 燕

摘 要： 作者结合艺术院校学生的专业特点，从学生对体育课的认知分析出发，详细分析了"想象"与"现实"之差萌发"厌学"；素质、技能和身体形态的原因引发"厌学"；教学模式陈旧诱发"厌学"和教师的原因加重"厌学"等艺术生体育课厌学的诸多原因，并结合当代学校体育的发展趋势提出了相应的解决对策。

关键词： 艺术院校学生 体育课 厌学

一、艺术院校学生对体育课的认知

体育和艺术关系密切。体育是艺术创作的生活源泉和取材领域。艺术则为体育融入了美韵的血液，使体育放射出更加绚丽的光华。大学体育作为公共基础课程，在艺术院校教学体系中占有重要而独特的作用。这种作用不仅表现在通常意义上的体育技能的训练、体育习惯的培养、体育精神的塑造等方面，而且还表现在体育教学的审美创造活动与情感表达是艺术的重要组成部分；体育教学的实践活动不仅是艺术在体育中的表现，更是艺术的创造活动；同时体育教学的实践活动又是艺术创造的灵感和源泉。体育教学对于艺术院校学生专业所需素质的特殊的教育用途应受到重视。但在现实教学过程中，由于历史的原因以及艺术院校的特殊性，艺术院校学生对体育课学习的认知却是一个比较薄弱的环节。学生对体育教学存有偏见，普遍认为体育与专业无关，上不上课无所谓，只要专业学好就行。这种错误的认识导致许多学生上体育课时漫不经心、得过且过，没有学习的危机感和紧迫感，更谈不上学习的积极性和主动性，普遍存在一定程度的厌学情绪，严重影响了体育课的教学质量和人才培养规格。积极应对体育课"厌学"是艺术院校体育教师应该关注的课题。

二、"想象"与"现实"之差萌发"厌学"

（一）"想象"与"现实"之差的原因

体育课对于艺术院校学生来说并不陌生，因为他们从小就有以"玩"和"应试"为主的各种体育课经历和对大众体育活动的印象，也有来自五彩缤纷的竞技体育赛事对体育锻炼产生的遐想，这是他们头脑中的"想象"。而日常的体育教学是比较规范的，有较正规的技术、技能学习和严格的达标项目测试，面对相对枯燥、难以尽兴、技术掌握提高有限、人数多、场地器材少等现实，学生会感到勉强和单调。另外，学乐器的学生为保证手指、手腕的灵活性及避免受伤，有打篮、排球的顾忌；学声乐的学生为保证嗓音清亮，有跑长跑的顾忌；学表演的学生为保持形象，有怕晒的顾忌等。艺术专业的特殊性在一定程度上限制了常态体育项目的正常开展。如果不考虑其特殊性，学生会再次感到勉为其难。"想象"与"现实"的差距，使学生萌发了"厌学"的情绪。

（二）对策分析

1. 加强教学目的性的引导

随着社会的发展，艺术院校体育课教学目标应是：（1）增强学生体质，提高健康水平；（2）提高运动技术水平与体育实践能力；（3）掌握体育保健、运动损伤和营养的相关知识，培养良好的体育与卫生习惯及终身体育的意识；（4）提高体育文化素养及心理素质水平。在加强体育教学目的性的引导时，要坚持以下几个方面的结合：（1）把国家和社会对学生的体育要求和个体的体育需要结合起来；（2）把育体、育心和育德结合起来；（3）把学习技能和为终身体育打下基础结合起来；（4）把课堂教学与课外锻炼、比赛结合起来；（5）把全面发展与区别对待和重点培养结合起来。

2. 充分利用艺术性强的运动项目激发学生的学习兴趣

长期以来，我院体育教学各项目的比重与其他类别的院校没有区别，讲究多而全，忽视了艺术院校的特殊性，以致整个教学游离在艺术专业的特殊性之外。艺术院校在体育课程设置中要充分突出以体育为根本、艺术为特色的原则，在课程设置上要利用体育中的艺术元素构建教学新体系。体育虽不是艺术，但艺术体操、瑜伽、体育舞蹈、健身操等许多运动项目具有迷人的艺术魅力。有些学者称其为"亚艺术"。这些具有欣赏价值的运动项目，在追求形体、姿态、动作和精神美的同时，讲求完成动作的节奏和力度，通过优美音乐伴奏下的练习，既能达到锻炼身体各部器官的目的，又使学生获得了极大的精神愉悦和艺术享受。举重、射箭、棒球、健美等富有力量与健美相互融合的运动项目，历来是美术家所推崇的创作题材，通过运动中人体内在美的充分展现，激发起美术家用画笔和沙石来诠释蕴藏于体育运动中美妙瞬间的创作冲动。这些项目的开展不仅兼顾了艺术院校学生的特殊性，而且在丰富教学内容的同时激发了学生的学习兴趣，是消除"厌学"的有效手段。

3. 以新兴的体育项目和新型的教学辅助手段，开拓新的知识领域

目前，我国大学公共体育课程的内容大部分还是传统的竞争性运动项目，如田径、篮球等，并且体育课主要集中在校内举行，没有充分利用自然资源开设课程，而拓展训练就是让体育回归自然，服务生活，打破过去体育课教学简单的"教"，置换以学生通过各种拓展项目的主动性，在体验中"学"，使学生学习各种技能，并掌握一整套增进与保持"健康"的科学方法，形成持之以恒的习惯，用"生活的体育"培养出他们健康的生活方式，引导他们德、智、体全面发展，这就是拓展训练的主旨所在。拓展训练课程强调健身性、挑战性、终身性和实用性，突出学生学习的主动性、积极性和创造性，具有途径多、方法多样、形式灵活、内容丰富等特点。拓展训练中的场景设置和角色扮演极大地满足了艺术类学生的实践创作欲望，发挥了他们的特长和想象空间，同时也为艺术类学生的创作积攒了生活的新素材。把拓展训练课程引入艺术院校体育课，能开拓新的体育求知领域，加强学生的主体地位，激发学生的学习热情，消除"厌学"情绪。

21 世纪是信息数字化时代，多媒体技术将会改变教学模式、教学内容、教学手段、教学方法，最终导致整个教育思想、教学理论甚至教育体制的根本变革。因此，体育教学应主动抓住时机，适应社会需要，改变传统教学观念，将现代教学手段引入体育教学，丰富体育教学内容，激发学生对运动知识和运动技术学习的兴趣，拓宽知识视野，消除"厌学"情绪，提高教学质量。多媒体教育是应用计算机多媒体技术，以其鲜明的图像、生动的画面、灵活多变的动画及音乐效果来优化教学过程的一种新型教学辅助手段。适用于体育教学的各个项目，为体育教学提供了最理想的教学环境。多媒体技术在体育教学中有着广泛的应用，例如：利用现代设备，控制动作速度和分解动作过程；计算机模拟技术应用

于体育教学中战术意识的培养；应用多媒体技术创新立意；建立正确视动表象，提高实践课的教学质量；加强多种感官刺激，丰富体育理论课；等等。引入多媒体在深入挖掘体育与艺术相融教学内容的同时，不但密切了体育教学与新科技应用的联系，也极大地丰富了体育教学的内涵，激发学生的学习兴趣，为艺术院校体育课教学另辟一个新的平台！

三、素质、技能和身体形态的原因引发"厌学"

（一）素质、技能和身体形态的原因

体育教学是一种直观的教学，教师示范讲解、学生模仿练习是教学的主要方法之一。因此，素质、技能和身体形态的差异会有意无意地对学生造成心理伤害，从而产生"厌学"。

1. 学习效果的差别当即显示技能差别

完成一个动作，好坏立即展现在同学面前，而其他学科只有等考试成绩出来后才能知道学习效果的好坏。所以，很快很直接的评价使一些身体素质差、掌握技术动作慢的学生感到自卑，从而对体育课产生"厌学"。

2. 配合中的差别

体育运动中有很多集体项目，学生之间要相互配合。因此，能力弱的学生在竞赛活动中易受到其他同学的嘲笑、指责和排斥，自尊心受到伤害，这是造成体育困难生"厌学"的重要原因。

3. 身体形态的差异

体育运动与学生的身体形态有很重要的关系，会造成一些学生因身体形态的不适而产生的尴尬。如让个矮学生示范跳起摸高，让个高学生示范体操动作，都会有意无意地对学生造成心理伤害，使这些学生逐渐惧怕体育课堂，逃避体育课堂。

4. 生理特征差异

女生进入青春发育阶段，出现第二性征，特别是遇到例假时，都不喜欢上体育课，更不愿被教师叫出来示范。如果教师不考虑女生的特点，就会有更多的女生对体育课堂产生"厌学"。

（二）对策分析

1. 树立"成功感"，鼓励教学，增强素质、技能弱的学生的信心

对于能力弱的学生要不断地肯定其优点和成绩，只要这些学生有一点点的进步和提高，教师都要及时给予肯定和表扬，增强他们的自信心和成功感，让他们以愉快的心情主动配合教师的教学活动，从而达到教与学的高度统一，最终消除这部分学生的"厌学"现象。

2. 有的放矢、灵活教学，最大限度地发挥身体形态差异学生的特长

对身体形态存在明显差异的学生，应根据其身体条件和心理素质等情况，采取灵活的教学，安排一些适应他们身体条件的运动项目，如肥胖学生可安排力量性的项目。矮个子的学生可安排有利于生长的如体操、跳跃及适应他们矮小但灵活的乒乓球、武术、短跑等项目，使他们逐步对上体育课感兴趣。

3. "见习生"的合理安排

对于女生，教师更要注重掌握其生理、心理特点，对"见习生"在技能要求，练习的数量、时间上都应有区别。

四、教学模式陈旧诱发"厌学"

长期以来我院体育教学基本采用由教务部门安排课表，全班统一上体育课的"大一统"模式。然而，艺术院校的教学计划中每年都安排学生进行不同的社会实践：美术类专业的学生外出写生；音乐类专业的学生参加各种演出、比赛；戏剧类专业的学生外出拍戏、演出；等等。遇到社会实践，体育课就停课，统一补课又会受到诸多因素的限制。长此以往，学生的体质逐年下降，学生的厌学情绪油然而生。

体育俱乐部教学模式是指以体育练习者自觉结合为基础，以学校的运动场馆为依托，围绕某一运动项目，以俱乐部的组织形式将体育教学、课外体育、运动训练、群体竞赛等融为一体的体育课堂教学模式。它是高校众多教学模式中的一种，其目的是增强学生体质，提升体育文化素养，最终形成终身体育锻炼的习惯和健康、科学、文明的生活方式。这种教学模式的理论依据在于"根据学校教育的总体要求和体育课程的自身规律，面向全体学生开设多种类型的体育课程，打破原有的系别、班级制，重新组合上课，以满足不同层次、不同水平、不同兴趣学生的需要"；"充分发挥学生的主体作用和教师的主导作用，努力倡导开放式、探究式教学，努力拓展体育课的时间和空间，在教师的指导下，学生应具有自主选择课程内容，自主选择任课教师，自主选择上课时间的自由度，营造生动、活泼、主动的学习氛围"。

艺术院校由于自身专业课程教学的特点，使得他们对体育课程的灵活性要求更高，而体育俱乐部形式恰恰迎合了这种要求。体育俱乐部教学模式突出了艺术专业的特殊性，顺应了艺术院校的发展需求，使艺术院校学生在体育课学习中在得到身体健康时效性的同时也得到了积极快乐的情感体验，对彻底消除体育课中的"厌学"情绪将发挥积极的作用。

五、教师的原因加重"厌学"

（一）教学目标超度

教学目标是从事教学的出发点和归宿。常见的现象是有的教师不考虑教学中的主客观因素，急于求成，把教学目标定得过高，且含糊不清，抽象用词多，超越了学生的接受能力和场地器材能够提供实现教学目标的可能性。学生面对自己无法实现的教学目标，对参与教学、完成学练任务失去信心，进而对体育课产生悲观失望的情绪。

（二）教学方法呆板

体育课中的教学方法，包含着教师对教材的理解和把握，是体现教师教学水平的关键。教学实践表明：教学方法的新颖独特、实用有效是激活学生学习兴趣和主动参与的关键所在。而有的体育课教学方法陈旧老套、简单粗放、呆板生硬、脱离学生主体，学生体验不到学练过程的成功和快乐，厌学情绪由此显露。

（三）教学缺乏情感沟通

教师在教学中能否做到对学生体现爱心、平易近人、平等交流，在教学的各环节都会直观地表现出来。现实中，有的体育教师把教师的威严当尊严，动辄态度高傲，言行粗俗，方法简单，体罚、训斥和讽刺挖苦学生，这势必会导致师生之间心理距离的拉大，关系紧张，情感交流阻塞，进而引起学生对教师的抵触，反映在教学过程中就会出现学生疏远教师、缺乏配合、厌烦体育课的对抗心理。

（四）对策分析

体育教学不是简单的身体教育与开发，而是有目的、有计划地广泛运用多种知识的一门科学，是一门教学艺术。艺术院校的体育课在教学目标明确的条件下应从教学方法和情感沟通等方面挖掘提高课程质量的艺术元素，以增强课程的艺术特色，更符合学生的需求，消除厌学心理。如：在艺术院校体育教学中教师应向学生灌输体育美学和艺术的思想和知识，让学生亲身感受到体育美无处不在，亲身体验到体育的艺术性、创新性、复杂性和多样性，培养学生体育艺术的意识和兴趣。为此，首先，要使大学生"知美"：在体育教学实践中，抓住恰当的课堂时机，渗透这些美的知识，提高和充实大学生的审美知识，提高审美能力，培养审美情感；其次，在体育教学中，对于"乐美"的大学生群体，应给予更广阔的空间，让学生具有更多的心理体验。艺术院校体育课开设形式也要多样化，既要开设欣赏课，也要开实践课、选修课、专题讲座课等，以满足不同层次学生的需求。让学生在"健康体育，快乐体育"的愉悦心情中体验体育课堂的欢乐。

教师素质的高低直接影响教学的质量。体育教师的形象、风度、气质、涵养、文化水平、语言表达能力、技术动作的优美程度等，对学生都有一定影响。体育教学中要使学生充分感受和体验体育运动美的旋律，享受体育艺术带来的欢乐，热爱体育课，必须加强教师自身的素质。其次，教学语言艺术化。体育教师通过良好的发音，明晰的声调，准确的术语，果断有力的教学语言可以迅速调动队伍，集中学生的注意力，引导学生进入学习状态。另外，教学示范艺术化。体育教师在课堂教学中，通过准确、优美、生动的动作示范来激发学生的练习热情，必将对消除"厌学"起到积极作用。

参考文献：

［1］罗达勇，汪海燕.我国普通高校体育俱乐部的现状及未来发展对策研究［J］.北京体育大学学报，2005（5）.

［2］董峰.学分制：艺术院校的实践和探索［J］.南京艺术学院学报美术与设计，2004（2）.

（曹燕，副教授，主要从事高校体育教学研究）

45 云南艺术学院增设体育艺术表演专业的可行性分析

曹　燕

　　摘　要：随着我国经济快速增长和高等艺术教育改革的推进，新增体育艺术表演专业在满足社会和地方需求的同时，也为云南艺术学院办学带来新的机遇，是社会和学院发展的共同需求。本文作者从体育艺术表演专业的概况出发，结合学院的办学条件，从多方位、多角度分析论证了学院开设体育艺术表演专业的可行性，旨在对学院申办体育艺术表演专业提供借鉴和参考。

　　关键词：云南艺术学院　体育艺术表演专业　增设

一、前　言

　　体育艺术表演专业是近几年我国多所体育院校和普通高校结合当前社会和市场对体育发展多元化、社会化的需求而增设的一门新专业。体育艺术表演专业表演性、观赏性较强，它以体育、艺术、美学、教育、心理等学科为理论基础，以竞技体育和大众体育表演类的运动项目为发展方向。体育艺术表演是现代体育文化的重要组成部分，是体育发展和现代社会发展的需要。随着高等教育的发展和学科体系的不断完善，体育与艺术的交融呈现良好发展的态势。体育化的艺术表演形式正在成为当代人健身的一种生活方式，社会对体育艺术表演人才的需求量急剧增加。

　　云南艺术学院是西南地区一所特色鲜明、艺术门类齐全的综合性高等艺术院校。近年来，学院教学质量不断提高，科研创作水平明显增强，办学实力大幅提升，已实现了跻身全国综合艺术院校先进行列的目标，学院已经具备增设体育艺术表演专业的办学实力。本文对我院增设体育艺术表演专业的思考进行了阐述。

二、"体育艺术表演专业"概况

（一）体育艺术表演的提出及内涵

　　体育与艺术在人类社会的起始阶段就有表现形式。目前，在我国许多民族的传统体育活动中，仍可看到民间体育与民间艺术混为一体的情况。如舞狮、舞龙、秧歌以及武术表演，还有傣族"泼水节"中的赛龙舟、吹笙跳舞等。当人类步入文明社会以后，体育与艺术逐步从生产生活实践活动中分离出来，成为独立的社会实践形式，但它们二者还是相互依赖。随着社会的进步，近代工业的发展，科技文化的综合应用，美学进入体育领域，体育实践越来越重视艺术，体育艺术表演内涵的深度也将逐步增加。体育艺术表演是体育与艺术相结合，以人体姿态、表情、造型和动作过程为主要表现手段，以体育内容为表演素材，融体育、音乐、舞蹈及表演艺术于一体，为促进人体健康、体现体育情感、展示体育精神及反映体育生活而专门组织的有计划的体育文化艺术形式。

　　体育艺术表演专业是社会发展与科学进步的必然产物。根据对调查资料的统计及专家访谈的系统分析，我国体育艺术表演专业的开设较晚，发展速度相对较快。据"教育部备案或批准设置的高等学校木科专业名单"公布结果显示，天津体育学院、北京体育大学、广州体育学院、武汉体育学院、沈阳体育学院等十余所体育院校相继增设了体育表演专业，各院校开设的特色各有不同，并取得了良好的教学成效。这使体育教育与艺术教育的结合不仅有了理论上的可能，而且有了持续发展的现实。

（二）培养目标与具体要求

　　培养目标：培养热爱社会主义祖国，拥护中国共产党领导，爱岗敬业，思想道德、社会公德和职业道德良好，具有比较扎实的体育艺术表演理论基础，熟识体育学与表演学理论，熟练掌握当代体育艺术的表演技能，能够承担各类学校、各级体育文化艺术团体、社区、社会健身俱乐部等单位和部门体育文化艺术表演的组织、策划、编导、指导与形象塑造的设计和理论研究的专门人才。具体要求是：第一，思想道德过硬。第二，业务能力过硬。系统学习本专业基础理论、基本知识和基本技能，熟练掌握健美操、体育艺术表演的基本功和技能，并在 1～

2 个项目上具有鲜明特长，具有较高的表演水平，并能从事体育艺术表演的组织、编导、导演及教学科研的能力。第三，综合素养过硬。了解和掌握与本专业相关的学科知识，有较高的体育艺术文化修养。熟悉掌握一门外语，达到相应项目的运动员、社会指导员、裁判员的等级，并能较熟练地掌握使用计算机的基础理论和实际操作技能。

（三）主干学科与主要课程

主干学科：体育学、舞蹈学、表演学。

主要课程：表演基础理论、艺术概论、文学修养、体育经济学、体育管理学、音乐欣赏、音乐基础理论、体育美学、体育表演的组织与策划、体育表演创编、健美操、艺术体操、体育舞蹈、身体塑形、表演技巧、形体舞蹈等。

（四）主要实践性教学环节与专业实验

主要实践性教学环节：社会调查、实践和表演、毕业实习与毕业论文等。

主要专业实验：体育表演活动方案设计、编导与训练等。

（五）修业年限与授予学位

正常修业年限为 4 年；最低毕业学分为 160 分，其中必修课（含教育实践环节）128 学分，选修课 32 学分；毕业颁发本科毕业证书，符合条件的毕业生，授予文学学士学位。

（六）就业方向

国内体育表演性组织、高等院校及中小学、艺术类专业学校、专业表演团体、健身俱乐部、度假区、城镇社区等部门。

三、我院开设体育艺术表演专业的必要性

（一）社会发展和科学进步的迫切需要

近年来，随着我国国民经济的持续、快速、健康发展，人们的物质生活水平得到了极大提高，我国正全面步入小康社会。按照马斯洛的需要层次理论，当人们的基本生活得到保障之后，就会追求一种更高质量和品位的生活方式，于是参与代表积极健康、愉悦高雅的文化体育娱乐活动日渐成为人们精神生活的重要组成部分。在各国、各级体育赛事中开、闭幕式中的体育艺术表演荟萃了当地体育文化的特色元素，是体育艺术表演的盛会，同时也是各赛事主办方综合实力的体现。体育艺术表演作为集中表现人们心灵感受和人生体验的一种艺术形式，在构建我国和谐社会和增进人们身心健康等方面发挥着不可估量的作用。因此，开设体育艺术表演专业已成为我国社会发展的迫切需要。

（二）全民健身的迫切需要

我国政府历来十分关心国民素质，把增强人民体质放在十分重要的位置，并把全民健身定为一项基本国策。《全民健身计划》的颁布与实施是我国群众体育的新起点。随着全民健身运动的推进，体育经费筹措渠道不断拓宽，群众喜闻乐见的体育项目参与面和普及度得到扩大，体育锻炼表现形式不断创新。各类体育活动和赛事中的体育艺术表演项目表演方式不断推陈出新，充分展现了体育与艺术完美结合的魅力。站在现代体育文化的高度来分析体育艺术表演的内涵，它是集服装美、音乐美、形体美和舞蹈美等于一身，以高雅、健康、文明的活动形式宣传先进文化，推广体育活动，为广大群众所喜闻乐见。因此，在体育艺术表演越来越受到人们认可与垂青的今天，培养大批优秀的体育艺术表演复合型人才到中小学校、机关、企业、农村、团体、社区从事体育艺术表演活动的组织、教学、编导、指导与策划工作，已成为全民健身的迫切需要。

（三）体育市场发展的迫切需要

我国体育体制随着市场经济的确立和经济体制改革的不断深入，已逐步建立起自身与市场经济体制相适应的运行体制。体育艺术表演得天独厚的艺术鉴赏性与强劲的招徕功能及广告效应，日趋成为市场经济的出色载体。越来越多的企业，通过体育艺术表演来吸引大量消费者，宣传产品信息，扩大产品知名度，为企业树形象，为产品打销路，得到了十分可观的经济效益。正是由于人们已经认识到体育艺术表演蕴藏着的巨大经济价值，各类体育艺术表演活动层出不穷、应接不暇。另外，随着城镇化进程的加快和体育市场的逐步建立，我国社会体育发展日趋活跃，展示出良好的发展前景，但是，目前能适应体育社会化、多样化发展所需的复合型体育专业人才严重缺乏，已成为制约我国体育社会化、市场化、产业化进一步发展的瓶颈。现实中的体育艺术表演人才严重匮乏引发了我国高等教育如何应对市场需要培养体育艺术表演人才的问题。

（四）我院扩大办学规模的需要

目前云南艺术学院的发展目标是力争在 2020 年把学校办成能适应云南省社会经济文化发展需要，能辐射到全国和东南亚地区，艺术学科专业齐全，设置有文学、教育学、民族学、历史学、管理学、工学等一级学科门类相关专业，有整体办学实力和水平，有云南民族文化特色，集教学、研究、创作为一体的综合性艺术大学。就全国情况来看，经过一个阶段的扩招及结构调整，我国高等院校学生在校规模急剧攀升，学历层次及专业结构得到调整，高等教育已提前迈进大众化的阶段。体育艺术表演专业的诞生与发展时期，其背景正是我国高等教育的快速发展阶段，增设"体育艺术表演专业"在创新适应社会经济发展需要的新型专业的同时，对扩大学院办学规模起到了积极的作用。

四、我院设置体育艺术表演专业的可行性

（一）优良的学科设置条件奠定增设基础

云南艺术学院始建于 1959 年，是我国西南地区一所特色鲜明、艺术门类齐全的综合性高等艺术院校，是国务院学位委员会批准的硕士学位授予单位。建院以来，学院汇聚了一大批著名艺术家，共为社会培养了各类艺术人才 2 万多名，为云南文化艺术事业的繁荣和发展以及云南民族义化强省的建设作出了重要贡献。学院办学专业设置齐全，培养层次多样，现有的 23 个本科专业涵盖了教育部颁布的《普通高等学校本科专业目录》艺术类的所有专业，涉及造型艺术、表演艺术、语言艺术等综合艺术学科，艺术类学科门类齐全。有 6 个硕士学位授予点；有 2 个艺术硕士专业学位授予点；有 1 个云南省哲学社会科学研究基地；有 4 个省级重点学科；有 2 个国家级特色专业建设点；有 3 个省级重点专业；有 4 个省级特色专业；有 10 门省级精品课程；有 3 个省级高等学校实验教学示范中心；有 2 个省级优秀教学团队；有 3 个省级人才培养模式创新实验区；有 4 项省级优秀教学成果奖；有 1 个省级艺术师资基地。优良的学科设置条件为"体育艺术表演专业"的增设奠定了强劲的基础。

（二）教师队伍结构合理，业务能力素质精良

学院大学本部 347 名专任教师中，具有教授职称的有 53 人，具有副教授职

称的有 130 人。享受国务院特殊津贴的专家 7 人，省级有突出贡献的专家 5 人，享受云南省政府特殊津贴的专家 9 人，"新世纪百千万人才工程"国家级人选 1 人，全国中青年"德艺双馨"文艺工作者 1 人，1 人荣获"云南教育功勋奖"，省级教学名师 7 人，省级名师工作室 2 个。学院体育教研室有体育教师 8 人，他们已经从体育教育、运动训练专业课程教学中积累了丰富的教学经验，业务素质精良。因此，文化基础课教师、体育教师与艺术专业教师队伍的有机结合可使一些与体育艺术表演专业方向相关的重要理论与实践课程，如"体育美学"、"教育学"、"心理学"、"表演基础理论"、"艺术概论"、"体育健身原理与方法"、"传统体育养生学"、"大型团体操创作与编排"、"社交礼仪"、"艺术体操"、"健美操"、"体育舞蹈"、"舞蹈"等在我院得以顺利实施，并可形成其他院校无以超越的艺术特色。另外，根据专业发展的需要，学校还可引进省内外有影响的相关课程的人才进一步充实教师队伍。

（三）教学场地配套完善

云南艺术学院老校区占地 184.98 亩，建筑总面积 70 306 平方米。正在建设的呈贡新校区占地 800 亩，第一期总建筑面积 21.17 万平方米。体育现代化活动实施一应俱全。另外，学院在建有演播厅、戏剧实验剧场、小型音乐厅、美术馆等教学实践场地的基础上，2008 年新建竣工的实验剧场为云南省最具专业水准的剧场。可为体育艺术表演专业的师生学习观摩、拓展眼界提供良好的学术交流平台。学院图书馆现有印刷类图书近 30 万册，电子类图书 10 余万册（片），每年订阅数百种各类期刊。

（四）专业设置生源充足，毕业生去向喜人

由于学校办学实力的增强和学校社会声誉的提高，近几年报考我校的各类考生人数不断攀升，具有充足的生源。体育艺术表演专业是体育与艺术相结合的一门新兴专业。根据体育表演专业的培养目标，要求该专业的学生既要具备体育与艺术方面的理论知识，又要具备这两方面的专业技能。根据社会对人才的要求和就业的需求，体育表演专业学生应着重培养有较强适应能力的实践性人才。体育表演专业所培养的学生最终要走向社会，而高等教育的专业人才培养目标是以社会人才市场需求为导向。从这个角度来分析，体育艺术表演专业学生的就业面更加广泛，不仅局限于教育行业，还涵盖了在体育表演性组织、体育舞蹈编导、高等院校与中小学及社区健身指导员、专业表演团体、儿童舞蹈培训班、健身俱乐

部、政府事业单位部门等多个方面，这为毕业生的就业拓宽了空间。

五、结论与建议

总之，从增设新专业应具备的内部条件和外部条件分析得出，云南艺术学院已初步具备增设体育艺术表演专业的基本条件。此专业的增设是我院适应我国体育社会化、多样化发展的需要，是全民健身的迫切需要，是云南体育教育事业发展并推动学校扩大办学规模的需要，是体育与艺术相融合的具体体现。但我们还需从硬件设施方面、师资建设方面、学科建设方面、办学思路方面、教学科研等方面进行一系列完善，并借鉴成功经验，为社会培养高素质、高技能应用型的体育艺术表演人才。

参考文献：

［1］马鸿韬，李敏．体育表演艺术概念及分类的探讨［J］．北京体育大学学报，2006（9）．

［2］刘丽萍．普通高等学校本科体育表演专业课程设置与改革研究［D］．长沙：湖南师范大学，2009.

［3］谭金飞．表演（体育）专业社会需求现状调查与对策［D］．长沙：湖南师范大学，2009.

［4］郭启祥．试论体育与艺术的关系［J］．西北成人教育学报，2005（4）．

（曹燕，副教授，主要从事高校体育教学研究）

46 高校体育课应加强热身活动的实效性

黄德星

摘　要：课前热身活动，突破传统单调的练习形式，采用瑜伽站立式练习和篮球移动技术的练习，既激发了学生的学习兴趣，又增强了热身活动的实效性。

关键词：热身活动　实效性　瑜伽站立式　篮球移动技术

俗话说："编筐编篓全看起头与收口。"课前热身活动的内容、形式与方法正是一堂体育课的起头，它的意义在于通过身体练习提高中枢神经的兴奋性，使一般中枢和与运动有关的中枢均处于兴奋状态，唤醒神经的暂时性联系，加快运动动力定型交叉点的连通，提高大脑的分析、综合及制胜能力，有利于中枢神经系统对外围器官的调节，使动作做得准确、协调、灵敏。另外，课前充分的热身活动可以克服内脏器官的生理惰性，升高体温，预防运动损伤；可以激发学生努力学习体育知识，强烈要求掌握体育技能的愿望；还可以培养身体具有良好的体态和正确的身体姿势，增强骨骼、肌肉、韧带和内脏的机能，发展灵敏、力量、速度、柔韧等身体素质，促进身体的全面发展。

由此可见，课前热身活动无论对学生身体素质的提高还是对发展他们的运动能力都有非常重要的作用，因此，加强热身活动的时效性尤为重要。有了这样的认识，经过长期的教学实践，笔者在课前热身活动方面进行了有意识的创新实践，不再只局限于传统的诸如慢跑、徒手操、一般游戏、轻器械练习等。根据场地和学生实际，笔者采用瑜伽站立姿势练习和篮球移动技术的练习作为热身活动的主要内容和方法。瑜伽站立式练习，动作优美、挺拔；而篮球移动技术，有着鲜明的节奏和积极的跑动，可以激发学生努力学习体育知识，强烈要求掌握体育技能的愿望，再加上教师的讲解、示范和学生自身肌肉活动的体验，能引起学生的学习兴趣，激发产生正确的学习动机，调动学生的学习积极性和主动性，使学生迅速进入运动状态充分发挥机体的机能作用，并获得基本学习阶段教学所需的各种心理品质，如运动感觉、注意和记忆、情绪和情感、意志努力等。学生在练习时注意力集中，情绪饱满，在活动中往往不会感觉到枯燥，使练习变得生动有趣，学生学得愉快，练得高兴，与此同时，学生的准备活动也更加的充分，而充分的准备活动，不仅可以有效提高运动能力，还能克服内脏器官的生理惰性，升高体温，预防运动损伤。因为充分的准备活动，在升高体温的同时，减少了肌肉收缩的黏滞性，可以预防因大强度的运动不慎而造成的肌肉、关节和韧带的损伤。经过几年的教学实践，笔者认为这样的热身活动收到了事半功倍的效果。

一、瑜伽站立式

瑜伽是一种非常古老的健身术，通过练习，塑造形体并改善身体的柔韧性，使身体各部位协调发展，帮助提高集中精神的能力，帮助练习者清除杂乱的思想。这些瑜伽练习法久经考验，集科学性、实用性、趣味性于一体。区别于现有的其他运动，根据实际常用的课前热身活动有如下几式。

（一）擎天式

练习步骤：

1. 双手十字交叉，翻腕向上，高举过头顶，目视交叉的双手。

2. 缓缓吸气，两脚跟同时离开地面，用脚尖挺立，好像自己正
被往上拉，完全伸展整个身体，屏住呼吸，保持这个姿势几秒钟（见图1）。

图1

3. 呼气，慢慢将两脚跟着地，双臀收回，重复练习4~6次。

变式：

1. 挺身直立，两脚稍微分开。两臂向上举起，两腕在头顶上方交搭，右手抓左肘，左手抓右肘。

2. 呼气，从腰部向前屈体，直到整个背部成一水平面（见图2）。

3. 迅速伸直上体躯干，撑起脚尖站立起来，向上伸直脊柱。

4. 缓缓吸气，宽阔地分开两臂，使之形成一条和地面平行的直线，然后将双臂向上举起，双腕重新在头顶

图2

上方交搭。

5. 脚跟落地，再次向前屈身（见图2），重复练习4～6次。

（二）风吹树式

1. 十指交叉，两臂高举过头顶，两腕翻转向上。

2. 抬起脚跟，用脚尖着地站立，上半身缓缓侧弯向右（见图3），闭气片刻不动，然后弯向左侧，这时感觉自己就像一棵被风吹动的小树。

3. 上身回到中央位置，脚跟着地，放下双臂，回复站立姿势。

图3

4. 重复练习这个姿势6～10次。

（三）铲斗式

练习步骤：

1. 吸气，两臂高举过头顶，两肘伸直，两手自腕部下垂（见图4）。

2. 呼气，弯腰，同时上身躯干向下摆动，头和双臂在两腿之间自由地摇摆3～5次（见图4）。

3. 缓缓吸气，回复到挺身直立的姿势，两臂仍然高举过头。

4. 重复做这个练习4～6次。

（四）下蹲起立式

练习步骤：

1. 两脚宽阔地分开，两脚指向外侧。双手十指在腹前交叉，两臂自然垂下。

图4

2. 呼气，慢慢弯曲双膝，将身躯降低少许高度，然后吸气，伸直双腿，回复挺身站立的姿势。呼气，再次弯曲双膝，把身躯降下得比第一次略低，然后边吸气边伸直双腿，又恢复挺身直立的姿势。

3. 呼气，第三次弯曲双膝，把身躯降得更低，直至两大腿与地面平行（见

图 5 ），然后边吸气边恢复挺身直立的姿势。

4. 呼气，最后把身躯降低到手可接触地面的程度，然后慢慢起身，恢复预备姿势，放松休息。重复做这个练习6 ~ 10次。

图 5

（五）双角式

练习步骤：

1. 吸气，两手臂放在下背部，两手交叉紧握。

2. 吸气，保持手部姿势，双臂伸直，尽可能地向上抬升，抬高头部，舒展颈椎。

3. 呼气，保持腰部不动，上半身向下弯曲，头下垂到两膝附近，双臂尽量向头的上方和后方伸展。保持这个姿势20 ~ 30秒钟（见图6）。

4. 吸气，渐渐回复到预备姿势。重复这个练习3 ~ 5次。

（六）转腰式

练习步骤：

1. 两脚分开略比肩宽。十指在脐前交叉，吸气，两臂高举过头，旋转手腕，使两手掌心向上。

图 6

2. 呼气，向前俯身，直到两腿和背部垂直为止，直视双手。

3. 吸气，将上身躯干尽量转向左侧，然后呼气，又将上身躯干尽量转向右侧（见图7），把这左右转动的动作重复做4次。

重点和要点：在做这个姿势的时候，背部应始终保持平直。

4. 吸气，把上身躯干收回正中位置，然后回复直立姿势，垂下双臂，放开两手，休息片刻后重复练习3 ~ 5次。

（七）三角侧屈式

练习步骤：

图 7

1. 挺直身躯站立，两脚尽量舒适地分开，脚尖略朝向外。两臂向两侧平伸，成一条直线，手心向下，这就是"基本三角式"（见图8a）。

2. 呼气，慢慢向右侧屈体，右手贴着右小腿向下滑动，如果可能的话，尽量扶住右脚踝或右脚，此时左手臂指向上方，两臂仍然成一条直线，保持这个姿势10秒钟，同时自然呼吸（见图8b）。

图8a   图8b

3. 吸气，两臂转动，慢慢回复到基本三角式，然后弯向左边做同样的练习。左右两边各做5次。

（八）扭脊式

练习步骤：

1. 两脚分开略比肩宽。两臂从两侧举起与肩平，伸展两臂，上身躯干转向右侧（见图9a）。

2. 左手放在肩上，右臂放到上身躯干后方，贴住背部。保持这个姿势，进一步轻柔地把脊柱转向右方（见图9b）。

图9a   图9b

3. 在左边重复这个练习，每边各做 4~6 次。

（九）三角转动式

练习步骤：

1. 吸气，两膝保持伸直，将右脚转向正右方，左脚也转一定角度（见图 10a）。

2. 吸气，双臂伸直，上身躯干转向右方，左手在右脚外缘碰触地板。右臂向上伸展，于左臂成一直线。目视右手指尖，保持这个姿势 10~20 秒钟（见图 10b）。

要点和提示：在保持这个姿势时，应尽量伸展双肩及肩胛骨。

3. 吸气，双手、躯干以及两脚慢慢回复原先的姿势，然后再回复到"基本三角式"。

图 10a   图 10b

4. 放松地呼吸，休息片刻，再在左边进行这个练习。

（十）战士第一式

练习步骤：

1. 双掌在胸前合十，举过头顶并尽量向上伸展，然后缓缓吸气，两腿分开比肩稍宽。

2. 呼气，将右脚和上身躯体向右侧转 90 度，左脚略转向右方。接着右膝弯曲，直到大腿与地面平行，而小腿则与地面垂直。

3. 左腿尽力向后伸，膝部挺直。头向上方仰起，目视合十的双掌，自然呼吸，保持这个姿势 15～20 秒钟（见图 11）。

　　4. 左脚上前一步，与右脚并拢，两臂放回体侧，然后回复到预备姿势，稍事休息，在另一方向重复这个练习。

（十一）幻椅式

　　练习步骤：

　　1. 吸气，将两掌在胸前合十，径直高举过头顶。

　　2. 呼气，双膝屈曲，放低躯干，想象自己正准备坐在一张椅子上，自然呼吸，保持这个姿势 10～20 秒（见图 12）。

图 11

　　3. 缓缓吸气，膝盖伸直，放下两臂，回复到预备姿势。

（十二）平衡式

　　练习步骤：

　　1. 右腿笔直站立，左腿自膝盖处弯曲，上抬左脚跟，脚尖朝上。左手抓住左脚，尽力使左脚跟紧贴臀部。

　　2. 右臂伸直，手指并拢，自下而上慢慢抬起，直至高举过头，手掌面向前方，自然呼吸，保持这个姿势 10～20 秒钟。

图 12

　　3. 右臂慢慢放下，手掌始终保持绷紧，然后左手松开，左腿落地。休息 10 秒钟（见图 13），换另一边继续练习。每边各做 3 次。

（十三）屈腿式

　　练习步骤：

　　1. 左腿保持站立，右腿屈膝上抬，右手抓住右脚脚踝，左手抓住膝盖，使膝盖尽量贴近胸部（见图 14）。

图 13 图 14

2. 自然呼吸，保持这个姿势 5～10 秒，然后放下右腿，回复到预备姿势。

3. 休息 5 秒钟，换另一条腿重复做这个练习。每边各做 3～5 次。

（十四）向太阳致敬式

正如它的名字一样，这个姿势特别适合在清晨太阳升起的时候，面对着朝阳练习，它会给您带来新的充满活力的一天。这也是深受人们喜爱的瑜伽姿势之一。

练习步骤：

1. 深吸一口气，双臂举向天空，两臂和背部向后弯。手抬向顶部时，吸气结束，掌心转向前方，两臂和背部向后弯（见图 15a）。

2. 呼气，身体上肢向前沿弧形向地面弯曲，同时两手保持平行。当两掌放在地面时，呼气结束，屏住呼吸，保持这个姿势 6～8 秒钟（见图 15b）。

图 15a 图 15b

以上练习的十四式，并非每一堂课均需一一练习，可视当天教学内容有所选择。在做练习之前，均需先做好预备姿势，即两脚后跟对齐，站直站正，手臂自然下垂，目视前方，自然呼吸。

二、篮球移动技术

如果说瑜伽练习集中学生的注意力，平静了他们的呼吸，协调了身体的各部位，为下一步的运动作了先期的准备，那么篮球移动技术的练习无疑为完成课堂教学任务有着更为直接的积极意义。

移动技术是篮球比赛中运用最多的技术，无论是进攻队员还是防守队员，也无论是持球还是不持球，无时无刻不在运用移动技术。在篮球场上做热身活动，利用球场，选择篮球移动技术内容，合理组织热身活动队形，能激发学生的学习情绪，从而提高准备活动的时效性，保证教学任务的顺利完成。

移动技术是篮球运动各项技术的基础，同时也是实现篮球技术战术的重要因素。正确、熟练地掌握篮球的移动技术，对完成技、战术奠定了扎实的基础。

（一）跑动的综合性脚步移动练习

1. 后退跑接侧身跑的练习方法

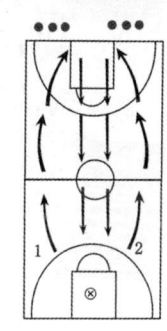

学生、教师如图 16 所示站位 1 和 2 后退跑但始终要眼看到篮圈，跑至后场的罚球线时，起动加速跑另一组的排尾。下组开始同样的练习。要求：学生跑动中，脚尖对准跑的方向，头、肩转向后场教师，眼睛观察教师，跑时自然放松。

图 16

2. 沿篮球场三分线看目标跑练习

方法：学生、教师如图 17 所示站位。学生听信号后沿三分线从一端跑向另一端。在圈顶前学生观察篮下的教师。要求：学生侧肩转头，始终看着教师。

3. 变方向跑接双脚起跳练习方法

方法如图 18 所示，学生分为两组各在一个半场练习，开始 1 组向篮下做"V"行切入摆腕上提到右翼位置，这时向篮下切入后双脚起跳练习。1 组完后沿端线猛跑到 2 组，2 组以

图 17

同样方法回到 1 组。依次练习。此练习还可沿深为不同的区域，如图 19、20。

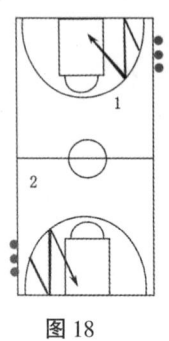
图 18

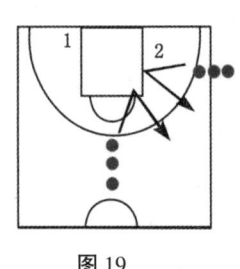
图 19

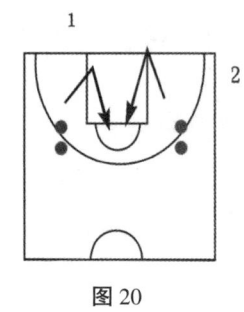
图 20

（二）篮球移动技术的综合练习

1. 结合快攻的移动练习

方法：如图 21 所示，开始做起动加速跑，然后变方向沿边线做侧身跑，按边弧顶延长线前做边方向跑向内切入做侧身跑，到底线后沿对面边线跑会到对侧排尾。下面依次练习。

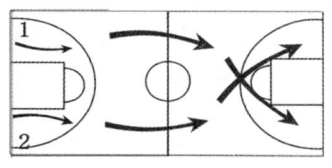
图 21

2. 由攻转守的移动练习

方法：如图 22 所示，开始做起动快跑，按近中场改为面向内的侧身跑过中场后改为后退跑。一组做完后，跑到对面组排尾。

（三）进攻配合中的脚步移动练习

1. 起动、变方向跑和侧身跑的综合练习

方法：见图 23 所示，1 开始练习。1 从前锋位置迅速起动做面向内的侧身跑，到后卫位置后，做急行面向球垒，然后在做起动变方向跑，进入垒球区后做

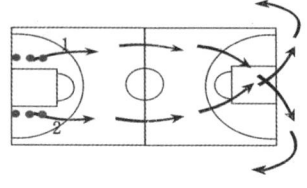
图 22

倒身跑向篮下，做完后到对侧排到队尾。当 1 做边方向跑时，2 从另一侧前锋位置开始做同样的练习，当 2 做变方向跑时，3 又开始同样的练习。要求：起动，变方向跑，侧身跑动作准确。动作衔接连贯快速，节奏清晰。

2. 起动、变方向、侧身跑、急停、转身综合练习见图 24 所示。在上个练习的基础上到底线做急行转身，跑完后组排尾。要求：同练习（1）。

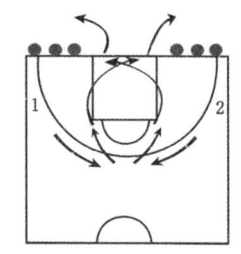
图 23

（四）结合多种脚步的移动练习。

目的：结合多种跑的练习，提高脚步灵活性。

方法：如图25所示，1学生站力端线上突然起动，1运用折线跑——2插中——3侧身跑——4摸篮板——5上提策应——6拉手急行后转身——7后退跑——8前进跑转身——9侧身跑上篮触篮板——回归队尾。

1在插中时，2立即开始。

要求：各种脚式要按动作要领去认真完成。

技术动作之间的衔接要紧密。

第一遍练习可稍慢，后三次则以最快速度去完成。

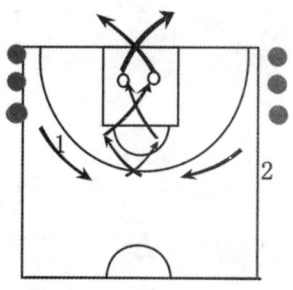

图 24

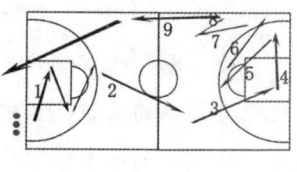

图 25

（五）结合跑和转身的综合性练习

目的：练习各种跑动及衔接技术。

方法：如图26所示，当1进行到急停转身时2按上进行依次类推。

要求：1注意观察场上情况，2技术动作之间的衔接要快，身体重心控制好。

在长期的教学实践中，笔者越来越明显地感觉到，采用瑜伽站立式及篮球移动技术作为课前热身的主要训练方式，大大提高了学生的练习效率及学习积极性，使课堂教学内容得到了更为有效的贯彻落实。

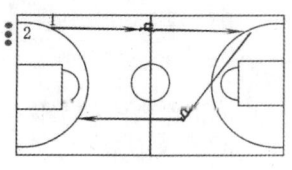

图 26

（黄德星，副教授，主要从事高校体育教学研究）

47 云南艺术学院体育节的探析

梁伟杰

摘　要： 体育节作为学校体育活动的一部分，对推动学校体育工作、培养学生体育锻炼的意识、构建校园体育文化都具有重要意义。本文从体育节的发展历史、确立云南艺术学院体育节应考虑的问题以及体育节的确立对促进校园体育文化功能几个方面，探讨了在我校确立体育节的可行性、意义和价值。

关键词： 云南艺术学院　体育节　校园体育文化

一、前　言

体育作为学校整体教育中的重要组成部分之一，对学校的教育和学生的健康成长发挥了积极作用。近几年来，随着国民生活水平的提高和全民健身活动的开展，学生的健身意识和锻炼行为都有了很大变化。但由于受各种社会思潮和传统观念的影响，我校体育在长期的发展进程中始终未能走上一条健康成长的道路。尽管它在历经千辛万苦之后在校园文化生活中站稳了脚跟，但基础仍十分脆弱，且时不时地受到冲击。体育节作为体育活动的一种形式，不但可以丰富学生的课余生活，培养学生的终身体育锻炼意识，提高学生的体育素养，还有助于推动全民健身计划的实施。有助于构建校园体育文化，进而全面促进学校的体育工作，这种优势是其他体育活动形式所无法替代的。高等学校作为学校教育的最高层次，其体育节不但在环境、文化、时间等方面具有优越的实践条件，而且对社会和中小学体育也具有强大的辐射力。因此，在高校中确立体育节，营造学校的体育文化氛围，理应引起体育工作者的重视。

二、体育节的发展历史概述

体育节是根据社会和国民的需要设立的以开展体育活动为主要目的的节日。体育节期间可以开展体育知识讲座、体育知识竞赛、体育表演、体育比赛、体育游戏等活动。因体育节本身所蕴涵的文化性和教育性，所以现在还有人称之为"体育文化节"。体育节并不是新事物，它有悠久的发展历史。体育节产生的背景是生产力发展所带来的大众娱乐体育的锻炼热潮。据不完全统计，世界上已有20多个国家有自己的体育节日。体育节的时间长短不一，有的时间只有一天。如俄罗斯的体育节是每年8月的第一个星期六，始于1939年；日本的体育节是每年的10月10日，始于1964年。有的时间较长，如美国从1978年建立体育节，每年7月23日开始，活动一个星期；新加坡的体育节从每年3月1日开始，活动一个月。体育节的活动内容和目的也不相同，如日本在体育节期间除举行综合性运动会和单项比赛外，更多的人是到户外从事登山旅行、划船等；美国体育节期间则要举办奥林匹克运动会项目的比赛，选拔优秀运动员组成参加奥运会和其他国际比赛的代表队。我国第一个由政府规定的体育节是1940年国民政府在全国国民体育会议第二次大会上制定的，当时设置体育节的目的是迫于抗战的实际需要。由于此前不重视体育，广大人民因生活困苦没有精力从事锻炼，以致国民的身体素质连年下降。正如军政部1937年的报告称："二十八年应征壮丁，结果虽一再降低及格标准，不及格者仍占五分之三以上。"1942年，教育部呈文行政院，将每年的9月9日定为体育节，并拟定了《体育节举行要点》。当时有条件举办体育节的地方均能按《体育节举行要点》的要求举办宣传周，召开纪念会，出版报纸专刊，开展体育活动比赛等，少数地区还进行了体格检查。体育活动进行较多的项目有武术表演、爬山、越野赛跑等，一些地方还举行了篮球、排球、田径、自行车、射击比赛等。由此可见，体育节并非今日首创，只是随着全民健身计划的实施与开展以及我国群众体育活动的蓬勃发展，体育节的影响和价值再次受到重视。

三、在云南艺术学院确立体育节的可行性分析

良好的人文环境。云南艺术学院作为云南艺术类教育、文化、科研的前沿阵地，文化底蕴深厚，学术思想活跃，学术氛围浓厚，学生的整体素质较高。近几

年来，随着素质教育的继续推进，我校的校园文化建设更加丰富多彩，更加生动活泼，以人为本的教育理念渗透在我校的教学、环境、生活等方面。在体育方面，学生开始用新的视角审视健康，文化娱乐活动增多，赛事欣赏、体育消费和体育参与方面有较大提高，学生的体育素质、学校的体育人口数量显著增加。校园内呈现出健康向上的课外体育活动、和谐的人际关系、文明的生活方式及共同的价值取向。在这种宽松、民主、生动、活泼的人文环境中开展体育节，既顺应学生蓬勃发展的体育需求，也可以推动校园的体育文化建设。

适宜的体育运动氛围。今天，体育作为一种生活方式已悄然走进高校的学子之中，影响着他们新时期的价值需求；在国家发展体育的战略方面，"体教结合"方针的制定，给我校体育注入了新鲜血液；在体育课程改革方面，一系列改革措施使学生对体育有了更深的理解，提高了学生的运动能力，激发了学生的运动兴趣；在体育竞赛方面，大学生竞赛体制的不断完善和校内竞赛活动的规范化，让体育和学生有了更广泛的接触。这一系列变化使体育在我校产生了积极影响，带动了一批又一批学生加入到体育锻炼的队伍中来。在大学校园中，不论早上、傍晚、星期天，不分性别和年级，到处可以看到学生踊跃锻炼的身影。在这样浓厚的体育锻炼氛围中举办体育节，必然会得到学生们的积极响应和主动参与。

充裕的闲暇时间和完善的物质条件。与中小学生对比而言，大学生的课程安排灵活性大，学习压力小，业余时间较为宽裕，为体育节的开展提供了时间条件。在学校硬件环境方面，云南艺术学院对体育注入了大量资金，体育器材、体育设施、体育场地较为完善，这为体育节的开展提供了物质基础。

四、云南艺术学院体育节的名称、日期的选择

因为节日不仅象征着吉庆、祥和、欢乐，具有吸引力与凝聚力，还在于节日可以为我们拓展空间和时间，拓展内容与形式，使之更加精彩纷呈。按照我校的传统习惯，用体育节来命名更符合学生的节日心理，更能得到学生的心理认同，更能增加凝聚力。根据我校的校区命名的"麻园杯"（老校区）、"雨花杯"（新校区）篮球赛的成功举办值得借鉴。由于体育节期间比赛项目、级别、学生参赛人数的增加，短期内不可能完成所有项目的组织竞赛工作，同时为了营造体育文化氛围，为了激发学生的体育锻炼兴趣，使学生养成平时自觉锻炼的习惯，体育节的活动时间应采取集中与分散相结合的方法，一般安排在课外体育活动时间或

双休日。在日期选择上，昆明四季如春，拥有良好的地理和气候条件，以五一节和国庆节这两个节日最佳，同时考虑避开学校的其他固定节日或大型学校活动，以免相互影响和干扰。体育节的日期也可以跟云南艺术学院的艺术节、影视节、美术节相结合，根据云南艺术学院的实际情况构建具有云南艺术学院特色的体育节。

五、云南艺术学院体育节宗旨的确定

根据我国学校教育的指导方针和学校体育工作的根本目的，学校体育节的宗旨应该是宣传、扩大体育影响，推动云南艺术学院全校性体育活动的开展，活跃学校课余体育生活，站在培养跨世纪人才的高度，为全面提升学生的体育素养，为形成终身体育价值观服务。

六、云南艺术学院体育节活动的组织与安排

安排和组织好体育节期间的各项活动是办好体育节的保证。首先，要确立体育节的主题和主题词，每一届体育节应当根据当年学校体育工作的中心和具体任务确定当年体育文化活动内容的侧重点，并以此为主题，以简明、精辟的主题词反映出体育文化节的目的、形式和目标。如以健康、团结、协作、普及与参与为主题等。其次，学校各团体要发挥宣传的舆论导向作用，充分利用艺术学院的广播站、标语、图片展览、宣传画、专题讲座等形式营造良好的体育节日氛围。各院系、学生团体在学校体育教研室的支持和协助下，根据不同专业和自身的实际情况，面向全体学生，举行各种形式的体育比赛、体育表演、体育活动。同时，积极开展各种为学生所喜闻乐见的文体活动，使节日活动更加形式多样、丰富多彩、富有趣味性和吸引力。总之，体育活动要立足于广大学生，着眼于广泛性，尽量吸引全体学生参与到活动中，只有更多的人成为参与者，并从中得到健康、愉快的身心享受，体育节才具有生命力。云南艺术学院体育节可与学校的艺术节、绘画节、影视节相结合，举办与体育相关的体育彩绘、体育服装走秀等系列主题活动，使体育与艺术相结合，构建具有特色的云南艺术学院体育节。

七、构建云南艺术学院特色的体育节

体育节能否具有浓厚的节日欢乐气氛，关键在于内容的确定是否体现了时代性、新颖性、创造性和趣味性。下列内容可供选择参考：

健身性体育活动——锻炼身体某项素质效果显著而简易可行、可测的身体练习，如有氧健美操、集体舞等。

竞技性体育活动——以普及型的田径、球类、棋牌类等项目为主的体育竞赛。

娱乐性体育活动——体育游戏、趣味游戏、民间、民俗体育活动等。

创造性体育活动——自编操比赛或表演、体育小制作、体育绘画、体育摄影、体育征文展览或比赛。

观赏性体育活动——体育表演、体育录像、电影、歌曲等。

综合性体育活动——结合校园文明建设，开展全方位的素质教育，与其他文化互相渗透、交织，以开发、展示学生才能的各种活动，如书法美术展、邮展、知识竞赛、演讲、文艺演出等。

体育节会徽的征集，确定会徽，确定每年的体育节主题，举办各种形式的体育活动。

无论是内容、形式、参加办法、奖励办法都应从鼓励参与、激发兴趣、培养情感为出发点，给每个学生以平等参与体育的权利和机会，将体育文化节办成宗旨明确、内容丰富、情趣高雅、组织严密、效果良好的盛大校园节日，成为云南艺术学院全体师生员工展示运动才能、实现自身价值的大舞台，成为营造浓厚的校园体育文化氛围、丰富校园文化生活的新亮点。将校运会拓展为体育节是落实全民健身计划，实施素质教育，实现校运会本质回归的重大举措。把体育节定位于以全体师生为主体，以体育为核心，以育人为目的，在一个阶段内开展的课内外、校内外、学校与社会相结合，各学科与各种教育活动相互渗透、有机结合的教育活动，既符合时代的要求和社会的需要，又符合学生身心发展、自我完善的需要。

八、结论与建议

云南艺术学院篮球运动会的成功举办加入了新的元素，篮球宝贝、全明星篮球赛、技能挑战赛、花式篮球等促进了各学院师生的广泛参与，丰富了校园体育文化。云南艺术学院可以把学校"麻园杯"、"雨花杯"篮球赛的成功举办作为范例，构建云南艺术学院体育节，丰富云南艺术学院校园体育文化。云南艺术学院是一所艺术类综合本科院校，把艺术与体育相结合，构建有特色的云南艺术学院体育节，探索出适合自己的校园体育节。云南艺术学院在新形势下开展体育节是学校开展体育活动的新途径，是社会和时代发展的需要，是满足学生日益增长的体育需求的需要。体育节虽然在组织实施上有一定难度，但是它对校园文化建设的强大功能和价值必然会被越来越多的学校所接受和认可，并形成传统，走向规范化和制度化。

参考文献：

［1］贺昭泽. 对我国学校体育的人文思考［J］. 体育文史，2000（4）.

［2］谢世诚等. 民国时期的体育节、音乐节、戏剧节与美术节［J］. 民国档案，1999（1）.

［3］朱波涌. 论民族体育的文化功能［J］. 体育科技，2005（3）

［4］刘一民. 关于在我国确立体育节的思考［J］. 体育与科学，1995（3）.

［5］严精华，王小安，潘宁，金德阳. 对全国部分高校开展体育文化节的调查研究［J］. 体育文化导刊，2005（3）.

（梁伟杰，讲师，主要从事高校体育教学研究）

48 通过网络媒介组织大众体育活动的现状及作用研究

胡　鹏

摘　要： 通过网络媒介组织开展大众体育活动，是近几年随着网络的发展和普及在城市地区产生的一种新颖的大众体育组织形式。这种新兴的大众体育组织形式在国内的许多地区都已出现，并且开展了众多的有影响力的大众体育活动。通过图书馆查阅资料以及在中国知网搜索发现，目前国内研究通过网络媒介来开展大众体育活动的文献资料还较少，但对网络论坛、网络 QQ 群在教育以及其他方面应用的研究已经出现并取得一定成果。

关键词： 网络媒介　大众体育　研究

现实生活中，已经有越来越多的体育爱好者自发组建的小群体在进行群体内的大众体育活动，并且时间和地点都相对固定，规模以小群体、小型体育活动赛事为主。这种小团体的组织形式完全符合真正意义上的大众体育，具有规模小、变换灵活、对参与人员要求低、有最广泛的参与性等特点。这些小群体往往都会有自己的 QQ 群来进行体育活动之外的交流。这种新颖的大众体育组织形式主要有以下优点：有利于促进全民健身，促进大众体育运动发展；有利于提高个人的运动技术水平，进一步培养参与者的终身体育意识；有利于构建和谐社会；有利于增强网民交友的真实性，活跃论坛和 QQ 群；有利于带动我国的体育休闲消费和体育信息的网络传播；有利于丰富网民休闲娱乐活动的内容。

一、国内对大众体育组织形式的研究动态及现状

据不完全统计，目前网络论坛、QQ 群应用于我国教育方面比较有代表性的文献有：《QQ 群在电大远程教育的应用》、《QQ 群在远程网络教育班级管理中的

应用探讨》、《QQ 群在计算机实验课中的运用》、《QQ 群在高校图书馆数字参考咨询服务中的应用》、《利用 QQ 群构建 Internet 计算机辅助教学平台》、《班级QQ 群——高校班主任德育的新天地》、《利用 QQ 群实施课外辅导的可行性及方法》、《依托 BBS 论坛有效开展大学生思想政治教育途径研究》、《基于 QQ 群聊的成人学习模式探究》等。

陈立农在《大众体育赛事组织形式研究》的文章中，把我国大众体育赛事的组织形式作了概括。其主要有以下六种组织形式。

（一）由体育局和体育总会系统主办的大型大众体育赛事

比如"全国体育大会"、"全国少数民族传统体育运动会"等，其主要目的是通过这些赛事推动一些体育项目的发展，扩大大众体育的影响力，对大众体育起到良好的宣传作用，使人们加深对大众体育和大众体育比赛的认识和了解，吸引更多人参加到大众体育运动中来，不断壮大大众体育锻炼队伍，加快体育人口数量的增长，推动大众体育和全民健身运动的发展。

（二）由单项体育协会所举办的单项大众赛事

如"全国成人游泳比赛"、"市级羽毛球擂主争霸赛"等，其主要目的是普及推广项目，促进项目的发展，扩大项目在大众体育中的影响和作用，培养项目的群众基础。

（三）由社区、街道办事处等基层大众体育管理处和公司、企事业单位组织的大众体育赛事

比如广东省"2004 年度花都区'同欣杯'拔河赛"、"友谊公司第 2 届FESCO 外企篮球赛"、"广州电台'五一'篮球赛"、"第 3 届穗港澳新闻杯足球赛"等，这些赛事算是真正意义上的大众体育赛事，因为这种赛事规模小、变换灵活、对参赛人员的要求低（只要属于同一群体即可）、有最为广泛的可参与性，符合大众体育"人人都能参与"的特点。这也正是这类赛事的主要目的，推进全民健身运动，增强国民体质，改善人们的健康水平和生活质量，提高人们的生产效率。企业组织的某些比赛还有增强企业凝聚力、联络感情、培养客户、巩固市场等优势。

（四）由一些大型公司企业举办的商业赛事

比如"肯德基全国青少年三人篮球冠军挑战赛"、"CONVERSE&CASIO 星动三人篮球赛"、"安踏全国极限精英赛（CX）"、"百事世界足球挑战赛"等。这类赛事规模相对较大，一般在一个城市或多个城市举办，对参赛者没有要求（针对某些人群的比赛除外），参与性较强，一般不用报名费用，对获胜者还有较为丰厚的奖励，能够吸引大众参与。这类赛事有助于推动全民健身的开展，但其主要目的是为了提高公司企业的知名度，提升品牌形象，扩大商品的影响力，宣传新型产品，吸引潜在顾客，也就是把赛事当做一种宣传广告的手段。

（五）由大型商场举办的内容丰富、形式多样的小型赛事

比如某城市商城内的飞镖比赛、投篮比赛等活动。这种赛事一般规模小、比赛时间短，随时可以参与，其目的主要是为了促销商品、吸引顾客等。

（六）另一种常见的赛事是一些培训俱乐部内部或俱乐部之间进行的一些规模不一的比赛

比如某体育俱乐部的"乒乓球积分挑战赛"。随着大众体育的发展，人们对体育培训的需求也增大了，于是各种俱乐部也随之兴起，这些俱乐部大多以群众基础较好的项目为主，比如足球俱乐部、篮球俱乐部、乒乓球俱乐部、羽毛球俱乐部、健身俱乐部等，它们以培训学员、教授运动技术为主，组织比赛以活跃学员练习气氛、提高学员练习积极性、相互切磋技艺、提高俱乐部知名度、吸引新学员等为目的。[1]

以上文献资料大都是国内学者对网络 QQ 群应用于教育方面的研究，并且在教育方面的研究已取得一定的成果，但对网络媒介应用于组织大众体育领域的研究还相对较少。

二、国外对大众体育的组织形式的研究动态及现状

在国外，体育休闲俱乐部和基层体育组织，是大众体育的最主要的组织者和开展场所。体育爱好者参加体育俱乐部或基层体育组织成为其会员，是公民参与

---

[1] 陈立农：《大众体育赛事组织形式研究》，载于《体育文化导刊》2008 年第 9 期。

大众体育活动的主要形式。体育休闲俱乐部及基层体育组织的活动经费一部分是自身盈利所得，而大部分的经费则是来源于政府的专项拨款及社会捐赠，场馆设施的投资建设资金，也多由社会基金提供。那些大众体育开展比较成功的国家或地区，在其推动大众体育开展之初，一般的程序是：成立专门的开展大众体育指导机构；制定出开展大众体育的实施计划、方案及定量、定性指标；组成由社会众多部门参与的委员会，具体地宣传、实施计划方案；统计分析成效。

俱乐部及基层体育组织成员占体育总人口的比率多少，说明了该国家或地区体育人口组织化程度的高低。俱乐部及基层体育组织是体育人口集中化的前提，同时也是普及大众体育的先头兵。俱乐部及基层体育组织有场地、设施，又有一批受过专业训练和严格考核的体育工作指导者，所以在科学锻炼的便利上，都是体育爱好者首选加入的地方。俱乐部和基层体育组织对其会员进行培训和健身指导，会员按时交纳会费，俱乐部和基层体育组织与会员之间是一种互相需要而管理又比较松散的组织关系。可见国外比较重视俱乐部及基层体育组织的作用。

总之，在国外大众体育开展得好的国家或地区，一般都拥有大量的且运行良好的体育俱乐部及基层体育组织。资料显示，挪威全国共有近 12 000 个俱乐部，其会员人数占总人口数的 30%，而瑞典则有近 28 000 个，丹麦近 10 000 个，英国更多，有 15 万余个。[1]

三、利用网络媒介组织开展大众体育运动的作用分析

表1　利用网络媒介组织开展大众体育运动的作用（N = 174）

问题：您觉得通过网络组织开展大众体育活动的意义是什么？（可多选）			
选　项	人　数	百分比（%）	置信区间（%）
利于全民健身，促进大众体育发展	148	85.1	79.8 ~ 90.4
提高个人的运动技能，培养终身体育意识	102	58.6	51.3 ~ 65.9
淡化人们之间的陌生感	129	74.1	67.6 ~ 80.6
建设和谐网络，构建和谐社会	140	80.5	74.6 ~ 86.4
带动体育休闲消费，促进体育产业发展	98	56.3	48.9 ~ 63.7

[1]　林显鹏：《国际大众体育现状与发展趋势》，国家体育总局体育信息研究所 2006 年版。

从表 1 可以看出，所调查的网民对利用网络媒介组织开展大众体育活动这种形式还是比较认可的，这种新颖的大众体育组织形式对社会起到的作用主要有以下几点：有利于促进全民健身，促进大众体育运动发展；有利于构建和谐社会；有利于增强网民交友的真实性，淡化人们之间的陌生感；有利于带动我国的体育休闲消费和体育信息的网络传播；有利于丰富网民休闲娱乐活动的内容等。

四、通过网络媒介加快国内外体育信息的传播速度

在我国，国内外体育类信息的传播途径主要有以下几种：电视传播、电台传播、报纸期刊传播、网络传媒传播等。其中电视传播占据了主导地位，这与家家户户都有电视有一定关系。在网络时代，特别是在一些大型的综合类网站上，像新浪、搜狐、中华网等大型网站上，都有体育专栏，并且体育专栏占据了网站的重要位置。在网络世界里，信息传送有更快、更全、更准确的优点，有些视频也可以反复地观看，有些评论互动性非常好，网民在了解国内外体育类信息的同时，可以更加全面地了解全国体育网民对某项体育比赛的看法，网民可以参与评论，也可以与其他网民沟通。使得网民产生一定的自主感，吸引了众多的网民参与进去。所以大部分网民都会通过网络来了解更多的国内外体育类信息，观看国内外的体育比赛等。

在网络体育类群体里，当有大型体育赛事时，群内成员会在群里发出比赛的信息，只要在线的网民，就不会错过这些赛事。特别是与自己群体有关的体育项目，此时众多的体育爱好者在群里会聚一堂，边观看比赛，边在群里发表自己的意见。或者在看完比赛以后，说出自己对比赛的看法。诸多的国内外体育信息通过网络媒介分散地传达给每位网民，让网民不但全面地了解有关大型国内外体育赛事，而且与体育有关的其他信息也会了解更多。

五、结　论

随着网络的普及以及网络媒介功能的增加，已有越来越多的人正通过网络媒介这种新形式在参与大众体育活动，利用网络组织小群体体育赛事已遍及城市的每一个角落，网络媒介已发展成为体育爱好者们预约球赛以及组织球赛活动的重要网络工具。

从以上研究的现状来看，我国学者专门针对利用网络媒介组织开展大众体育

活动的研究成果还较少。在目前互联网高速发展的阶段，利用网络媒介组织开展大众体育活动还刚刚处于初级的发展阶段，随着它的发展，其对整个网络的良性发展以及对我国大众体育的开展起到了相当大的推动作用。我们应在借鉴前人研究成果的基础上，根据目前对以网络为途径组织大众体育活动的调查研究，从而找出利用网络组织大众体育活动的最佳途径和发展对策。

参考文献：

［1］陈立农．大众体育赛事组织形式研究［J］．体育文化导刊，2008（9）．

［2］林显鹏．国际大众体育现状与发展趋势［M］．北京：国家体育总局体育信息研究所，2006.

［3］腾讯群空间．群分类与群查找［EB/OL］．http：//group.qq.com/.

［4］徐曼．网络对人际关系的影响［J］．河南社会科学，2006（9）．

［5］陈卫星．网络传播与社会发展［M］．北京：北京广播学院出版社，2008.

［6］张超飞．QQ群在远程网络教育班级管理中的应用探讨［J］．内蒙古电大学刊，2006（6）

［7］张利荣．利用QQ群实施课外辅导的可行性办法［J］．卫生职业教育，2007（4）．

［8］杜敏．网络人际交往探微［J］．西安：陕西师范大学硕士论文，2002.

［9］戴智．QQ群——班主任工作的新天地［J］．思想理论教育，2007（6）．

［10］杜骏飞．网络传播概论［M］．福州：福建人民出版社，2004.

（胡鹏，助教，主要从事体育教学与研究）

49 艺术院校大学体育教学探索

胡 鹏

摘 要： 在高校体育教学中，艺术类专业的学生跟其他专业相比，有自身的特殊性，个性化、风格化表现尤为突出。这就要求体育教师在体育教学过程中，要积极研究和探索艺术类院校体育教学的特点，根据学生的专业特殊性来进行体育教学，并及时改进体育教学中的不足，以寻求最适合艺术类专业学生的体育教学。

关键词： 艺术类院校 体育教学 探索

学校体育是教育的重要组成部分，在实现素质教育、提高国民体质中起着不可代替的作用。随着社会的进步以及人们生活水平的不断提高，体育活动也成为社会关注的热点，越来越多的群体把体育活动作为日常生活的一部分。在现在的大学校园里，体育课跟中学体育相比，存在较大差异。大学体育课作为人一、大二学生的必修公共基础课程，受到学生的密切关注，学生对体育课更加重视。艺术类专业学生跟其他专业相比，有自身的特殊性，比如学生专业能力强、文化基础稍弱、个性差别大等。所以，作为体育教师，在对艺术类专业的学生进行体育教学时，除遵循教学的一般规律外，还应根据学生的特点，采取适合学生的教学方法、教学内容、教学评价等，及时改进教学中存在的不足，进行科学合理的教学。

一、艺术院校体育教学特点

在当前艺术院校中，学生的主要专业有音乐、舞蹈、美术、戏剧、影视等，上课内容多以与之相关的文化艺术类内容为主，学生学习专业的时间较长，很多学生为提高自己的专业能力，课外时间都在参与专业课的学习。体育课在提高学生身体素质，促进学生专业练习的同时，也存在矛盾的一面。不同专业的学生在体育教学上有不同的特点，比如：音乐类专业的学生早上要早起练声、练琴、练吹奏等；美术类专业的学生每年要外出写生、采风等；舞蹈类专业学生的专业课就是练功课，本身就是在身体的大运动量中进行的。所以艺术类专业的体育教学，要根据学生的专业特点，对教学内容、课程的进度、教学方法、考核方式等进行特殊安排。

二、艺术院校学生的特点

艺术院校的学生，在高考入学时，除要参加正常的文化课考试外，还要进行专业课的考试。由于艺术类专业学生高考时，文化分门槛相对较低，这样就使得高中阶段文化课对其他普通专业高考无望的学生，把报考艺术类专业当成"曲线"入学的捷径。

总体看来，艺术类专业学生对体育课的积极性和热情很高，学生参与体育运动的意识很强，这是我们体育教师做好本职工作的前提。同时也能发现，由于专业不同，年龄层次不一，学生的兴趣爱好相对广泛不集中，一个体育班级中，学生身体素质差别很大，运动技术更是悬殊。再者，在艺术院校学生群体中，学生大都情感丰富，热情澎湃，但大都表现在自己感兴趣的问题和事情上。因为艺术类专业学生中，独生子女偏多，学生自我表现意识很强，但集体观念薄弱，缺乏合作精神。这也是 90 后大学生普遍存在的问题。

三、当前艺术院校大学体育教学的现状

对艺术院校以及综合类院校艺术专业学生进行问卷调查得知，其体育教学的内容、教学方法、考试评价等还是以传统的教学模式为主，跟其他普通专业并无很大差异。教学内容方面跟传统的体育课一样，一直沿用"四段式"教学，即一节课分为开始、准备、基本、结束四个部分。教学内容以身体素质练习、篮球基础技术、排球基础技术、足球为主。在教学方法上，多数院校仍以传统的教师教、学生学的灌输模式进行教学。在教学评价方面，学生的体育课考核主要以最终考试结果来评价学生体育课成绩。综合院校艺术类专业跟其他普通专业采取相同的考核制度进行体育课考核。

四、对艺术院校大学体育教学进行改革的探索

（一）在教学内容方面，要在充分发挥体育教师专长项目的基础上，积极关注学生的兴趣爱好

新课程标准的理念之一是关注学生的个体差异，确保每一位学生受益。所以教师在选择教学内容时应考虑到学生的个体差异，使学生身心健康地发展。另外，还要考虑到教学内容本身的科学性。在不同的水平阶段，学生的生理和心理特点决定了他们对体育活动有不同的需求。学生只有对所学的内容产生兴趣，才能全身心地投入练习，对运动的爱好和自主锻炼的习惯才能逐渐形成。

在体育兴趣方面，男女生存在较大差异。男生的兴趣主要集中于篮球、足球、游泳。女生主要集中在羽毛球、健美操、瑜伽类项目。另外，艺术类专业女生对体育课的积极性大不如男生，部分学生不愿意参加甚至排斥体育活动，以各种原因请假、见习的学生颇多。所以在安排教学内容时，首先应充分考虑到学生的兴趣需求，根据学生的兴趣爱好来安排教学内容。但不能忽略身体素质的练习。其次，选择教学内容要具有文化性，体育本身就是一种文化，具有较强的人文性。如果教学内容选择适当，对学生的影响是深远的，能起到沟通学生心灵的作用。例如：教会学生如何欣赏一场篮球比赛，与教会学生如何运球、投篮技术同等重要。

（二）在教学方法方面，要加强师生间的多边互动，发挥学生的主体作用，培养学生的自主创新能力

在体育教学方法的选用上，教师要充分运用现代化教学方法进行教学，如情景设置教学法、逆向思维教学法、创造教学法、启发教学法等。几十年来，教学界人士一直强调教学是教与学的双边活动，活动方向是教师与学生。而现代教学理论认为，教学过程不能局限于传统的师生之间单向或双向活动，强调教学是一种多边互动的过程，提倡教师与学生、学生与学生、教师与教师之间的多边互动。并认为，任何一门学科的教学都是建立在多边活动基础上的，体育教学更是如此。

在艺术类专业学生的体育教学中，要更加尊重学生的个性。突出学生的主体性，力争使学生的个性得到全面发展，同时又要协调好与集体的关系，使集体中的每一员都能和谐相处，而又各具特色。在教学方法上，注重学生参与教学过程的能动性和主动性，强调发挥学生学习的主动参与作用，提倡"创造性学习"、

"合作性教学"、"自学互学教学"、"自主主动教学"。学生提前介入教学过程，出现教师学生共同参与课堂的设计、教学、评价等。

例如：在体育课的健美操教学中，教师可以教学生健美操的基本步伐、基本动作等，让学生以小组为单位，充分发挥自己的特长，创编一套健美操。在提高身体素质的同时，还培养了学生的自主创新能力，学生对自己创编的成果也会产生一定的成就感，在不断获得成功的过程中，又会养成研究问题的习惯，奠定创新意识，培养创新能力。

（三）在教学评价方面，以过程评价为主进行综合评价

通过参考文献资料得知，已有诸多学者提出在高校公共体育科目考试中，以过程评价为核心，其他评价相结合对学生进行综合评价。这点对艺术类学生尤为重要。艺术类专业的学生，自尊心、好胜心强，大部分学生非常重视自己的学习成绩。在对体育课进行考核评价时，要根据每个学生身体素质的差异、上课态度、教学考勤、平时表现、期中期末考试以及体能测试成绩等进行综合评定。对身体素质较差但上课认真、表现突出的学生，在考核时应该适当照顾，提高其过程评价所占的比例，以提高这部分学生的学习积极性，培养其终身体育意识。

结　论

总之，在高校艺术类专业学生的体育教学中，作为一名体育教师，我们要根据学生的兴趣爱好以及专业的特殊性，通过积极思考和不断实践，找出最适合学生的教学方法，发现体育教学中存在的不足并及时改进，为艺术类院校的体育教学取得更大的进步贡献自己的微薄之力。

参考文献：

［1］郑贺等.体育教学与素质教育［M］.北京：人民体育出版社，2001.

［2］陆军.体育游戏与体育教学［J］.中国校外教育（理论），2008（5）.

［3］黄渭铭.体育在现代社会生活中的主要功能［J］.福建体育科技，2000（3）.

［4］赵立.体育教学模式问答［M］.北京：人民体育出版社，2004.

［5］邵伟德.体育教学模式论［M］.北京：北京体育大学出版社，2005.

［6］毛振明.十种体育教学模式的分析［J］.体育教学，2000（05）.

（胡鹏，助教，主要从事体育教学与研究）

50 体育教学中自我效能感的研究现状与分析

崔雅平　郇志业

摘　要：本文论述了自我效能感理论研究在体育教学领域的发展现状，指出目前有关体育教师自我效能感和在体育情境下学生自我效能感的研究中存在的一些主要问题，并提出相应的对策，以促进自我效能理论在体育教学实践中的应用。

关键词：自我效能感　体育教学　存在问题　对策

前　言

自我效能感是美国著名行为主义心理学家班杜拉社会学习理论的核心概念。它是指人们对自己是否具有从事和完成某项活动过程中达到指定操作目的的能力的判断。它的形成受个体过去成败经验、替代性经验、言语和社会劝导以及生理状态四个方面的影响。随着时间的推移和许多行为科学工作者的努力研究，自我效能理论逐渐被人们所认识和接受，在教育、职业、组织和身心健康等领域进行了大量的研究。本文主要论述班杜拉自我效能理论在我国体育教学领域中存在的问题并提出相应的对策。

一、自我效能在体育教学中的研究现状

（一）体育教师效能感的研究现状

体育教师是学生体育学习行为的组织者和指导者。体育教师自我效能感对其在体育教学过程主导作用的发挥产生直接的影响。在体育课中，高自我效能感的

教师会采取更多的策略让学生更好地掌握运动技能，促进学生体育成绩的提高，并且能活跃教学气氛。因此，研究体育教师的自我效能感对提高体育教学效果具有很重要的意义。但是在我国，目前对体育教师教学效能感的研究比较薄弱，仅限于一些表面的问题。李宗香在《培养教学效能感，提高体育教师教学水平》中指出：教学效能感是构成教师素质的核心要素之一，培养体育教师的教学效能感，进一步提高教师素质，是实现学生德、智、体、美全面发展的关键因素之一。江宇对苏北地区 362 名中学体育教师和非体育教师教学效能感进行了比较研究，结果表明：体育教师个人教学效能感高于文理科教师，文理科教师一般教育效能感高于体育教师。熊亚红、王家彬等人对 317 名高校体育教师的自我效能与教学效能之间的关系进行了研究，研究表明：一般教育效能感随着教龄的变化呈高—低—高变化趋势；本科以下、本科学历教师个人教学效能感显著高于研究生学历教师；自我效能与教学效能关系密切，自我效能的教学、技能发展对教学效能尤其是对个人教学效能有一定的预测性。

（二）体育学生效能感的研究现状

学生体育自我效能感直接影响学生将来参加体育锻炼的行为和态度，在体育教学中，通过建立适宜的教学教材、目标体系，让学生经常获得成功的体验，改变不合理的认知方式等途径，可以培养和提高学生体育运动的自我效能感，从而达到使学生终身锻炼的目的。马晓军在足球教学实践中发现：在足球教学中培养和激发学生及教师的自我效能感，可以有效地提高足球教学的效果和学生的成绩。翟丹、贾伟通过实验得出结论：体育专业的学生学业自我效能感问卷可以提取两个因子，分别为学习能力自我效能感和发展能力自我效能感。体育专业大学生成就动机水平在性别上存在显著性差异，女生成就动机水平明显高于男生，一年级学生的发展能力自我效能感和成就动机水平高于其他年级，并且四个年级合成成就动机中避免失败的动机高于追求成功的动机。

综上所述，国内外研究者对体育教学中自我效能感的研究主要涉及以下几个方面：（1）自我效能理论在体育教学中应用的可行性及价值。（2）激发和培养体育教师及学生的自我效能感的方法。（3）影响体育教师及学生的自我效能感的因素。（4）体育教师与非体育教师的教学效能感的对比性研究以及体育专业学生与非体育专业学生的自我效能感的对比性研究。其中对自我效能感在体育教学中应用的可行性及价值的研究和如何提高体育教师及学生的自我效能感的理论性研究比较多，对体育教师的教学效能感、体育教师的教学效果、学生的自我效能感以及学生的学习效果等相关因素的深层关系研究非常有限。

二、自我效能感在体育教学中存在的问题

（一）自我效能感研究所用量表中存在的问题

在体育领域里，有一些研究者根据不同的研究需要编制了一些特殊运动领域的量表。如《跳水自我效能感量表》（Felt 等，1979 年）、《游泳自我效能感量表》（Ryckman 等，1982 年）和《体操自我效能感量表》（McAuley，1985 年）等。

从以上资料可以看出，研究者在自我效能感的量具方面进行了一些研究，但是由于不同的研究者在建构量表时都是根据自己的研究需要而编制的。因此，所依据的标准是不一致的，这样就导致各个量表在信度和效度方面的水平不同。而在体育教学方面，体育教师相关的量表的研究并不多。笔者所查的资料中只看到马勇占在 2005 年编制了《体育教师教学效能感量表》，关于体育这个领域里学生的自我效能感的测量也没有一个好的量具。因此，笔者认为在未来的研究中应该开发一些针对体育教学特殊领域中教师与学生的自我效能感方面的量表，这对于完善自我效能理论具有重要的意义。

（二）自我效能感在研究对象上存在的问题

国内外对体育中自我效能感的研究主要集中在竞技体育领域，所研究的对象主要是运动员。大多是有关自我效能感与运动成绩之间的相关性方面的研究，而对于体育教学中，虽然教师与学生之间的自我效能感研究近几年有所增加，但是所研究的问题仅仅限于表面上的东西，在以后的研究过程中，加强此方面的研究是非常有必要的。

（三）自我效能感在研究内容上存在的问题

纵观我国在体育中自我效能感的研究发现，大多数的文章都是有关自我效能感在体育运动中的可行性、自我效能感理论在体育教学实践中该如何地运用、体育教学中学生自我效能感的培养，等等，这些文章都是在理论上探讨它运用的可行性和实用价值，而且研究都一直认为提高教师的教学效能和学生的自我效能有助于提高教学效果和学习效果，然而在体育教学中教师的自我效能感与学生的自

我效能感的相关程度，以及在什么样的限度内提高教师的教学效能感可以提高教学效果的研究甚少。

（四）自我效能感训练方法上的问题

在国内外的研究中，所有的研究都表明自我效能感高的教师对教学更有控制，教学效果也好，同时教师的自我效能感能够影响学生的自我效能感水平，学生也能对教师产生影响，这样能够促进教学效果的提高。在国内，学者对自我效能的提高提出了一些建议，但都是根据班杜拉自我效能感形成的四个信息源来进行讨论的，就是个体成功的经验、替代性经验、言语和社会劝导和生理状态。然而并没有研究者提出一套行之有效的方法来提高个体的自我效能感。

三、体育教学中自我效能研究的对策

（一）积极研制体育情境中的自我效能感量表

自我效能感是一种具体情境中的自信心，体育是一个较特殊的情境，因此，我们不能把其他领域中的自我效能感量表套到体育当中。目前涉及此方面的研究中大多还是 1990 年之前的自我效能感量表，所以我国运动心理学工作者应在未来的研究中，枳极开发适合我国义化特点的自我效能感量表。研制和开发在体育教学情境中的教师自我效能感量表和学生自我效能感量表，这对今后的研究有重要的意义。

（二）在研究内容上应重视相关因素的关系

在研究教师教学效能感和学生学习效能感与其他理论的关系时，不能只停留在相关研究的水平上，应分析各相关因素的深层关系，不能只停留在理论性和可行性方面的探讨，而更应该注重实践方面的运用，达到理论与教学实践相结合。

（三）开发一套行之有效的自我效能感训练模式

在心理学中有许多的训练方法，如目标设置法、表象训练法等。因此，要使自我效能感的训练成为一套科学的训练体系，心理工作者还需要做大量的工作。现在已经存在自信心的训练方法和模式，但是自我效能感并不是指人的自信心水平，而是对自己是否具有信心去完成某一事情的能力判断，它和自信心是有区分的。因此，应该开发一套自我效能训练方法，这是一个很有价值的课题，它能够使自我效能理论更加完善。

四、结 论

国内外研究者对体育教学中自我效能感的研究主要涉及以下几个方面：（1）自我效能理论在体育教学中应用的可行性及价值。（2）激发和培养学生的自我效能感的方法。（3）影响学生的自我效能感的因素。（4）体育专业学生与非体育专业学生的自我效能感的对比性研究。

在此类研究中，对自我效能感在体育教学中应用的可行性及价值的研究和如何提高学生的自我效能感的理论性研究比较多，学生自我效能感研究大量都集中在对学生自我效能感宏观上的描述，缺乏对具体学习领域学生自我效能感的研究。

目前自我效能理论在体育教学中的应用还存在着很多问题，笔者认为，研究和开发出适应我国文化特点的体育情境中的教师自我效能感量表和学生自我效能感量表，对今后的研究提供科学的保证；在研究内容上不要只停留在相关研究的水平上，应不断地开发出新的课题；要进一步完善在体育教学中自我效能感的训练方法，以便科学有效地运用到体育教学的实践中。

参考文献：

［1］张力为，任未多. 体育运动心理学研究进展［M］. 北京：高等教育出版社，2000.

［2］李宗香. 培养教学效能感，提高体育教师教学水平［J］. 通化师范学院学报，2003（11）.

［3］马晓军. 培养和激发自我效能感在体育教学专业足球教学中的应用［J］. 天中学刊，2002（4）.

［4］Melissa A. Chase. Sources of Self-efficacy in Physical Education and Sport［J］. Journal of Teaching in Physical Education，1998（18）.

（崔雅平，助教，主要从事健美操教学理论与实践研究；郇志业，助教，云南师范大学文理学院，主要从事田径教学理论与实践研究）

51 高校教学资源管理系统中持久化层 DAO 设计分析

刘璐佳　孔　浩

摘　要：在基于面向对象设计的资源管理系统中，对数据对象的持久化操作是极为重要的核心模块，基于扩展性和安全性考虑，开发人员会专门设计一个独立的持久化层来分离底层的数据访问逻辑和高层的业务服务逻辑。

关键词：资源管理　持久化　DAO　面向对象　J2EE

一、软件开发中多层体系结构简介

当今的软件开发领域，为了提供软件的可扩展性和灵活性，通常在设计时会将其分成多个层次来处理，层与层之间在功能上相对独立，修改任何一个层均不会影响其他层的功能。根据软件的开发业务而言，四层体系结构是比较典型的结构。把应用程序划分为：表示层、业务层、持久化层和数据层，表示层为客户提供界面交互；业务层用来实现系统的逻辑功能；持久化层专门负责完成业务对象到数据库的持久化工作；数据层负责存放用户需要持久性的业务数据。

二、基于 Web 的高校资源管理系统的介绍

（一）系统介绍

高校资源管理系统为高校教师对自己的教学资源进行管理提供了一种有效的管理途径，高校教师可以将自己的教学资源统一存储在资源管理系统中，并且根据相对个性化的设置来实现对不同资源的分类和定位，以此更加方便地管理和共享自己的资

源。整个系统将会以教师为核心，每个教师可以定义和上传不同种类的教学资源，并且可以为每个教学资源设定相应的管理权限以此完成对教学资源的访问控制。

为了方便教师更加灵活轻松地使用该系统，整个系统使用 B/S 架构进行设计，合理的分层设计可以让整个系统具有较好的灵活性和扩展性。基于 Java 语言的 J2EE 技术可以很好地配合分层模式进行系统的设计和开发，J2EE 体系结构提供中间层集成框架用来满足无须太多费用而又需要高可用性、高可靠性以及可扩展性的应用的需求。

（二）系统设计

面向对象的程序设计是当今的主流，把系统需求抽象为对象是系统设计的第一步，根据功能可以分析出如下重要业务对象：院系（Department）、教师（Teacher）、资源（Resources）、用户（User）、角色（Role）、数据字典（Dictionary）、资源组（Group）、留言（Message）、资源类别（Category）。

以上业务对象中，教师对象用来存储高校的教师信息；院系对象用来存储教师所在部门，根据部门可以对教师的教学资源进行相应分类；用户对象包括两种映射：一种是对教师用户的映射，一种是将现有的学生信息系统中的学生信息通过WebService 进行单点登录；资源对象用来存储教师所上传的资源信息；资源组对象用来控制不同资源的访问权限，由教师进行设定，哪些属于共享对象，哪些属于私有对象；资源类别对象用来对资源进行归类和汇总，方

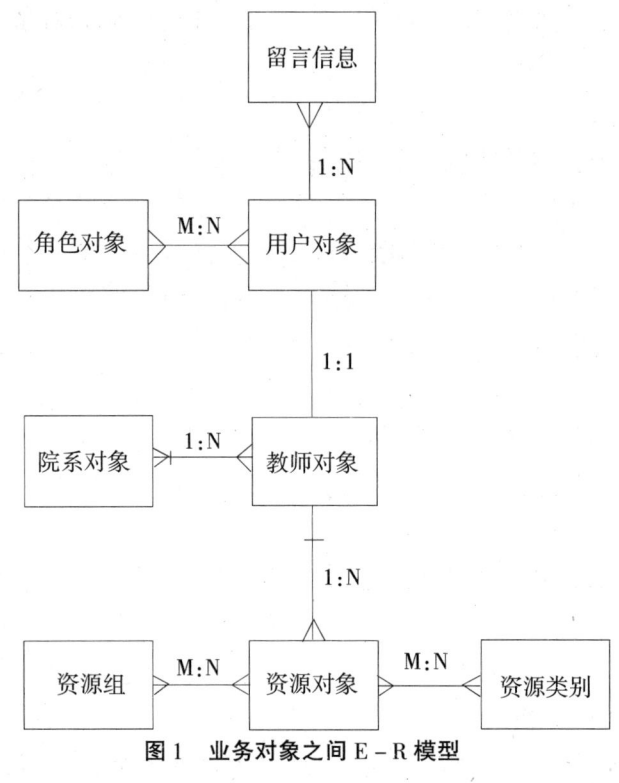

图 1　业务对象之间 E－R 模型

便资源的查找和管理；数据字典对象用来对一些公共数据进行存储；角色对象用来控制不同用户的访问权限；留言对象用来让不同用户之间进行交流。

业务对象之间 E－R 模型如图 1 所示。

（三）DAO 设计模式

在面向对象的程序设计中，为了将业务对象存储到关系型的数据库中，首先需要通过数据库的每一张表来对应一个业务对象，表中的每一个字段对应对象的每一个属性，业务对象之间的一对一和一对多关联通过外键进行存储，多对多通过增加一张关联表进行存储；其次需要进行对象—关系的映射（ORM），在四层体系结构中，持久化层负责完成业务对象到数据库的存储工作。

DAO 设计模式是实现持久化层的一种通用设计模式，其中 DAO（Data Access Object）即数据访问对象。实现 DAO 的最基本的组件有：（1）DAO 接口。为每一个对象均需要创建一个 DAO 接口，在该接口中定义关于这个对象的 CRUD（Create、Read、Update、Delete）操作，该接口为每个对象的操作提供了统一的操作标准。（2）DAO 实现类。每一个数据对象的 DAO 接口均需要具体的实现类，实现类用于定义对不同数据库的具体操作。（3）DAO 工厂。DAO 工厂用来进行 DAO 对象的生产，当需要创建一个 DAO 对象时不用再使用 new 关键字创建，而是直接通过 DAO 工厂中的创建，为此将来在更换 DAO 对象时只要修改 DAO 工厂中的类就可以实现对所有 DAO 引用的修改。（4）DTO（数据传递对象）。数据传递对象通常可以使用业务对象进行传递，但对于一些特殊的数据对象（如 Json 对象）需要通过特定的 DTO 进行传递。

（四）DAO 实现

实现 DAO 可以有两种方案进行选择：

第一，直接通过 Java 的 JDBC 接口编写相应的数据库实现代码来完成对 DAO 接口中所有方法的实现。这种方案最大的优势在于开发人员只用了解对数据库的所有操作和相应的 SQL 语句即可，不用有更多的学习成本；最大的缺点在于在编写 JDBC 代码时会涉及大量的重复劳动，并且如果需要进行数据库的更换，需要重新编写相应的代码，如此会导致开发的效率相对较低，在进行数据库维护时也非常不方便。

第二，利用现有的一些开源 ORM 框架实现。使用 ORM 框架最大的优势在于，对数据库的具体操作均已被这些框架所封装，只用以对象的形式完成调用即可以完成对数据库的存储，当数据表结构有相应的变化时并不需要做太多的改动，如此将简化开发人员的工作量；缺点在于由于这些框架是为了满足所有的数据库而设计的，里面提供了多种缓存和延迟加载的处理方案，如此如果使用不当会导致产生多种影响效率的问题（如 N + 1 问题），故如若需要高效运用这些框架必须有一个相应的学习周期。

目前比较流行的 ORM 开源框架很多，最为流行的有 Hibernate 和 MyBatis。Hibernate 是相对重量级的框架，它将整个数据库的操作都进行了封装，开发人员甚至不用了解 SQL 就可以完成简单操作，并且提供了延迟加载、一级缓存、二级缓存等各种方式来提高运行效率。MyBatis 的前身是著名的 IBatis，IBatis 是相对轻量级的 ORM 框架，该框架仅仅只是简化开发人员在使用 JDBC 时所需要进行的重复劳动，所有的 SQL 语句还需要开发人员编写。当项目的需求变化较为繁复时，使用 Hibernate 可以更好地完成开发工作。

（五）事务处理

在数据库的操作中，事务处理是各个功能模块之间交互保证原子性和一致性的关键。如果在 DAO 层实现事务处理，粒度太细，对于相关联的几个操作实现起来会出现大量的重复代码。所以事务处理均放置到业务逻辑层进行，通过 JD-BC 提供 ThreadLocal 对象完成事务的开启、提交和回滚。

三、结束语

整个资源管理系统中，表示层的负责向用户提供操作界面，用户将请求提供控制器，控制器根据不同的请求调用相应的业务层对象完成控制，业务层继续调用持久化层完成对不同业务对象的操作，并且将相应的处理结果回馈给表示层。在持久化层使用 DAO 对象完成数据对象的处理，DAO 专门封装数据的访问细节，所有对数据库的操作对于客户而言是完全透明的，提高了系统的可靠性和安全性。

参考文献：

［1］布克，蒙森·哈雯尔 . EJB3.0 中文版［M］. 莫映译，北京：电子工业出版社，2007.

［2］孙卫琴 . 精通 Hibernate：Java 对象持久化技术详解［M］. 北京：电子工业出版社，2010.

［3］William Crawford，Jonathan Kaplan. J2EE 设计模式［M］. 刘绍华，毛天露译，北京：中国电力出版社，2005.

［4］陶勇，李晓军 . Hibernate ORM 最佳实践［M］. 北京：清华大学出版社，2007.

［5］孔浩 . 学生管理系统中 DAO 模式分析［J］. 昭通师专学报，2008（5）.

（刘璐佳，实习研究员，主要从事信息管理、决策支持研究；孔浩，昭通师范高等专科学校，讲师，主要从事计算机软件和计算机网络方面研究）

52 基于网络的艺术类学习资源库研究与设计

史家银

摘 要： 本文根据高校艺术类学生的特点及网络资源的优势，初步构建"基于网络的艺术类学习资源库"，以期利用主题学习资源的开发构建一个集教师教学案例、学生自主学习和产出式资源建设于一体的数字化网络资源应用环境，补充当前艺术类专业学生在校学习资源的不足，使艺术类学生在生动有趣的网络环境下掌握专业知识。

关键词： 艺术类学生 网络 学习 资源库

近几年，高校艺术类学生数量大幅增长，专业课堂教学已很难满足艺术类学生的学习需求。信息化环境下的资源建设为这一难题提供了解决的途径。同时，资源建设也是国家教育信息化逐步深入开展以来信息技术教育应用领域关注的一个焦点，无论是创设数字化环境提供资源服务还是进行自主探究协作学习，无一不以学习资源为中心展开。这就要求教育者不得不考虑针对艺术类学生的特点而构建艺术类学习资源库。

一、资源库应用现状及艺术类学生学习特点分析

随着我国基于 Internet 教育的迅速发展，网络学习资源的建设开始成为人们关注的焦点，从八九年前学习资源库特别是基于网络的学习资源库进入人们的视野开始，到目前已发展成具有多种建设模式和各类服务目标的不同形式的资源库。大致可以分为两大类：一类是以各地区教育行政部门为主导建立的地区学习资源中心库，如浙江省新课标多媒体素材资源库等；另一类是一些企业所开发的学习资源库平台，目前比较成功的有北京育英网开发的学科学习资源库、国之源

公司开发的基础学科学习资源库等。但以上这些资源库都没有专门针对艺术类专业学生开发的，即使里面有涉及艺术类的学习素材，内容也比较零散而且并不全面。

目前，艺术类专业通常有音乐、舞蹈、美术、影视、戏剧、艺术设计等，而这些专业的学习都是需要有实践技能的，这要求学生的学习内容丰富多彩，才有利于对艺术类学生创造性思维的培养，并可使学生思想活跃、思维敏捷且富有创新精神。同时，艺术活动本身对学生的形象思维有特别要求，如要求学生充分发挥想象力、进行情感体验等。而目前大多数专业课堂教学时间有限，很难满足艺术类专业学生的多样化学习需求。另外，由于艺术专业学生过多参加社会艺术实践活动，其很多业余时间甚至课堂学习被专业技能训练或参展、演出、比赛等艺术实践活动所占用，这也影响了学生的专业知识和文化知识的学习。

二、基于网络的艺术类学习资源库设计

网络学习作为课余学习的主要形式，近几年来得到了迅猛的发展。互动学习资源库是网络学习中信息承载的基本方式之一，在艺术类专业学生的网络学习中，它的质量就显得尤为重要，而衡量互动学习资源库质量的重要标准之一就是交互。科学合理的交互设计可以让学习者积极地投入到学习中主动学习，提高学习质量。具体而言，网络资源库以资源学习交流平台为核心，以艺术类学科主题知识点资源为学习环境，侧重艺术类主题资源中自主学习和学习流程网络课程及资源应用模板，各系统间应是相互关联、有机融合的整体。

艺术类网络资源库的开发通常经过分析、设计、实现、测试、维护几个阶段。如图 1 所示：

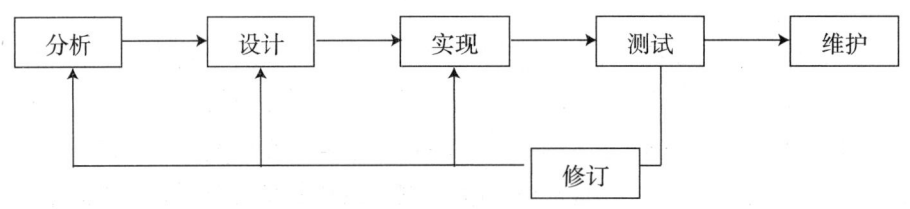

图 1　网络资源库的开发过程

其中分析阶段包括资源库的目标定位、需求分析，此阶段要针对资源库使用对象艺术类学生进行调查和需求分析，了解他们的特点和对资源的需求情况。在

对需求有充分的调查了解后进行学习资源设计和系统设计。实现过程包括资料收集和资料整合，这是整个资源库建设的基础。测试阶段包括技术测试和实际应用测试。此外，从图1中我们还可以看到"维护"和"修订"两个阶段，这两个阶段确保了资源库能够在运行过程中不断地优化和更新。这是网络资源比一般形式的资源更具优越性的重要体现。

　　网络资源库应以大的教育环境为背景。作为学生学习的资源，应以艺术类课程标准理念下的教学目标为网站建设目标，以内容创新为突破口，结合网络资源库学习对象的特点确定合适的目标。本资源库面向的是艺术类学生，针对艺术类学生情感丰富、思维活跃、求新求异意识较强的特点，资源内容力求实用、方便、有创新性，使学习者轻松掌握使用方法、轻松掌握知识，同时激发他们对学习内容的自觉探讨，并激发学生的学习兴趣。网络资源库包括管理模块和中心资源库模块，其中管理模块包括注册信息管理和学习资源管理模块，中心资源库又包括学习交流及公告模块、学习资源上传下载模块和学生自主学习模块。如图2所示：

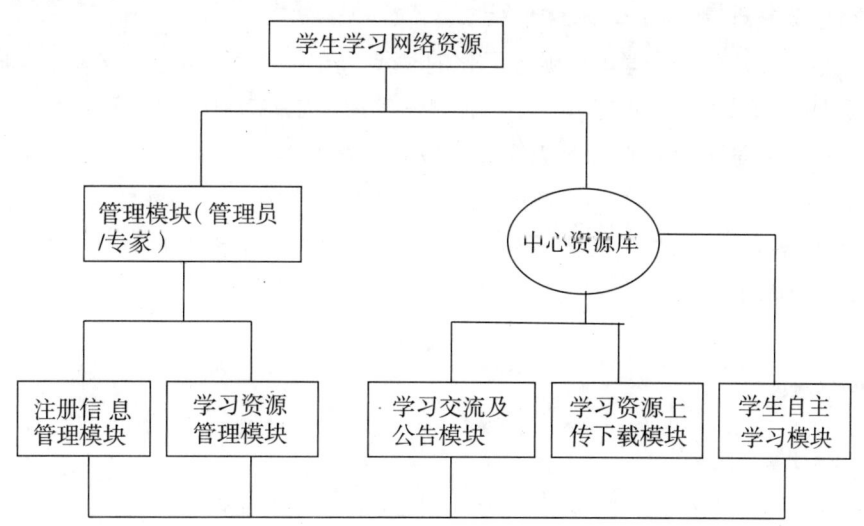

图2　网络资源库模块结构图

　　以上各模块中最核心的部分是中心资源库模块及学生自主学习模块。学生自主学习模块主要有学生互动学习资源和学生讨论答疑区两部分构成。学生互动学习资源主要提供学生主动探索学科知识的相关学习资源，如引导学生用与学科相关的计算机软件探索学科的相关知识或互动程序（如学科相关教学游戏等）。如音乐相关学科就可以引导学生用音乐制作软件来探索知识，并提高学生对相关学科的学习兴趣。

三、结　语

　　在以上整个资源库的设计和实现中，中心资源库的建设是影响艺术类学生网络学习效果的关键因素，资源的丰富性和质量直接影响学习的质量。资源库中所要求的学习主题是贴近实践、综合多种学科知识、可供学生在一段时间内进行探究的研究课题，且通过实践研究活动，既能提高学生解决实际问题的能力，又能让学生在体验中对书本知识深入理解和掌握。事实上，主题的设计应该是紧密与实践相结合、并能在实践研究中不断发掘和更新的过程。所以，对网络资源库的资料收集整理和设计就是最重要的环节，网络资源的来源主要有两个：一是设计开发，二是收集整理。包括对传统素材进行数字化、专业人员和技术人员自主设计开发、选择现有的网络资源将其整合到资源库中、引导学有余力的学习者自己开发或收集整理等。

　　我们正在走向一个学习资源多元化的时代，数字化学习资源的未来会走向何处、会是哪种形式，我们不得而知，但是不管形式如何改变，其共同的目的是不会改变的，那就是教学服务以人为本，以"人的发展"为目的。为此，笔者对构建基于网络的艺术类学习资源库进行初步探讨，以期为情感丰富、思维活跃、求新求异意识较强的艺术类学生提供更加方便、实用、丰富多彩的学习资源，收到更好的学习效果。

参考文献：

［1］王志强，蔡平. 计算机网络与多媒体教学［M］. 北京：电子工业出版社，2002.

［2］李春葆，曾平. 数据库开发及运用［M］. 北京：清华大学出版社.

［3］何克抗. 关于网络教学模式与传统教学模式的思考［EB/OL］. http：//www. doc88. com/p735755677812. html.

［4］何克抗，李文光. 教育技术学［M］. 北京：北京师范大学出版社，2002.

［5］王志强，蔡平. 计算机网络与多媒体教学［M］. 北京：电子工业出版社，2002.

［6］余红. 基于 Web 网络课程设计中建立有效交互的策略［EB/OL］. http：//www. gcsce. org.

［7］洪延姬. 网络课程设计原理与方法［M］. 北京：中国宇航出版社，2004.

［8］刘学兰，刘鸣. 网络学习与人的主体性发展［J］. 华南师范大学学报（社会科学版），2004（2）.

（史家银，讲师，主要从事信息技术教育应用研究）

53 基于 Smart Client 的高校管理系统研究

朱原良

摘　要：通过结合目前高校信息化中的成功经验和工作中的实际需要，提出了在尽可能保留固有软件投资基础上最大化桌面级应用系统可用性的 Smart Client 解决方案。结合了 C/S 和 B/S 以及多层架构技术的优势，指出了解决 C/S 模式下移植困难，维护、升级麻烦，B/S 模式下客户体验糟糕，响应速度慢以及网络依赖性强等问题，为高校管理人员提供了一个在线和离线都可以使用且能智能升级的系统。引入了领域模型来描述管理系统中的各种数据实体以及它们之间的关系，进一步通过 Net Remoting 实现了分层的服务结构以及基于 Smart Client 的客户端。

关键词：Smart Client　高校管理系统　C/S　B/S　Net Remoting

一、MIS 系统架构模式

高校管理全面实现信息化已经是当下现代化教育的一个发展趋势。各高校应当从实际出发，结合本校实际，充分利用信息系统实现业务流程和数据的标准化、规范化、制度化，同时，深化教育管理信息化的理念，并不断完善、不断创新，让信息系统为提高教学及管理水平添砖加瓦。

高校管理系统的建设与应用是高校全面实现教育信息化的一项重要内容，应用于管理的各个方面，贯穿于管理的整个过程，是高校管理的重要辅助手段。近年来，随着我国信息化技术的高速发展，高校的办公及管理都朝着信息化、无纸化、高效化的方向发展，并且经过多年的摸索和实践各院校的信息系统主要形成了两种常见架构模式：Client/Server（C/S）模式和 Browser/Server（B/S）。它们都是先后为指导各应用系统的开放而建立的，其各自的特点和适用范围如下。

（一）C/S 模式和 B/S 模式

C/S（Client/Server）架构如图 1 所示，即大家熟知的客户机、服务器结构。C/S 架构出现较早，可以追溯到局域网技术普及的时代，它是一种软件系统体系结构，通过它可以充分利用网络及两个端点的硬件环境的优势，将任务合理分配到 Client 端和 Server 端来实现应用系统，在实现业务功能的同时降低了系统的通信开销。

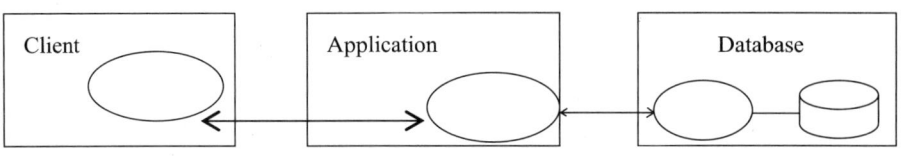

图 1　C/S 模式体系结构图

B/S（Browser/Server）结构即浏览器和服务器结构。它是随着 Internet 技术的普及而崛起的一种软件体系结构。相对这种结构，使用者不再为每个软件安装单独的客户端，而是通过 WWW 浏览器来实现。少量业务逻辑在前端（Browser）实现，大部分业务逻辑在服务器端（Server）实现。B/S 模式中形成所谓三层结构如图 2 所示。

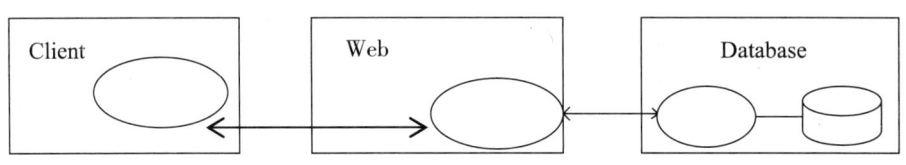

图 2　B/S 模式体系结构图

（二）C/S 模式的优势和不足

1. C/S 模式的优势

较早出现的 C/S 结构，为当时的网络流量及服务器负载进行了充分的考虑。最简单的 C/S 体系结构的数据库应用由两部分组成，即客户端应用程序和数据库服务器，二者可称为前台程序与后台程序。运行数据库服务器的主机启动后，就随时等待响应客户程序发来的数据访问请求。客户端应用程序运行在每个用户自己的电脑上，当需要对数据库中的数据进行任何操作时，客户端程序就通过指定的地址向服务器发送请求，服务器根据预定的规则进行处理，返回应答结果。

在基于数据库的应用系统中，其数据的储存管理功能较为透明。服务器程序和客户端应用程序一般彼此独立，没有强制的逻辑联系，客户端应用可以按照任意规则和目的与顺序处理数据，而服务器也不管这些数据的来源和准确性，只是将其进行存放。因此，如访问者的权限、业务规则、错误提示处理、操作流程，都在客户服务器架构的应用中，前台程序比较"肥胖"。

2. C/S 架构的劣势

C/S 结构最大的缺点在于难以维护，因为应用程序部署于每一台需要使用的客户机，当这些客户机数量众多时，高昂的维护成本是难以接受的。首先，采用 C/S 架构，部署时需要更新每台客户机，并且升级换代时也要照顾到所有的机器。如果中间出现遗漏，轻则造成没有升级的机器，不能正常工作。严重的情况由于业务逻辑的变更，未能更新的客户端将可能破坏系统的运行，造成不可挽回的损失。

其次，传统的 C/S 结构应用软件，需要针对不同的操作系统或同一操作系统的不同版本来开发对应的软件。由于现在的客户需求变更以及产品更新换代十分快，代价高和低效率已经不适应工作需要。在 Java 这样的跨平台语言出现之后，B/S 架构更是猛烈冲击传统 C/S，并对其形成威胁和挑战。

C/S 体系结构虽然采用的是开放模式，但开放的层次相对后来出现的 B/S 结构，可以忽略不计，因为 C/S 的开放最多是系统开发一级的开放性，因此，在互联网应用越来越广泛的今天，C/S 已经很难适应百台电脑以上局域网用户同时使用。

（三）B/S 模式的优势和不足

由于软件系统的频繁升级和变更，B/S 架构的产品明显体现出更为方便的特性。对于目前任何一个稍具规模的机构，拥有上百台计算机已经是件相当普遍的事情，系统管理人员如果需要在几百甚至上千部电脑之间来回奔跑，效率和工作量是可想而知的。B/S 架构的出现，使得只需要管理承载应用系统的服务器就行，所有的客户端的操作都通过浏览器进行，无须做任何额外的维护。无论用户的数量如何变化，都不用去逐一维护，所有的操作只需要针对服务器进行，大大降低了维护和升级的成本。特别是异地的情况，节省的费用和时间更是相当可观的。所以，现在出现了客户机越来越"瘦"，服务器越来越"胖"的趋势。

B/S 的出现不但降低了成本，也带来了更多的选择。因为，浏览器成为标准配置，执行环境不再依赖于桌面的 Windows，并且服务器端也可以用 Linux 等多种选择。

（四）C/S 和 B/S 混合模式

综上所述，B/S 与 C/S 这两种技术各有利弊。怎样协调 B/S 模式与 C/S 模式，是一段时间以来信息系统开发所普遍关注的问题。通过分析，高校管理系统将结合 C/S 和 B/S 各自的优点，尝试取其精华，去其糟粕，将各自的优点取出。在安全性和交互性要求不高的子系统中采用 B/S 模式或在服务器级别中引入 WebService 一类的中间层。在安全性要求高、交互性强、数据处理量大且要求处理频度高的范围内使用 C/S 模式，通过客户端软件访问数据库，以充分发挥两种结构的优势。比如某高校财务部门局域网和校园网上分别开发了基于 C/S 模式的收费系统和基于 B/S 模式的费用查询系统，其结构如图 3 所示。这种模式可以在实现业务需求的同时，解决传统 C/S 模式中难以部署、更新的重要弊端，同时也为系统带来了较高的开放性，是在继承传统资产上较好的一种实施方案。

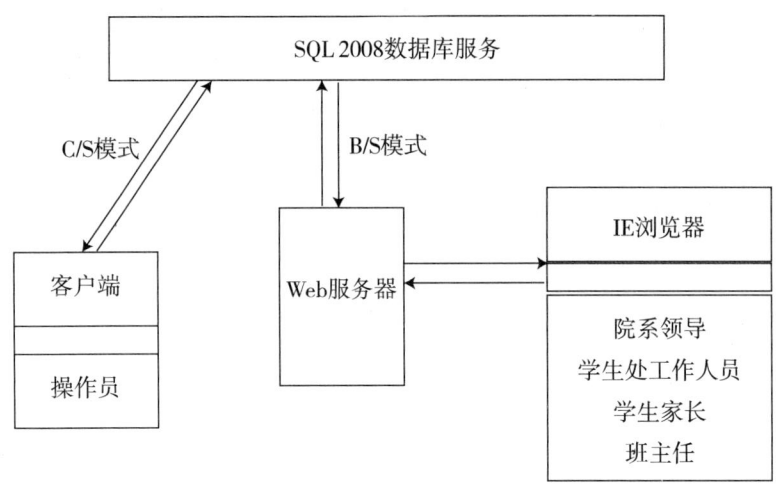

图 3　C/S 和 B/S 结合的混合模式体系结构图

二、Smart Client 简介

Smart Client 即"智能客户端"，它提供了一种非常好的开发思想，在不丢弃传统的大量桌面客户端的基础上，引入了一些 Web 端才具有的特性，如果碰到

收银机、简易手持设备系统时，离线处理可以带来很大的便利。从技术上说并不是一种新的技术，而是将许多概念、设计方法和技术进行了融合，吸取了传统 B/S 的易于版本控制和更新以及 C/S 用户界面强大的优势，充分调用各种资源，在服务器端可以使用 WebService，在客户端可以用 WinForms，两全其美。

（一）Smart Client 起源

Smart Client 的观点在一些传统的软件技术中就可以看到一些影子。随着 .NET 的出现，才使这种技术的各个环节得以无缝地实现，使得桌面级的软件做成智能客户端软件，可以增强其功能，跳出桌面，获得更多的可用性。所以，这种技术是一种新型的客户端技术的解决方案，也是一种技术思路，它可以在各种终端上进行实现。

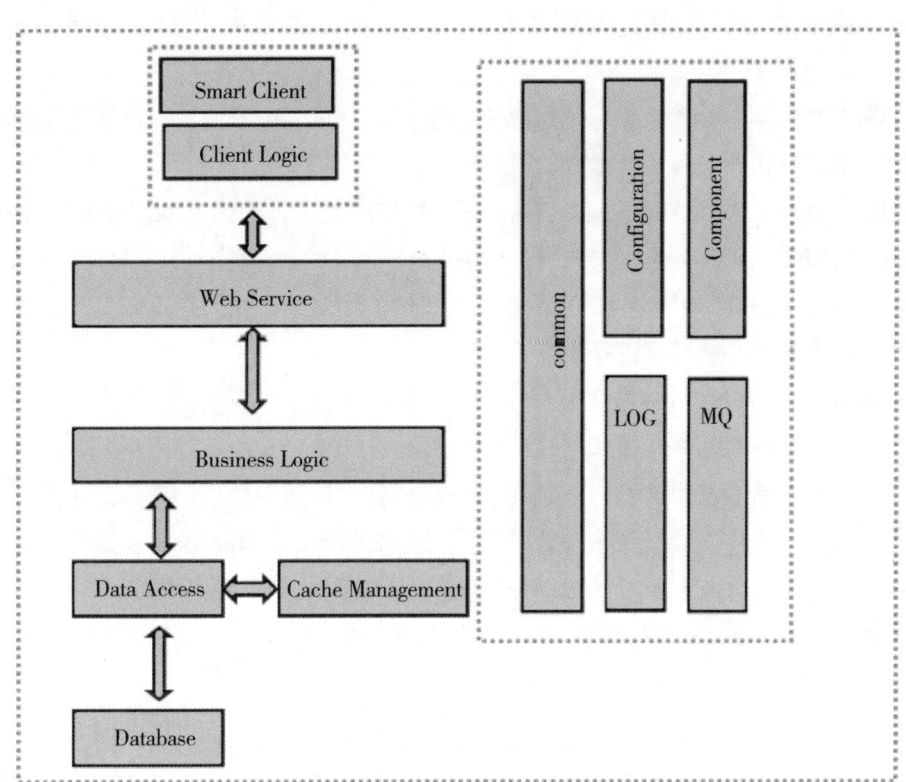

图 4　Smart Client 的基本系统架构

Smart Client 的目标是，将现有的 C/S 系统进行适度的升级，变为一个支持 Smart Client 技术的软件。不但可以扩大其工作范围，简化部署方式，还能充分利用本地资源，加快工作效率。易于部署、维护的优势在企业级应用中，或类似的大中型机构中更有发挥的余地。开发人员只需简单地在服务端发布和部署，就能使客户端同步更新，而不用废弃原有的大量投资（如图 4 所示）。

（二）Smart Client 模式的优势和不足

Smart Client 的优势主要有简化部署、易于升级。这些特点和 B/S 构架比较类似，只要在服务器上更新软件，再进行简单的配置，客户端就可以自动进行软件的更新，比如在服务器上建立一个 Web 更新站点，客户端就能通过 HTTP 方式进行更新。

强大的用户交互界面，因为可以把 Client 理解成与网络交互的 WinForms 程序，因此，几乎可以使用 WinForms 上的各种控件和资源，而不用局限于 B/S 浏览器中的种种限制。如通过 Web 如果不借助 ActiveX 或 Applet 一类的技术，就无法实现某些功能。

易于整合客户端本地资源，可以充分使客户端的计算能力，而不是像 B/S 结构一样，一味地把服务器做大。

允许离线工作。这是 Smart Client 一个独特的地方，因为其本质是居于 Win-Forms 程序的，因此不像 B/S 一样，必须是一个从服务器运行的网页。所以，Smart Client 允许用户将数据下载后进行离线的数据更改，当用户重新登录，程序自动向服务器提交新数据进行更新。

可以说，Smart Client 技术是一个在 Windows 平台下颇有前途的下一代客户端技术，它能够在有网络连接和网络断开的情况下灵活地工作。对用户而言，它可以提供一种全新的使用体验，在拥有 C/S 模式软件快速的反应、丰富的用户界面体验的同时，还可以像瘦客户端模式那样简单地部署、升级。不要废弃原有的桌面端程序代码，无论是对于企业用户、学校还是普通用户都具有巨大的经济诱惑，因此可以说是传统 C/S 结构的一次良好的变革。下面的这张表格描述了 Smart Client 和瘦 Web 解决方案之间的对比。

表 1　Smart Client 和瘦 Web 解决方案之间的对比

功　能	智能客户端	Web 应用程序
可以离线工作	可以	不容易
集中的部署	可以	可以
高级的 GUI 特征	有	有

功　能	智能客户端	Web 应用程序
高性能的 GUI	可以	不可以
卸载处理到客户端	可以	有限
通过 HTTP 更新	可以	可以
安全	是	是
不接触客户端安装	不是；需要构建用来改变 . NET 的安全配置的一个加载应用程序（除非你用的是 Microsoft Transaction Server 或 Citrix，但是那样的话，应用程序就只能在线使用）	是
大部分时间只传输数据	是	不是；结合内容的传输，. NET 控件显示在 IE 中
客 户 端 需 要 . NET Framework	是	不是
平台和客户端是独立的	不是	是
适合电子商务或 Internet 应用程序	不是；最适合企业内部应用程序	是
充分利用客户端丰富的资源	可以	不能

通过将智能客户端的功能和 Web 应用程序的功能进行比较，可以简化决策过程。然而对开发者而言，开发的难度变大了，考虑的方面多了。但还是有灵活的方案可供选择，还可以结合 . NET 技术，使用面向服务或面向数据的解决方案，在开发中，需要着重解决"WEB 服务的交互"、"连接的管理"、"本地数据缓存"和"数据冲突处理"的技术点。

三、Smart Client 概要设计

如图 5 所示该结构中位于最内层的为面向物理存储的持久化层，其中涉及数据库以及负责将数据写入数据库的持久化器，通过持久层的隔离使我们可以屏蔽应用系统对于具体物理数据库产品的依赖，同时可以将我们的设计视点更多地集中到和业务相关的部分，如领域对象和业务流程。

图5　高校管理系统总体结构图

　　位于持久层上的是实现具体业务规则的服务层，该服务层相对于传统 C/S 结构下的应用服务器层来说，更接近 B/S 结构中的服务层或者目前热门的 SOA 结构中的服务层，因为不论是从该层的实现方式、部署位置，还是完成的具体作用都几乎和 SOA 中的服务层相似，如图6所示。

　　通过该服务层将业务系统的主体功能提升到服务器的层次，这些服务通过 Remoting、WebService、REST 等形式被客户端消费，当业务逻辑发生变更时，服务层的变化最大限度地缩小了客户端的维护工作，从根本层面提高了整个系统的可用性。同时，这些服务可以被外部的其他系统如招生系统、教务系统等复用，这样在完成学费管理系统的同时，也为学校信息化工作中一直面临的财务数据无法很好地被教务系统、毕业系统等共享的难题提供了一条可行之道，为学校的管理、决策提供了可靠、及时的依据。

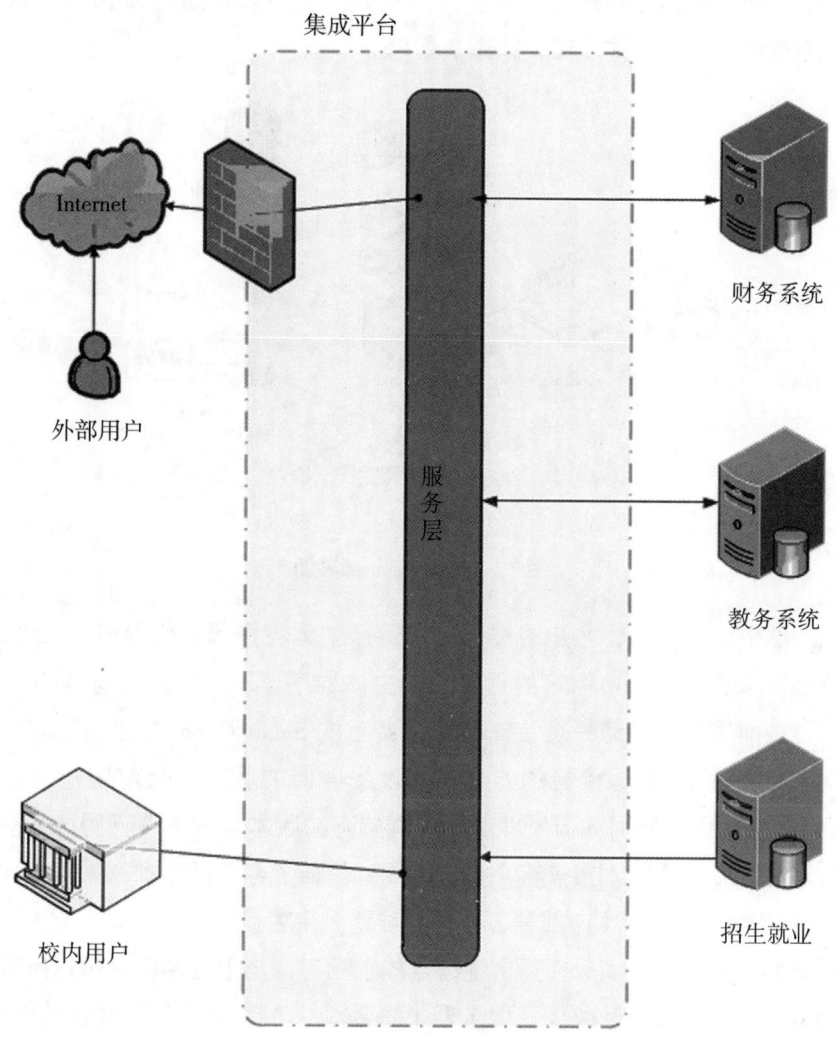

图 6　高校管理系统中的服务层

　　服务层之上的是基于 Smart Client 技术的 C/S 客户端，通过引入 Smart Client 技术，我们从软件的开发、部署、维护等几个方面解决了传统 C/S 结构的几个先天缺陷。在传统的 C/S 结构中软件主体存在于使用软件的每一台客户机，软件的业务逻辑、数据访问、支持资源（图片、配置文件、相关库文件等）全部位于客户机内，软件系统对客户机具体环境的依赖性强，难以部署和维护。而在我们目前的构件中，针对传统 C/S 结构中存在的几个问题，我们首先通过引入服务层，将系统的大部分业务逻辑从客户端中剔除。接着我们通过 Smart Client 技术将软件的资源和部署方式改变，如图 7 所示。

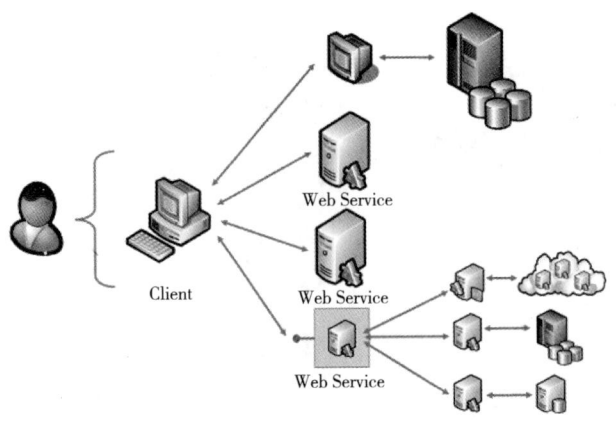

图 7　Smart Client 部署图

从上图中可以看出，客户端被拆分为运行主体、资源、前导程序三个部分。当系统部署和运行时，由原来的直接启动主体程序，改为运行为与 Web 上的前导程序，该前导程序启动时将首先与服务器上的 Smart Client 库进行比较，通过软件版本及文件 MD5 码校验的方式，比较服务器的版本与之前客户机上持有（如果有）的软件版异同。如果发现客户机持有的版本与服务器不同，则前导程序将自动下载服务器版本覆盖客户机，这样就保证了客户机版本与服务器保持一致，解决了传统 C/S 结构中部署、更新的难题。待主程序更新完毕后，前导程序将启动软件主程序，并同时在后台继续监控主程序，当主程序请求运行所需的支持资源时，前导程序将智能地从服务器上自动请求相关资源，并提供给主程序，这样使得资源和主程序都同时做到了类似 B/S 结构的自动更新、及时共享。

四、Smart Client 结构设计

Smart Client 是高校管理系统支撑技术之一，基于 Smart Client 的软件框架设计主要从以下几个方面进行。

（一）Smart Client 表述层设计

从前面的介绍可以知道 Smart Client 是一种扩展 C/S 模式的架构体系，因此，软件系统的表述层可以使用各种成熟、强大的桌面表现技术。通过 Winforms 及 WPF 的支持，应用程序的用户接口界面可以设计得相当丰富，并且窗体引擎也使得复用表现层控件成为可能，可以高效地创建 Windows 窗体界面。不但提高了效率，也保证了软件的稳定性和效率。

（二）Smart Client 业务逻辑设计

Smart Client 架构中，客户端部分可以看做应用组件的容器，其不同于传统的桌面应用程序难以和外部系统、服务进行交互。通过我们设计的服务层，Smart Client 客户端可以通过 . Net Remoting 与应用服务器和数据库进行数据处理与交互。因此，其主要的业务逻辑都是存在于应用服务器中，客户端只是通过类似的远程接口调用，将客户端的交互数据送往服务器，从而实现业务逻辑。

（三）Smart Client 部署及自动更新设计

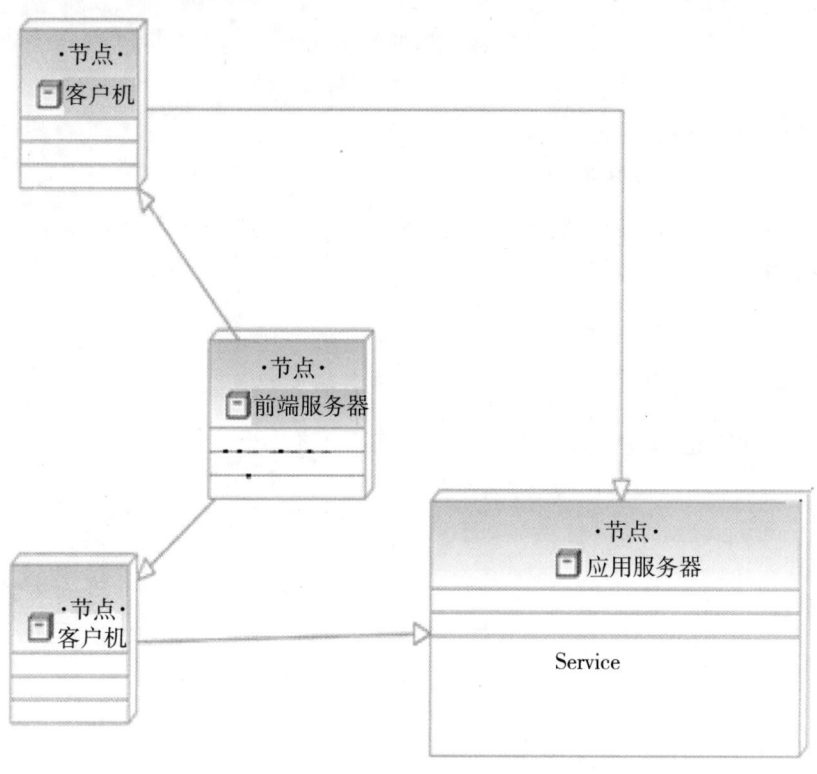

图 8　Smart Client 部署模型

Smart Client 中客户端的自动更新和版本校验，是通过为要更新的资源文件生成应用程序清单的方式进行的。文件清单记录了应用程序启动所必需的资源文件，以及这些资源文件的 MD5 码值。应用程序启动时首先通过前导程序与前端服务器通信，核对文件清单，判断是否需要更新程序。更新完成后，应用程序启动，与应用服务去交互，完成相关业务。其部署模型如图 8 所示。

启动应用程序时，将按照图 9 序列图完成更新。

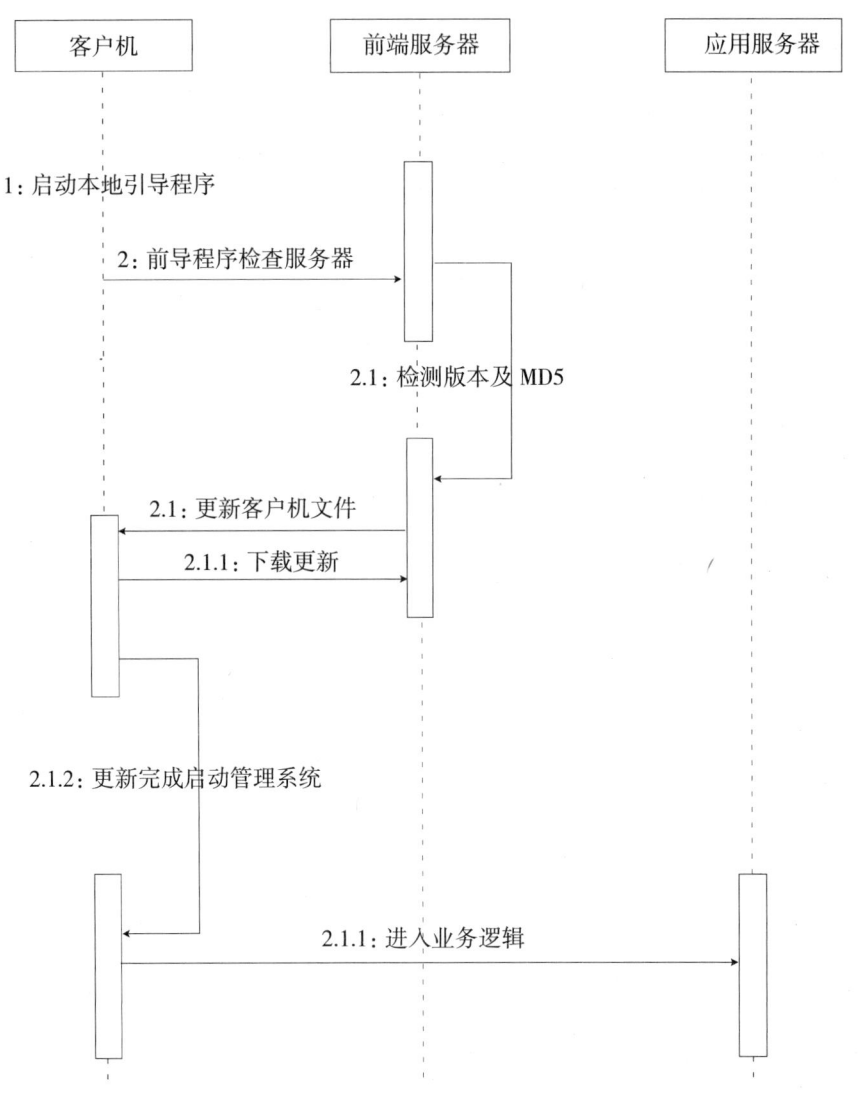

图9　Smart Client 应用系统启动序列图

目前，生成文件清单的方式有两种，一种是通过开发环境 IDE 自动生成，一种是编译时通过控制台命令指定需要列表的文件。出于实现的简单性，可以考虑使用自动生成文件清单的方式。

（四）Smart Client 数据处理方式设计

数据处理分为两个部分，一个部分为如何获取数据，另一个部分为如何加工数据。通过前面服务层和领域模型层，我们明确了通过 . Net Remoting 服务，从应用服务去获取数据的基本方式，这样不仅隔离了具体的数据库、数据库访问技术，而且也避免了由于客户端版本不同步而造成的数据操作违规问题。

数据处理则是在获得数据后，如何展现给客户，并响应客户操作的过程，Smart Client 中我们通过 Windows Form 数据绑定对数据进行适当的管理，以确保其有效、美观、安全和一致。数据绑定最初的设计目的是为了简化窗体上控件和数据之间的显示以及互操作问题。但随着技术的发展，它还提供了许多其他类型的服务（如当前状态管理、过滤、改变通知等）。数据源组件可以看做是在用户接口和后端数据之间添加了一个接口，避免了窗体到物理数据源的访问，降低了界面层的耦合度。通过 Windows Form 数据绑定几乎可以将任何数据结构或对象绑定到用户界面控件的属性上，可以说是一种相当强大的界面层技术。

参考文献：

［1］牛振东 . 编软件体系结构——世界著名计算机教材精选［M］. 北京：清华大学出版社，2007.

［2］彭玉卓 . 面向服务的 Smart Client 系统的设计与实现［D］. 武汉：武汉理工大学，2006.

［3］［丹］比约纳（Bjorner, D.）. 软件工程卷3：领域、需求与软件设计［M］. 北京：清华大学出版社，2007.

［4］张友生，李雄 . 软件体系结构原理、方法与实践（高等学校教材·软件工程）［M］. 北京：清华大学出版社，2006.

［5］Ashish Banerjee 等 . C# Web 服务高级编程——使用 . NET Remoting 和 ASP. NET 创建 Web 服务［M］. 北京：清华大学出版社，2002.

［6］［美］诺伊斯 . Windows Forms 2.0 数据绑定：. NET 智能客户端数据应用程序设计［M］. 北京：电子工业出版社，2007.

［7］刘如鸿 . 超越浏览器——Smart Client 掀起软件革命［J］. 软件世界，2006（1）.

［8］麦克劳 . 软件复用技术（在系统开发过程中考虑复用）［M］. 北京：机械工业出版社，2003.

（朱原良，见习，主要从事软件工程研究）